LES
OEVVRES
DIVERSES

DE MONSIEVR
DE CYRANO
BERGÉRAC.

Sur L'Imprimé.

A PARIS,

Chez CHARLES DE SERCY, au Palais,
dans la Salle Dauphine, à la bonne Foy.

M. DC. LXI.

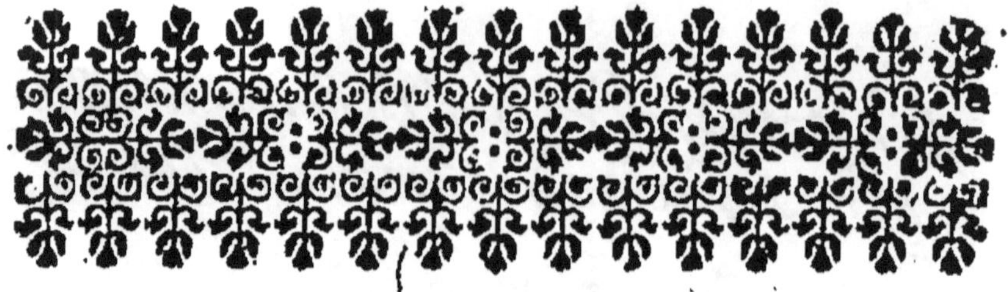

A MONSEIGNEVR

LE DVC

D'ARPAION·

Monseignevr,

Ce Liure ne contiĕt preſque qu'vn ramas confus des premiers caprices, ou pour mieux dire des premieres folies de ma jeuneſſe ; I'auoüe meſme que i'ay quelque honte de l'auoüer dans

EPISTRE.

vn âge plus auancé : Et cependant,
MONSEIGNEVR, ie ne laiſſe
pas de vous le dédier auec tous ſes de-
fauts, & de vous ſupplier de trouuer
bon qu'il voye le mõde ſous voſtre glo-
rieuſe protection. Que direz-vous,
MONSEIGNEVR, d'vn pro-
cedé ſi eſtrange ? Vous croirez peut-
eſtre que c'eſt manquer de reſpect pour
vous, que de vous offrir vne choſe que
ie-mépriſe moy-meſme, & de mettre
voſtre Nom illuſtre à la teſte d'vn Ouurage, où i'ay bien de la repugnance
de voir le mien. I'eſpere neantmoins,
MONSEIGNEVR, que mon
reſpect & mon zele vous ſeront trop
connus pour attribuer la liberté que ie
prens à vne cauſe qui me ſeroit ſi deſa-
uantageuſe. Il y a prés d'vn an que
ie me donnay à Vous ; & depuis cét
heureux moment, tenant pour perdu
tout le temps de ma vie, que i'ay paſſé
ailleurs qu'à voſtre ſeruice, & ne me

EPISTRE.

contentant pas de vous auoir déuoüé
tout ce qui m'en reste, i'ay tâché de
reparer cette perte, en vous en consa-
crant encore les commencemens : Et
parce que le passé ne se peut rappeller
pour vous estre offert, vous presenter
au moins tout ce qui m'en demeure, &
faire en sorte par ce moyë, que n'ayãt
pas eu l'honneur d'estre à Vous toute
ma vie, toute ma vie ne laisse pas en
quelque façon d'auoir esté pour Vous.
D'ailleurs, MONSEIGNEVR,
vous sçauez que de toutes les offrandes
qui se presentoient à Dieu dans l'ancienne Loy, il n'en auoit point de si
agreables que celles qui se faisoiëtdes
premiers fruits, quoy qu'ils ne soient
point ordinairement les meilleurs: Et
s'il est permis d'adjoûtervnechosepro-
phane, en suite d'vne si sainte, vous
n'ignorez pas non plus que les Athé-
niens ne pẽsoyent pas pouuoir faire de
presẽt plus agreable à Apollon, qu'en

EPISTRE.

enuoyant leur premiere cheuelure à son
Temple de Delphes, & luy presentant
ces premieres productions de leur cerueau. C'est ce qui me fait esperer,
MONSEIGNEVR, que vous
ne refuserez pas l'offrande que ie vous
fais de ces Ouurages, & que vous ne
trouuerez pas mauuais que ie me die,
aussi bien au commècemèt de ces Lettres, qu'au còmencemèt de l'Agripi-
ne.

MONSEIGNEVR,

Vostre tres-humble, tres-obeïssant
& tres-obligé seruiteur
DE CYRANO BERGERAC.

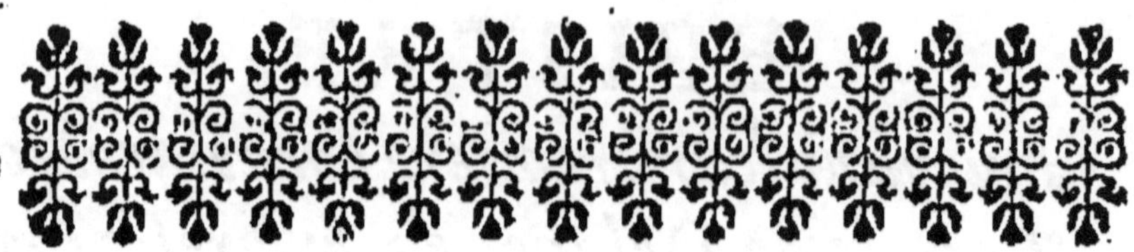

A MADEMOISELLE
D'ARPAION.

SONNET.

LE vol est trop hardy que mon cœur se pro-
  pose,
Il veut peindre vn Soleil par les Dieux animé,
Vn visage qu'Amour de ses mains a formé,
Où des fleurs du Printemps la ieunesse est éclose.

Vne bouche où respire vne haleine de rose
Entre deux arcs flambans d'vn corail allumé,
Vn balustre de dents en perles transformé
Au deuant d'vn pallais où la langue repose.

Vn front où la pudeur tient son chaste seiour,
Dont la table polie est le trosne du iour,
Vn chef-d'œuure où s'est peint l'ouurier admi-
  rable.

Superbe, tu pretends par dessus tes efforts,
L'éclat de ce visage est l'éclat adorable
De son ame qui luit au trauers de son corps.

TABLE DES LETTRES

contenuës en ce Liure.

Table.

Lettres Satyriques.

Autres sur diuers Sujets.

Table.

HISTOIRE

COMIQVE.

A Lune eſtoit en ſon plein, le Ciel couuert, & neuf heures du ſoir eſtoient ſonnées, lors que reuenant de Clamard prés Paris [où Monſieur de Guigy le ils, qui en eſt Seigneur, nous auoit egalez pluſieurs de mes Amis & noy] les diuerſes penſées

A

que nous donna cette boule de fafran, nous défrayerent fur le chemin : De forte que les yeux noyez dans ce grand Aftre, tantoft l'vn le prenoit pour vne lucarne du Ciel ; tantoft vn autre affeuroit que c'eftoit la platine où Diane dreffe les rabas d'Apollon ; vn autre, que ce pouuoit bien eftre le Soleil luy-mefme, qui s'eftant au foir dépoüillé de fes rayons, regardoit par vn trou ce qu'on faifoit au Monde quand il n'y eftoit pas : Et moy, leur dis-ie, qui fouhaite mefler mes antoufiafmes aux voftres, ie croy, fans m'amufer aux imaginations pointuës dont vous chatoüillez le Temps pour le faire marcher plus vifte, que la Lune eft vn Monde comme celui-cy, à qui le noftre fert de Lune. Quelques-vns de la compagnie me regalerent d'vn grand éclat de rire. Ainfi peut-eftre, leur dis-ie, fe moque-t'on maintenant dans la Lune de quelque autre, qui fouftient que ce globe-cy eft vn Monde. Mais i'eus beau leur alleguer que plufieurs grands Hom-

mes auoient esté de cette opinion, ie
ne les obligeay qu'à rire de plus
belle.

Cette pensée cependant, dont la
hardiesse biaisoit à mon humeur, af-
fermie par la contradiction, se plon-
gea si profondément chez moy, que
pendant tout le reste du chemin ie
demeuray gros de mille définitions
de Lune, dont ie ne pouuois accoucher : de sorte qu'à force d'appuyer
cette croyance burlesque par des rai-
sonnemens presque serieux, il s'en
falloit peu que ie n'y déferasse déja,
quand le miracle ou l'accident, la
prouidence, la fortune, ou peut-estre
ce qu'on nommera vision, fiction,
chimere, ou folie si on veut, me
fournit l'occasion qui m'engagea à ce
discours. Estant arriué chez moy, ie
montay dans mon Cabinet, où ie
trouuay sur la table vn Liure ouuert
que ie n'y auois point mis. C'estoit
celuy de Cardan ; & quoy que ie
n'eusse pas dessein d'y lire, ie tombay
de la veuë, comme par force, iuste-

ment fur vne hiftoire de ce Philofophe, qui dit, qu'eftudiant vn foir à la
chandelle, il apperceut entrer au trauers des portes fermées deux grands
Vieillards, lefquels apres beaucoup
d'interrogations qu'il leur fit, répondirent qu'ils eftoient habitans de la
Lune, & en mefme temps difparu-
rent. Ie demeuray fi furpris, tant de
voir vn Liure qui s'eftoit apporté là
tout feul, que du temps & de la
feüille où il s'eftoit rencontré ouuert,
que ie pris toute cette enchaifnure
d'incidens pour vne infpiration de
faire connoiftre aux hommes que la
Lune eft vn Monde. Quoy, difoy-ie
en moy-mefme, apres auoir tout auiourd'huy parlé d'vne chofe, vn Liure qui peut-eftre eft le feul au monde où cette matiere fe traitte fi particulierement, voler de ma Bibliotheque fur ma table, deuenir capable de
raifon, pour s'ouurir iuftement à
l'endroit d'vne auanture fi merueil-
leufe ; entraifner mes yeux deffus,
comme par force, & fournir en fuite

à ma fantaifie les reflexions, & à ma volonté les deſſeins que ie faits ? Sans doute, continuois-ie, les deux Vieillards qui apparurent à ce grand Homme, ſont ceux-là meſmes qui ont dérangé mon Liure, & qui l'ont ouuert ſur cette page, pour s'épargner la peine de me faire la harangue qu'ils ont faite à Cardan. Mais, adiouſtois-ie, ie ne ſçaurois m'éclaircir de ce doute, ſi ie ne monte iuſques-là ; Et pourquoy non ? me répondoy-ie auſſi-toſt ; Prometée fut bien autrefois au Ciel y dérober du feu. Suis-ie moins hardy que luy ; & ay-ie lieu de n'en pas eſperer vn ſuccés auſſi fauorable ?

A ces boutades, qu'on nommera peut eſtre des accés de fievre chaude, ſucceda l'eſperance de faire reüſſir vn ſi beau voyage : de ſorte que ie m'enfermay, pour en venir à bout, dans vne maiſon de campagne aſſez écartée, ou apres auoir flatté mes reſveries de quelques moyens proportionnez à mon ſujet, voicy comme ie me donnay au Ciel.

I'auois attaché tout autour de moy quantité de fioles pleines de rofée, fur lefquelles le Soleil dardoit fes rayons fi violernment, que la chaleur qui les attiroit, comme elle fait les plus groffes nuées, m'éleua fi haut, qu'enfin ie me trouuay au deffus de la moyenne region. Mais, comme cette attraction me faifoit monter auec trop de rapidité, & qu'au lieu de m'approcher de la Lune comme ie pretendois, elle me paroiffoit plus éloignée qu'à mon partement, ie caffay plufieurs de mes fioles, iufques à ce que ie fentis que ma pefanteur furmontoit l'attraction, & que ie redefcendois vers la terre. Mon opinion ne fut point fauffe ; car i'y retombay quelque temps apres ; & à compter de l'heure que i'en eftois party, il deuoit eftre minuit. Cependant ie reconnus que le Soleil eftoit alors au plus haut de l'horifon, & qu'il eftoit là midy. Ie vous laiffe à penfer combien ie fus eftonné : certes ie le fus de si bonne sorte, que ne sçachant à quoy attribuer ce miracle, i'eus l'insolence de m'imaginer qu'en faueur de ma hardiesse Dieu auoit encore vne fois recloüé le Soleil aux Cieux, afin d'éclairer vne si genereuse entreprise. Ce qui accrût mon estonnement, ce fut de ne point connoistre le païs où i'estois, veu qu'il me sembloit qu'estant monté droit, ie deuois estre descendu au mesme lieu d'où i'estois party. Equipé pourtant comme i'estois, ie m'acheminay vers vne espece de chaumiere, où i'apperceus de la fumée ; & i'en estois à peine vne portée de pistolet, que ie me vis entouré d'vn grand nombre d'hommes tous nuds. Ils parurent fort surpris de ma rencontre ; car i'estois le premier, à ce que ie pense, qu'ils eussent iamais veu habillé de bouteilles. Et pour renuerser encor toutes les interpretations qu'ils auroient pû donner à cet équipage, ils voyoient qu'en marchant ie ne touchois presque point à la terre :

Auſſi ne ſçauoient-ils pas qu'au moindre branle que ie donnois à mon corps, l'ardeur des rayons de Midy me ſouleuoit auec ma roſée ; & que ſans que mes fioles n'eſtoient plus en aſſez grand nombre, i'euſſe eſté poſſible à leur veuë enleué dans les airs. Ie les voulus aborder : mais comme ſi la frayeur les euſt changez en oyſeaux, vn moment les vit perdre dans la Foreſt prochaine. I'en attrapay vn toutesfois, dont les iambes ſans doute auoient trahy le cœur. Ie luy demanday auec bien de la peine (car i'eſtois tout eſſouflé) combien l'on comptoit de là à Paris, & de puis quand en France le monde alloit tout nud, & pourquoy ils me fuyoient auec tant dépouuante. Cet homme à qui ie parlois eſtoit vn Vieillard oliuaſtre, qui d'abord ſe ietta à mes genoux ; & ioignant les mains en-haut derriere la teſte, ouurit la bouche, & ferma les yeux. Il marmota long-temps entre ſes dents, mais ie ne diſcernay point qu'il articulat

rien : de façon que ie pris son langage
pour le gazoüillement enroüé d'vn
muet.

A quelque temps de là ie vis arriuer vne compagnie de soldats tam-
bour battant, & i'en remarquay deux
se separer du gros pour me recon-
noistre. Quand ils furent assez proches pour estre entendus, ie leur demanday où i'estois. Vous estes en
France, me répondirent-ils : mais
quel Diable vous a mis en cet estat ?
& d'où vient que nous ne vous con-
noissons point ? Est-ce que les Vais-
seaux sont arriuez ? En allez-vous
donner aduis à Monsieur le Gouuerneur ? & pourquoy auez vous di-
uisé vostre eauë de vie en tant de
bouteilles ? A tout cela ie leur repar-
tis, que le Diable ne m'auoit point
mis en cet estat : qu'il ne me connoissoit pas, à cause qu'il ne pouuoit pas connoistre tous les hommes : que ie ne sçauois point que la
Seine portat de Nauire à Paris : que
ie n'auois point d'aduis à donner à

Monſeigneur le mareſchal de l'hôpital
& que ie n'eſtois point chargé d'eau
de vie. Ho, ho, me dirent-ils, me
prenant le bras, vous faites le gaillard : Monſieur le Gouuerneur vous
connoiſtra bien luy. Ils me menerent
vers leur gros, où i'appris que i'eſtois
veritablement en France, mais en la
nouuelle : de ſorte qu'à quelque
temps de là ie fus preſenté au Vice-
Roy, qui me demanda mon païs, mon
nom, & ma qualité, & apres que ie
l'eus ſatisfait, luy contant l'agreable
ſuccés de mon voyage, ſoit qu'il le
crût, ſoit qu'il feignit de le croire, il
eut la bonté de me faire donner vne
chambre dans ſon appartement. Mon
bonheur fut grand de rencontrer vn
homme capable de hautes opinions,
& qui ne s'eſtonna point, quand ie
luy dis qu'il falloit que la Terre euſt
tourné pendant mon éleuation ; puis
qu'ayant commencé de monter à
deux lieuës de Paris, i'eſtois tombé
par vne ligne quaſi perpendiculaire
en Canada.

Le foir, comme ie m'allois coucher,
il entra dans ma chambre, & me dit :
Ie ne ferois pas venu interrompre
voftre repos, fi ie n'auois crû qu'vne
perfonne qui a pû trouuer le fecret de
faire tant de chemin en vn demy iour,
n'ait pas eu aufi celuy de ne fe point
laffer. Mais vous ne fçauez pas, ad-
ioufta-t'il, la plaifante querelle que
ie viens d'auoir pour vous auec nos
Peres ? Ils veulent abfolument que
vous foyez Magicien , & la plus
grande grace que vous puifiez obtenir d'eux, eft de ne paffer que pour
impofteur : Et en effet, ce mouuement que vous attribuez à la Terre,
eft vn paradoxe affez délicat ; & pour
moy ie vous diray franchement, que
ce qui fait que ie ne fuis pas de voftre
opinion, c'eft qu'encor qu'hyer vous
foyez party de Paris, vous pouuiez
eftre arriué auiourd'huy en cette
contrée, fans que la Terre ait tourné:
Car le Soleil vous ayant enleué par
le moyen de vos bouteilles, ne doit-il
pas vous auoir amené icy, puis que

selon Ptolomée, & les Philosophes
modernes, il chemine du biais que
vous faites marcher la Terre ? Et
puis quelle grande vray-semblance
auez vous, pour vous figurer que le
Soleil soit immobile, quand nous le
voyons marcher ? & quelle apparence que la Terre tourne auec tant
de rapidité, quand nous la sentons
ferme dessous nous ? Monsieur, luy
repliquay-ie, voicy les raisons à peu
prés qui nous obligent à le preiuger.
Premierement, il est du sens commun de croire que le Soleil a pris
place au centre de l'Vniuers, puis
que tous les corps qui sont dans la
Nature ont besoin de ce feu radical,
qu'il habite au cœur du Royaume
pour estre en estat de satisfaire promptement à la necessité de chaque partie, & que la cause des generations
soit placée au millieu de tous les corps
pour y agir également & plus aisément : de mesme que la sage Nature
a placé les parties genitales dans
l'homme, les pepins dans le centre

des pommes, les noyaux au milieu de leur fruit, & de mesme que l'oignon conserue à l'abry de cent escorces qui l'enuironnent, le precieux germe, où dix millions d'autres ont à puiser leur essence : Car cette pomme est vn petit Vniuers à soy mesme, dont le pepin plus chaud que les autres parties est le Soleil, qui répand autour de soy la chaleur conseruatrice de son globe ; & ce germe dans cet opinion, est le petit Soleil de ce petit Monde, qui réchauffe & nourrit le sel vegetatif de cette petite masse. Cela donc supposé, ie dis que la Terre ayant besoin de la lumiere, de la chaleur, & de l'influence de ce grand feu, elle se tourne autour de luy pour receuoir également en toutes ses parties cette vertu qui la conserue. Car il seroit aussi ridicule de croire que ce grand corps lumineux tournant autour d'vn poinct dont il n'a que faire, que de s'imaginer quand nous voyons vne Alloüette rostie, qu'on a pour la cuire tourné la cheminée à l'entour.

Autrement fi c'eftoit au Soleil à-faire cette corvée, il fembleroit que la medecine euft befoin du malade ; que le fort deuft plier fous le foible, le grand feruir au petit, & qu'au lieu qu'vn Vaiffeau cingle le long des coftes d'vne Prouince, on deuft faire promener la Prouince autour du Vaiffeau: Que fi vous auez peine à comprendre comme vne maffe fi lourde fe peut-mouuoir ; dites-moy, ie vous prie, les Aftres & les Cieux que vous faites fi folides, font-ils plus legers ? Encore eft-il plus aifé à nous, qui fommes affeurez de la rondeur de la Terre, de conclure fon mouuement par fa figure : Mais pourquoy fupofer le Ciel rond, puis que vous ne le fçauriez fçauoir, & que de toutes les figures, s'il n'a pas celle-cy, il eft certain qu'il ne fe peut mouuoir ? Ie ne vous reproche point vos excentriques, vos concentriques, ny vos epicicles ; tous lefquels vous ne fçauriez expliquer que tres-confufément, & dont ie fauue mon Sifteme. Par-

lons feulement des caufes naturelles
de ce mouuement. Vous eftes contraints vous autres de recourir aux intelligences qui remuënt & gouuernent vos globes. Mais moy, fans interrompre le repos du fouuerain Eftre, qui fans doute a creé la Nature
toute parfaite, & de la fageffe duquel
il eft de l'auoir acheuée, de telle forte
que l'ayant accomplie pour vne chofe, il ne l'ait pas renduë défectueufe
pour vn autre; ie dis que les rayons
du Soleil, auec fes influences, venant
à frapper deffus par leur circulation,
la font tourner comme nous faifons
tourner vn globe en le frapant de la
main: ou de mefme que les fumées
qui s'éuaporent continuellement de
fon fein du cofté que le Soleil la regarde, repercutées par le froid de la
moyenne region, rejaliffent deffus, &
de neceffité ne la pouuant fraper que
de biais, la font ainfi piroüeter.

L'explication des deux autres mouuemens eft encore moins embroüil-
lée, confiderez vn peu ie vous prie.

A ces mots le Vice-Roy m'interrom-
pit : & i'aime mieux, dit-il, vous dif-
penfer de cette peine] auffi bien ay-ie
leu fur ce fujet quelques Liures de
Gaffendi] mais à la charge que vous
efcouterez ce que me répondant vn
iour vn de nos Peres qui fouftenoit
voftre opinion. En effet, difois-ie, ic
m'imagine que la Terre tourne, non
point pour les raifons qu'allegue Copernic, mais pource que le feu d'Enfer eftant enclos au centre de la Terre,
les damnez qui veulent fuir l'ardeur
de fa flame, grauiffent pour s'en éloigner contre la voûte, & font ainfi
tourner la Terre, comme vn Chien
fait tourner vne rouë lors qu'il court
enfermé dedans.

Nous loüiames quelque temps cette
penfée comme vn pur effet de zele de
ce bon Pere : & enfin le Vice-Roy
me dit qu'il s'eftonnoit fort, veu que
le Sifteme de Ptolomée eftoit fi peu
probable, qu'il euft efté fi general-
lement receu. Monfieur, luy répondis-ie , la plufpart des hommes qui

ne iugent que par le sens, se sont laif-
sez persuader à leurs yeux, & de
mesme que celuy dont le Vaisseau
vogue terre à terre, croit demeurer
immobile, & que le riuage chemine;
ainsi les hommes tournans auec la
Terre autour du Ciel, ont crû que
c'estoit le Ciel luy mesme qui tour-
noit autour d'eux. Adioustez à cela
l'orgueil insuportable des humains,
qui se persuadent que la Nature n'a
esté faite que pour eux, comme s'il
estoit vray-semblable que le Soleil,
vn grand corps, quatre cens trente-
quatre fois plus vaste que la Terre,
n'eut esté allumé que pour meurir
ses neffles, & pommer ses choux.
Quand à moy, bien loin de consentir
à leur insolence, ie croy que les Planettes sont des Mondes autour du
Soleil, & que les Estoilles fixes sont
aussi des Soleils qui ont des Planettes
autour d'eux, c'est à dire des Mondes
que nous ne voyons pas d'icy à cause
de leur petitesse, & parce que leur lumiere empruntée ne sçauroit venir

iufqu'à nous : Car comme en bonne foy s'imaginer que ces globes fi fpacieux ne foient que des grandes campagnes defertes, & que le noftre, à caufe que nous y campons, ait efté bafty pour vne douzaine de petits fuperbes ? Quoy, parce que le Soleil compaffe nos iours & nos années, eft-ce à dire pour cela qu'il n'ait efté conftruit qu'afin que nous ne frappions pas de la tefte contre les meurs ? Non, non, fi ce Dieu vifible éclaire l'homme, c'eft par accident, comme le flambeau du Roy éclaire par accident au Crocheteur qui paffe par la ruë : Mais me dit-il, fi comme vous affeurez, les Eftoiles fixes font autant de Soleils, on pouroit conclure de là, que le Monde feroit infiny, puis qu'il eft vray-femblable que les peuples de ce Monde qui font autour d'vne Eftoile fixe que vous prenez pour vn Soleil, découurent encor au deffus d'eux d'autres Eftoilles fixes que nous ne fçaurions apperceuoir d'icy, & qu'il en va de cette forte à l'infiny.

N'en doutez point, luy repliquay-
ie : comme Dieu a pû faire l'Ame immortelle, il a pû faire le Monde infiny, s'il eſt vray que l'Eternité n'eſt
rien autre choſe qu'vne durée ſans
bornes, & l'infiny vne eſtenduë ſans
limites : Et puis Dieu ſeroit finy luy-
meſme, ſupoſé que le Monde ne fut
pas infiny, puis qu'il ne pouroit pas
eſtre où il n'y auroit rien, & qu'il ne
pouroit accroiſtre la grandeur du
Monde, qu'il n'adiouſtat quelque
choſe à ſa propre eſtenduë, commençant d'eſtre où il n'eſtoit pas auparauant. Il faut donc croire que comme nous voyons d'icy Saturne & Iupiter, ſi nous eſtions dans l'vn ou
dans l'autre, nous découuririons
beaucoup de Mondes que nous n'ap-
perceuons pas, & que l'Vniuers eſt à
l'infiny conſtruit de cette ſorte. Ma
foy, me repliqua-t'il, vous auez beau
dire, ie ne ſçaurois du tout comprendre cet infiny. Hé dites-moy, luy
repartis-je, comprenez vous le rien

qui eſt au dela ? point du tout. Car
quand vous ſongez à ce neant, vous
vous l'imaginez tout au moins comme du vent ou comme de l'air, &
cela c'eſt quelque choſe : mais l'infiny, ſi vous ne le comprenez en general, vous le conſeruez au moins par
parties, puis qu'il n'eſt pas difficile
de ſe figurer au dela de ce que nous
voyons de terre & d'air, du feu,
d'autre air, & d'autre terre. Or l'infiny n'eſt rien qu'vne tiſſure ſans bornes de tout cela. Que ſi vous me demandez de quelle façon ces Mondes
ont eſté faits, veu que la ſainte Eſcri-
ture parle ſeulement d'vn que Dieu
crea, ie réponds que ie ne diſpute
plus : Car ſi vous voulez m'obliger à
vous rendre raiſon de ce que me
fournit mon imagination, c'eſt m'oſ-
ter la parole, & m'obliger de vous
confeſſer que mon reſonnement le
cedera touſiours en ces ſortes de choſes à la Foy. Il me dit qu'à la verité
ſa demande eſtoit blâmable, mais
que ie repriſſe mon idée : De ſorte,

adiouftay-ie, que tous ces autres
Mondes qu'on ne voit point, ou
qu'on ne croit qu'imparfaitement,
ne font rien que l'écume des Soleils
qui fe purgent. Car comment ces
grands feux pourroient-ils fubfifter,
s'ils n'eftoient attachez à quelque
matiere qui les nourrit ? Or de mefme que le feu pouffe loin de chez foy
la cendre dont il eft eftouffé, de mefme que l'or dans le creufet fe détache
en s'affinant du marcaffite qui affoiblit fon carat, & de mefme encore
que noftre cœur fe dégage par le vo-
miffement des humeurs indigeftes
qui l'attaquent ; ainfi ces Soleils dé-
gorgent tous les iours & fe purgent
des reftes de la matiere qui noüoit
leur feu : mais lors qu'ils auront tout
à fait confommé cette matiere qui
les entretient, vous ne deuez point
douter qu'ils ne fe répandent de tous
coftez pour chercher vne autre paf-
ture, & qu'ils ne s'attachent à tous
les Mondes qu'ils auront côftruits autrefois, à ceux particulierement qu'ils

rencontreront les plus proches ; alors
ces grands feux rebroüillans tous les
corps, les rachasseront pesle-mesle de
toutes parts comme auparauant, &
s'estant peu à peu purifiez, ils com-
menceront de seruir de Soleils à d'autres petits Mondes qu'ils engendre-
ront en les poussant hors de leurs
spheres : Et c'est ce qui a fait sans
doute   predire   aux   Pitagoriciens
l'embrasement vniuersel. Cecy n'est
pas vne imagination ridicule, la nouuelle France où nous sommes en produit vn exemple bien conuaincant.
Ce vaste continent de l'Amerique est
vne moitié de la Terre, laquelle en
dépit de nos predécesseurs qui auoient
mille fois cinglé l'Ocean, n'auoit
point encor esté découuerte : aussi
n'y estoit elle pas encore non plus que
beaucoup d'Isles, de peninsules, &
de montagnes qui se sont soûleuées
sur nostre globe, quand les roüillures
du Soleil qui se nettoyoit ont esté
poussées assez loin, & condensées en
pelotons assez pesant pour estre atti-

rez par le centre de noftre Monde,
poffible peu apres, en particules me-
nuës, peut-eftre auffi tout à coup en
vne maffe. Cela n'eft pas fi déraifon-
nable, que S. Auguftin n'y eut ap-
plaudy, fi la découuerte de ce païs
euft efté faite de fon âge ; puis que ce
grand perfonnage, dont le genie eftoit fort éclairé, affeure que de fon
temps la Terre eftoit plate comme
vn four, & qu'elle nageoit fur l'eau
comme la moitié d'vne orange cou-
pée : mais fi i'ay iamais l'honneur de
vous voir en France, ie vous feray
obferuer par le moyen d'vne lunette
fort excellente, que certaines obfcu-
ritez qui d'icy paroiffent des taches,
font des Mondes qui fe conftrui-
fent.

Mes yeux qui fe fermoient en acheuant ce difcours, obligerent le Vice-
Roy de fortir. Nous eufmes le lendemain, & les iours fuiuans, des entretiens de pareille nature : mais
comme quelque temps apres l'embarras des affaires de la Prouince ac-

crocha noſtre Philoſophie, ie retombay de plus belle au deſſein de monter à la Lune.

Ie m'en allois dés qu'elle eſtoit le-
uée reſvant parmy les bois, à la conduite & au reüſſit de mon entrepriſe ;
& enfin vne veille de S. Iean qu'on
tenoit conſeil dans le Fort, pour dé-
terminer ſi l'on donneroit ſecours
aux Sauuages du païs contre les Iro-
quois, ie m'en allay tout ſeul derriere
noſtre habitation au coupeau d'vne
petite montagne, où voicy ce que i'e-
xecutay. I'auois fait vne machine
que ie m'imaginois capable de m'é-
leuer autant que ie voudrois, en ſorte
que rien de tout ce que i'y croyois
neceſſaire n'y manquant, ie m'aſſis
dedans, & me precipitay en l'air du
haut d'vne roche : mais parce que ie
n'auois pas bien pris mes meſures,
ie culbutay rudement dans la valée.
Tout froiſſé neantmoins que i'eſtois,
ie m'en retournay dans ma chambre
ſans perdre courage, & ie pris de la
moüelle de Bœuf, dont ie m'oignis
tout

le corps, car i'eſtois tout meutry depuis la teſte iuſqu'aux pieds ; & apres
m'eſtre fortifié le cœur d'vne bou-
teille d'eſſence cordiale, ie m'en retournay chercher ma machine, mais
ie ne la trouuay point, car certains
ſoldats qu'on auoit enuoyez dans la
foreſt couper du bois pour faire le feu
de la S. Iean, l'ayant rencontrée par
hazard, l'auoient apportée au Fort,
où apres pluſieurs explications de ce
que ce pouuoit eſtre ; quand on eut
découuert l'inuention du reſſort,
quelques-vns dirent qu'il y faloit attacher quantité de fuſées volantes,
pource que leur rapidité les ayant
enleuées bien haut, & le reſſort agî-
tant ſes grandes aiſles, il n'y auoit
perſonne qui ne priſt cette machine
pour vn Dragon de feu : ie la cher-
chay long-temps cependant, mais
enfin ie la trouuay au millieu de la
place de Kebec, comme on y mettoit
le feu. La douleur de rencontrer
l'œuure de mes mains en vn ſi grand
peril, me tranſporta tellement, que

ie courus faifir le bras du foldat qui y
allumoit le feu, ie luy arrachay fa
mefche, & me iettay tout furieux
dans ma machine pour brifer l'artifice dont elle eftoit enuironnée ; mais
i'arriuay trop tard, car à peine y
eus-ie les deux pieds, que me voila enleué dans la nuë : l'horreur dont ie
fus confterné ne renuerfa point tellement les facultez de mon ame, que
ie ne me fois fouuenu depuis de tout
ce qui m'arriua en cet inftant. Car
dés que la flame eut deuoré vn rang
de fufées, qu'on auoit difpofées fix à
fix, par le moyen d'vne amorce qui
bordoit chaque demy douzaine, vn
autre eftage s'embrafoit, puis vn autre ; en forte que le falpeftre prenant
feu, efloignoit le peril en le croiffant.
La matiere toutesfois eftant vfée fit
que l'artifice manqua ; & lors que ie
ne fongeois plus qu'à laiffer ma tefte
fur celle de quelque montagne, ie
fentis (fans que ie remuaffe aucunement) mon éleuation continuée ; &
ma machine prenant congé de moy,

ie la vis retomber vers la terre.
Cette auanture extraordinaire me
gonfla le cœur d'vne ioye si peu commune, que rauy de me voir deliuré
du danger asseuré, i'eus l'impudence
de philosopher là-dessus. Comme
donc ie cherchois des yeux & de la
pensée ce qui en pouuoit estre la
cause, i'apperceus ma chair bour-
souflée, & grasse encore de la moëlle
dont ie m'estois enduit pour les
meurtrissures de mon tresbuche-
ment, ie connus qu'estant alors en
decours, & la Lune pendant ce
quartier aynt accoustumé de succer
la moëlle des animaux, elle buuoit
celle dont ie m'estois enduit auec
d'autant plus de force que son globe
estoit plus proche de moy, & que
l'interposition des nuées n'en affoi-
blissoit point la vigueur.

Quand i'eus percé selon le calcul
que i'ay fait depuis beaucoup plus
de trois quarts du chemin qui
separe la terre d'auec la Lune, ie me
vis tout d'vn coup choir les pieds en

haut, sans auoir culbuté en aucune
façon, encor ne m'en fus-ie pas apperceu si ie n'eusse senty ma teste
chargée du poids de mon corps : ie
connus bien à la verité que ie ne re-
tombois pas vers nostre Monde ; car
encore que ie me trouuasse entre
deux Lunes, & que ie remarquasse
fort bien que ie m'esloignois de l'vne
à mesure que ie m'approchois de l'autre, i'estois asseuré que la plus grande
estoit nostre globe ; pource qu'au
bout d'vn iour ou deux de voyage,
les refractions esloignées du Soleil
venant à confondre la diuersité des
corps & des climats, il ne m'auoit
plus paru que comme vne grande
plaque d'or, cela me fit imaginer que
ie baissois vers la Lune, & ie me con-
firmay dans cette opinion quand ie
vins à me souuenir que ie n'auois
commencé de choir qu'apres les trois
quarts du chemin. Car, disois-ie
en moy mesme, cette masse estant
moindre que la nostre, il faut que la
sphere de son actiuité ait aussi moins

d'eſtenduë, & que par conſequent i'aye ſenty plus tard la force de ſon centre.

Enfin, apres auoir eſté fort long-temps à tomber, à ce que ie preiuge, car la violence du precipice m'empeſcha de le remarquer : Le plus loin dont ie me ſouuiens, c'eſt que ie me trouuay ſous vn arbre embarraſſé auec trois ou quatre branches aſſez groſſes que i'auois eſclatées par ma cheute, & le viſage moüillé d'vne pomme qui s'eſtoit ecachée contre.

. Par bonheur ce lieu là eſtoit comme vous le ſçaurez bien toſt . . . . Ainſi vous pouuez bien iuger que ſans ce hazard ie ſerois mille fois mort. I'ay ſouuent fait depuis reflexion ſur ce que le vulgaire aſſeure qu'en ſe precipitant d'vn lieu fort haut, on eſt eſtouffé auparauant de toucher la terre ; & i'ay conclu de mon auanture qu'il en auoit menty, ou bien qu'il falloit que le ius energique de ce fruit qui m'auoit coulé dans la bouche euſt r'appellé mon

ame qui n'eſtoit pas loin de mon cadavre, encore tout tiede, & encore
diſpoſé aux fonctions de la vie. En
effet ſi toſt que ie fus à terre, ma douleur s'en alla auant meſme de ſe peindre en ma memoire; & la faim dont
pendant mon voyage i'auois eſté
beaucoup trauaillé, ne me fit trouuer
en ſa place qu'vn leger ſouuenir de
l'auoir perduë.

A peine quand ie fus releué, eus-ie
obſerué la plus large de quatre grandes riuieres qui forment vn lac en la
bouchant, que l'eſprit ou l'ame inui-
ſible des ſimples qui s'exalent ſur
cette contrée, me vint réioüir l'o-
dorat : & ie connus que les cailloux
n'y eſtoient ny durs ny raboteux, &
qu'ils auoient ſoin de s'amollir
quand on marchoit deſſus. Ie rencontray d'abord vne eſtoille de cinq aucnuës, dont les arbres par leur exceſſi-
ue hauteur ſembloient porter au Ciel
vn parterre de haute fuſtaye : en promenant mes yeux de la racine au
ſommet, puis les precipitant du faiſte

iufqu'au pied, ie doutois fi la terre les
portoit, ou fi eux-mefmes ne portoient point la terre perduë à leurs
racines ; leur front fuperbement efle-
ué, fembloit aufii plier comme par
force fous la pefanteur des globes
celeftes dont on diroit qu'ils ne fou-
ftiennent la charge qu'en gemiffant:
leurs bras eftendus vers le Ciel, tef-
moignoient en l'embraffant demander aux Aftres la benignité toute
pure de leurs influences, & les rece-
voir auparauant qu'elles ayent rien
perdu de leur innocence, au lit des
Elemens. Là de tous coftés les
fleurs fans auoir eu d'autre Iardinier
que la Nature, refpirent vne haleine
fi douce, quoy que fauuage, qu'elle
réueille & fatisfait l'odorat; là l'in-
carnat d'vne Rofe fur l'églantier, &
l'azur efclatant d'vne Violette fous
des ronces, ne laiffant point de liberté
pour le choix, font iuger qu'elles font
toutes deux plus belles l'vne que l'autre; là le Printemps compofe toutes
les Saifons ; là ne germe point de

plante veneneuſe, que ſa naiſſance ne
trahiſſe ſa conſeruation ; là les ruiſſeaux par vn agreable murmure racontent leurs voyages aux cailloux ;
là mille petits goſiers emplumez font
retentir la foreſt au bruit de leurs me-
lodieuſes chanſons ; & la tremouſ-
ſante aſſemblée de ces diuins muſi-
ciens eſt ſi generale, qu'il ſemble que
chaque feüille dans les bois ait pris la
langue & la figure d'vn Roſſignol,
& meſme Echo ; prend tant de plaiſir
à leurs airs, qu'on diroit à les luy entendre repeter, qu'elle ait enuie de les
apprendre : à coſté de ce bois ſe
voyent deux prairies, dont le vergay
continu fait vne eſmeraude à perte de
veuë. Le meſlange confus des peintures que le Printemps attache à
cent petites fleurs, en égare les nuan-
ces l'vne dans l'autre auec vne ſi
agreable confuſion, qu'on ne ſçait ſi
ces fleurs agîtées par vn doux Zephire, courent pluſtoſt apres elles-
meſmes, qu'elles ne fuyent pour eſchapper aux careſſes de ce vent foi-

laſtre. On prendroit meſme cette prairie pour vn Ocean, à cauſe qu'elle
eſt comme vne mer qui n'offre point
de riuage ; en ſorte que mon œil eſ-
pouuanté d'auoir couru ſi loin ſans
découurir le bord y enuoyoit viſtement ma penſée ; & ma penſée dou-
tant que ce fuſt l'extremité du monde,
ſe vouloit perſuader que des lieux ſi
charmans auoient peut-eſtre forcé le
Ciel de ſe ioindre à la terre : au milieu d'vn tapis vaſte & ſi plaiſant,
court à boüillons d'argent vne fontaine ruſtique qui couronne ſes bords
d'vn gazon émaillé de baſſinets de
violettes, & de cent autres petites
fleurs qui ſemblent ſe preſſer à qui
s'y mirera la premiere ; elle eſt encore
au berceau, car elle ne vient que de
naiſtre, & ſa face ieune & polie, ne
montre pas ſeulement vne ride : les
grand cercles qu'elle promene en
reuenant mille fois ſur ſoy-meſme,
montrent que c'eſt bien à regret
qu'elle ſort de ſon païs natal ; & comme ſi elle euſt eſté honteuſe de ſe voir

careſſée aupres de ſa mere, elle re-
pouſſa en murmurant ma main qui la
vouloit toucher : les animaux qui
s'y venoient deſalterer, plus raiſonnables que ceux de noſtre Monde,
teſmoignoient eſtre ſurpris de voir
qu'il faiſoit grand iour vers l'horiſon, pendant qu'ils regardoient le
Soleil aux Antipodes, & n'oſoient
ſe pencher ſur le bord, de crainte
qu'ils auoient de tomber au Firmament.

Il faut que ie vous auouë qu'à la
veuë de tant de belles choſes, ie me
ſentis chatoüillé de ces agreables
douleurs, qu'on dit que ſent l'embrion à l'infuſion de ſon ame : Le
vieil poil me tomba pour faire place
à d'autres cheueux plus eſpois &
plus déliez : ie ſentis ma ieuneſſe ſe
rallumer, mon viſage deuenir ver-
meil, ma chaleur naturelle ſe remeſ-
ler doucement à mon humide radical : enfin ie recula y ſur mon âge enuiron quatorze ans.

J'auois cheminé vne demy-lieuë:

à trauers vne foreſt de iaſmins & de
myrthes, quand i'apperceus couché
à l'ombre ie ne ſçay quoy qui remuoit : c'eſtoit vn ieune adoleſcent,
dont la maieſtueuſe beauté me força
preſque à l'adoration : Il ſe leua pour
m'en empeſcher ; & ce n'eſt pas à
moy, s'écria-t'il, c'eſt à Dieu que tu
dois ces humilitez. Vous voyez vne
perſonne, luy répondis-ie, conſterné
de tant de miracles, que ie ne ſçay
par lequel débuter mes admirations ;
car venant d'vn Monde que vous prenez ſans doute icy pour vne Lune, ie
penſois eſtre abordé dans vn autre,
que ceux de mon païs appellent la
Lune auſſi ; & voila que ie me trouue
en Paradis aux pieds d'vn Dieu qui
ne veut pas eſtre adoré. Horſmis la
qualité de Dieu, me repliqua-t'il,
dont ie ne ſuis que la creature, ce
que vous dites eſt veritable : cette
terre cy eſt la Lune que vous voyez
de voſtre globe ; & ce lieu-cy où vous
marchez eſt .... Or en ce
temps-la l'imagination chez l'homme

estoit si forte, pour n'auoir point encore esté corrompuë, ny par les débauches, ny par la crudité des alimens, ny par l'alteration de maladies, qu'estant alors excité au violent desir d'aborder cet azile, & que sa masse estant deuenuë legere par le feu de cet entousiasme, il y fut enleué de la mesme sorte qu'il s'est veu des Philosophes, leur imagination fortement tenduë à quelque chose, estre emportez en l'air par des rauissemens que vous appellez extatiques . . . . . . que l'infirmité de son sexe rendoit plus foible & moins chaude, n'auroit pas eu sans doute l'imaginatiue assez vigoureuse pour vaincre par la contention de sa volonté le poids de la matiere, mais parce qu'il y auoit tres-peu . . . . La simpathie dont cette moitié estoit encore liée à son tout, la porta vers luy à mesure qu'il montoit, comme l'ambre se fait suiure de la paille, comme l'aimant se tourne au Septentrion d'où il a esté arraché, & attira cette partie de luy

mefme, comme la mer attire les fleuues qui font forties d'elle. Arriuez
qu'il furent en voftre terre, ils s'ha-
bituerent entre la Mefopotanie, &
l'Arabie, certains peuples l'ont
connu fous le nom . . . . & d'autres fous celuy de Promethée, que
les Poëtes feignirent auoir deftobé
le feu du Ciel, à caufe de fes def-
cendans qu'il engendra, pouruens
d'vne ame auffi parfaite que celle
dont il eftoit remply : ainfi pour habiter voftre Monde, cet homme laiffa
celuy-cy defert, mais le tout Sage ne
voulut pas qu'vne demeure fi heu-
reufe reftaft fans habitans; il permit
peu de fiecles apres . . . . ennuyé de la compagnie des hommes,
dont l'innocence fe corrompoit, eut
enuie de les abandonner. Ce perfonnage toutefois ne iugea point de retraitte affeurée contre l'ambition de
fes parens qui s'égorgeoient defiapour
le partage de voftre Monde, finon la
terre bienheureufe, dont fon ayeul
luy auoit tant parlé, & dont perfonne

n'auoit encore obferué le chemin : mais fon imagination y fuppléa ; car comme il eut obferué ..... il remplit deux grands vafes qu'il luta hermeti- quement , & fe les attacha fous les aif- felles : la fumée auffi-toft qui tendoit à s'éleuer , & qui ne pouuoit penetrer le metail , pouffa les vafes en haut , & de la forte enleuerent auec eux ce grand homme. Quand il fut monté iufques à la Lune , & qu'il eut ietté les yeux fur ce beau iardin, vn épa- noüiffement de ioye prefque furnatu- relle luy fit connoiftre que c'eftoit le lieu où fon ayeul auoit autrefois de- meuré. Il délia promptement les vaif- feaux qu'il auoit ceints comme des aifles autour de fes efpaules , & le fit auec tant de bonheur, qu'à peine eftoit il en l'air quatre toifes au deffus de la Lune , qu'il prit congé de fes nageoi- res : L'éleuation cependant eftoit af- fez grande pour le beaucoup bleffer, fans le grand tour de fa robe, où le vent s'engouffra , & le fouftint doucement, iufques à ce qu'il euft mis pied à terre.

Pour les deux vaſes, ils monterent iuſques à vn certain eſpace où ils ſont de-
meurez : & c'eſt ce qu'auiourd'huy
vous appellez les balances. . . . .
. Il faut maintenant que ie vous raconte la façon dont i'y ſuis venu : Ie
croy. que vous n'aurez pas oublié
mon nom, car ie vous l'ay dit n'agueres. Vous ſçaurez donc que i'habi-
tois ſur les agreables bords d'vn des
plus renommez fleuues de voſtre
Monde, où ie menois parmy les Liures vne vie aſſez douce pour ne la
pas regretter, encore qu'elle s'écou-
laſt : Cependant plus les lumieres
de mon eſprit croiſſoient, plus croiſ-
ſoit auſſi la connoiſſance de celles
que ie n'auois point. Iamais nos Sçauans ne me ramenteuoient l'illuſtre
Mada que le ſouuenir de ſa Philoſophie parfaite ne me fit ſoûpirer. Ie
deſeſperois de la pouuoir acquerir,
quand vn iour apres auoir long-
temps reſvé, ie pris de l'aimant enuiron deux pieds en carré, que ie mis
dans vn fourneau ; puis lors qu'il fut

bien purgé, precipité, & diſſout, i'en tiré l'attractif calciné, & le reduiſis à la groſſeur d'enuiron vne balle mediocre. . . .

- Enſuite de ces preparations ie fis conſtruire vne machine de fer fort legere, dans laquelle i'entray ? . . . . & lors que ie fus bien ferme & bien appuyé ſur le ſiege, ie ruay fort haut en l'air cette boule d'aimant. Or la machine de fer que i'auois forgée tout exprés plus maſſiue au milieu qu'aux extremitez, fut enleuée auſſi-toſt, & dans vn parfait equilibre, à cauſe qu'elle ſe pouſſoit touſiours plus viſte par cet endroit. Ainſi donc à meſure que i'arriuois où l'aimant m'auoit attiré, ie rejettois auſſi-toſt ma boule en l'air au deſſus de moy. Mais l'interrompis-je, comment lanciez-vous voſtre bale ſi droit au deſſus de voſtre chariot, qu'il ne ſe trouuaſt iamais à coſté ? Ie ne voy point de merueille en cette auanture, me dit-il: car l'aimant pouſſé qu'il eſtoit en l'air, attiroit le fer droit à ſoy ; & par

conſequent il eſtoit impoſſible que ie
montaſſe iamais à coſté. Ie vous diray
meſme que tenant ma boule en ma
main, ie ne laiſſois pas de monter, parce que le chariot couroit touſiours à
l'aimant que ie tenois, au deſſus de
luy : Mais la ſaillie de ce fer pour s'v-
nir à ma boule, eſtoit ſi violente,
qu'elle me faiſoit plier le corps en
double, de ſorte que je n'oſé tenter
qu'vne fois cette nouuelle experience. A la verité c'eſtoit vn ſpecta-
cle à voir, bien eſtonnant, car l'acier
de cette maiſon volante que i'auois
poly auec beaucoup de ſoin, refleſſif-
ſoit de tous coſtez la lumiere du Soleil, ſi viue & ſi brillãte, que ie croyois
moy-meſme eſtre tout en feu. Enfin
apres auoir beaucoup rué & volé apres
mon coup, i'arriuay comme vous auez
fait en vn terme où ie tombois vers ce
Monde-cy ; & pource qu'en cét inſtant ie tenois ma boule bien ſerrée entre mes mains, ma machine dõt leſiege
me preſſoit pour approcher de ſon
attractif, ne me quitta point ; tout ce

qui me reſtoit à craindre, c'eſtoit de
me rompre le col ; mais pour m'en ga-
rantir, ie reiettois ma boule de temps
en temps, afin que la violence de la
machine retenuë par ſon attractif ſe
rallentit, & qu'ainſi ma cheute fut
moins rude, comme en effet il arriua ;
car quand ie me vis à deux ou trois
cens tõiſes prés de terre, ie lançay ma
bale de tous coſtez à fleur du chariot,
tantoſt deçà, tantoſt delà, iuſqu'à ce
que ie m'en viſſe à vne certaine di-
ſtance ; & auſſi-toſt ie la jettay au
deſſus de moy, & ma machine l'ayant
ſuiuie, ie la quittay, & me laiſſay tomber d'vn autre coſté, le plus doucement que ie pûs ſur le ſable : de ſorte
que ma cheute ne fut pas plus violente
que ſi ie fûſſe tombé de ma hauteur.
Ie ne vous repreſenteray point l'éton-
nement qui me ſaiſit à la veuë des merueilles qui ſont ceans, parce qu'il fut
à peu prés ſemblable à celuy dont ie
vous viens de voir conſterné.........

　I'en auois à peine gouſté, qu'vne
époiſſe nuée tomba ſur mon ame : ie

ne vis plus perſonne auprés de moy,
& mes yeux ne reconnurent en toute
l'Hemiſphere vne ſeule trace du chemin que i'auois fait ; & auec tout cela
ie ne laiſſois pas de me ſouuenir de
tout ce qui m'eſtoit arriué. Quand
depuis i'ay fait reflection ſur ce miracle, ie me ſuis figuré que l'eſcorce
du fruict où i'auois mordu ne m'auoit
pas tout à fait abruty, à cauſe que mes
dents la trauerſant, ſe ſentirent vn
peu du jus qu'elle couuroit, dont l'e-
nergie auoit diſſipé les malignitez de
l'eſcorce. Ie reſtay bien ſurpris de
me voir tout ſeul au milieu d'vn païs
que ie ne connoiſſois point. I'auois
beau promener mes yeux, & les jet-
ter par la campagne, aucune creature
ne s'offroit pour les conſoler. Enfin, ie
reſolus de marcher, iuſques à ce que
la fortune me fit rencontrer la compagnie de quelques beſtes, ou de
la mort.

Elle m'éxauça, car au bout d'vn
demy quart de lieuë ie rencontray
deux fort grands animaux, dont l'vn

s'arresta deuant moy, l'autre s'enfuit legerement au gifte (au moins ie le penfay ainfi) à caufe qu'à quelque temps de là ie le vis reuenir accompagné de plus de fept ou huit cent de mefme efpece qui m'enuironnerent. Quand ie les pûs difcerner de pres, ie connus qu'ils auoient la taille & la figure comme nous. Cette auanture me fit fouuenir de ce que iadis i'auois oüy conter à ma Nourrice, des Syrenes, des Faunes, & des Satyres : de temps en temps ils éleuoient des huées fi furieufes, caufées fans doute par l'admiration de me voir, que ie croyois quafi eftre deuenu Monftre. Enfin, vne de ces beftes-hommes, m'ayant pris par le col, de mefme que font les Loups quand il enleuent des Brebis, me ietta fur fon dos, & me mena dans leur Ville, où ie fus plus eftonné que deuant, quand ie reconnus en effet que c'eftoient des hommes, de n'en rencontrer pas vn qui ne marchaft à quatre pattes.

Lors que ce peuple me vit fi petit,

car la plufpart d'entr'eux ont douze
coudées de longueur ; & mon corps
fouftenu de deux pieds feulement , ils
ne pûrent croire que ie fuffe vn homme : car ils tenoient que la Nature
ayant donné aux hommes comme
aux beftes deux iambes & deux bras,
elle s'en deuoient feruir comme eux.
Et en effet, refvant depuis là-deffus,
i'ay fongé que cette fcituation de
corps n'eftoit point trop extraua-
gante , quand ie me fuis fouuenu que
les enfans lors qu'ils ne font encore
inftruits que de nature, marchant à
quatre pieds, & qu'ils ne fe leuent fur
deux que par le foin de leurs Nour-
rices qui les dreffent dans de petits
chariots, & leurs attachent des laf-
nieres pour les empefcher de tomber
fur les quatre, comme la feule affiette
où la figure de noftre maffe encline de
fe repofer.

Ils difoient donc (à ce que ie me
fuis fait depuis interpreter) qu'infailliblement i'eftois la femelle du
petit animal de la Reyne. Ainfi ie

fus en qualité de telle ou d'autre chose mené droit à l'Hostel de Ville, où ie remarquay selon le bourdonnement & les postures que faisoient & le peuple & les Magistrats, qu'ils consultoient ensemble ce que ie pouuois estre. Quand ils eurent long-temps conferé, vn certain Bourgeois qui gardoit les bestes rares, supplia les Escheuins de me commettre à sa garde, en attendant que la Reyne m'enuoyast querir pour viure auec mon masle. On n'en fit aucune dificulté, & ce Basteleur me porta à son logis, où il m'instruisit à faire le gode-not, à passer des cullebutes, à figurer des grimaces ; & les apresdînées il faisoit prendre à la porte vn certain prix de ceux qui me vouloient voir : Mais le Ciel fléchy de mes douleurs, & fasché de voir prophaner le Tēple de son maistre, voulut qu'vn iour comme i'estois attaché au bout d'vne cor-de, auec laquelle le Charlatan me fai-soit sauter pour diuertir le monde, j'entendis la voix d'vn homme qui

me demanda en Grec qui j'eſtois. Ie
fus bien eſtonné d'entendre parler en
ce païs-là comme en noſtre Monde. Il
m'interrogea quelque temps : ie luy
répondis, & luy contay en ſuite generalement toute l'entrepriſe & le
ſuccés de mon voyage ; il me conſola,
& je me ſouuiens qu'il me dit : Hé
bien, mon fils , vous portez enfin la
peine des foibleſſes de voſtre Monde:
Il y a du vulgaire icy comme là , qui ne
peut ſouffrir la penſée des choſes où
il n'eſt point accouſtumé : mais ſçachez qu'on ne vous traitte qu'à la pareille ; & que ſi quelqu'vn de cette
terre auoit monté dans la voſtre, auec
la hardieſſe de ſe dire homme , vos
ſçauans le feroient eſtouffer comme
vn Monſtre. Il me promit enſuite
qu'il aduertiroit la Cour de mon deſaſtre; & il adiouſta qu'auſſi-toſt qu'il
auoit ſceu la nouuelle qui couroit de
moy , il eſtoit venu pour me voir, &
m'auoit reconnu pour vn homme du
Monde dont ie me diſois : parce qu'il
y auoit autrefois voyagé, & qu'il

auoit demeuré en Grece, où on l'appelloit le Demon de Socrate, qu'il
auoit depuis la mort de ce Philosophe gouuerné & instruit à Thebes
Epaminondas ; & qu'ensuite estant
passé chez les Romains, la Iustice l'a-
uoit attaché au party du ieune Caton ; qu'apres sa mort il s'estoit donné
à Brutus. Que tous ces grands personnages n'ayant laissé en ce Monde
à leurs places que le phantosme de
leurs vertus, il s'estoit retiré auec ses
compagnons dans les Temples & dans
les Solitudes. Enfin, adiousta-t'il, le
peuple de vostre Terre deuint si stu-
pide & si grossier, que mes compagnons & moy perdismes tous le
plaisir que nous auions autrefois pris
à l'instruire : il n'est pas que vous
n'ayez entendu parler de nous, car on
nous appelloit Oracles, Nymphes,
Genies, Fées, Dieux-Foyers, Lemures, Larues, Lamies, Farfadets,
Nayades, Incubes, Ombres, Manes, Spectres, & Phantosmes, &
nous abandonnâmes vostre Monde
sous

fous le Regne d'Augufte, vn peu
apres que ie me fus apparuà Drufus,
fils de Liuia, qui portoit la guerre en
Allemagne, & que ie luy eus defédu
de paffer outre: il n'y a pas long-téps
que i'en fuis arriué pour la feconde
fois; depuis cent ans en ça i'ay eu
commiffion d'y faire vn voyage,
i'ay rodé beaucoup en Europe, &
conuerfé auec des perfonnes que
poffiblé vous aurez connus : Vn
iour entr'autres i'apparus à Cardan
comme il eftudioit, ie l'inftruifis de
quantité de chofes, & en recompéfe
il me promit qu'il tefmoigneroità la
pofterité de qui il tenoit lesmiracles
qu'il s'attendoit d'efcrire. I'y vis
Agrippa, l'Abbé-Triteme, le Docteur Faufte, la Broffe, Cefar, & vne
certaine caballe de ieune gés que le
vulgaire à connus fous le nom de
Cheualier de la Roze-Croix, à qui
i'ay enfeigné quantité de fouplefles
& de fecrets naturels, qui fans doute
les auront fait paffer pour de grands
Magiciens : ie connus auffi Campa-

uelle ; ce fut moy qui luy conseillay
pendant qu'il estoit à l'Inquisition
dans Rome, de stiler son visage &
son corps aux postures ordinaires de
ceux dont il auoit besoin de connoistre l'interieur, afin d'exciter chez
soy par vne mesme assiette les pensées que cette mesme scituation
auoit appellées dãs sesaduersaires,
parce qu'ainsi il menageroit mieux
leur ame quand il la cõnoistroit, & il
commença à ma priere vn Liure,
que nous intulâmes, *dé Sensu rerum.*
I'ay frequenté pareillement en Frã-
ce la Mothe le Vayer & Gassendi; ce
second est vn hõme qui escrit autãt
en Philosophequecepremiery vit: i'y
ay connu quantité d'autres gẽs, que
vostre siécle traitte de diuins, mais ie
n'ay trouué en eux que beaucoup de
babil & beaucoup d'orgueil. Enfin
cõme ie trauersois de vostre païs en
Angleterre pour estudier les mœurs
de ses habitans, ie rencontray vn
homme, la honte de son païs ; car
certes c'est vne honte aux grands de

voſtre Eſtat de reconnoiſtre en luy,
ſans l’adorer, la vertu dont il eſt le
throſne; pout abreger ſon Panegyrique, il eſt tout eſprit, il eſt tout cœur,
& il a toutes ces qualitez dont vne
iadis ſuffiſoit à marquer vn Heros:
C’eſtoit Triſtan l’Hermite, verita-
blemēt il faut que ie vous auouë que
quand ie vis vne vertu ſi haute i’ap-
prehenday qu’elle ne fut pas recon-
nuë, c’eſt pourquoy ie taſchay deluy
faire accepter trois phioles, la premiere eſtoit pleine d’huile de Talk,
l’autre de poudre de proiection, & la
derniere d’or potable; mais il les re-
fuſa auec vn deſdain plus genereux
que Diogene ne receut les compli-
mens d’Alexandre : enfin ie ne puis
rien adiouſter à l’Eloge de ce grand
homme, ſinō que c’eſt le ſeul poëte,
le ſeul Philoſophe, & le ſeul homme libre que vous ayez : Voila
les perſonnes conſiderables que
i’ay conuerſées, tous les autres, au
moins de ceux que i’ay connus, ſont
ſi fort au deſſous de l’homme,

que i'ay veu des beſtes vn peu au
deſſus.

Au reſte ie ne ſuis point originaire
de voſtre terre ny de celle cy, je ſuis
né dans le Soleil : mais parceque
quelquefois noſtre Monde ſe trouue
trop peuplé, à cauſe de la longue vie de ſes habitans, & qu'il eſt
preſque exempt de guerres & de maladies ; de temps en temps nos Magiſtrats enuoyent des colonies dans
les Mondes des enuirons : quant à
moy ie fus commandé pour aller au
vôtre, & declaré chef de la peuplade
qu'on y enuoyoit auec moy. I'ay
paſſé de puis en celuy-cy pour les
raiſons que ie vous ay dites ; & ce
qui fait que i'y demeure actuelle-
ment, c'eſt que les hommes y ſont
amateurs de la verité, qu'on n'y voit
point de Pedãs, que les Philoſophes
ne ſe laiſſent perſuader qu'à la raiſõ,
& que l'authorité d'vn ſçauãt, ny le
plus grand nombre, ne l'emportent
point ſur l'opinion d'vn bateur en
grange, quand il raiſonne auſſi forte-

ment. Bref en ce païs on ne conte
pour insensez que les Sophistes & les
Orateurs : ie luy demāday combien
de temps ils viuoient, il me répondit
trois ou quatre mille ans, & continua
de cette sorte.

Encor que les habitans du Soleil
ne soient pas en aussi grand nombre
que ceux de ce Monde, le Soleil
en regorge bien souuent, à cause
que le peuple pour estre d'vn temperamment fort chaud est remuant
& ambitieux, & digere beaucoup.

Ce que ie vous dis ne vous doit pas
sembler vne chose estonnante ; car
quoy que nôtre globe soit tres vaste
& le vôtre petit, quoy que nous ne
mourions qu'apres quatre mil ans, &
vous apres vn demy siécle ; aprenez
que tout de mesme qu'il n'y a pas
tant de cailloux que de terre, ny tant
de plantes que de cailloux, ny tant
d'animaux que de plantes, ny tant
d'hōmes que d'animaux : ainsi il n'y
doit pas auoir tant de demons que

d'hommes, à caufe des difficultez
qui fe rencontrent à la generation
d'vn compofé fi parfait.

Ie luy demanday s'ils eſtoient des
corps comme nous, il me répondit
qu'oüy, qu'ils eſtoient des corps,
mais non pas comme nous, ny cõme
aucune chofe quenouseſtimiõstelle:
parce qu nous n'appellons vulgaire-
ment corps que ce que nous pouuons toucher:qu'au reſte il n'y auoit
rien en la nature qui ne fut materiel,
& que quoy qu'il le fuſſent eux-
mefmes, ils eſtoient contraints quãd
ils vouloient fe faire voir à nous, de
prendre des corps proportiõnez à ce
que nos fens font capables de connoiſtre, & que c'eſtoit fans doute
ce qui auoit fait penfer à beaucoup de monde, que les hiſtoires qui
fe contoient d'eux n'eſtoient qu'vn
effet de la refverie des foibles,
à caufe qu'elle n'apparoiſſent que
de nuit : & il adiouſta, que comme ils eſtoient contraints de baſtir
eux-mefmes à la haſte le corps dont

il falloit qu'il se seruissent, ils
n'auoient pas le temps bien souuent de les rendre propres qu'à
choir seulement dessous vn sens, tantost l'oüye comme les voix des Oracles; tantost la veuë comme les Ardans & les Spectres, tantost le toucher côme les Incubes, & que cette
masse n'estant qu'vn air épaissy de
telle ou telle façon, la lumiere par sa
chaleur les destruisoit, ainsi qu'on
voit qu'elle dissipe vn broüillard en
le dilatant.

Tant de belles choses qu'il m'ex-
pliquoit me donnerêt la curiositéde
l'interroger sur sa naissance & sur sa
mort, si au païs du Soleil l'indiuidu
venoit au iour par les voyes de generation, & s'il mouroit par le desordre
de sô temperãment, ou la rupture de
ses organes: Ily a trop peu de raport,
dit-il, entre vos sens & l'explicatiõ
de ces maistres: Vous vous imaginez
vous autres que ce que vous ne sçauriez comprendre est spirituel, ou
qu'il n'est point; mais cette conse-

quéce eft tres-fauſſe, & c'eft vn teſ-
moignage qu'il y a dãs l'Vniuers vn
miſſiõ peut eftre de choſes qui pour
eftre connuë demanderoient en
vous vn million d'organes tout differens. Moy par exemple, ie connois
par mes ſens la cauſe de la ſimpathie
de l'aymant auec le pôle, celle du reflus de la mer, & ce que l'animal deuient apres ſa mort ; vous autres ne
ſçauriez donner iuſques à ces hautes
conceptions que par la foy, à cauſe
que les proportions à ces miracles
vous manquent, non plus qu'vn
aueugle ne ſçauroit s'imaginer ce
que c'eft que la beauté d'vnpaïſage,
le coloris d'vn tableau, & lesſnuances
de l'iris, ou bien il ſe les figurera tantoſt comme quelque choſe de palpable, cõme le menager, comme vn ſõ,
ou comme vne odeur : tout de meſme ſi ie voulois vous expliquer ce
que i'apperçois par les ſens qui vous
manquent, vous vous le repreſente-
riez comme quelque choſe qui peut
eftre oüy, veu, touché, fleuré, ou ſa-

uouré , & ce n'eſt rien cependant de
tout cela.

Il en étoit là de ſon diſcours, quand
mon baſteleur s'apperceut que la
chambrée commençoit à s'ennuyer
de mon iargon qu'ils n'entendoient
point, & qu'ils prenoient pour vn
grognement non articulé; il ſe remit de plus belle à tirer ma corde
pour me faire ſauter iuſques à ce que
les ſpectateurs eſtãt ſaouls de rire &
d'aſſeurer que i'auois preſque autant
d'eſprit que les beſtes deleurpaïs,ils
ſe retirerent chacun chez ſoy.

I'adouciſſois ainſi la dureté des
mauuais traittemens de mon maiſtre
par les viſites que me rédoit cét offi-
cieux Demon : car de m'entretenir
auec ceux qui me venoient voir,ou-
tre qu'ils me prenoient pour vn animal des mieux enracinez dans la ca-
tegorie des Brutes,ny ie ne ſçauois
leur langue,ny eux n'entendoiét pas
la mienne, & iugez ainſi quelle proportion : car vous ſçaurez que deux
Idiomes ſeulemẽt ſont viſitez en ce

païs, l'vn qui fert aux grands, & l'autre qui eſt particulier pour le peuple.

Celuy des grãds n'eſt autre choſe qu'vne differéce de tons non articulez, à peu prés ſemblables à noſtre muſique, quand on n'a pas adiouſté les paroles à l'air, & certes c'eſt vne inuention tout enſemble & bien vtile & bien agreable; car quand ils ſont las de parler, ou quand ils deſdaignent de proſtituer leur gorge à cét vſage, ils prennent ou vn Luth, ou vn autre inſtrument, dont ils ſe ſeruent auſſi bien que de la voix à ſe communiquer leurs penſées: de ſorte que quelquefois il ſe rencontreront iuſques à quinze ou vingt de compagnie, qui agiteront vn poinƈt de Theologie, ou les difficultez d'vn procez, par vn concert le plus harmonieux dont on puiſſe chatoüiller l'oreille.

Le ſecond qui eſt en vſage chez le peuple, s'execute par le tremouſſement des membres, mais non pas

peut-eſtre comme on ſe figure ; car
certaines parties du corps ſignifient
vn diſcours tout entier : l'agitation
par exemple d'vn doigt, d'vne main,
d'vne oreille, d'vne levre, d'vn bras,
d'vn œil, d'vne iouë, feront chacun
en particulier vne oraiſõ ou vne pé-
riode, auec tous ſes membres: d'autres ne ſeruent qu'à deſigner des
mots, comme vn plis ſur le front, les
diuers friſſonnemens des muſcles, les
renuerſemens des mains, les batte-
mens de pied, les contorſiõs de bras;
de ſorte que quand ils parlent, auec
la couſtume qu'ils ont priſe d'aller
tous nuds, leurs membres accouſtumez à geſticuler leurs conceptions,
ſere mu ét ſi dru, qu'il ne ſemble pas
d'vn homme qui parle, mais d'vn
corps qui tremble.

Preſque tous les ious le Demon
me venoit viſiter, & ſes merueilleux
entretiens me faiſoient paſſer ſans
ennuy les violences de ma captiuité.
Enfin vn matin ie vis entrer dans ma
logette vn homme que ie ne con-

noiſſois point , & qui m'ayant fort
long temps leſché, me gueula doucement par l'eſſelle, &de l'vne des pattes dont il me ſouſtenoit de peurque
ie ne me bleſſaſſe, me ietta ſur ſon
dos, où ie me trouuay ſi mollement
& ſi à mon aiſe, qu'auec l'affliction
que me faiſoit ſentir vn traitement
de béte,il ne me prit aucune enuiede
me ſauuer, & puis ces hommes qui
marchent à quatre pieds vont bien
d'vne autre viteſſequenous, puiſque
les plus peſans attrapent les Cerfs à
la courſe.

Ie m'affligeois cependant outre
meſure de n'auoir point de nouuelle
de mon courtois Demon, & le ſoir
de la premiere traitte arriué que ie
fus au giſte, ie me promenois dans
la court de l'hoſtellerie attendant
que le manger fuſt preſt, lors qu'vn
homme fort ieune & aſſez beau me
vint rire au nez, & ietter à mon col
ſes deux pieds de deuãt. Apres que ie
l'eus quelque temps cõſideré: quoy,
me dit-il en François, vous ne con-

noiſſez plus voſtre amy ? Ie vous
laiſſe à péſer ce que ie deuiens alors:
certes ma ſurpriſe fut ſi grande, que
deſlors ie m’imaginay que tout le
glóbe de la Lune, tout ce qui m’y
eſtoit arriué, & toutcequei’yvoyois,
n’eſtoit qu’enchantement ; & cét
homme beſte eſtant le meſme qui
m’auoit ſeruy de monture, continua
de me parler ainſi; vous m’auiez promis que les bons offices que ie vous
rendrois ne vous ſortiroient iamais
de la memoire, & cependant il ſemble que vous ne m’ayez iamais veu?
mais voyant que ie demeurois dans
mon eſtonnement ; enfin, adiouſta-
t’il, ie ſuis ce Demon de Socrate. Ce
diſcours augmenta mon eſtonnement; mais pour m’en tirer il me dit,
ie ſuis le Démon de Socrate, qui
vous ay diuerty pendant voſtre priſon, & qui pour vous continuer mes
ſeruices me ſuis reuétuducorps auec
lequel ie vous porté hier ; mais l’interrompis-ie, comment tout cela ſe
peut-il faire; veu qu’hier vous eſtiez

d'vne taille extrememeent longue; &
qu'auiourd'huy vous eftestres-court
qu'hier vous auiez vne voix foible&
caffée,& qu'auiourd'huyvousenauez
vn e claire & vigoureufe , qu'hier
en fin vous eftiez vn vieillard tout
ch enu,&quevousn'eftesauiourd'hui
qu'vn ieune h omme : quoy doncau
lieu qu'en mõ pays on chemine de la
naiffance à la mort, les animaux de
celui-cy vont de la mortàla naiffãce,
& raieuniffent force de vieillir.

　　Si-toft que i'eus parlé au Prince,
me dit-il,apres auoir receu l'ordrede
vous conduire à la „Cour, ie vous
allay trouue r où vouseftiez,& vous
ayant apporté icy,i'ay fenty le corps
que i'informois fi fort attenué de laf-
fitude, que tous les organes me refu-
foient leursfonctions or dnaires, en
forte que ie me fuis enquis du chemin de l'hofpital, où entrant i'ay
trouué le corps d'vn ieune homme
qui venoit d'expirer par vn accident
fort b izarre,& pourtant fort cõmun
en ce pays . . . . Ie m'en

ſuis approché feignāt d'y connoiſtre
encore du mouuement, & proteſtāt
à ceux qui eſtoient preſens qu'il n'e-
ſtoit point mort, & que ce qu'on
croyoit luy auoir fait perdre la vie
n'eſtoit qu'vne ſimple letargie ; de
ſorte que ſans eſtre apperceu i'ayap-
prochay ma bouche de la ſiēne, où ie
ſuis entré comme par vn ſouffle:lors
mon vieil cadavre eſt tombé, & comme ſi i'euſſe eſté ce ieune homme,ie
me ſuis leué , & m'en ſuis venu vous
chercher,laiſſant là les aſſiſtanscrier
miracle. On nous vint querir là
deſſus pour nous mettre à table & ie
ſuiuis mō conducteur dans vne ſalle
magnifiquemēt meublée,mais où ie
ne vis rien de preparé pour manger. Vne ſi grande ſolitude de viande lors que ie periſſois de faim, m'o-
bligea de luy demāder où l'on auoit
mis le couuert:ie n'eſcoutay pointce
qu'il me reſpondit, car trois ou qua-
tres ieunes garçons enfās de l'Hoſte
s'approcherent de moy dans cét in-
ſtāt,& auec beaucoup de ciuilité me

defpoüillerent iufques à la chemife :
cette nouuelle ceremonie m'eftonna
fi fort que ien'enofépasfeulemēt demāder la caufeà mes beaux valets de
chambre, & ie ne fçay cōment mon
guide qui me demāda par où ie voulois cōmencer peut tirer de moy ces
deux mots, *vn potage* ; mais ie les eus
à peine proferez, que ie fentis l'odeur
du plus fucculent mitonné, qui frapa
iamais le nez du mauuais riche : ie
voulus me leuer de ma place pour
chercher à la pifte la fource de cét
agreable fumée, mais mon porteur
m'en empefcha ; où voulez-vous
aller, me dit-il, nous irons tantoft à
la promenade: mais maintenant il eft
faifō de manger, acheuez voftre potage, & puis nous ferons venir autre
chofe; & où diable eft ce potage (luy
répondis-ie prefque en colere)auez
vous fait gajure de vous moquer de
moy tout auiourd'huy ? Ie penfois,
me repliqua-t'il, que vous euffiez
veuà la ville d'où nous venons vôtre
maiftre, ou quelqu'autre, prendre fes

repas ; c'eſt pourquoy ie ne vous
auois point dit de quelle façon on ſe
nourrit icy. Puis donc que vous l'i-
gnorez encore, ſçachez que l'on n'y
vit que de fumée. L'art de cuiſine-
rie eſt de renfermer dans de grands
vaiſſeaux moulez exprés l'exhalaiſon
qui ſort des viandes en les cuiſant ;
& quãd on en a ramaſſé de pluſieurs
ſortes & de differens gouſts, ſelon
l'appétit de ceux que l'on traitte,
on débouche le vaiſſeau où cette
odeur eſt aſſemblée ; on en découure apres cela vn autre, & ainſi iuſques à ce que toute la cõpagnie ſoit
repuë.

A moins que vous n'ayez déja vécu
de cette ſorte, vous ne croitez iamais que le nez ſans dents & ſãs go-
ſier, faſſe pour nourrir l'homme l'office de la bouche ; mais ie vous le
veux faire par experience. Il n'euſt
pas pluſtoſt acheué, que ie ſentis
entrer ſucceſſiuement dans la ſalle
tãt d'agreables vapeurs, & ſi nourriſ-
ſantes, qu'en moins de demy quart

Pagination incorrecte — date incorrecte

NF Z 43-120-12   -

Contraste insuffisant

NF Z 43-120-14

d'heure ie me fentis tout à fait raffa-
fié, quand nous fufmes leuez : cecy
n'eft pas, dit-il, vne chofe qui vous
doiue caufer beaucoup d'admiratiõ
puis que vous ne pouuez pas auoir
tant vefcu fans auoir obferué qu'en
voftre Monde les Cuifiniers, les Pa-
tiffiers, & les Rotiffeurs,qui mangét
moins que les perfonnes d'vne autre
vacation, font pourtant beaucoup
plus gras. D'où procede leur embonpoint, à voftre aduis, fi ce n'eft
de la fumée dont ils font fans ceffe
enuirõnez, & laquelle penetre leurs
corps & les nourrit ? Auffi les perfõ-
nes de ce Monde ioüiffent d'vne fãté
bien moins interrompuë & plus vigoureufe, à caufe que la nourriture
n'engendre prefque point d'excre-
mens, qui font l'origine de prefque
toutes les maladies. Vous auez poffible efté furpris lors qu'auãt le repas
on vous a deshabillé,parce que cette
couftume n'eft pas vfitée en voftre
païs; mais c'eft la mode de celuy-cy,
&l'on en vfe ainfi, afin que l'animal

soit plus tranfpirable à la fumée.
Monfieur, luy repartis-ie, il y a tres-
grãde apparence à ce que vous dites,
& ie viens moy-mefme d’en experimenter quelque chofe ; mais ie vous
aduoüeray que ne pouuant pas me
débrutalifer fi promptement, ie ferois bien aife de fentir vn morceau
palpable fous mes dẽts : il me le promit, & toutesfois ce fut pour le lendemain, à caufe, dit-il, que de mãger
fi-toft apres le repas, cela me produi-
roit vne indigeftiõ. Nous difcouruf-
mes encores quelque temps, puis
nous montafmes à la chambre pour
nous coucher. Vn homme au haut
de l’efcalier fe prefenta à nous, &
nous ayant enuifagez attentiuemẽt,
me mena dans vn cabinet, dont le
plancher eftoit couuert de fleurs
d’Orãge à la hauteur de trois pieds,
& mon Demon dans vn autre rẽply
d’œillets & de iaffemin, il me dit
voyant que ie paroiffois eftonné de
cette magnificẽce, que c’eftoient les
lits du païs. Enfin nous nous cou-

châmes chacun dans noftre cellule;
& dés que je fus eftendu fur mes
fleurs, j'apperceus à la lüeur d'vne
trentaine de gros vers luy fans enfer-
mez dans vn criftal (Caron ne fe fert
point d'autres chandelles) ces trois
ou quatre jeunes garçons qui m'a-
uoient deshabillé à fouper, dont l'vn
fe mit à me chatoüiller les pieds,
l'autre les cuiffes, l'autre les flancs,
l'autre les bras, & tous auec tant de
mignoteries, & de delicateffe, qu'en
moins d'vn moment je me fentis af-
foupir.

Ie vis entrer le lendemain mon
Démon auec le Soleil, & ie vous
veux tenir parole, me dit-il, vous
déjeûnerez plus folidemét que vous
ne foûpâtes hier. A ces mots ie me
leuay, & il me conduifit par la main
derriere le jardin du logis, où l'vn
des enfans de l'Hofte nous attendoit
auec vne arme à la main prefque fé-
blable à nos fufils. Il demanda à mõ
guide fi ie voulois vne douzaine d'alloüettes, parce que les Magots [il

croyoit que i'en fuſſe vn) ſe nourriſ-
ſoiēt de cette viande. A peine eus-ie
répondu qu'oüy, que le Chaſſeur
déchargea vn coup de feu, & vingt
ou trante alloüettes tomberent à nos
pieds toutes roſties. Voila, m'imagi-
nay-ie auſſi toſt, ce qu'õ dit par pro-
uerbe en noſtre Monde d'vn païs où
les alloüettes tõbent toutes roſties;
Sans doute que quelqu'vn eſtoit reuenu d'icy. Vous n'auez qu'à mãger,
me dit mon Demõ, ils ont l'induſtrie
de meſler parmy leur poudre & leur
plomb vne certaine compoſitiõ qui
tuë, plume, roſtit, & aſſaiſonne le gi-
bier. I'en ramaſſay quelques vnes,
dont ie mangay ſur ſa parole, & en
verité ie n'ay iamais en ma vie rien
gouſtay de ſi delicieux. Aprés ce dé-
jeuné nous nous miſmes en eſtat de
partir; & auec mille grimaces dõt ils
ſe ſeruent quand ils veulent teſmoigner de l'affection, l'Hoſte receut vn
papier de mon Demon. Ie luy demandé ſi c'eſtoit vne obligation
pour la valeur de l'eſcot. Il me ré-

partit que non, qu'il ne luy deuoit plus rien, & que c'eſtoit des Vers: Cõmẽt des Vers, luy repliquay-ie, les Tauerniers ſont donc icy curieux de rimes; C'eſt, me dit-il, la mõnoye du païs, & la dépenſe que nous venons de faire ceans s'eſt trouué mõter à vn Sixain que ie luy viens de donner. Ie ne craignois pas de demeurer court ; car quand nous ferions icy ripaille pendãt huit iours, nous ne ſçaurions dépenſer vn Sonnet, & i'en ay quatre ſur moy, auec deux Epigrãmes, deux Odes, & vne Eglogue: & pleuſt à Dieu, luy dis ie, que cela fut de meſme en nôtre Mode, i'y connois beaucoup d'hõneſtes Poëtes qui meurent de faim, & qui feroient bonne chere, ſi on payoit les traitteurs en cette monnoye. Ie luy demanday ſi ces Vers ſeruoient touſiours, pourueu qu'on les tranſcriuit : il me répondit que non, & continua ainſi. Quand on en a compoſé, l'Autheur les portes à la Cour des Monnoyes, où les Poëtes Iurez

du Royaume tiennent leur seance :
Là ces versificateurs Officiers mettent les pieces à l'épreuue ; & si elles
font iugées de bon aloy ? on les taxe
non pas selon leur prix, c'est a dire
qu'vn Sonnet ne vaut pas tousiours
vn Sonnet, mais selon le merite de la
piece; &ainsi quãd quelqu'vn meurt
de faim, ce n'est iamais qu'vn buffle,
& les persõnes d'esprit fõt tousiours
grand chere. I'admirois tout extasié
la police iudicieuse de cepaïs-là, & la
poursuiuit de cette façon. Il y a encore d'autres personnes qui tiennẽt
cabaret d'vne maniere bien differente: lors qu'on fort de chez eux, ils
demande à proportion des fraits vn
acquit pour l'autre Monde : & dés
qu'on leur a donné, ils escriuent dãs
vn grand Registre qu'ils appellent
les comptes du grãd Iour, à peu pres
en ces termes. Item, la valeur de
tant de Vers deliurez vn tel iour, à
vn tel, qu'on m'y doit rembourser
aussi-tost l'acquit receu du premier
fonds qui s'y trouuera: & lors qu'ils

se sentent en danger de mourir, ils
font hacher ces regiſtres en morceaux, & les aualent, parce qu'ils
croyent que s'il n'eſtoient ainſi di-
gerez, cela ne leur profiteroit de
rien.

Cet entretien n'empeſchoit pas
que nous ne continuaſſions de marcher, c'eſt à dire mon porteur à quatre pattes ſous moy, & moy à califourchon ſur luy. Ie ne particulari-
ſeray point dauantage les auantures
qui nous arreſterent ſur le chemin,
qu'enfin nous terminaſmesà la Ville
ou le Roy fait ſa reſidēce. Ie n'y fus
pas pluſtoſt arriuéqu'on me conduiſit au Palais, où les Grands me re-
ceurent auec des admirations plus
moderées que n'auoit fait le peuple,
quand i'eſtois paſſé dans les ruës :
mais la concluſion que i'eſtois ſans
doute la femelle du petit animaldela
Reyne, fut celle des Grands comme
du peuple. Mon guide me l'inter-
pretoit ainſi; & cependant luy-meſme n'entendoit point cette Enigme,

&

& ne sçauoit qui estoit ce petit animal de la Reyne ; mais nous en fufmes bien-tost éclaircis, car le Roy
quelque temps apres m'auoir confideré, commanda qu'on l'amenast, &
à vne demie heure de là ie vis entrer
au millieu d'vne trouppe de Singes
qui portoient la fraize & le haut de
chauffe, vn petit homme basty prefque tout comme moy , car il marchoit à deux pieds; si tost qu'il m'apperceut, il m'aborda par vn *Criado
de von estra merced*, ie luy riposté sa
reuerence à peu pres en mesme termes : Mais helas, ils ne nous eurent
pas plustost veu parler ensemble,
qu'ils crurent tous le préiugé veritable ; & cette coniecture n'auoit
garde de produire vn autre succez,
car celuy des assistans qui opinoit
pour nous auec plus de faueur protestoit que nostre entretien estoit vn
grognement que la ioye d'estre re-
ioins par vn instinct naturel nousfai-
soit bourdonner. Ce petit homme
me conta qu'il estoit Europeã, natif

de la vieille Caſtille, qu'il auoit
trouué moyen auec des oyſeaux de
ſe faire porter iuſques au Monde
de la Lune où nous eſtions lors,
qu'eſtāt tombé entre les mains de la
Reyne elle l'auoit pris pour vnSinge
à cauſe qu'ils habillēt par hazard en
ce pays là les Singes à l'Eſpagnolle,
& que l'ayant à ſon arriuée trouué
veſtu de cette façon, elle n'auoit
point douté qu'il ne fut de l'eſpece.
Il faut bien dire, luy repliquay-ie,
qu'apres leur auoir aſſayé toutesſor-
tes d'habits, ils n'en ayent point ré-
contré de plus ridicules, & que ce
n'eſt qu'à cauſe de cela qu'ils les
eſquipent de la ſorte, n'entretenant
ces animaux que pour s'en donner
du plaiſir : ce n'eſt pas connoiſtre,
reprit-il, la dignité de noſtre nation
en faueur de qui l'Vniuers ne produit des hommes que pour nous dō-
ner des eſclaues, & pour qui la Nature ne ſçauroit engendrer que des
matieres de rire. Il me ſupplia en ſuite de luy apprendre cōme ie m'eſtois

oſé hazarder. de grauir à la Lune
auec la machine. dont ie luy auois
parlé : ie luy répondis que c'eſtoit à
cauſe qu'il auoit emmené les oyſeaux ſur leſquels i'y penſois aller:
il ſourit de cette raillerie, & enuiron vn quart d'heure apres le Roy
commanda aux grandeurs de Singes
de nous ramener, auec ordre exprés
de nous faire coucher enſéble l'Eſpagnol. & moy, pour faire en ſon
Royaume. multiplier noſtre eſpece.
On executa de poinct en poinct la
volonté du Prince, de quoy ie fus
tres aiſe pour le plaiſir que ie rece-
uois d'auoir quelqu'vn qui m'entretint pendant la ſolitude de ma bru-
tification. Vn iour mon maſle (car
on me tenoit pour ſa femelle) me
conta que ce qui l'auoit veritablement obligé de courir toute la terre,
& enfin de l'abandonner pour la
Lune, eſtoit qu'il n'auoit pû trouuer
vn ſeul pays où l'imàginatió meſme
fut en liberté. Voyez-vous, me dit-
il, à moins de porter vn bonnet,

quoy que vous puiſſiez dire de beau,
s'il eſt contre les principes des
Docteurs de drap, vous eſtes vn
idiot, vn fou, & quelque choſe de
pis. On m'a voulu mettre en mon
pays à l'inquiſition, pource qu'à la
barbe des Pedans i'auois souſtenu
qu'il y auoit du vuide, & que ie ne
connoiſſois point de matiere au mõde plus peſante l'vne que l'autre. Ie
luy demanday de quelles probalitez
il apuyoit vne opiniõ ſi peu receuë:
il faut, me répondit-il pour en venir
à bout, ſuppoſer qu'il n'y a qu'vn
Element ; car encore que nous
voyons de l'eau, de la terre, de l'air
& du feu ſeparez, on ne les trouue
iamais pourtant ſi parfaitemẽt purs,
qu'ils ne ſoient encore engagez les
vns auec les autres. Quand, par
exemple, vous regardez du feu, ce
n'eſt pas du feu, ce n'eſt que de l'air
beaucoup eſtendu, l'air n'eſt que de
l'eau fort dilatée, l'eau n'eſt que de
la terre qui ſe fond, & la terre elle-
meſme n'eſt autre choſe que de l'eau

beaucoup resserrée; & ainsi à penetrer
serieusement la matiere, vous con-
noistrez qu'elle n'est qu'vne, qui
comme excellente Comediene iouë
icy bas toutes sortes de persónages,
sous toutes sortes d'habits : autrement il faudroit admettre autant d'e-
lemens qu'il y a de sortes de corps:
& si vous me demádez pourquoy le
feu brusle, & l'eau refroidit, veu que
ce n'est qu'vne seule matiere, ie
vous réponds que cette matiere
agit par simpathie, selon la disposi-
tion où elle se trouue dans le temps
qu'elle agit. Le feu qui n'est rien
que de la terre encore plus répanduë
qu'elle ne l'est pour cóstituer l'air,
tâche de changer en elle par simpathie ce qu'elle rencótre: ainsi la chaleur du charbon estant le feu le plus
subtil & le plus propre à penetrer vn
corps, se glisse entre les pores de nostre masse au commencement, parce
que c'est vne nouuelle matiere qui
nous remplit & nous fait exaler en
sueur; cette sueur estéduë par le feu

se conuertit en fumée & deuient air;
cet air encore dauãtage fondu par la
chaleur de l'ãtiperiftafe, oudesaftres
qui l'auoifinent, s'appelle feu, & la
terre abandonnée par le froid & par
l'humide qui lioient toutes les parties tõbe en terre; l'eau d'autre part,
quoy qu'elle ne differe de la matiere
du feu qu'ã ce qu'elle eft plus ferréc,
ne nous brufle pas, à caufe qu'eftant
ferée elle demande par fimpathie à
refferrer les corps qu'elle rencontre,
& le froid que nous fentons n'eft autre chofe que l'effet de noftre chair
qui fe replie fur elle mefme par le
voifinage de la terre ou de l'eau qui
la contraint de luy reffembler. De là
vient que les hydropiques remplis
d'eau changent en eau toute la nourriture qu'ils prennent ; de là vient
que les bilieux change en bile tout
le fang que forme leur foye: fuppofé
dõc qu'il n'y ait qu'vn feul element,
il eft certiffime que tous les corps
chacun felon fa qualité inclinent ef-
gallement au centre de la terre.

Mais vous me demanderez pourquoy dõc le fer, les metaux, la terre,
le bois, defcẽdent plus vifte à ce centre qu'vne efponge, fi ce n'eft à caufe
qu'elle eft pleine d'air, qui tẽd naturellement en haut. Ce n'en eft point
du tout là la raifon, & voicy comme
ie vous répons : quoy qu'vne roche
tombe auec plus de rapidité qu'vne
plume, l'vn & l'autre ont mefme inclination pour ce voyage ; mais vn
boulet de canon, par exemple, s'il
trouuoit la terre percéeà iour fe pre-
cipiteroit plus vifte à fon centre
qu'vne veffie groffe de vent ; & la
raifon eft que cette maffe de metail
eft beaucoup de terre recognée en
vn petit canton, & que ce vent eft
fort peu de terre en beaucoup d'efpace : car toutes les parties de la
matiere qui loge dans ce fer, iointes qu'elles font les vnes aux autres,
augmentent leur force par l'vnion,
à caufe que s'eftant refferrées elles
fe trouuent à la fin beaucoup à combatre contre peu, veu qu'vne par-

celle d'air esgale en groffeur au
boulet , n'eft pas efgale en quantité.

Sãs prouuer cecy par vne enfilure
de raifons , comment par voftre foy
vne pique, vne efpée, vn poignard,
nous bleffent-ils ? Si ce n'eft à caufe
que l'acier eftant vne matiere où les
parties font plus proches & plus en-
foncées les vnes dans les autres, que
non pas voftre chair dõt les pores &
la moleffe mõftrent qu'elle contiẽt
fort peu de matiere refpanduë en vn
grãd lieu, & que la pointe de fer qui
nous pique eftant vne quantité prefque inombrable de matiere contre
fort peu de chair, il la contraint de
ceder au plus fort, de mefme qu'vn
efcadron bien preffé entame aife-
mẽt vn bataillon moins ferré & plus
eftendu ; car pourquoy vne loupe
d'acierembrafée eft-ellepluschaude
qu'vn trõc de bois allumée; ficen'eft
qu'il y a plus de feu dans la loupe en
peu d'efpace , y en ayant d'attaché à
toutes les parties du metail , que dãs

le bafton, qui pour eftre fort fpon-
gieux enferme par confequent beaucoup de vuide , & que le vuide n'e-
ftant qu'vne priuation de l'Eftre,ne
peut eftre fufceptible de la forme du
feu : mais m'obiecterez vous, vous
fuppofez de vuide côme fi vous l'a-
uiez prouué, & c'eft cela dont nous
fommes en difpute ; & bien ie vais
vous le prouuer, & quoy que cette
difficulté foit la fœur du nœud gordien, i'ay les bras affez forts pour en
deuenir l'Alexandre.

Qu'elle me refponde donc ie l'en
fupplie, cette befte vulgaire qui ne
croit eftre homme, que parce qu'on
le luy a dit, fuppofé qu'il n'y ait
qu'vne matiere comme ie penfe l'a-
uoir affez prouué;d'où viens qu'elle
fe relafche & fe reftraint felon fon
appetit ; d'où vient qu'vn morceau
de terre à force de fe condenfer s'eft
fait caillou ?eft-ce que les parties de
ce caillou fe font placées les vnes
dans les autres, en telle-forte qne là
où s'eft fiché ce grain de fablon, là

mesme ou dans le mesme poinct loge vn autre grain de sablon. Tout
cela ne se peut, & selon leur principe
mesme, puis que les corps ne se pe-
netrent point : mais il faut que cette
matiere se soit raprochée, & si vous
voulez , se soit racourcie en sorte
qu'elle ait remply quelque lieu qui
ne l'estoit pas.

De dire que cela n'est point com-
prehensible qu'il y eust du rien dans
le Monde, que nous fussiõs en partie
composez de rien : hé pourquoy nõ,
le Mõde entier n'est il pas enuelopé
de rien : puis que vous m'auoüez cet
article, confessez donc qu'il est aussi
aisé que le Monde ait du rien dedãs
soy qu'autour de soy.

Ie vois fort bien que vous me demanderez pourquoy donc l'eau res-
trainte par la gelée dans vn vase le
fait creuer, si ce n'est pour empécher
qu'il ne se fasse du vuide : mais ie responds que cela n'arriue qu'à cause
que l'air dessus qui tend aussi bien
que la terre & l'eau au centre , ren-

contrant fur le droit chemin de ce
païs vne hoftellerie vaccante, y va
loger; s'il trouue les pores de ce vaiffeau, c'eftà dire les chemins qui conduifent à cette chambre de vuide,
trop eftroits, trop longs & trop tor-
tus, il fatisfait en le brifant à fon impatience pour arriuer pluftoft au
gifte.

Mais fans m'amufer à refpondre à
toutes leurs obiections, i'ofe bien
dire que s'il n'y auoit point de vuidé
il n'y auroit point de mouuemēt, où
il faut admettre la penetration des
corps ; car il feroit trop ridicule de
croire que quãd vne mouche pouffe
de l'aifle vne parcelle de l'air, cetté
parcelle en fait reculer deuant elle
vne autre, cette autre encoré vné
autre, & qu'ainfi l'agitation du pétit
orteil d'vne puce allaft faire vné
boffe derriere le Mōde. Quãd ils n'é
peuuent plus, ils ont recours à la ra-
refaction: mais en bonne foy comme
fe peut-il faire quand vn corps fe ra-
rifie, qu'vne particule de la maffe

s'eſloigne d'vne autre particule, ſãs
laiſſer ce milieu vuide ? n'auroit-il
pas falu que ces deux corps qui ſe
viennent de ſeparer euſſent eſté en
meſme tẽps au meſme lieu où eſtoit
celuy-cy, & que de la ſorte ils ſe fuſſent penetrez tous trois ? ie m'attẽds
bien que vous me demãderez pourquoy donc par vn chalumeau, vne
ſeringue ou vne pompe, on fait monter l'eau contre ſon inclination : à
quoy ie vous reſpondray qu'elle eſt
violentée, & que ce n'eſt pas la
peur qu'elle a du vuide qui l'obligeà
ſe détourner de ſon chemin ; mais
qu'eſtãt iointe auec l'air d'vne nuã-
ce imperceptible, elle s'eſleue quãd
on eſleue en haut l'air qui la tient
embaraſſée.

Cela n'eſt pas fort eſpineuxàcom-
prendre quand on connoiſt le cercle
parfait & la delicate enchaiſnure des
Elemens : car ſi vous conſiderez
attentiuement ce limon qui fait le
mariage de la terre & de l'eau, vous
trouuerez qu'il n'eſt plus terre, qu'il

n'eſt plus eau , mais qu'il eſt l'entre-
metteur du contraĉt de ces deux
ennemis ; l'eau tout de meſme auec
l'air s'enuoyent reciproquement vn
broüillard qui penetre aux humeurs de l'vn & de l'autre pour mo-
yenner leur paix, & l'air ſe reconcilie
auec le feu par le moyen d'vne exa-
laiſon mediatrice qui les vnit.

Ie penſe qu'il vouloit encore parler : mais on nous apporta noſtre
mangeaille, & parce que nous auiõs
faim ie fermay les oreilles à ſes diſcours, pour ouurir l'eſtomach aux
viandes qu'on nous donna.

Il me ſouuient qu'vne autrefois
comme nous philoſophiõs, car nous
n'aimions guere ny l'vn n'y l'autre à
nous entretenir des choſes baſſes : ie
ſuis bien faſché, dit-il, de voir vn eſprit de la trempe du voſtre infeĉté
des erreurs du vulgaire. Il faut donc
que vous ſçachiez malgré le pedan-
tiſme d'Ariſtote, dont retentiſſent
auiourd'huy toutes les Claſſes de
voſtre France, que tout eſt en tout ;

c'eſt à dire que dans l'eau par exemple il y a du feu, dedans le feu de
l'eau, dedans l'air de la terre, & dedans la terre de l'air:quoy que cette
opinion faſſe ouurir aux Scolares les
yeux grands cõme des ſallieres, elle
eſt plus aiſée à prouuer qu'à perſuader. Car ie leur demande premierement ſi l'eau n'engendre pas du
poiſſon, quand ils me le nieront:
creuſer vn foſſé, le rẽplir du ſirop de
l'eſguiere, & qu'il paſſeront encore
s'ils veulent à trauers vn bluteau
pour eſchapper aux obiections des
aueugles, ie veux en cas qu'ils n'y
trouuent du poiſſon dans quelque
temps,aualer toute l'eau qu'ils y auront verſée : mais s'il y en trouuent,
comme ie n'en doute point,c'eſt vne
preuue conuaincante qu'il y a du ſel
& du feu:par conſequent de trouuer
enſuite de l'eau dans le feu, ce n'eſt
pas vne entrepriſe fort difficile. Car
qu'ils choiſiſſent le feu meſme le
plus détaché de la matiere, comme
les Comeres,il y en a touſiours beau-

coup, puis que fi cette humeur onc-
tueuſe dont ils ſont engendrez re-
duite en ſoulfre par la chaleur de
l'antiperiſtaſe qui les allument, ne
trouuoit vn obſtacle à ſa violence
dans l'humide froideur qui la tem-
pere & la cōbat, elle ſe conſomme-
roit bruſquement comme vn éclair.
Qu'il y ait maintenant de l'air dans
la terre, ils ne le nieront pas, ou bien
ils n'ont iamais entendu parler des
friſſons effroyables dont les montagnes de la Sicile ont eſté ſi ſouuēt
agitées : outre cela nous voyons la
terre toute poreuſe iuſques aux
grains de ſablon qui la compoſent.
Cependant perſonne n'a dit encore
que ces creux fuſſent réplis de vuide : on ne trouuera dōc pas mauuais
que l'air y faſſe ſon domicile. Il me
reſteàprouuer que dans l'air il y a de
la terre ; mais ie ne daigne quaſi pas
prendre la peine, puis que vous en
eſtes conuaincu autant de fois que
vous voyez tomber ſur vos teſtes
ces legions d'atomes ſi nombreuſes.

qu'elles eſtouffent l'Arithmetique.

Mais paſſõs des corps ſimples aux
compoſez, ils me fourniront de ſu-
iets beaucoup plus frequens ; &
pour monſtrer que toutes choſes ſõt
en toutes choſes, non point qu'elles
ſe changent les vnes aux autres, cõme ſe gazoüillent vos Peripateticiens ; car ie veux ſouſtenir à leur
barbe que les principes ſe meſlent,
ſe ſeparent & ſe remeſlent derechef en telle ſorte que ce qui a eſté
fait eau par le ſage Createur du
monde le ſera touſiours : ie ne ſup-
poſe point à leur mode de maxime
que ie ne prouue.

C'eſt pourquoy prenez ie vous
prie vne buſche, ou quelqu'autre
matiere conbuſtible, & y mettez le
feu, ils diront quãd elle ſera embra-
ſée que ce qui eſtoit bois eſt deuenu
feu : mais ie leur ſouſtiens que non,
& qu'il n'y a point dauantage de feu
quand elle eſt tout enflammée,
qu'auparauant qu'on en euſt appro-

ché l'allumette; mais celuy qui eſtoit
caché dans la buſche que le froid &
l'humide empeſchoient de s'eſtédre
& d'agir, ſecouru par l'eſtranger,
a ralié ſes forces côtre le flegme qui
l'eſtouffoit, & s'eſt emparé du châp
qu'occupoit ſon ennemy, auſſi le
monſtre t'il ſans obſtacle & triomphant de ſon geolier: ne voyez vous
pas comme l'eau s'éfuit par les deux
bouts du tronçon, chaude & fu-
mante encore du combat qu'elle a
rendu. Cette flame que vous voyez
en haut eſt le feu le plus ſubtil, le plus
degagé de la matiere, & le pluſtoſt
preſt par conſequent à retourner
chez ſoy : il s'vnit pourtant en piramide iuſques à certaine hauteur
pour enfôcer l'eſpoiſſe humidité de
l'air qui luy reſiſte ; mais comme il
vient en montant à ſe degager peu à
peu de la violente compagnie de ſes
hoſtes, alors il prend le large, parce
qu'il ne rencontre plus rien d'anti-
patique à ſon paſſage, & cette negli-
gence eſt bien ſouuent cauſe d'vn

ſeconde priſon: car cheminãt ſeparé
il s'égarera quelquefois dãs vn nuage, s'il s'y rencontre: d'autrefois en
aſſez grande quãtité pour faire teſte
à la vapeur, ils ſe ioignent, ils grõ-
dent, ils tonnent, ils foudroyent, &
la mort des innocens eſt bien ſouuẽt
l'effet de la colere animéedeceſcho-
ſes mortes. Si quãd il ſẽ trouue em-
baraſſé dãs ces cruditez importunes
de la moyenne region, il n'eſt pas
aſſez fort pour ſe defendre, il s'a-
bandonne à la diſcretion de ſon ennemy qui le contraint par ſa peſan-
teur de retomber en terre; & ce malheureux enfermé dans vne goutte
d'eau, ſe rencontrera peut eſtre au
pied d'vn chêne, de qui le feu animal
inuitera ce pauure égaré de ſe loger
auec luy: ainſi le voila qui reuient au
meſme eſtat dõt il eſtoit ſorty quelques iours auparauant.

Mais voyons la fortune des autres
Elemens qui compoſoient cette buſche. L'air ſe retire à ſon quartier encore pourtant meſlé de vapeurs, à

cauſe que le feu tout en colere les
a bruſquement chaſſez peſle meſle.
Le voila donc qui ſert de balon aux
vents, fournit aux animaux de reſpi-
ratiõ, rẽplit le vuide que la Nature
fait, & poſſible encore que s'eſtant
enuelopé dans vne gouſte de roſée,
il ſera ſuccé & digeré par les feüilles
alterées de cet arbre, où s'eſt retiré
noſtre feu : l'eau que la flame auoit
chaſſé de ce troſne, éleuée par la chaleur iuſques au berceau des Meteores,
rctõbera en pluye ſur noſtre cheſne
auſſi-toſt que ſur vn autre; & la terre
deuenuë cendre, & puis guerie de ſa
ſterilité, ou par la chaleur nouriſſãte
d'vn fumier où on l'aura iettée, ou
par le ſel vegetatif de quelques plã-
tes voiſines ou par l'eau feconde des
riuieres, ſe rencõtrera peut eſtre pres
de ce cheſne, qui par la chaleur de ſõ
germe l'attirera, & en fera vne partie
de ſon tour.

De cette façon voila ces quatre
Elemẽs qui reçoiuẽt le meſme ſort,
& rentrent en meſme eſtat d'où ils

eſtoiẽt ſortis quelques iours auparauant : ainſi on peut dire que dans vn
hõme il y a tout ce qui eſt neceſſaire
pour compoſer vn arbre, & dans vn
arbre tout ce qui eſt neceſſaire pour
compoſer vn homme. Enfin de cette
façon toutes choſes ſe rencontrerõt
en toutes choſes, mais il nous mãque
vn Promethée, qui nous tire du ſein
de la Nature, & nous rendre ſẽſible;
ce que ie veux bien appeller matiere
premiere.

Voila les choſes à peu pres dont
nous amuſions le temps : car ce petit
Eſpagnol auoit l'eſprit ioly. Noſtre
entretiẽ toutesfois n'eſtoit que de la
nuit, àcauſe que depuis ſix heures du
matin iuſques au ſoir, la grãde foule
du monde qui nous venoit contempler à noſtre logis nous-euſt deſ-
tourné : car quelques-vns nous iet-
toient des pierres, d'autres des noix,
d'autres de l'herbe : il n'eſtoit bruit
que des beſtes du Roy, on nous ſeruoit tous les iours à manger à nos
heures, & la Reyne & le Roy pre-

noient eux-mefmes affez fouuent la
peine de me tafter le ventre pour
connoiftre fi ie n'empliffoi s point,
car ils bruloient d'vne enuie extraordinaire d'auoir de la race de ces petits animaux. Ie ne fçay fi ce fut pour
auoir efté plus attétif que mõ mafle
à leurs fimagrées & à leurs tons:
mais i'appris pluftoft que luy à entendre leur langue, & l'efcorcher
vn peu: ce qui fit qu'on nous confi-
dera d'vne autre façon qu'on n'a-
uoit fait, & les nouuelles coururét
auffi-toft par tout le Royaume
qu'on auoit trouué deux hommes
fauuages plus petits que les autres, à
caufe des mauuaifes nourritures que
la folitude nous auoit fournis, & qui
par vn defaut de la femence de leurs
peres n'auoient pas eu les iambes de
deuant affez fortes pour s'appuyer
deffus.

Cette creance alloit perdre racine à force de cheminer, fans les
doctes du païs qui s'y oppoferent,
difät que c'eftoit vne impieté épou-

uentable de croire que non feulement des beftes, mais des monftres,
fuffent de leur efpece. Il y auroit
bien plus d'apparence (adiouftoient
les moins paffionnez) que nos animaux domeftiques participaffent au
priuilege de l'humanité de l'immortalité, par confequent à caufe qu'ils
font nez dans noftre païs, qu'vne
befte monftrueufe, qui fe dit née ie
ne fçay où dans la Lune; & puis confiderez la difference qui fe remarque
entre nous & eux. Nous autres mar-
chõs à quatre pieds, parce que Dieu
ne fe voulut pas fier d'vne chofe fi
precieufe à vne moins ferme affiette,
& il eut peur qu'allant autrement
il n'arriuaft fortune de l'homme;
c'eft pourquoy il prit la peine del'af-
feoir fur quatre pilliers, afin qu'il ne
pût tomber; mais dédaignant de fe
mefler de la côftruction de ces deux
brutes, il les abandonna au caprice
de la Nature, laquelle ne craignant
pas la perte de fi peu de chofe, ne les
appuya que fur deux pattes.

Ces oyſeaux meſme, diſoient ils,
n'ont pas eſté ſi maltraittez qu'elles,
car au moins ils ont receu des plumes pour ſubuenir à la foibleſſe de
leurs pieds & ſe ietter en l'air quand
nous les eſconduirons de chez nous,
au lieu que la nature en oſtant les
deux pieds à ces monſtres les a mis
en eſtat de ne pouuoir eſchapper à
noſtre Iuſtice.

Voyez vn peu outre cela comme
ils ont la teſte tournée deuers le Ciel:
c'eſt la diſette où Dieu les a mis de
toutes choſes qui les a ſcituées de la
ſorte ; car cette poſture ſuppliante
teſmoigne qu'ils ſe pleignēt au Ciel
de celuy qui les a creez, & qu'ils luy
demandent permiſſion de s'accommoder de nos reſtes. Mais nous autres nous auons la teſte panchée en
bas pour contempler les biens dont
nous ſommes ſeigneurs, & comme
n'y ayant rien au Ciel à qui noſtre
heureuſe condition puiſſe porter enuie.

I'entédois tous les iours à ma loge

faire ces contes, ou d'autres fembla-
bles ; & enfin ils briderent fi bien
l'efprit des peuples fur cet article,
qu'il fut arrefté que ie ne pafferois
tout au plus que pour vn Perroquet
fans plumes, car ils confirmoient les
perfuadez, fur ce que non plus qu'vn
oyfeau ie n'auois que deux pieds :
Cela fit qu'ō me mit en cage par ordre exprès du confeil d'enhaut.

Là tous les iours l'oyfeleur de la
Reyne prenant le foin de me venir
fiffler la langue comme on fait icy
aux Sanfonnets, i'eftois heureux à la
verité en ce que ie ne māquoispoint
de mangeaille ; cependant parmy les
fornettes dont les regardans me rō-
poient les aureilles, i'appris à parler
comme eux, en forte que quād ie fus
affez rompus dans l'Idiome pour exprimer la plufpart de mes conceptions, i'en contay des plus belles ;
defia les compagnies ne s'entrete-
noient plus que de la gentilleffe de
mes bons mots, & de l'eftime que l'ō
faifoit de mon efprit:on vint iufques
là,

là , que le Conseil fut contraint de faire publier vn Arrest, par lequel on defendoit de croire que i'eusse de la raison, auec vn commandement tres-exprés à toutes personnes de quelque qualité ou condition qu'elles fussent, de s'imaginer, quoy que ie pusse faire de spirituel , que c'estoit l'instinct qui me le faisoit faire.

Cependant la definition de ce que i'estois partagea la Ville en deux factions. Le party qui soustenoit en ma faueur grossissoit de iour en iour ; & enfin en dépit de l'anatheme par lequel on taschoit d'épouuanter le peuple, ceux qui tenoient pour moy demanderent vne assemblée des Estats pour resoudre cette controuerse. On fut long-temps à s'accorder sur le choix de ceux qui opineroient ; mais les arbitres pacifierent l'animosité par le nombre des interessez qu'ils égalerent, & qui ordonnerent qu'on me porteroit dans l'assemblée, comme on fit:mais i'y fus traitté autant seuerement qu'on se le

peut imaginer. Les Examinateurs
m'interrogent entr'autres chofes de
Philofophie ; ie leur expofay tout
à la bonne foy ce que jadis mon Re-
gent m'en auoit appris, mais ils ne
mirent guere à me le refuter par
beaucoup de raifons conuaincantes :
de forte que n'y pouuant répondre,
i'alleguay pour dernier refuge les
principes d'Ariftote qui ne me fer-
uirent pas dauantage que les So-
phifmes , car en deux mots ils m'en
découurirent la fauffeté. Cét Ariftote, me dirent-ils, dont vous vantez fi fort la fçience, accommodoit
fans doute les principes à fa Philofophie, au lieu d'accómoder fa Philofophie aux principes, & encor deuoit-il
les prouuer au moins plus raifónables
que ceux des autres Sectes dont vous
nous auez parlé ; c'eft pourquoy le
bon Seigneur ne trouuera pas mauuais fi nous luy baifons les mains.
Enfin comme ils virent que ie ne
leur clabaudois autre chofe , finon
qu'ils n'eftoient pas plus fçauans

qu'Ariſtote , & qu'on m'auoit deffendu de diſputer contre ceux qui
nioient les principes. Ils conclurent
tous d'vne commune voix , que ie
n'eſtois pas vn homme, mais poſſible
quelque eſpece d'Auſtruche , vû
que ie portois comme elles la teſte
droite , que ie marchois ſur deux
pieds , & qu'enfin horſmis vn peu de
duuet, ie luy eſtois tout ſemblable ; ſi
bien qu'on ordonna à l'Oyſeleur de
me reporter en cage. I'y paſſois mon
temps auec aſſez de plaiſir, car à cauſe
de leur langue que ie poſſedois cor-
rectement , toute la Cour ſe diuer-
tiſſoit à me faire iaſer. Les Filles de la
Reyne entr'autres fouroient toûjours
quelque bride dans mon panier ; & la
plus gentille de toutes, ayant conceu
quelque amitié pour moy , elle eſtoit
ſi tranſportée de joye, lors qu'eſtāt en
ſecret , ie l'entretenois des mœurs &
des diuertiſſemens des gens de noſtre
Monde , & principalement de nos
cloches , & de nos autres inſtrumens

de musique, qu'elle me protestoit les larmes aux yeux, que si jamais je me trouuois en estat de reuoler en nostre Monde , elle me suiuroit de bon cœur.

Vn iour de grand matin, m'estant éueillé en sursaut, ie la vis qui tabourinoit contre les bastons de ma cage: Réiouissez vous, me dit-elle, hier dans le Conseil on conclud la guerre contre le Roy. I'espere parmy l'embarras des preparatifs, cependant que nostre Monarque & ses sujets seront éloignez , faire naistre l'occasion de vous sauuer. Comment la guerre, l'interrompis-ie, arriue-t'il des querelles entre les Princes de ce Monde icy comme entre ceux du nostre ; Hé ie vous prie, parlez-moy de leur façon de combattre.

Quand les arbitres, reprit-elle, éleus au gré des deux parties, ont désigné le temps accordé pour l'armement, celuy de la marche, le nombre des combatans, le iour & le lieu de la

bataille, & tout cela auec tant d'égalité, qu'il n'y a pas dans vne armée
vn feul homme plus que dans l'autre : les foldats eftropiez d'vn cofté
font tous enrollez dans vne compagnie ; & lors qu'on en vient aux
mains, les Marefchaux de Camp ont
foin de les expofer aux eftropiez : de
l'autre cofté, les Geans ont en tefte
les Coloffes, les efcrimeurs, les adroits
les vaillans, les courageux, les debi-
les, les foibles, les indifpofez, les malades, les robuftes, les forts ; & fi
quelqu'vn entreprenoit de frapper vn
autre que fon ennemy defigné, que
moins qu'il pût iuftifier que c'eftoit
par meprife, il eft condamné de
coüard. Apres la bataille donnée on
conte les bleffez, les morts, les pri-
fonniers, car pour les fuyards il ne
s'en trouue point ; fi les pertes fe trouuent égales de part & d'autre, ils tirent à la courte paille à qui fe procla-
mera victorieux.

Mais encore qu'vn Royaume euft
défait fon ennemy de bonne guerre,

ce n'eſt preſque rien aduancé, car il y
a d'autres armées peu nombreuſes de
ſçauans & d'hommes d'eſprit, des
diſputes deſquelles dépend entierement le triomphe ou la ſeruitude
des Eſtats.

Vn ſçauant eſt oppoſé à vn autre
ſçauant, vn eſprité à vn autre eſprité,
& vn iudicieux à vn autre iudicieux:
au reſte le triomphe que remporte vn
Eſtat en cette façon eſt compté pour
trois victoires à force ouuerte. Apres
la proclamation de la victoire on
rompt l'aſſemblée, & le peuple vainqueur choiſit pour eſtre ſon Roy, ou
celuy des ennemis, ou le ſien.

Ie ne pûs m'empeſcher de rire de
cette façon ſcrupuleuſe de donner
des batailles ; & i'alleguois pour
exemple d'vne bien plus forte Politique les couſtumes de noſtre Europe,
où le Monarque n'auoit garde d'ob-
mettre aucun de ſes auantages pour
vaincre ; & voicy comme elle me
parla.

Apprenez-moy, me dit-elle, ſi vos

Princes ne pretextent pas leurs arme-
mens du droict : si font, luy repliquay-ie, & de la iustice de leur cause.
Pourquoy donc, continua-t-elle, ne
choisissent-ils des arbitres non sus-
pects pour estre accordez ? & s'il se
trouue qu'ils ayent autant de droict
l'vn que l'autre, qu'ils demeurent
comme ils estoient, ou qu'ils ioüent
en vn coup de piquet la Ville ou la
Prouince dont ils sont en dispute.

Mais vous, luy repartis-ie, pour
quoy toutes ces circonstances en
nostre façon de combattre ? ne suf-
fit-il pas que les armées soient en pareil nombre d'hommes ? Vous n'a-
uez guere de iugement, me répondit-
elle. Croiriez-vous, par vostre foy,
ayant vaincu sur le pré vostre ennemy seul à seul, l'auoir vaincu de
bonne guerre, si vous estiez maillé, &
luy non ; s'il n'auoit qu'vn poignard,
& vous vne estocade ; enfin s'il estoit
manchot, & que vous eussiez deux
bras. Cependant auec toute l'égalité
que vous recommandez tant à vos

gladiateurs, ils ne se battent iamais
pareils ; car l'vn sera de grands, l'autre
de petite taille : l'vn sera adroit,
l'autre n'aura iamais manié d'espée :
l'vn sera robuste, l'autre foible : &
quand mesme ces disproportions
seroient égales, qu'ils seroient aussi
adroits & aussi forts l'vn que l'autre,
encore ne seroient-ils pas pareils ; car
l'vn des deux aura peut-estre plus de
courage que l'autre ; & sous l'ombre
que cet emporté ne considerera par le
peril, qu'il sera bilieux, qu'il aura
plus de sang, qu'il auoit le cœur plus
serré, auec toutes ces qualitez qui
font le courage, comme si ce n'estoit
pas aussi bien qu'vne espée, vne arme que son ennemy n'a point, il
s'ingere de se ruer éperduëment sur
luy, de l'effrayer, & d'oster la vie à ce
pauure homme qui preuoit le danger,
dont la chaleur est estouffée dans la
pituite, & duquel le cœur est trop
vaste pour vnir les esprits necessaires
à dissiper cette glace qu'on appelle
poltronnerie. Ainsi vous l'oïiez cet

homme d'auoir tué fon ennemy auec
auantage, & le loüant de hardieffe,
vous le loüez d'vn peché contre nature, puifque fa hardieffe tend à fa
deftruction. Et à propos de cela, je
vous diray qu'il y a quelques années
qu'on fit vne Remonftrance au Confeil de guerre, pour apporter vn Re-
glement plus circonfpect & plus con-
fçiencieux dans les combats. Et le
Philofophe qui donnoit l'auis parla
ainfi.

Vous vous imaginiez, Meffieurs,
auoir bien égalez les auantages de
deux ennemis, quand vous les auez
choifis tous deux grands, tous deux
adroits, tous deux pleins de courage;
mais ce n'eft pas encore affez, puis
qu'il faut qu'enfin le vainqueur furmonte par adreffe, par force, & par
fortune. Si ç'a efté par adreffe, il a
frappé fans doute fon aduerfaire par
vn endroit où il ne l'attendoit pas, ou
plus vifte qu'il n'étoit vray-femblable, ou feignant de l'attraper d'vn
cofté, il l'a affailly de l'autre : cepen-

dant tout cela c'eſt affiner, c'eſt tromper, c'eſt trahir, & la tromperie & la
trahiſon ne doiuent pas faire l'eſtime
d'vn veritable genereux. S'il a triomphé par force, eſtimerez-vous ſon
ennemy vaincu, puis qu'il a eſté
violenté ? Non ſans doute ; non plus
que vous ne direz pas qu'vn homme
ait perdu la victoire, encore qu'il ſoit
accablé de la chûte d'vne montagne,
parce qu'il n'a pas eſté en puiſſance
de la gagner : Tout de meſme celuy-
là n'a point eſté ſurmonté, à cauſe
qu'il ne s'eſt point trouué dans ce
moment diſpoſé à pouuoir reſiſter
aux violences de ſon aduerſaire. Si
ç'à eſté par hazard qu'il a terraſſé
ſon ennemy, c'eſt la Fortune qu'on
doit couronner, il n'y a rien contribué ; & enfin le vaincu n'eſt non plus
blaſmable que le joüer de dez, qui
ſur dix-ſept poincts en voit faire dix-
huict.

On luy confeſſa qu'il auoit raiſon;
mais qu'il eſtoit impoſſible, ſelon les
apparences humaines, d'y mettre or-

dre, & qu'il valoit mieux subir vn
petit inconuenient, que de s'abandonner à cent autres de plus grande
importance.

Elle ne m'entretint pas cette fois
d'auantage, parce qu'elle craignoit
d'estre trouuée toute seule auec moy
si matin : ce n'est pas qu'en ce païs
l'impudicité soit vn crime ; au contraire, hors les coupables conuaincus,
tout homme a pouuoir sur toute femme, & vne femme tout de mesme pouroit appeller vn homme en Iustice qui
l'auroit refusée : mais elle ne m'osoit
pas frequenter publiquement, à cause
que les gens du Conseil auoient dit
dans la derniere assemblée que c'é-
toit les femmes principalement qui
publioient que j'étois homme, afin
de couvrir souz ce pretexte le desir
qui les brûloit de se mesler aux bestes, & de commettre auec moy sans
vergogne des pechez contre nature:
cela fut cause que je demeuray long-
temps sans la voir, ny pas vne du
sexe.

E vj

Cependant il falloit bien que quelqu'vn euſt rechauffé les querelles de la definition de mon eſtre; car comme je ne ſongeois plus qu'à mourir en ma cage, on me vint querir encore vne fois pour me donner audience. Ie fus donc interrogé en preſence d'vn grand nombre de Courtiſans ſur quelque poinct de Phiſique ; & mes réponſes, à ce que je croy , ſatisfirent aucunement, car celuy qui preſidoit m'expoſa fort au long ſes opinions ſur la ſtructure du Monde ; elles me ſemblerent ingenieuſes , & ſans qu'il paſſa juſqu'à ſon origine qu'il ſouſtenoit eternelle, j'euſſe trouué ſa Philoſophie beaucoup plus raiſonnable que la noſtre: mais ſi-toſt que je l'entendis ſouſtenir vne reſuerie ſi contraire à ce que la foy nous apprend, ie briſay auec luy , dont il ne fit que rire ; ce qui m'obligea de luy dire que puis qu'ils en venoient-là , je commençois à croire que leur Monde n'eſtoit qu'vne Lune. Mais , me dirent-ils

tous, vous y voyez de la terre, des riuieres, des mers, que feroit-ce donc
tout cela ? N'importe, repartis-je
Ariftote affeure que ce n'eft que la
Lune ; & fi vous auiez dit le contraire dans les Claffes où j'ay fait mes
eftudes, on vous auroit fifflé. Il fe fit
fur cela vn grand éclat de rire, il ne
faut pas demander fi ce fut de leur
ignorance : mais cependant on me
conduifit dans ma cage.

Mais d'autres Sçauans plus emportez que les premiers, aduertis que
j'auois ofé dire que la Lune d'où je
venois eftoit vn Monde, & que leur
Monde n'eftoit qu'vne Lune, crurent
que cela leur fourniffoit vn pretexte
affez jufte pour me faire condamner à
l'eau : c'eft la façon d'exterminer les
impies. Pour cét effet, ils furent
en corps faire leur plainte au Roy,
qui leur promit juftice, & ordonna que je ferois remis fur la fel-
lette.

Me voilà donc dégagé pour la troifiéme fois ; & lors les plus ancien prit

la parole, & plaida contre moy. Ie
ne me souuiens pas de sa harangue, à
cause que i'estois trop épouuanté
pour receuoir les especes de sa voix
sans desordre, & parce aussi qu'il
s'estoit seruy pour declamer d'vn in-
strument dont le bruit m'estourdis-
soit ; c'estoit vne trompette qu'il
auoit tout exprés choisie, afin que la
violence de ce son martial, échauffast
leurs esprits à ma mort, & afin d'empescher par cette esmotion, que le
raisonnement ne pût faire son office,
comme il arriue dans nos armées, où
le tintamarre des trompettes & des
tambours empesche le soldat de re-
fléchir sur l'importance de sa vie.
Quand il eust dit, ie me leuay, pour
defendre ma cause, mais i'en fus deliuré par vne auanture qui vous và
surprendre. Comme j'auois la bouche ouuerte, vn homme qui auoit eu
grande difficulté à trauerser la foule,
vint choir aux pieds du Roy, & se
traisna long-temps sur le dos en sa
presence. Cette façon de faire ne me

furprit pas, car ie fçauois que c'eftoit
la pofture où ils fe mettoient quãd ils
vouloient difcourir en public. Ie ren-
guaifnay feulement ma harangue,
& voicy celle que nous eufmes de
luy.

Iuftes, efcoutez - moy , vous ne
fçauriez condamner cét Homme, ce
Singe, ou ce Perroquet , pour auoir
dit que la Lune eft vn Monde d'où il
venoit ; car s'il eft homme , quand
mefme il ne feroit pas venu de la Lune, puis que tout homme eft libre, ne
luy eft-il pas libre auffi de s'imaginer
ce qu'il voudra ? Quoy, pouuez-vous
le contraindre à n'auoir pas vos vifions ? Vous le forcerez bien à dire
que la Lune n'eft pas vn Monde, mais
il ne le croira pas pourtant ; car pour
croire quelque chofe, il faut qu'il fe
prefente à fon imagination certaines
poffibilitez plus grandes au oüy
qu'au non : à moins que vous luy
fourniffiez ce vray-femblable , ou
qu'il ne vienne de foy-mefme s'offrir
à fon efprit , il vous dira bien qu'il

croit, mais il ne le croira pas pour cela.

I'ay maintenant à vous, prouuer qu'il ne doit pas estre condamné, si vous le posez dans la cathegorie des bestes.

Car supposé qu'il soit animal sans raison, en auriez-vous vous-mesme de l'accuser d'auoir peché contre elle ? il a dit que la Lune estoit vn Monde. Or les bestes n'agissent que par instinct de Nature : dont c'est la Nature qui le dit, & non pas luy ; de croire que cette sçauante Nature qui a fait le Monde & la Lune, ne sçache ce que c'est elle-méme, & que vous autres qui n'auez de connoissance que ce que vous en tenez d'elle, le sçachiez plus certainement, cela seroit bien ricicule : Mais quand mesme la passion vous feroit renoncer à vos principes, & que vous supposeriez que la Nature ne guidast pas les bestes, rougissez à tout le moins des inquietudes que vous causent les caprices d'vne beste. En verité, Mes-

ſieurs, ſi vous rencontriez vn homme
d'âge meur qui veillaſt à la police
d'vne fourmilliere, pour tantoſt donner vn ſoufflet à la fourmy qui auroit
fait choir ſa compagne, tantoſt en
empriſonner vne qui auroit dérobé à
ſa voiſine vn grain de bled, tantoſt
mettre en iuſtice vne autre qui auroit
abandonné ſes œufs, ne l'eſtimeriez-
vous pas inſenſé de vapeur à des
choſes trop au deſſous de luy, & de
pretendre aſſuiettir à la raiſon des
animaux qui n'en ont pas l'vſage?
Comment donc, venerable aſſemblée
defendrez vous l'intereſt que vous
prenez aux caprices de ce petit animal? Iuſtes, i'ay dit.

Dés qu'il euſt acheué, vne ſorte de
muſique d'applaudiſſemens fit retentir toute la ſalle : & apres que toutes
les opinions eurent eſté debatuës vn
gros quart d'heure, le Roy pro-
nonça.

Que doreſnauant ie ſerois cenſé
homme, comme tel, mis en liberté,
& que la punition d'eſtre noyé ſeroit

modifiée en vne amande honteuſe,
car il n'en eſt point en ce pays-là
d'honorable, dans laquelle amende
ie me dédirois publiquement d'auoir
ſouſtenu que la Lune eſtoit vn Monde, à cauſe du ſcandale que la nou-
ueauté de cette opinion auroit pû apporter dans l'ame des foibles.

Cét Arreſt prononcé on m'enleue
hors du Palais, on m'habille par
ignominie fort magnifiquement, on
me porte ſur la tribune d'vn magnifique Chariot ; & traiſné que ie fus par
quatre Princes qu'on auoit attachez
au ioug, voicy ce qu'ils m'obligerent de prononcer aux carrefours de
la Ville.

Peuple, ie vous declare que cette
Lune cy n'eſt pas vne Lune, mais vn
Monde ; & que ce Monde de la-bas
n'eſt pas vn Monde, mais vne Lune.
Tel eſt ce que le Conſeil trouue bon
que vous croyez.

Aprés que i'eus crié la meſme choſe aux cinq grandes places de la Cité,
i'apperceus mon Aduocat qui me

tendoit la main pour m'aider à defcendre. Ie fus bien eſtonné de reconnoiſtre, quand je l'eus enuiſagé,
que c'étoit mon Demon , nous fuſmes vne heure à nous embraſſer : &
venez-vous-en chez-moy , me dit-il,
car de retourner en Cour aprés vne
amende honteuſe , vous n'y ſeriez pas
veu de bon œil : au reſte il faut que
je vous die que vous ſeriez encore
parmy les Singes auſſi-bien que l'Eſpagnol voſtre compagnon, ſi ie n'euſſe
publié dans les compagnies la vigueur & la force de voſtre eſprit , &
brigué contre vos ennemis en voſtre
faueur la protection des Grands.
La fin de mes remercimens nous vit
entrer chez luy. Il m'entretint iuſques au repas des reſſorts qu'il auoit
fait ioüer pour obliger mes ennemis,
malgré tous les plus ſpecieux ſcrupu-
les dont ils auoient embaboüiné le
peuple, à ſe deſporter d'vne pourſuite
ſi iniuſte : mais comme on nous eut
aduerty qu'on auoit ſeruy , il me dit
qu'il auoit pour me tenir compagnie

ce soir là prié deux Professeurs d'A-
cademie de cette Ville de venir manger auec nous : ie les feray tomber,
adioufta-il, fur la Philofophie qu'ils
enfeignent en ce Monde cy, & par
mefme moyen vous verrez le fils de
mon hofte : c'eft vn ieune homme autant plein d'efprit que i'en aye iamais
rencontré ; ce feroit vn fecond Socrate s'il pouuoit regler fes lumieres
& ne point eftouffer dans le vice les
graces dont Dieu continuellement
le vifite, & ne plus effecter le liber-
tinage comme il fait par vne chime-
rique oftentation & vne affectation
de s'acquerir la reputation d'homme
d'efprit. Ie me fuis logé ceans pour
efpier les occafions de l'inftruire : il fe
teut comme pour me laiffer à mon
tout la liberté de difcourir ; puis il fit
figne qu'on me deueftift des honteux
ornemens dont i'eftois encore tout
brillant.

Les deux profeffeurs que nous at-
tendions entrerent prefque auffi-toft,
& nous allafmes nous mettre à table

où elle eſtoit dreſſée, & où nous trou-
uâmes le jeune garçon dont il m'a-
uoit parlé qui mangeoit déja : ils luy
firent grande ſalüade, & le traitterent
d'vn reſpect auſſi profond que d'eſclaue à Seigneur : j'en demanday la
cauſe à mon Demon, qui me répondit que c'étoit à cauſe de ſon âge,
parce qu'en ce Monde là les vieux
rendoient toute ſorte de reſpect & de
deference aux jeunes ; bien plus que
les peres obeïſſoient à leurs enfans
auſſi-toſt que par l'auis du Senat des
Philoſophes, ils auoient atteint l'âge
de raiſon. Vous vous étonnez, con-
tinua-t-il, d'vne couſtume ſi contraire
à celle de voſtre pays , mais elle ne
repugne point à la droite raiſon : Car
en conſçience, dites moy, quand vn
homme jeune & chaud eſt en force
d'imaginer , de juger & d'executer,
n'eſt-il pas plus capable de gouuerner
vne famille qu'vn infirme ſexagenaï-
re, pauvre hebeté , dont la neige de
ſoixante hyuers a glacé l'imagination, & qui ne ſe conduit que parce

que vous appellez experience des
heureux fuccez, qui ne font cependant
que de fimples effets du hazard contre toutes les regles de l'œconomie
de la prudence humaine : pour du
iugement il en a auffi peu, quoy que
le vulgaire de voftre Monde en faffe vn appanage de la vieilleffe ;
mais pour le des-abufer, il faut qu'il
fçache que ce qu'on appelle prudence
en vn vieillard, n'eft autre chofe
qu'vne apprehenfion panique, vne
peur enragée de rien entreprendre
qui l'obfede : ainfi quand il n'a pas
rifqué vn danger où vn ieune homme
s'eft perdu, ce n'eft pas qu'il en pré-
iugeaft la cataftrophe, mais il n'auoit
pas affez de feu pour allumer ces nobles élans qui nous font ozer : au
lieu que l'audace en ce ieune homme,
eftoit comme vn gage de la reüiffite
de fon deffein, parce que cette ardeur
qui fait la promptitude & la facilité
d'vne execution, eftoit celle qui le
pouffoit à l'entreprendre. Pour ce
qui eft d'executer, ie ferois tort à

voftre efprit de m'efforcer à le con-
vaincre de preuues : Vous fçauez que
la ieuneffe feule eft propre à l'action;
& fi vous n'en eftiez pas tout à fait
perfuadé , dites - moy ie vous prie
quand vous refpectez vn homme
courageux , n'eft-ce pas à caufe qu'il
vous peut vanger de vos ennemis, ou
de vos oppreffeurs ? & eft-ce par autre confideration que par pure habi-
tude que vous le confiderez , lors
qu'vn bataillon de feptante Ianuiers
a gelé fon fang , & tué de froid toutes
les nobles antoufiafmes dont les jeunes perfonnes font efchauffées ?
Lors que vous déferez au plus fort,
n'eft-ce pas afin qu'il vous foit obligé
d'vne victoire que vous ne luy fçauriez difputer ? Pourquoy donc vous
foubmettre à luy , quand la pareffe a
fondu fes mufcles , debilité fes arteres , euaporé fes efprits , & fuccé la
moëlle de fes os? Si vous adoriez vne
femme , n'eftoit-ce pas à caufe de fa
beauté ? Pourquoy donc continuër
vos genuflexions aprés que la vieil-

leſſe en a fait vn fantoſme qui ne repreſente plus qu'vne hideuſe image de la mort? enfin lors que vous aimiez vn homme ſpirituel, c'eſtoit à cauſe que par la viuacité de ſon genie il penetroit vne affaire meſlée & la deſbroüilloit, qu'il defrayoit par ſon bien dire l'aſſemblée du plus haut carat, qu'il digeroit les ſçiences d'vne ſeule penſée ; & cependant vous luy continuez vos honneurs, quand ſes organes vſez rendent ſa teſte imbecile, peſante & importune aux compagnies, & lors qu'il reſſemble plutoſt à la figure d'vn Dieu Foyer qu'à vn homme de raiſon ; Concluez donc par là, mon fils, qu'il vaut mieux que les ieunes gens ſoient pourueus du gouuernement des familles que les vieillards. D'autant plus meſme que ſelon vos maximes, Hercule, Achille, Epaminondas, Alexandre & Ceſar, qui ſont preſque tous morts au-deçà de quarante ans, n'auroient merité aucuns honneurs, parce qu'à voſtre conte ils

auroient

auroient esté trop ieunes, bien que
leur seule icunesse fut seule la cause
de leurs belles actions, qu'vn âge plus
aduancé eust renduës sans effet, parce qu'il eust manqué de l'ardeur
de la promptitude qui leur ont donnè
ces grands succés : mais, direz-vous,
toutes les Loix de nostre Monde font
retentir auec soin ce respect qu'on
doit aux vieillards : il est vray, mais
aussi tous ceux qui ont introduit des
loix ont esté des vieillards qui craignoient que les ieunes ne les déposse-
dassent iustement de l'authorité qu'ils
auoient extorquée . . . .
Vous ne tenez de vostre Architecte
mortel que vostre corps seulement ;
vostre ame vient des Cieux, il n'a
tenu qu'au hazard que vostre pere
n'ait esté vostre fils, comme vous
estes le sien. Sçauez-vous mesme s'il
ne vous a point empesché d'heriter
d'vn Diadéme ? Vostre esprit peut-
estre estoit party du Ciel à dessein
d'animer le Roy des Romains au
ventre de l'Imperatrice ; en chemin

par hazard il rencontra voftre embrion, & peut-eftre que pour abreger fa courfe il s'y logea: Non, non,
Dieu ne vous euft point rayé du calcul qu'il auoit fait des hommes,
quand voftre pere fut mort petit garçon. Mais qui fçait fi vous ne feriez
point auiourd'huy l'ouurage de
quelque vaillant Capitaine qui
vous auroit affocié à fa gloire
comme a fes biens. Ainfi peut-eftre
vous n'eftes non plus redeuable à
voftre Pere de la vie qu'il vous a donnée, que vous le feriez au Pirate qui
vous auroit mis à la chaifne, parce
qu'il vous nourriroit: & ie veux mefme qu'il vous euft engendré Prince,
qu'il vous euft engendré Roy ; vn
prefent perd fon merite, lors qu'il eft
fait fans le choix de celuy qui le
reçoit. On donna la mort à Cefar,
on la donna à Caffius, cependant
Caffius en eft obligé à l'Efclaue
dont il l'impetra, & non pas Cefar à
des meurtriers, parce qu'ils le force-
rent de la prendre. Voftre Pere con-

fulta-t'il voftre volonté, lors qu'il embraffa voftre Mere ? vous demanda-t'il fi vous trouuiez bon de voir ce fiecle là, ou d'en attendre vn autre, fi vous vous contenteriez d'eftre fils d'vn fot, ou fi vous auriez l'embition de fortir d'vn braue homme. Helas ! vous que l'affaire concernoit tout feul, vous eftiez le feul dont on ne prenoit point l'aduis. Peut-eftre qu'àlors fi vous euffiez efté enfermé autre part que dans la matiere des idées de la Nature, & que voftre naiffance euft efté à voftre option, vous auriez dit à la Parque, ma chere Demoifelle, prens le fufeau d'vn autre ; il y a fort long-temps que ie fuis dans le rien, & i'aime encore mieux demeurer cent ans à n'eftre pas, que d'eftre auiourd'huy pour m'en repentir de main : cependant il vous falut paffer par la, vous euftes beau pialler pour retourner à la longue & noire maifon dont on vous arrachoit, on faifoit femblant de croire que vous demandiez à teter,

F ij

Voila, ô mon fils, les raiſons à peu
pres qui ſont cauſes du reſpect que
les peres portent à leurs enfans : ie
ſçay bien que i'ay penché du coſté
des enfans plus que la iuſtice ne le demande, & que i'ay en leur faueur vn
peu parlé contre ma conſçience : mais
voulant corriger cét orgueil dont
certains peres brauent la foibleſſe de
leurs petits, i'ay eſté obligé de faire
comme ceux qui pour redreſſer vn
arbre tortu le tirent de l'autre coſté,
afin qu'il rédeuienne également
droit entre les deux contorſions : ainſi
i'ay fait reſtituer aux peres ce qu'ils
oſtent à leurs enfans, leur en oſtant
beaucoup qui leur appartenoit, afin
qu'vne autre fois ils ſe contentaſſent
du leur. Ie ſçay bien encore que i'ay
choqué par cette apologie tous les
vieillards : mais qu'ils ſe ſouuiennent
qu'ils ont eſté enfans auant que
d'eſtre peres, & qu'il eſt impoſſible
que ie n'aye parlé fort à leur auantage, puis qu'ils n'ont pas eſté trouuez ſous vne pomme de choux : mais

enfin, quoy qu'il en puiſſe arriuer,
quand mes ennemis ſe mettroient en
bataille contre mes amis, ie n'auray
que du bon ; car i'ay ſeruy tous les
hommes, & ie n'en ay deſſeruy que la
moitié.

A ces mots il ſe teut, & le fils de
noſtre Hoſte prit ainſi la parole.
Permettez-moy, luy dit-il, puis que
ie ſuis informé par voſtre ſoin, de
l'Origine de l'Hiſtoire, des Couſtumes, & de la Philoſophie du Monde
de ce petit Homme, que i'adiouſte
quelque choſe à ce que vous auez
dit, & que ie prouue que les enfans
ne ſont point obligez à leurs peres de
leur generation, parce que leurs peres
eſtoient obligez en conſçience de les
engendrer.

La Philoſophie de leur Monde la
plus eſtroite, confeſſe qu'il eſt plus
auantageux de mourir, à cauſe que
pour mourir il faut auoir veſcu, que
de n'eſtre point. Or puis qu'en ne
donnant pas l'eſtre à ce rien, ie le
mets en vn eſtat pire que la mort, ie

fuis plus coupable de ne le pas produire que de le tuer. Tu croirois cependant, ô mon petit homme, auoir
fait vn parricide indigne de pardon,
fi tu auois efgorgé ton fils ; il feroit
enorme à la verité, mais il eft bien
plus execrable de ne pas dõner l'eftre
à qui le peut receuoir : car cét enfant
à qui tu oftes la lumiere pour tous-
jours, euft eu la fatisfaction d'en ioüir
quelque temps. Encor nous fçauon-
qu'il n'en eft priué que pour quelque fiecles ; mais ces pauures quarante petits rien, dont tu pouuois
faire quarante bons foldats à ton Roy,
tu les empefche malicieufement de
venir au iour, & les laiffes corrompre dans les riens au hazard d'vne
apoplexie qui t'eftouffera......

Cette refponce ne fatisfit pas à ce
que ie croy, le petit hofte, car il en
hocha trois ou quatre fois la tefte;
mais noftre commun Precepteur fe
teut, parce que le repas eftoit en impatience de s'enuoler.

Nous nous eftendifmes donc fur

des mattelats fort molets, couuerts de
grands tapis ; & vn ieune feruiteur
ayant pris le plus vieil de nos Philofophes, le conduifit dans vne petite
falle feparée, d'où mon Demon luy
cria de nous venir retrouuer fi-toft
qu'il auroit mangé.

Cette fantaifie de manger à part me
donna la curiofité d'en demander la
caufe : Il ne goufte point, me dit-il,
d'odeur de viande, ny mefme des
herbes, fi elles ne font mortes d'elles-
mefmes, à caufe qu'il les penfe capables de douleur. Ie ne m'ébahis pas
tant, repliquay-ie, qu'il s'abftienne
de la chair & de toutes chofes qui ont
eu vie fenfitiue ; car en noftre Monde
les Pitagoriciens, & mefme quelques faifies Anacorettes, ont vfé de
ce regime ; mais de n'ofer par exemple couper vn Choux de peur de le
bleffer, cela me femble tout à fait ridicule. Et moy, répondit mon Démon, ie trouue beaucoup d'apparence
en fon opinion.

Car dites moy, ce Choux donc

vous parlez, n'eſt-il pas comme vous
vn eſtre exiſtent de la Nature ? Ne
l'auez-vous pas tous deux pour mere
également? encore ſemble-t'il qu'elle
aye pourueu plus neceſſairement à
celle du vegetant que du raiſonnable, puis qu'elle a remis la generation
d'vn homme aux caprices de ſon
pere, qui peut ſelon ſon plaiſir l'engendrer, ou ne l'engendrer pas : rigueur dont cependant elle n'a pas
voulu traiter auec le Choux ; car au
lieu de remettre à la diſcretion du
pere de germer le fils, comme ſi elle
euſt apprehendé dauantage que la
race du Choux periſt, que celle des
hommes, elle les contraint bongré
malgré de ſe donner l'eſtre les vns
aux autres, & non pas ainſi que les
hommes, qui ne les engendrent que
ſelon leurs caprices, & qui en leur
vie n'en peuuent engendrer au plus
qu'vne vingtaine, au lieu que les
Choux en peuuent produire quatre
cent mille par teſte. De dire que la
Nature a pourtãt plus aimé l'homme

que le Choux, c'est que nous nous chatoüillons pour nous faire rire : estant incapable de passion, elle ne sçauroit ny haïr, ny aimer personne ; & si elle estoit susceptible d'amour, elle auroit plustost des tendresses pour ce Choux que vous tenez qui ne sçauroit l'offenser, que pour cet homme qui voudroit la destruire s'il le pouuoit. Adioustez à cela que l'homme ne sçauroit naistre sans crime, estant vne partie du premier criminel : mais nous sçauons fort bien que le premier Choux n'offença pas son Createur. Si on dit que nous sommes faits à l'image du premier estre, & non pas le Choux : quand il seroit vray, nous auons en soüillant nostre ame par où nous luy ressemblons, effacé cette ressemblance, puis qu'il n'y a rien de plus contraire à Dieu que le peché. Si donc nostre ame n'est plus son portrait, nous ne luy ressemblons pas plus par les pieds, par les mains, par la bouche, par le front, & par les oreilles, que le Choux

par ſes feuilles, par ſes fleurs, par ſa
tige, par ſon trognon, & par ſa teſte.
Ne croyez-vous pas en verité ſi cette
pauure plante pouuoit parler quand
on la couppe, qu'elle ne dit, Homme
mon cher frere, que t'ay-ie fait qui
merite la mort : ie ne crois que
dans les iardins, & l'on ne me trouue
iamais en lieu ſauuage, où ie viurois
en ſeureté : ie dédaigne toutes les
autres ſocietez, horſmis la tienne ; &
à peine ſuis-ie ſemé dans ton iardin,
que pour te témoigner ma complai-
ſance, ie m'épanoüis, ie te tends les
bras, ie t'offre mes enfans en graine,
& pour récompenſe de ma courtoiſie, tu me fais trancher la teſte.
Voila le diſcours que tiendroit ce
Chou, s'il pouuoit s'exprimer : hé
quoy à cauſe qu'il ne ſçauroit ſe
plaindre, eſt-ce à dire que nous pouuons iuſtement luy faire tout le
mal qu'il ne ſçauroit empeſcher :
ſi ie trouue vn miſerable lié, puis-
ie ſans crime le tuer, à cauſe qu'il
ne peut ſe defendre ! au contraire ſa

foiblesse agraueroit ma cruauté : car combien que cette miserable creature soit pauure & dénuée de tous nos auantages, elle ne merite pas la mort; quoy de tous les biens de l'estre, elle n'a que celuy de rejetter, & nous le luy arrachons. Le peché de massacrer vn homme n'est pas si grand, par ce qu'vn jour il reuiura, que de couper vn Choux & luy oster la vie, à luy qui n'en a point d'autre à esperer, vous aneantissez le Choux en le faisant mourir : mais en tuant] vn homme vous ne faites que changer son domicile ; & ie dis bien plus, puis que Dieu cherit esgallement ses ouurages, & qu'il a partagé ses biens faits égallement entre nous & les plantes, qu'il est tres-iuste de les considerer égallement comme nous. Il est vray que nous naquismes les premiers ; mais dans la famille de Dieu, il n'y a point de droict d'ainesse : si donc les Choux n'eurent point de part auec nous du fief de l'imortalité, ils furent sans doute auantagez de quel-

E vj

qu'autre qui par ſa grandeur recom-
penſa ſa briefueté : c'eſt peut-eſtre vn
intellect vniuerſel, vne connoiſſance
parfaite de toutes les choſes dãs leurs
cauſes : & c'eſt auſſi pour cela que ce
ſage Moteur ne leur a point taillé
d'organes ſemblable aux noſtres,
qui n'ont qu'vn ſimple raiſonnement
foible, & ſouuent trompeur, mais
d'autres plus ingenieuſement trauail-
les, plus forts, & plus nombreux, qui
ſeruent à l'operation de leurs ſpecu-
latifs entretiens. Vous me demanderez peut-eſtre ce qu'ils nous ont iamais communiqué de ces grandes
penſées. Mais, dites-moy, que nous
ont iamais enſeigné certains eſtres
que nous admettons au deſſus de
nous, auec leſquelles nous n'auons
aucun raport ny proportion, &
dont nous comprenons l'exiſtence
auſſi difficilement que l'intelligence
& les façons auec leſquelles vn
Choux eſt capable de s'exprimer à
ſes ſemblables, & non pas à nous,
à cauſe que nos ſens ſont trop foi-

bles pour penetrer iufques là.

Moïſe, le plus grand de tous les Philoſophes, & qui puiſſoit la connoiſſance de la Nature dans la ſource de la Nature meſme, ſignifioit cette verité, lors qu'il parloit de l'arbre de ſçience, & il vouloit ſans doute nous enſeigner ſous cette Enigme, que les plantes poſſedent priuatiuement à nous la Philoſophie parfaite. Souuenez-vous donc, de tous les animaux le plus ſuperbe; qu'encore qu'vn Choux que vous coupez ne diſe mot, il n'en penſe pas moins: mais le pauure vegetant n'a pas des organes propres à hurler comme vous, il n'en a pas pour fretiller ny pour pleurer; il en a toutefois par leſquels il ſe plaint du tort que vous luy faites, & par leſquels il attire ſur vous la vangeance du Ciel. Que ſi enfin vous inſiſtez à me demander comment ie ſçay que les Choux ont ces belles penſées, ie vous demande comme vous ſçauez qu'ils ne les ont point, & que cela d'entr'eux à voſtre

imitation ne dife pas le foir en s'en-
fermant. Ie fuis, Monfieur le Chou-
frizé, voftre tres-humble feruiteur,
Choucabus.

Il en eftoit là de fon difcours,
quand ce ieune garçon qui auoit emmené noftre Philofophe le ramena.
Hé quoy defia difné, luy cria mon
Demon, il répondit qu'oüy, à l'iffuë
prés, d'autant que le Phifionome luy
auoit permis de tafter de la noftre.
Le ieune hofte n'attendit pas que ie
luy demandaffe l'explication de ce
myftere ; ie voy bien, dit-il, que cette
façon de viure vous eftonne. Sçachez
donc, quoy qu'en voftre Monde on
gouuerne la fâté plus negligemment,
que le regime de celuy-cy n'eft pas à
méprifer.

Dans toutes les maifons il y a vn
Phifionome entretenu du public,
qui eft à peu pres ce qu'on appelleroit
chez vous vn Medecin, horfmis qu'il
n'y gouuerne que les fains, & qu'il
ne iuge des diuerfes façons dont il
nous fait traitter, que par la propor-

tion, figure & cimetrie de nos membres, par les lineamens du visage, le
coloris de la chair, la delicatesse du
cuir, l'agilité de la masse, le son de la
voix, la teinture, la force & la dureté
du poil. N'auez-vous pas tantost
pris garde à vn homme de taille assez
courte qui vous a consideré, c'estoit
le Philosophe de ceans : asseurez-
vous que selon qu'il a reconnu vostre
complexion, il a diuersifié l'exalaison
de vostre disné : regardez combien le
matelats où l'on vous a fait coucher
est esloigné de nos lits, sans doute
qu'il vous a iugé d'vn temperamment
bien esloigné du nostre, puis qu'il a
craint que l'odeur qui s'éuapore de
ces petits robinets sous nostre nez, ne
s'espandit iusques à vous, ou que
la vostre ne fumât iusques à nous,
vous le verrez ce soir qui choisira les
fleurs pour vostre lit auec la mesme
circonspection. Pendant tout ce discours ie faisois signe à mon hoste qu'il
taschast d'obliger les Philosophes
à tomber sur quelque chapitre de la

ſçience qu'ils profeſſoient, il m'eſtoit
trop amy pour n'en pas faire naiſtre
auſſi-toſt l'occaſion; c'eſt pourquoy
ie ne vous diray point ny les diſcours,
ny les prieres qui firent l'ambaſſade
de ce traitté, auſſi bien la nuance du
ridicule au ſerieux fut trop impercе-
ptible pour pouuoir eſtre imitée.
Tant y a, Lecteur, que le dernier
venu de ces Docteurs, apres pluſieurs
autres choſes, continua ainſi.

Il me reſte a prouuer qu'il y a des
Mondes infinis dans vn Monde infiny. Repreſentez vous donc l'Vniuers comme vn grand animal, que
les eſtoilles qui ſont des Mondes ſont
dans ce grand animal comme d'autres
grands animaux qui ſeruent reciproquement de Mondes à d'autres peuples tels que nous, nos cheuaux, &c.
& que nous à noſtre tour ſommes
auſſi des Mondes à l'égard de certains
animaux encor plus petits ſans comparaiſon que nous, comme ſont certains vers, des poux, des cirons, que
ceux-cy ſont la terre, d'autres plus

imperceptibles, qu'ainſi de meſme que nous parroiſſons chacun en particulier vn grand Monde à ce petit peuple. Peut-eſtre que noſtre chair, noſtre ſang, nos eſprits, ne ſont autre choſe qu'vne tiſſure de petits animaux qui s'entretiennent, nous preſtent mouuement par le leur, & ſe laiſſent aueuglement conduire à noſtre volonté qui leur ſert de Cocher, nous conduiſent nous meſmes, & produiſent tout enſemble cette action que nous appellons la vie. Car dites moy ie vous prie, eſt-il mal aiſé à croire qu'vn poux prenne voſtre corps pour vn Monde, & que quand quelqu'vn deux voyage depuis l'vne de vos oreilles iuſques à l'autre, ſes compagnos diſent qu'il a voyagé aux deux bouts de la terre, ou qu'il a couru de l'vn à l'autre Pôle : oüy ſans doute, ce petit peuple prend voſtre poil pour les foreſts de ſon païs, les pores plains de petuite pour des fontaines, les butes pour des lacs & des eſtangs, les apoſtumes pour des mets les defluxions pour des deluges : & quand vous vous peignez en deuant & en arriere, ils prennent cette agitation pour le flux & reflus de l'Ocean. La demangeaifon ne prouue-t'elle pas mon dire ? le ciron qui la produit, eft ce autre chofe qu'vn de ces petits animaux qui s'eft dépris de la focieté ciuile pour s'eftablir tyran de fon païs ? fi vous me demandez d'où vient qu'ils font plus grands que ces autres imperceptibles ; ie vous demande pourquoy les Elephans font plus grands que nous, & les Hybernois que les Efpagnols : Quant à cette ampoule & cette croufte dont vous ignorez la caufe, il faut qu'elles arriuent, ou par la corruption de leurs ennemis que ces petits geans ont maffacrez, ou que la pefte produite par la neceffité des alimens dont les feditieux fe font gorgez, & ont laiffé pourrir dans la campagne des monceaux de cadavres, ou que ce tyran apres auoir tout autour de foy chaffé es compagnons qui de leurs corps

bouchoient les pores du noſtre, ait
donné paſſage à la pituite, laquelle
eſtant extrauaſée hors la ſphere de la
circulation de noſtre ſang s'eſt corrompuë. On me demandera peut
eſtre pourquoy vn ciron en produiſ-
ſant d'autres, ce n'eſt pas choſe mal
aiſé à conceuoir ; car de meſme qu'v-
ne reuolte en produit vne autre, auſſi
ces petits peuples pouſſez du mauuais
exemple de leurs compagnons ſedi-
tieux, aſpirent chacun au commandement, allumant par tout la guerre, le
maſſacre & la faim. Mais me direz-
vous, certaines perſonnes ſont bien
moins ſuiettes à la demangeaiſon que
d'autres : cependant chacun eſt remply eſgalement de ces petits animaux, puis que ce ſont eux dites vous
qui font la vie. Il eſt vray, auſſi le
remarquons nous, que les flegmati-
ques ſont moins en proye à la gratelle
que les bilieux, à cauſe que le peuple
ſimpatiſant au climat qu'il habite eſt
plus lent en vn corps froid, qu'vn autre eſchauffé par la temperature de ſa

region, qui petille, se remuë & ne
sçauroit demeurer en vne place : ainsi
le bilieux est bien plus delicat que le
flegmatique, parce qu'estant animé
en bien plus de parties, & l'ame
estant l'action de ces petites bestes, il
est capable de sentir en tous les endroits où ce bestail se remuë ; là où le
flegmatique n'estant pas assez chaud
pour faire agir qu'en peu d'endroits
cette remuante populace, il n'est
sensible qu'en peu d'endroits : &
pour prouuer encore cette cironalité
vniuerselle, vous n'aurez qu'à considerer quand vous estes blessé comme
le sang accourt à la playe. Vos
Docteurs disent qu'il est guidé par la
preuoyante nature qui veut secourir
les parties debittées ; ce qui feroit
conclure qu'outre l'ame & l'esprit
il y auroit encore en nous vne troi-
siesme substance intellectuelle qui
auroit ses fonctions & ses organes à
part : c'est pourquoy ie trouue bien
plus probable de dire que ces petits
animaux se sentant attaquez en-

uoyent chez leurs voiſins demander
du ſecours, & qu'eſtant arriuez de
tous coſtez, & le pays ſe trouuant incapable de tant de gens, ils meurent
ou de faim, ou eſtouffent dans la
preſſe. Cette mortalité arriue quand
l'apoſthume eſt mure ; car pour teſmoigner qu'alors ces animaux ſont
eſtouffez, c'eſt que la chair pourie deuient inſenſible ; que ſi bien ſouuent
la ſeignée qu'on ordonne pour diuertir la fluxion, profite, c'eſt à cauſe
que s'en eſtant perdu beaucoup par
l'ouuerture que ces petits animaux
taſchoient de boucher, ils refuſent
d'aſſiſter leurs alliez, n'ayant que me-
diocrement la puiſſance de ſe defendre chacun chez ſoy.

Il acheua ainſi, quand le ſecond
Philoſophe s'apperceut que nos yeux
aſſemblez ſur les ſiens l'exortoient de
parler à ſon tour.

Hommes, dit-il, vous voyant curieux d'apprendre à ce petit animal
noſtre ſemblable, quelque choſe de
la ſçience que nous profeſſons, ie

dicte maintenant vn traitté que ie serois bien aise de luy produire, à cause
des lumieres qu'il donne à l'intelligence de noftre Phifique, c'eft l'explication de l'origine eternelle du
monde : mais comme ie fuis empreffé
de faire trauailler à mes foufflets, car
demain fans remife la Ville part;
vous pardonnerez au temps, auec
promeffe toutefois qu'auffi toft
qu'elle fera arriuée où elle doit aller,
ie vous fatisferay.

A ces mots le fils de l'hofte appela
fon pere pour fçauoir quelle keure il
eftoit ; mais ayant répondu qu'il
eftoit huit heures fonnées, il luy demanda tout en colere pourquoy il ne
les auoit pas aduertis à fept comme il
le luy auoit commandé, qu'il fçauoit
bien que les maifons partoient le lendemain, & que les murailles de la
Ville l'eftoient defia. Mon fils, repli-
qua le bon homme, on a publié depuis que vous eftes à table vne de-
fenfe expreffe de partir auant apres
demain : n'importe, repartit le ieune

homme, vous deuez obeïr aueuglement, ne point penetrer dans mes
ordres, & vous souuenir seulement
de ce que ie vous ay commandé.
Viste, allez querir vostre effigie : lors
qu'elle fut apportée, il la saisit par le
bras, & la foüetta vn gros quart
d'heure : or sus vaut rien, continua-il
en punition de vostre desobeïssance,
ie veux que vous seruiez auiour-
d'huy de risée à tout le monde, &
pour cét effet ie vous commande de
ne marcher que sur deux pieds le
reste de la iournée ; le pauure homme
sortit fort éploré, & son fils nous fit
des excuses de son emportement

I'auois bien de la peine, quoy que
ie me mordisse les leures, à m'empescher de rire d'vne si plaisante punition : & cela fut cause que pour rompre cette brulesque pedagogie qui
m'auroit sans doute fait esclater, ie le
suppliay de me dire ce qu'il entendoit par ce voyage de la Ville dont
tantost il auoit parlé, & si les maisons
& les murailles cheminoient : il me

respondit, entre nos Villes, cher
estranger, il y en a de mobiles & de
sedentaires ; les mobiles, comme par
exéple celles ou nous sommes maintenant, sont faites comme ie vays
vous dire. L'Architecte construit
chaque Palais, ainsi que vous voyez,
d'vn bois fort leger ; il pratique dessous quatre rouës dans l'espaisseur
de l'vn des murs, il place dis gros
soufflets dont les tuyaux passent
d'vne ligne orisontale à trauers le
dernier estage de l'vn à l'autre
pignon ; en sorte que quand on veut
traisner les Villes autre part (car on
les change d'air à toutes les saisons)
chacun deplie sur l'vn des costez de
son logis quantité de larges voiles au
deuant des soufflets : puis ayant bandé vn ressort pour les faire ioüer,
leurs maisons en moins de huit iours,
auec les bouffées continuelles que
vomissent ces monstres à vent, sont
emportées si on veut à plus de cent
lieuës. Quand à celles que nous appellons sedentaires, les logis en sont

presque

presque semblable à vos Tours,
horsmis qu'ils sont de bois, & qu'ils
sont percez au centre d'vne grosse
& forte visse, qui regne de la caue
iusques au toict, pour les pouuoir
hausser & baisser à discretion. Or la
terre est creusée aussi profōde que l'e-
difice est esleué, & le tout est construit
de cette sorte, afin qu'aussi-tost que les
gelées commencent à morfondre le
Ciel, ils puissent descendre leurs
maisons en terre, où ils se tiennent
à l'abry des intemperies de l'air;
mais si tost que les douces haleines
du Printemps, viennent à le radoucir,
ils remontent au iour par le moyen de
leur grosse visse dont ie vous ay
parlé. Ie le priay, puis qu'il auoit
desia eu tant de bonté pour moy, &
que la Ville ne partoit que le lendemain, de me dire quelque chose de
cette origine eternelle du monde
dont il m'auoit parlé quelque temps
auparauant; & ie vous promets, luy
dis-ie, qu'en recompense, si-tost que
ie seray de retour dans la Lune, dont

mon Gouuerneur (ie luy monftray mon Demon) vous tefmoignera que ie fuis venu, i'y femeray voftre gloire, en y racontant les belles chofes que vous m'aurez dites : ie voy bien que vous riez de cette promeffe, parce que vous ne croyez pas que la Lune dont ie vous parle foit vn monde, & que i'en fois vn habitant ; mais ie vous puis affeurer auffi que les peuples de ce monde là qui ne prennent celuy-cy que pour vne Lune, fe moqueront de moy, quand ie diray que voftre Lune eft vn monde, & qu'il y a des campagnes, auec des habitans : il ne me répondit que par vn foufris, & parla ainfi.

Puis que nous fommes contraints quand nous voulons recourir à l'origine de ce grand Tout, d'encourir trois ou quatre abfurditez, il eft bien raifonnable de prendre le chemin qui nous fait le moins broncher. Ie dis donc que le premier obftacle qui nous arrefte, c'eft l'Eternité du monde ; & l'efprit des hommes n'eftant

pas aſſez fort pour la conceuoir, &
ne pouuant non plus s'imaginer que
ce grand Vniuers, ſi beau, ſi bien
reglé, puſt s'eſtre fait ſoy-meſme, ils
ont eu recours à la Creation ; mais
ſemblable à celuy qui s'enfonceroit
dans la riuiere de peur d'eſtre moüillé de la pluye, ils ſe ſauuent des bras
nains, à la miſericorde d'vn geant,
encore ne s'en ſauuent-ils pas : car
cette Eternité qu'ils oſtent au monde
pour ne l'auoir pû comprendre, ils la
donnent à Dieu, comme s'il auoit
beſoin de ce preſent, & comme s'il
eſtoit plus aiſé de l'imaginer dans
l'vn que dans l'autre : car dites moy
ie vous prie, a t'on iamais conceu
comme de rien il ſe peut faire quelque choſe ? helas ! entre rien & vn
Atome ſeulement, il y a des proportions tellement infinies, que la ceruelle la plus aiguë n'y ſçauroit penetrer : il faudra pour eſchaper à
ce labirinthe enexplicable, que vous
admettiez vne matiere eternelle auec
Dieu : mais me direz-vous, quand ie

vous accorderois la matiere eternelle, comment ce cahos s'eſt-il
arangé de ſoy-meſme ? ha ie vous le
vais expliquer.

Il faut, ô mon petit Animal, apres
auoir ſeparé mentalement chaque
petits corps viſibles en vne infinité de
petits corps inuiſibles, s'imaginer
que l'Vniuers infiny n'eſt compoſé
d'autre choſe que de ces Atomes infinis tres-ſolides, tres incorruptibles,
& tres-ſimples, dont les vns ſont cu-
biques, les autres parallelogrames,
d'autres angulaires, d'autres ronds,
d'autres pointus, d'autres pirami-
daux, d'autres exagons, d'autres
ouales, qui tous agiſſent diuerſement
chacun ſelon ſa figure : & qu'ainſi ne
ſoit, poſez vne boule d'yuoire fort
ronde ſur vn lieu fort vny, a la moindre impreſſion que vous luy donnerez, elle ſera vn demy quart d'heure
ſans s'arreſter : or i'adiouſte que ſi
elle eſtoit auſſi parfaitement ronde
que le ſont quelques-vns de ces
Atomes dont ie parle, & la ſurface où

elle feroit pofée parfaitement vnie,
elle ne s'arrefteroit iamais. Si donc
l'art eft capable d'incliner vn corps
au mouuement perpetuel, pourquoy
ne croirons nous pas que la nature le
puiffe faire ? il en eft de mefme des
autres figures, defquelles l'vné comme carrée demande le repos perpetuel, d'autres vn mouuement de
cofté, d'autres vn demy mouuement
comme de trepidation ; & la ronde
dont l'eftre eft de fe remuer, venant
à fe ioindre à la piramidale, fait peut-
eftre ce que nous appellons feu, parce que non feulement le feu s'agite
fans fe repofer, mais perce & penetre
facilement : le feu a outre cela des
effets differens felon l'ouuerture & la
qualité des angles, ou la figure ronde
fe ioint, comme par exemple le feu du
poivre eft autre chofe que le feu du
fucre, le feu du fucre que celuy de la
canelle, celuy de la canelle que celuy
du clou de giroffe, & celuy-cy que le
feu d'vn fagot. Or le feu qui eft le
conftructeur des parties & du tout

de l'Vniuers, a pouſſé & ramaſſé dans vn Cheſne, la quantité des figures neceſſaires à compoſer ce Cheſne: mais me direz-vous, comment le hazard peut-il auoir ramaſſé en vn lieu toutes le choſes neceſſaires à produire ce Cheſne? ie vous reſponds, que ce n'eſt pas merueille que la matiere ainſi diſpoſée ait formé ce Cheſne; mais que la merueille euſt eſté plus grande, ſi la matiere ainſi diſpoſée, le Cheſne n'euſt pas eſté produit; vn peu moins de certaines figures, c'euſt eſté vn Orme, vn Peuplier, vn Saule; vn peu moins de certaines figures, c'euſt eſté la plante ſenſitiue, vne Huiſtre à l'eſcaille, vn Ver, vne Mouche, vne Grenoüille, vn Moineau, vn Singe, vn Homme. Quand ayant ietté trois dez ſur vne table, il arriue rafle de deux, ou bien de trois, quatre & cinq, ou bien deux ſix & vn, direz-vous, ô le grand miracle! à chaque dé il eſt arriué le meſme poinct, tant d'autres poincts pouuant arriuer: ô le grand miracle! il eſt arri-

ué trois poincts qui se suiuent : ô le
grand miracle ! il est arriué iustement
deux six, & le dessous de l'autre six. Ie
suis asseuré qu'estant homme d'esprit,
vous ne ferez iamais ces exclama-
tions ; car puis qu'il n'y a sur les dez
qu'vne certaine quantité de nom-
bres, il est impossible qu'il n'en arriue quelqu'vn ; & apres cela vous
vous estonnez comme cette matiere
broüillée pesle-mesle au gré du hazard, peut auoir constitué vn homme,
veu qu'il y auoit tant de choses necessaires à la construction de son
estre ? Vous ne sçauez donc pas qu'vn
million de fois cette matiere s'ache-
minant au dessein d'vn homme, s'est
arrestée à former tantost vne pierre,
tantost du plomb, tantost du corail,
tantost vne fleur, tantost vne Comete,
& tout cela à cause du plus ou du
moins de certaines figures qu'il falloit, ou qu'il ne falloit pas, à designer
vn homme : Si bien que ce n'est pas
merueille qu'entre vne infinité de

G iiij

matieres qui changent & remuent
inceſſamment, elles ayent rencontré
à faire le peu d'animaux, de vegetaux,
de mineraux que nous voyons, non
plus que ce n'eſt pas merueille qu'en
cent coups de dez il arriue vne raſle;
auſſi-bien eſt-il impoſſible que de ce
remuëment il ne ſe faſſe quelque choſe, & cette choſe ſera touſiours ad-
mirée d'vn eſtourdy qui ne ſçaura
pas combien peu s'en eſt fallu qu'elle
n'ait pas eſté faite. Quand la grande
Riuiere fait moudre vn Moulin, conduit les reſſorts d'vne Horloge, &
que le petit Ruiſſeau ne fait que couler & ſe dérober quelquefois, vous ne
direz pas que cette riuiere a bien de
l'eſprit, parce que vous ſçauez qu'elle
a rencontré les choſes diſpoſées à faire
tous ces beaux chefs-d'œuvre; car ſi
ſon Moulin ne ſe fut pas trouué dans
ſon cours, elle n'auroit pas pulueriſé
le froment; ſi elle n'euſt point rencontré l'Horloge, elle n'auroit pas
marqué les heures; & ſi le petit ruiſ-

feau dont i'ay parlé auoit eu la mefme rencontre, il auroit fait les mefmes miracles. Il en va tout ainfi de ce feu, qui fe meut de foy-mefme, car ayant trouué les organes propres à l'agitation neceffaire pour raifonner, il a raifonné; quand il en a trouué de propres feulement à fentir, il a fenty; quand il en a trouué de propres à vegeter, il a vegeté; & qu'ainfi ne foit, qu'on creue les yeux de cet homme que le feu de cette ame fait voir, il ceffera de voir de mefme que noftre grãde Horloge ceffera de marquer les heures, fi l'on en brife le mouuement.

Enfin ces premiers & indiuifibles Atomes font vn cercle fur qui roule fans difficulté les difficultez les plus embarraffantes de la Phifique : il n'eft pas iufques à l'operation des fens que perfonne n'a pû encore bien conceuoir que ie n'explique fort aifément par les petits corps : commençons par la veuë, elle merite, comme la plus incomprehenfible, noftre premier début.

Elle se fait donc, à ce que ie m'imagine, quand les tuniques de l'œil dont les pertuis sont semblables à ceux du verre, transmettent cette poussiere de feu, qu'on appelle rayons visuels, & qu'elle est arrestée par quelque matiere opaque qui la fait rejallir chez soy ; car alors rencontrant en chemin l'image de l'objet qui l'a repoussée, & cette image n'estant qu'vn nombre infiny de petits corps qui s'exalent continuellement en esgale superficie du sujet regardé, elle la pousse iusques à nostre œil : vous ne manquerez pas de m'objecter que le verre est vn corps opaque, & fort serré, & que cependant au lieu de rechasser ces autres petits corps, il s'en laisse penetrer : mais ie vous responds que ces pores du verre sont taillez de mesme figure que ces Atomes de feu qui le trauersent, & que comme vn crible à froment n'est pas propre à cribler l'auoine, ny vn crible à auoine à cribler du froment; ainsi vne boëte de sapin, quoy que

mince, & qu'elle laisse penetrer les
sons, n'est pas penetrable à la veuë;
& vne piece de cristal, quoy que
transparante, qui se laisse percer à la
veuë, n'est pas penetrable au toucher: ie pûs là m'empescher de l'interrompre. Vn grand Poëte & Philosophe de nostre monde, luy dis-ie,
à parlé apres Epicure, & luy apres
Democrite, de ces petits corps presque comme vous; c'est pourquoy
vous ne me surprenez point par ce
discours; & ie vous prie en le con-
tinuant, de me dire comment par ces
principes vous expliqueriez la façon
de vous peindre dans vn miroir. Il
est fort aisé, me repliqua-t'il: car
figurez-vous que ces feux de vostre
œil ayant trauersé la glace, & rencontrant derriere vn corps non dia-
phane qui les rejette, ils repassent
par où ils estoient venus; & trouuant ces petits corps cheminans en
superficies égales sur le miroir, ils
les rappellent à nos yeux; & nostre
imagination plus chaude que les au-

tres facultez de noſtre ame en attire
le plus ſubtil, dont elle fait chez ſoy
vn portrait de racourcy.

L'operation de l'oüye n'eſt pas plus
malaiſée à conceuoir ; & pour eſtre
plus ſuccinct, conſiderons là ſeulement dans l'harmonie d'vn luth touché par les mains d'vn Maiſtre de
l'art. Vous me demanderez comme il
ſe peut faire que i'apperçoiue ſi loin
de moy vne choſe que ie ne vois
point ? Eſt-ce qu'il ſort de mes oreilles vne eſponge qui boit cette muſique pour me la rapporter ? ou ce
ioüeur engendre-t'il dans ma teſte
vn autre petit ioüeur auec vn petit
luth, qui ait ordre de me chanter comme vn Echo les meſmes airs ? Non :
mais ce miracle procede de ce que la
corde tirée venant à frapper des petits
corps d'ont l'air eſt compoſé, elle le
chaſſe dans mon cerueau, le perçant
doucement auec ces petits riens cor-
porels : & ſelon que la corde eſt ban-
dée, le ſon eſt haut, à cauſe qu'elle
pouſſe les Atomes plus vigoureuſe-

ment, & l'organe ainſi penetré, en
fournit à la fantaiſie dequoy faire ſon
tableau : ſi trop peu, il arriue que
noſtre memoire n'ayant pas encore
acheué ſon Image, nous ſommes contraints de luy repeter le meſme ſon,
afin que des matereaux que luy fourniſſent, par exemple, les meſures
d'vne Sarabande, elles en prennent
aſſez pour acheuer le portrait de cette
Sarabande : mais cette operation n'a
rien de ſi merueilleux que les autres,
par leſquelles à l'aide du meſme organe nous ſommes eſmeus tantoſt à
la ioye, tantoſt à la colere...... &
cela ſe fait lors que dans ce mouuement ces petits corps en rencontrent d'autres en nous remuez de
meſme façon, ou que leur propre figure rend ſuſceptibles du meſme é-
branlement : car alors les nouueaux
venus excitent leurs Hoſtes à ſe remuer comme eux : & de cette façon
lors qu'vn air violent rencontre le feu
de noſtre ſang, il le fait encliner au
meſme branle, & il l'anime à ſe

pouſſer dehors, c’eſt ce que nous
appellons ardeur de courage, Si le
ſon eſt plus doux, & qu’il n’ait la
force de ſoûleuer, qu’vne moindre
flame plus ébranlée, en la promenant
le long des nerfs des membranes, &
des pertuis de noſtre chair, elle excite
ce chatoüillement qu’on apelle ioye,
il en arriue ainſi de l’ebullition des
autres paſſions, ſelon que ces petits
corps ſont iettez plus ou moins vio-
lemment ſur nous, ſelon le mouuement qu’ils reçoiuent par le rencontre d’autres branles, & ſelon qu’ils
trouuent à remuer chez nous : c’eſt
quant à l’oüye.

La demonſtration du toucher n’eſt
pas maintenant plus difficile, en con-
ceuant que toute matiere palpable
il ſe fait vne emiſſion perpetuelle de
petits corps, & qu’à meſure que nous
la touchons, il s’en éuapore dauantage, parce que nous les épraignons
du ſuiet meſme, comme l’eau d’vne
éponge quand nous la preſſons. Les
durs viennent faire à l’organe le raport

de leur folidité, les fouples de leur
moleffe, les raboteux, &c. Et
qu'ainfi ne foit, nous ne fommes plus
fi fins à difcerner par l'attouchement
auec des mains vfées de trauail, à
caufe de l'épaiffeur du Cal, qui
pour n'eftre ny poreux, ny animé, ne
tranfmet que fort malaifément ces
fumées de la matiere. Quelqu'vn
defirera d'apprendre où l'organe de
toucher tient fon fiege; pour moy ie
penfe qu'il eft répandu dans toutes
les fuperficies de la maffe, veu qu'il
fent dans toutes fes parties. Ie m'imagine toutesfois que plus nous taf-
tons par vn membre proche de la
tefte, & plus vifte nous diftinguons
ce qui fe peut experimenter, quand
les yeux clos nous patinons quelque
chofe, car nous la deuions plus facilement : & fi au contraire nous la
taftions du pied, nous aurions plus de
peine à la connoiftre : cela prouient
de ce que noftre peau eftant par tout
criblée de petits trous, nos nerfs dont
la matiere n'eft pas plus ferrée, per-

dent en chemin beaucoup de ces petits Atomes par les menus pertuits de
leur contexture , auant que d'eſtre
arriuez iuſques au cerueau, qui eſt le
terme de leur voyage. Il me reſte à
parler de l'odorat & du gouſt.

Dites-moy , lors que ie gouſte vn
fruit, n'eſt-ce pas à cauſe de la chaleur de ma bouche qui le fond ? Ad-
uoüez-moy donc qu'y ayans dans vne
poire des ſels, & que la diſſolution les
partageant en petits corps d'autre figure que ceux qui compoſent la ſa-
ueur d'vne pomme, il faut qu'ils per-
cent noſtre pallais d'vne maniere bien
differente : tout ainſi que l'eſcare en-
foncée par le fer d'vne pique qui me
trauerſe, n'eſt pas ſemblable à ce que
me fait ſouffrir en ſurſaut la bale d'vn
piſtolet, & de meſme que la bale de ce
piſtolet m'imprime vne autre douleur
que celle d'vn carreau d'acier.

De l'odorat ie n'ay rien à dire,
puis que les Philoſophes meſmes
confeſſent qu'il ſe fait par vne emiſſion continuelle de petits corps.

Ie m'en vais sur ce principe vous
expliquer la creation, l'harmonie, &
l'influence des globes celestes, auec
l'immuable varieté des meteores.

Il alloit continuer : mais le vieil
Hoste entra là-deſſus, qui fit ſonger
noſtre Philoſophe à la retraitte : il
apportoit des criſtaux pleins de verres luiſans pour éclairer la ſalle : mais
comme ces petits feux inſectes per-
dent beaucoup de leur éclat, quand
ils ne ſont pas nouuellement amaſſez,
ceux cy vieux de dix iours n'éclai-
roient preſque point. Mon Demon
n'attendit pas que la compagnie en
fut incommodée, il monta dans ſon
cabinet, & en redeſcendit auſſi-toſt
auec deux boules de feu ſi brillantes,
que chacun s'eſtonna comme il ne ſe
bruloit point les doigts : ces flambeaux incombuſtibles, dit-il, nous
ſeruirons mieux que vos pelotons de
verres. Ce ſont des rayons du Soleil
que i'ay purgez de leur chaleur, autrement les qualitez corroſiues de ſon
feu auroient bleſſé voſtre veuë en

l'éblouïſſant, i'en ay fixé la lumiere, & l'ay enfermée dans ces boules tranſparantes que ie tiens : cela ne vous doit pas fournir vn grand ſuiet d'admiration, car il ne m'eſt pas plus difficile à moy qui ſuis né dans le Soleil, de condenſer ſes rayons qui ſont la pouſſiere de ce Monde là, qu'à vous d'amaſſer de la pouſſiere ou des Atomes qui ſont de la terre pulueriſée de celuy-cy. Là-deſſus noſtre Hoſte enuoya vn valet conduire les Philoſophes, parce qu'il eſtoit nuit, auec vne douzaine de globes à verres pendus à ſes quatre pieds. Pour nous autres, ſçauoir mon Precepteur & moy, nous nous couchaſmes par l'ordre du Phiſionome. Il me mit cette fois là dans vne chambre de violette & de lys, m'enuoya chatoüiller à l'ordinaire ; & le lendemain ſur les neuf heures ie vis entrer mon Demon, qui me dit qu'il venoit du Palais, où l'vne des Demoiſelles de la Reyne l'auoit prié de l'aller trouuer,

& qu'elle s'eſtoit enquiſe de moy,
teſmoignant qu'elle perſiſtoit touſiours dans le deſſein de me tenir parole, c'eſt à dire que de bon cœur
elle me ſuiuoit, ſi ie la voulois mener
auec moy dans l'autre monde. Ce qui
m'a fort edifié, continua-t'il, c'eſt
quand i'ay reconnu que le motif
principal de ſon voyage eſtoit de ſe
faire Chreſtienne : ainſi ie luy ay promis d'aider ſon deſſein de toutes mes
forces, & d'inuenter pour cet effet
vne machine capable de tenir trois
ou quatre perſonnes, dans laquelle
vous y pourez monter enſemble dés
auiourd'huy. Ie vais m'appliquer ſerieuſement à l'execution de cette entrepriſe : c'eſt pourquoy afin de vous
diuertir cependant que ie ne ſeray
point auec vous, voicy vn Liure que
ie vous laiſſe, ie l'apportay iadis de
mon païs natal ; il eſt intitulé, *Les
Eſtats & Empires de la Lune, auec vne
Additiõ de l'Hiſtoire de l'Eſtincelle.*
Ie vous donne encore celuy-cy que
i'eſtime beaucoup dauantage, c'eſt le

grand œuure des Philofophes, qu'vn des plus forts efprits du Soleil a com-pofé : il prouue là-dedans que tou-tes chofes font vrayes, & declare la façon d'vnir phifiquement les ve-ritez de chaque contradictoire, com-me par exemple que le blanc eft noir, & que le noir eft blanc, qu'on peut eftre & n'eftre pas en mefme temps, qu'il peut y auoir vne montagne fans valée, que le neant eft quelque chofe, & que toutes les chofes qui font ne font point : mais remarquez qu'il preuue tous ces inoüys paradoxes, fans aucune raifon captieufe ou So-phiftique : quand vous ferez ennuyé de lire, vous pourez vous promener, ou vous entretenir auec le fils de no-ftre Hofte, fon efprit a beaucoup de charmes ; ce qui me déplaift en luy, c'eft qu'il eft impie : s'il luy arriue de vous fcandalifer, ou de faire par quelque raifonnement chanceler voftre foy, ne manquez pas auffi-toft de me le venir propofer : ie vous en refoudray les difficultez, vn autre

vous ordonneroit de rompre compagnie : mais comme il eſt extremement vain, ie ſuis aſſeuré qu'il prendroit cette fuite pour vne défaite, &
il ſe figureroit que noſtre croyance
ſeroit ſãs raiſon, ſi vous refuſiez d'entendre les ſiennes. Il me quitta en
acheuant ce mot ; mais il fut à peine
ſorty, que ie me mis à conſiderer attentiuement mes Liures, & leurs boë-
tes, c'eſt à dire leurs couuertures, qui
me ſembloient admirables pour leurs
richeſſes ; l'vne eſtoit taillée d'vn ſeul
diamant, ſans comparaiſon plus brillant que les noſtres ; la ſeconde ne
paroiſſoit qu'vne monſtrueuſe perle
fenduë en deux. Mon Demon auoit
traduit ces Liures en langage de ce
monde, mais parce que ie n'ay point
de leur Imprimerie, ie m'en vais expliquer la façon de ces deux Volu-
mes.

A l'ouuerture de la boëte, ie trouuay dedans vn ie ne ſçay quoy de
metail preſque ſemblable à nos Hor-
loges, plein de ie ne ſçay quels petits

reſſorts & de machines imperceptibles : c'eſt vn Liure à la verité, mais c'eſt vn Liure miraculeux, qui n'a ny feüillets ny caracteres : enfin c'eſt vn Liure, où pour apprendre, les yeux ſont inutils ; on n'a beſoin que des oreilles. Quand quelqu'vn donc ſouhaite lire, il bande auec grande quantité de toutes ſortes de petits nerfs cette machine, puis il tourne l'éguille ſur le chapitre qu'il deſire eſcouter, & au meſme temps il en ſort comme de la bouche d'vn homme, ou d'vn iſtrument de muſique, tous les ſons diſtincts & diferends qui ſeruent entre les grands Lunaires à l'expreſſion du langage.

Lors que i'ay depuis reflechy ſur cette miraculeuſe inuention de faire des Liures, ie ne m'eſtonne plus de voir que les ieunes hommes de ce païs là poſſedoient plus de connoiſſance à ſeize & dix-huit ans, que les barbes griſes du noſtre ; car ſçachant lire auſſi-toſt que parler, ils ne ſont iamais ſans lecture ; à la chambre, à

la promenade, en ville, en voyage, ils
peuuent auoir dans la poche, ou pendus à la ceinture, vne trentaine de ces
Liures dont ils n'ont qu'à bander vn
reſſort pour en oüir vn chapitre ſeulement, ou bien pluſieurs, s'ils ſont
en humeur d'écouter tout vn Liure:
ainſi vous auez eternellement autour
de vous tous les grands Hommes &
morts & viuans qui vous entretiennent de viues voix. Ce preſent m'oc-
cupa plus d'vne heure; & enfin me
les eſtans attachez en forme de pen-
dans d'oreille, ie ſortis pour me promener; mais ie ne fus pas pluſtoſt au-
bout de la ruë, que ie rencontray vne
trouppe aſſez nombreuſe de perſonnes triſtes.

Quatre d'entre eux portoient ſur
leurs eſpaules vne eſpece de cercueil
enuelopé de noir: ie m'informay d'vn
regardant ce que vouloit dire ce conuoy ſemblable aux pompes funebres
de mon païs; il me reſpondit que ce
meſchãt & nommé du peuple par vne

chiquenaude fur le genoüil droit, qui auoit efté conuaincu d'enuie & d'ingratitude, eftoit decedé le iour precedent , & que le Parlement l'auoit condamné il y auoit plus de vingt ans à mourir dans fon lit, & puis d'eftre enterré apres fa mort. Ie me pris à rire de cette réponfe : & luy m'interrogeant pourquoy ; Vous m'eftonnez, dis-je , de dire que ce qui eft vne Marque de benediction dans noftre Monde , comme la longue vie, vne mort paifible, vne fepulture honorable, ferue en celuy-cy d'vne punition exemplaire. Quoy, vous prenez la fepulture pour quelque chofe de précieux, me repartit cet homme ? Et par voftre foy , pouuez-vous conceuoir quelque chofe de plus épouuentable qu'vn cadavre marchant fous les vers dont il regorge, àla mercy des crapaux qui luy malchent les iouës, enfin la pefte reueftuë du corps d'vn homme ? Bon Dieu, la feule imagination d'auoir, quoy que mort, le vifage embaraffé d'vn drap, & fur la

bouche

bouche vne picque de terre me donne
de la peine à respirer. Ce miserable
que vous voyez porter, outre l'infa-
mie d'estre ietté dans vne fosse, a esté
condamné d'estre assisté dans son
conuoy de cent cinquante de ses
amis, & commandement à eux, en
punition d'auoir aimé vn enuieux &
vn ingrat, de paroistre à ses funerailles
auec vn visage triste; & sans que les
Iuges en ont eu pitié, imputans en
partie ses crimes à son peu d'esprit,
ils auroient ordonné d'y pleurer.
Horsmis les criminels, on brusle icy
tout le monde : aussi est-ce vne coustume tres-décente & tres-raisonna-
ble: car nous croyons que le feu ayant
separé le pur d'auec l'impur, la chaleur ressemble par simpathie cette
chaleur naturelle qui faisoit l'ame,
& luy donne la force de s'esleuer
tousiours, & montant iusques à quelque estre, la terre de certains peuples
plus immateriels que nous & plus
intellectuels, parce que leur temperament doit respondre & participer

H

à la pureté du globe qu'ils habi-
tent.

Ce n'eft pas encore noftre façon
d'inhumer la plus belle. Quand vn
de nos Philofophes vient à vn âge
où il fent ramollir fon efprit, & la
glace de fes ans engourdir les mouüe-
mens de fon ame, il affemble fes amis
par vn banquet fomptueux ; puis
ayant expofé les motifs qui le font refoudre à prendre congé de la Nature,
& le peu d'efperance qu'il y a d'adioufter quelque chofe à fes belles
actions, on luy fait ou grace, c'eft à
dire qu'on luy permet de mourir, ou
qu'on luy fait vn feuere commandement de viure. Quand donc à plu-
ralité de voix on luy a mis fon fouffle
entre les mains, il aduertit fes plus
chers, & du iour & du lieu : ceux cy
fe purgent, & s'abftienne de manger pendant vingt-quatre heures ;
puis arriuez qu'ils font au logis du
Sage, & facrifié qu'ils ont au Soleil,
ils entrent dans la chambre, où le genereux les attend fur vn lit de parade ;

chacun le veut embraſſer ; & quand
c'eſt au rang de celuy qu'il aime le
mieux, apres l'auoir baiſé tendrement, il l'appuye ſur ſon eſtomach,
& ioignant ſa bouche ſur ſa bouche,
de la main droite il ſe baigne vn poignard dans le cœur. L'Amant ne détache point ſes levres de celles de ſon
Amant qu'il ne le ſente expirer ; &
lors il retire le fer de ſon ſein, & fermant de ſa bouche la playe, il auale
ſon ſang, qu'il ſucce iuſqu'à ce qu'vn
ſecon luy ſuccede ; puis vn troiſieſ-
me, vn quatrieſme, & enfin tout la
compagnie, & quatre ou cinq heures
apres on introduit à chacune vne fille
de ſeize ou dix-ſept ans : & pendant
trois ou quatre iours qu'ils ſont à
gouſter les plaiſirs de l'amour, ils ne
ſont nourris que de la chair du mort
qu'on leur fait manger toute cruë,
afin que ſi de cent embraſemens il
peut naiſtre quelque choſes, ils ſoient
aſſeurez que c'eſt leur amy qui re-
uit.

I'interrompis ce diſcours, en diſans à celuy qui me le faiſoit, que ces façons de faire auoient beaucoup de reſſemblance auec celles de quelque peuple de noſtre Monde ; & continuay ma promenade, qui fut ſi longue, que quand ie reuiens il y auoit deux heures que le diſné eſtoit preſt. On me demanda pourquoy i'eſtois arriué ſi tard ; ce n'a pas eſté ma faute, reſpondis-ie au Cuiſinier qui s'en plaignoit : i'ay demandé pluſieurs fois parmy les ruës quelle heure il eſtoit, mais on ne m'a reſpondu qu'en ouurant la bouche, ſerrant les dents, & tournant le viſage de trauers.

Quoy, s'eſcria toute la compagnie vous ne ſçauez pas que par là ils vous montroient l'heure ? par ma foy, repartis-ie, ils auoiét beau expoſer leur grand nez au Soleil, auant que ie l'appriſſe. C'eſt vne commodité, me dirent-ils, qui leur ſert à ſe paſſer d'horloge ; car de leurs dents ils font vn cadran ſi iuſte, qu'alors qu'ils veulent inſtruire quelqu'vn de l'heure, il ouurent les levres ; & l'ombre

de ce nez qui vient tomber deſſus
leurs dents, marque comme vn Cadran celle dont le curieux eſt en
peine. Maintenant afin que vous
ſçachiez pourquoy en ce pays tout le
monde a le nez grand ; apprenez
qu'auſſi-toſt que la femme eſt accou-
chée, la Matrone porte l'enfant au
Maiſtre du Seminaire ; & iuſtement
au bout de l'an, les Experts eſtans aſſemblez, ſi ſon nez eſt trouué plus
court qu'à vne certaine meſure que
tient le Syndic, il eſt ſenſé Camus, &
mis entre les mains des gens qui le
chaſtrent. Vous me demanderez la
cauſe de cette barbarie, & comme il
ſe peut faire que nous chez qui la
virginité eſt vn crime, eſtabliſſions
des continences par force : mais ſçachez que nous le faiſons apres auoir
obſorué depuis trente ſiecles, qu'vn
grand nez eſt le ſigne d'vn homme
ſpirituel, courtois, affable, genereux,
liberal ; & que le petit eſt vn ſigne du
contraire : C'eſt pourquoy des Camus on baſtit les Eunuques, parce

que la Republique aime mieux ne
point auoir d'enfans, que d'en auoir
qui leurs fuſſent ſemblables. Il parloit encore, lors que ie vis entrer vn
homme tout nud : ie m'aſſis auſſi-toſt,
& me couuris pour luy faire honneur, car ce ſont les marques du plus
grand reſpect qu'on puiſſe en ce païs
là teſmoigner à quelqu'vn Le
Royaume , dit-il , ſouhaite qu'a-
uant de retourner en voſtre Monde,
vous en auertiſſiez les Magiſtrats, à
cauſe qu'vn Mathematicien vient
tout à l'heure de promettre au Conſeil, que pourueu qu'eſtant de retour
chez vous, vous vouliez conſtruire
vne certaine machine qu'il vous en-
ſeignera, il attirera voſtre globe, & le
ioindra à celuy-cy : à quoy ie promis de ne pas manquer. Hé ! ie vous
prie [dis-ie à mon Hoſte quand l'autre fut party] de me dire pourquoy
cet enuoyé portoit à la ceinture des
parties honteuſes de bronze; ce que
i'auois veu pluſieurs fois pendant que
i'eſtois en cage, ſans l'auoir oſé de-

mander, parce que i'estois tousiours
enuironné de Filles de la Reyne que
ie craignois d'offenser, si i'eusse en
leur presence attiré l'entretien d'vne
matiere si grasse : de sorte qu'il me
répondit : les femelles icy, non plus
que les masles, ne sont pas assez in-
grates pour rougir à la veuë de celuy,
qui les a forgées : & les Vierges n'ont
pas honte d'aimer sur nous en memoire de leur mere Nature, la seule
chose qui porte son nom. Sçachez
donc que l'escharpe dont cet homme
est honoré, & où prend pour medaille
la figure d'vn mébre viril, est le symbole du Gentilhomme, & la marque
qui distingue le Noble d'auec le Ro-
turier. Ce paradoxe me sembla si ex-
trauagant, que ie ne pûs m'empescher de rire.

Cette coustume me semble bien
extraordinaire, repartis-ie, car en
nostre Monde la marque de Noblesse
est de porter vne Espée. Mais l'Hoste
sans s'émouuoir : ô mon petit homme,
s'écria-t'il, quoy les grands de vostre

Monde font enragez de faire parade
d'vn inftrument qui défigne vn bou-
reau , & qui n'eft forgé que pour
nous deftruire ; enfin l'ennemy iuré
de tout ce qui vit ? & de cacher au
contraire vn membre fans qui nous
ferions au rang de ce qui n'eft pas,
le Promethée de chaque animal, &
le reparateur infatigable des foibleffes de la Nature? Malheureufe côtrée,
où les marques de generation font
ignominieufes, & où celles d'aneantiffement font honorables : cependant vous appellez ce membre là
des parties honteufes, comme s'il y
auoit quelque chofe de plus glorieux
que de donner la vie, & rien de plus
honteux que de l'ofter. Pendant
tout ce difcours nous ne laiffions pas
de difner ; & fi toft que nous fufmes
leuez, nous allafmes au jardin prendre l'air ; & là prenant occafion de
parler de la generation & conception
des chofes, il me dit. Vous deuez
fçauoir que la terre fe faifant vn arbre, d'vn arbre vn pourceau, & d'vn

pourceau vn homme, nous deuons, puis que tous les eſtres dans la nature tendent au plus parfait qu'ils aſpirent à deuenir hommes ; cette eſſence eſtant l'acheuement du plus beau mixte, & le mieux imaginé qui ſoit au monde, parce que c'eſt le ſeul qui faſſe le lieu de la vie animale auec la raiſonnable. C'eſt ce qu'on ne peut nier ſans eſtre Pedant, puis que nous voyons qu'vn Prunier par la chaleur de ſon germe, comme par vne bouche, ſucce & digere le gaſon qui l'enuironne; qu'vn pourceau deuore ce fruit & le fait deuenir vne partie de ſoy-meſme ; & qu'vn homme mangeant le pourceau, reſchauffe cette chair morte, la ioint a ſoy, & fait reuiure cet animal ſous vne plus noble eſpece. Ainſi cet homme que vous voyez eſtoit peut-eſtre il y a ſoixante ans vne touffe d'herbe dans mon jardin; & ce qui eſt d'autãt plus probable que l'opinion de la Metempſicoſe Pytagorique, ſouſtenuë par tant de grands hommes, n'eſt vray-ſembla-

blement paruenuë iufques à nous,
qu'afin de nous engager à en recher-
cher la verité : comme en effet nous
auons trouué que tout ce qui eſt ſent
& vegete , & qu'enfin apres que
toute la matiere eſt paruenuë à ce
periode qui eſt ſa perfection, elle deſcend & retourne dans ſon manité
pour reuenir & ioüer derechef les
meſme rolles. Ie deſcendis tres ſatisfait au iardin ; & ie commençois à
reciter à mon compagnon ce que noſtre Maiſtre m'auoit appris , quand le
Phiſionome arriua pour nous conduire à la refection & au dortoir.

Le lendemain dés que ie fus eſ-
ueillé ie m'en allay faire leuer mon
Antagoniſte. C'eſt vn auſſi grand
miracle (luy dis-ie en l'abordant)
de trouuer vn fort eſprit comme le
voſtre enfeuely dans le ſommeil , que
de voir du feu ſans action : il ſouſrit
de ce mauuais compliment ; mais
(s'écria-t'il auec vne colere paſſion-
née d'amour) ne vous déferez-vous
iamais de ces termes fabuleux ; ſça-

chez que ces noms-la diffament le
nom de Philofophe ; & que comme
le Sage ne voit rien au monde qu'il
ne conçoiue & qu'il ne iuge pouuoir
eftre conceu, il doit abhorrer toutes
ces expreffions de prodiges & d'eue-
nement de nature, qu'ont inuenté les
ftupides pour excufer les foibleffes de
leur entendement.

Ie creus alors eftre obligé en con-
fcience de prendre la parole pour le
deftromper. Encore, luy repliquay-
ie, que vous foyez fort obftiné dans
vos fentimens, i'ay veu tout plein de
chofes arriuées furnaturellement :
vous le dites, continua-il : mais vous
ne fçauez pas que la force de l'imagination eft capable de guerir toutes les
maladies que vous attribuez au furnaturel, à caufe d'vn certain baume
naturel contenant toutes les qualitez
contraires à toutes celles de chaque
mal qui nous attaque : ce qui fe fait
quand noftre imagination aduertie
par la douleur, va chercher en ce lieu
le remede fpecifique qu'elle apporte

au venin. C'eſt là d'où vient qu'vn
habile Medecin de voſtre Monde,
conſeille au malade de prendre plutoſt vn Medecin ignorant qu'on eſtimera pourtant fort habile, qu'vn
fort habile qu'on eſtimera ignorant,
parce qu'il ſe figure que noſtre imagination trauaillant à noſtre ſanté,
pourueu qu'elle ſoit aidée de remedes, eſt capable de nous guerir ; mais
que les plus puiſſans eſtoient trop
foibles, quand l'imagination ne
les appliquoit pas. Vous eſton-
nez-vous que les premiers hommes de voſtre Monde viuoient tant
de ſiecles ſans auoir aucune connoiſſance de Medecine, non ? Et qu'eſt-
ce à voſtre aduis qui en pouuoit eſtre
la cauſe, ſinon leur nature encore
dans ſa force, & ce baume vniuerſel,
qui n'eſt pas encore diſſipé par les
drogues dont vos Medecins vous
conſomment ; n'ayant lors pour ren-
trer en conualeſcence qu'à le ſou-
haiter fortement, & s'imaginer d'eſtre gueris. Auſſi leur fantaiſie vi-

gourefe fe plongeant dans cette huile vital, en attiroit l'elixir, & appliquant l'actif au paffif, ils fe trouuoient prefque dans vn clein d'œil auffi fains qu'auparauant : ce qui malgré la déprauation de la Nature ne laiffe pas de fe faire encore auiourd'huy, quoy qu'vn peu rarement à la verité : mais le populaire l'attribuë à miracle. Pour moy ie n'en crois rien du tout, & ie me fonde fur ce qu'il eft plus facile que tous ces Docteurs fe trompent, que cela n'eft facile à faire, car ie leur demande, le fievreux qui vient d'eftre guery, a fouhaité bien fort pendant fa maladie, comme il eft vray-femblable, d'eftre guery, & mefme il a fait des vœux pour cela: de forte qu'il falloit neceffairement qu'il mourut, ou qu'il demeurât dans fon mal, ou qu'il guerift: s'il fut mort, on euft dit que le Ciel l'auoit recompenfé de fes peines, & mefme on euft dit que felon la priere du malade il a efté guery de tous fes maux : s'il fut demeuré dans fon infirmité, on auroit dit qu'il n'auoit pas la foy : mais, parce qu'il eſt guery, c'eſt vn miracle tout viſible. N'eſt-il pas bien plus vray-ſemblable que ſa fantaiſie excitée par les violens deſirs de la ſanté, a fait ſon operation ? car ie veux qu'il ſoit reſchappé, pourquoy crier miracle, puis que nous voyons beaucoup de perſonnes qui s'eſtoient voüées, perir miſerablement auec leurs vœux :

Mais à tout le moins, luy repartisie, ſi ce que vous dites de ce baume eſt veritable, c'eſt vne marque de la raiſonnabilité de noſtre ame, puis que ſans ſe ſeruir des inſtrumens de noſtre raiſon, ſans s'appuyer du concours de noſtre volonté, elle fait elle-meſme comme ſi eſtant hors de nous elle appliquoit l'actif au paſſif. Or ſi eſtant ſeparée de nous elle eſt raiſonnable, il faut neceſſairement qu'elle ſoit ſpirituelle : & ſi vous la confeſſez ſpirituelle, ie conclus qu'elle eſt immortelle, puis que la mort n'arriue dans l'animal que par le changement des formes dont la matiere seule est capable. Ce ieune homme alors s'estant mis en son seant sur son lit, & m'ayant fait asseoir, discourut à peu pres de cette sorte. Pour l'ame des bestes qui est corporelle, ie ne m'estonne pas qu'elle meure, veu qu'elle n'est possible qu'vne harmonie des quatre qualitez, vne force de sang, vne proportion d'organes bien concertez : mais ie m'estonne bien fort que la nostre intellectuelle, incorporelle, & imortelle, soit contrainte de sortir de chez nous par la mesme cause qui fait perir celle d'vn Bœuf. A t'elle fait pacte auec nostre corps, que quand il auroit vn coup d'espée dans le cœur, vne balle de plomb dans la ceruelle, vne mousquetade à trauers le corps, d'abandonner aussi tost sa maison........ & si cette ame estoit spirituelle & par soy mesme si raisonnable, qu'elle fut aussi capable d'intelligence quand elle est separée de nostre masse, que quand elle en est reuestuë, pourquoy les

Aueugles nez, auec tous les beaux
auantages de cette ame intellectuelle,
ne ſçauroient-ils s'imaginer ce que
c'eſt que de voir? eſt-ce à cauſe qu'ils
ne ſont pas encore priuez par le trépas de tous leurs ſens? Quoy, ie ne
pouray donc me ſeruir de ma main
droite, à cauſe que ie n'ay vne gauche?........Et enfin pour faire
vne comparaiſon iuſte, & qui dé-
truiſe tout ce que vous auez dit, ie
me contenteray de vous apporter l'e-
xemple d'vn Peintre qui ne peut trauailler ſans pinceau: & ie vous diray
que l'ame eſt tout de meſme, quand
elle n'a pas l'vſage des ſens. Oüy:
mais, adioutaſt-t'il.......Cepen-
dant ils veulent que cette ame qui ne
peut agir qu'imparfaitement, à cauſe
de la perte d'vn de ſes outils dans le
cours de la vie, puiſſe alors trauailler
auec perfection, quand apres noſtre
mort elle les aura tous perdus. S'ils
me viennent rechanter qu'elle n'a pas
beſoin de ces inſtrumens pour faire
ſes fonctions, ie leur rechanteré qu'il

faut foüetter les Quinze-vaingts, qui
font femblant de ne voir goutte. Il
vouloit continuer dans de fi imperti-
nens raifonnemens : mais ie luy fermay la bouche, en le priant de les
cefler, comme il fit, de peur de querelle : car il connoiffoit que ie
commençois à m'échauffer. Il s'en
alla en fuite, & me laiffa dans l'admiration des gens de ce Monde là, dans
lefquels, iufqu'au fimple peuple,
il fe trouue naturellement tant d'efprit, au lieu que ceux du noftre en
ont fi peu, & qu'il leur coufte fi cher.
Enfin l'amour de mon païs me déta-
chant petit à petit de l'affection, &
mefme de la penfée que i'auois euë
de demeurer en celuy-là, ie ne fon-
geay plus qu'à mon départ ; mais i'y
vis tant d'impoffibilité, que i'en deuins tout chagrin. Mon Demon s'en
apperceut : & m'ayant demandé à
quoy il tenoit que ie ne paruffe pas le
mefme que toufiours, ie luy dis franchement le fujet de ma melancolie : mais il me fit de fi belles pro-

meſſes pour mon retour, que ie m'en repoſay ſur luy entierement. I'en donnay aduis au Conſeil, qui m'enuoya querir, & qui me fit preſter ſerment que ie racontois dans noſtre Monde les choſes que i'auois veuës en celuy-là. En ſuite on me fit expedier des paſſeports ; & mon Demon s'eſtant muny des choſes neceſſaires pour vn ſi grand voyage, me demanda en quel endroit de mon païs ie voulois deſcendre. Ie luy dis, que la pluſpart des riches enfans de Paris ſe propoſant vn voyage à Rome vne fois en la vie, ne s'imaginant pas apres cela qu'il y euſt rien de beau ny à faire, ny à voir, ie le priois de trouuer bon que ie les imitaſſe : mais, adiouſtay-ie, dans quelle machine ferons-nous ce voyage, & quel ordre penſez-vous que me veüille donner le mathematicien qui me parla l'autre iour de ioindre ce globe cy au noſtre. Quand au Mathematicien, me dit-il, ne vous y arreſtez point, car c'eſt vn homme qui promet beau-

coup, & qui ne tient rien. Et quant à
la machine qui vous reportera, ce
fera la mefme qui vous voitura à la
Cour. Comment, dis-ie, l'air deuiendra pour fouftenir vos pas auffi
folide que la terre ? C'eft ce que ie ne
croy point ; & c'eft vne chofe eftrange, reprit-il, que ce que vous croye,
& ne croyez pas. Hé ! pourquoy les
Sorciers de voftre Monde qui marchent en l'air, & conduifent des armées de grefles, de neiges, de pluyes,
& d'autres tels meteores, d'vne Prouince en vne autre, auroient-ils plus
de pouuoir que nous ? foyez, foyez,
ie vous prie, plus credule en ma faueur. Il eft vray, luy dis-ie que i'ay
receu de vous tant de bons offices, de
mefmes que Socrate & les autres pour
qui vous auez tant eu d'amitié, que
ie me dois fier à vous, comme ie fais,
en m'y abandonnant de tout mon
cœur. Ie n'eus pas pluftoft acheué
cette parole, qu'ils s'enleua comme
vn tourbillon, & me tenant entre
fes bras, il me fit paffer fans incom-

modité tout ce grand efpace que nos Aftronomes mettent entre nous & la Lune, en vn iour & demy ; ce qui me fit connoiftre le menfonge de ceux qui difent qu'vne meule de moulin feroit trois cens foixante & tant d'années à tomber du Ciel, puis que ie fus fi peu de temps à tomber du globe de la Lune en celuy-cy. Enfin au commeucement de la feconde iournée, ie m'apperceus que i'approchois de noftre Monde. Defia ie diftinguois l'Europe d'auec l'Affrique, & ces deux d'auec l'Afie, lors que ie fentis le foulfre que ie vis fortir d'vne fort haute montagne : cela m'incommodoit de forte que ie m'éuanoüis. Ie ne puis pas dire ce qui m'arriua en fuite ; mais ie me trouuay ayant repris mes fens dans des bruyeres fur la pante d'vne coline, au milieu de quelques Paftres qui parloient Italien. Ie ne fçauois ce qu'eftoit deuenu mon Demon, & ie demanday à ces Paftres s'il ne l'auoient point veu. A ce mot ils firent le figne de la

Croix, & me regarderent comme si
i'en eusse esté vn moy mesme : mais
leur disant que i'estois Chrestien, &
que ie les priois par charité de me
conduire en quelque lieu où ie pusse
me reposer, ils me menerent dans vn
Village à vn mille de là, où ie fus à
peine arriué, que tous les Chiens du
lieu depuis les Bichons iusques aux
Dogues, se vinrent ietter sur moy, &
m'eussent deuoré, si ie n'eusse trouué
vne maison où ie me sauuay : mais
cela ne les empescha pas de continuer
leur sabat, en sorte que le Maistre du
logis m'en regardoit de mauuais œil ;
& ie croy que dans le scrupule où le
peuple augure de ces sortes d'accidens, cet homme estoit capable de
m'abandonner en proye à ces animaux, si ie ne me fusse aduisé que ce
qui les acharnoit ainsi apres moy,
estoit le Monde d'où ie venois, à cause
qu'ayant accoustumé d'aboyer à la
Lune, ils sentoient que i'en venois, &
que i'en auois l'odeur, comme ceux
qui conseruent vne espece de relan

ou air marin, quelque temps apres
eftre defcendus de fur la mer. Pour
me purger de ce mauuais air, ie m'expofay fur vne terraffe, durant trois
ou quatre heures au Soleil : apres
quoy ie defcendis ; & les Chiens qui
ne fentoient plus l'influence qui
m'auoit fait leur ennemy , ne m'a-
boyerent plus., & s'en retournerent
chacun chez foy. Le lendemain ie
partis pour Rome, où ie vis le refte,
des triomphes de quelques Grands
Hommes de mefme que ceux des
fiecles : i'en admiré les belles ruïnes ,
& les belles reparations qu'y ont fait
les Modernes. Enfin apres y eftre
demeuré quinze iours en la compagnie de Monfieur de Cyrano mon
Coufin, qui me prefta de l'argent pour
mon retour, i'allay à Ciuitauechia ,
& me mis fur vne Gallere qui m'a-
mena iufqu'à Marfeille. Pendant
tout ce voyage ie n'eus l'efprit tendu
qu'aux merueilles de celuy que ie
venois de faire. I'en commençay
des memoires dés ce temps-là ; &

quand i'ay esté de retour, ie les ay
mis autant en ordre que la maladie
qui me retient au lit me l'a pû permettre. Mais préuoyant qu'elle sera
la fin de mes estudes & de mes tra-
uaux, pour tenir parole au Conseil de
ce Monde-là, i'ay prié Monsieur le
Bret, mon plus cher & mon plus in-
uiolable Amy, de les donner au public, auec l'Histoire de la Republique du Soleil, celle de l'Estincelle, &
quelques autres Ouurages de mesme
façon, si ceux qui nous les ont déro-
robez les luy rendent, comme ie les
en conjure de tout mon cœur.

FIN.

LETTRES

DE MONSIEVR

DE CYRANO

BERGERAC.

A MONSIEVR LE BRET,
Aduocat au Conseil.

CONTRE L'HYVER.

LETTRE I.

MONSIEVR,

C'est à ce coup que l'Hyuer a noüé
l'éguillette à la Terre ; il a rendu la
matiere impuissante, & l'esprit méme

A

pour estre incorporel, n'est pas en
seureté contre sa tyrannie ; mon ame
a tellement reculé sur elle-mesme,
qu'en quelqu'endroit aujourd'huy
que ie me touche, il s'en faut plus de
quatre doigts que ie n'atteigne où ie
suis ; Ie me taste sans me sentir, & le
fer auroit ouuert cent portes à ma vie,
auparauant que de frapper à celle de
la douleur : Enfin nous voila presque
paralytiques, & cependant pour creuser sur nous vne playe dans vne bles-
sure, Dieu n'a creé qu'vn Baûme à
nostre mal, encore le Medecin qui
le porte ne sçauroit arriuer chez nous
qu'apres auoir deslogé de six maisons.
Ce paresseux est le Soleil, vous voyez
comme il marche à petites iournées,
il se met en chemin à huit heures, &
prend giste à quatre. Ie croy qu'à
mon exemple il trouue qu'il fait trop
froid pour se leuer si matin : mais
Dieu veüille que ce soit seulement la
paresse qui le retienne, & non pas le
dépit ; car il me semble que depuis
plusieurs mois il nous regarde de tra-

uers. Pour moy, ie n'en puis deuiner
la caufe, fi ce n'eft qu'ayant veu la
terre endurcie par lagelée, iln'ofeplus
monter fi haut de peur de bleffer fes
rayons en les precipitant. Ainfi nous
ne fommes pas prefts de nous vanger
des ouurages que la faifon nous fait :
il ne fert quafi rien au feu de s'é-
chauffer contr'elle, fa rage n'aboutit
(apres auoirbien petillé) qu'à le contraindre à fe deuorer foy-mefme plus
vifte. Nous auons beau prendre le
Bouclier, l'Hyuer eft vne mort de fix
mois refpanduë fur tout vn cofté de
cette boule, que nous ne fçaurions
éuiter ; c'eft vne courte vieilleffe
des chofe animées ; c'eft vn eftre
qui n'a point d'action, & qui cependant (tous braues que nous
foyons) ne nous approche iamais
fans nous faire trembler. Noftre
corps poreux, delicat, eftendu, fe
ramaffe, s'endurcit, & s'empref-
fe à fermer fes aduenuës, à barri-
cader vn million d'inuifibles portes, & à les couurir de petites

Montagnes : Il se meut, s'agiste, se de-
bat, & dit pour excuse en rougissant,
que ces fremissemens sont des sorties
qu'il fait à dessein de repousser l'ennemy qui gagne ses dehors. Enfin ce
n'est pas merueille que nous subissiõs
le destin de tous les viuans ; mais le
barbare ne s'est pas contenté d'auoir
osté la langue à nos Oyseaux, d'auoir
des-habillé nos Arbres, d'auoir coupé
les cheueux à Cerés, & d'auoir mis
nostre grande Mere toute nuë, afin
que nous ne pûssions nous sauuer par
eau dans vn climat plus doux, il les a
toutes renfermées sous des murailles
de diamant : & de peur mesme que les
riuieres n'excitassent par leur mouuement quelque chaleur qui nous pût
soulager, il les a clouées côtre leur lit.
Mais il fait encore bien pis, car pour
nous effrayer, par l'image mesme
des prodiges qu'il inuente à nostre
destruction, il nous fait prendre la
glace pour vne lumiere endurcie, vn
iour petrifié, vn solide neant, ou quelque Monstre épouuantable dont le

corps n'eſt qu'vn œil. La Seine au
commencement effrayée des larmes
du Ciel, s'en troubla, & apprehendãt
vne ſuite plus funeſte à la fortune de
ſes habitans, elle s'eſt roidie contre le
poids qui l'entraiſne, s'eſt ſuſpanduë,
& s'eſt liée elle-meſme pour s'arreſter
afin d'eſtre touſiours preſente aux be-
ſoins que nous pourrions auoir d'elle.
Les Hommes épouuantez à leur tour
des prodiges de cette effroyable ſaiſon, en tirent des préſages proportiõnez à leur crainte, s'il neige, ils s'imaginent que c'eſt peut-eſtre au Firmament le chemin de laiĉt qui ſe diſſout:
que cette perté fait de rage écumer le
Ciel, & que la Terre tremblant pour
ſes enfans, en blanchit de frayeur. Ils
ſe figurent que l'Vniuers eſt vne tarte
que l'Hyuer ce grand Monſtre ſucre
pour l'aualer : que peut-eſtre la neige
eſt l'écume des Plantes qui meurent
enragées, & que les vents qui ſoufflét
tant de froid, ſont les derniers ſoûpirs
de la Nature agoniſãte. Moy-meſme
qui n'explique guere les choſes qu'en

ma faueur, & qui dans vne autre
saison me serois persuadé que la
neige est le laict vegetatif que les
Astres font teter aux Plantes : ou les
miettes qui tombent apres Graces de
la Table des Dieux, me laissant emporter au torrent de l'exemple : s'il
gresle, ie m'écrie, quel maux nous sont
reseruez ? puis que le Ciel innocent
est reduit à pisser la grauelle. Si ie
veux definir ces vents glacez, tellement solides, qu'ils renuersent des
tours, & tellement déliez qu'on ne les
void point, ie ne sçaurois soupçonner
ce que c'est, sinõ vne broüine de Diables échappez, qui s'estans morfõdus
sous terre, courent icy pour s'échauffer. Tout ce qui me represente l'Hyuer me fait peur ; ie ne sçaurois supporter vn miroir à cause de sa glace:ie
fuis les petits Medecins, parce qu'on
les nomme des Medecins de neige, &
ie puis conuaincre le froid de quantité
de meurtres, sur ce que dãs toutes les
Moisons de Paris on rencontre fort
peu de gelée, qu'on n'y trouue vn ma-

lade auprés. En verité, Monſieur, ie
ne penſe pas que la S. Iean me gueriſſe
entierement des maux de Noël, quãd
je ſonge qu'il me faudra voir encore
aux feneſtres de grandes vîtres qui ne
ſeront autre choſe que des tapiſſeries
de glaçons endurcis au feu : Oüy cét
impitoyable m'a mis en ſi mauuaiſe
humeur, que la hale du mois d'Aouſt
ne me purgera peut-eſtre pas du flegme de Ianuier ; la moindre chaleur me
fera dire que l'Hyuer eſt le friſſon de
la Nature, & que l'Eſté en eſt la fiévre:
car jugez ſi je me plains à tort, & ſi les
morfondus malgré l'humeur liberale
de cette ſaiſon qui leur donne autant
de perles que de roupies, ne me prendront pas pour vn Hercule, qui pour-
ſuit ce monſtre leur ennemy ? Quelles
rigueurs n'exerce-t'il point en tous
lieux ? Là ſous le Robinet d'vne Fontaine, le gelé Porteur d'eau contraint
ſon cœur en ſoufflant de rendre à ſes
mains la vie qu'il leur a dérobée ? Là
contre le paué le ſoulier du marcheur
fait plꝰ de bruit qu'à l'ordinaire, parce

qu'il a des cloches aux pieds? Là l'Eſ-
colier fripon, vne plote de neige entre
les doigts, attend au paſſage ſon compagnon pour luy noyer le viſage dans
vn morceau de riuiere ; enfin de quelque coſté que ie me tourne, la gelée
eſt ſi grãde ; que tout ſe prend iuſques
aux manteaux ; A dix heures du ſoir
le Filou morfondu ſous vn vant gre-
lote, & ſe conſole lors qu'il regarde le
premier paſſant, comme vn Tailleur
qui luy apporte ſon habit. Lors qu'il
prendra fantaiſie à l'Hyuer, ce vieil
endurcy, d'aller à confeſſe, voila,
Monſieur, l'examen de ſa conſçience
à vn peché preſt, car c'eſt vn cas re-
ſerué dont il n'aura iamais l'abſolu-
tion : vous meſme iugez s'il eſt pardonnable, il me vient d'engourdir les
doigts, afin de vous perſuader que ie
ſuis vn froid Amy, puis que ie tremble
quand il eſt queſtion de me dire,

MONSIEVR,

Voſtre Seruiteur.

AV MESME,

POVR

LE PRINTEMPS.

LETTRE II.

Monsievr,

Ne pleurez plus, le beau temps eſt reuenu, le Soleil s'eſt reconcilié auec les Hommes, & ſa chaleur a fait trouuer des jambes à l'Hyuer, quelque engourdy qu'il fuſt : il ne luy a preſté de mouuement que ce qu'il en falloit pour fuir, & cependant ces longues nuits qui ſembloiēt ne faire qu'vn pas en vne heure (à cauſe que pour eſtre dans l'obſcurité, elles n'oſoient courir à tâtős) ſont auſſi loin de nous que la premiere qui fit dormir Adam : l'air n'agueres fi condenfé par la gelée, que les Oyfeaux n'y trouuoient point de place , femble n'eftre aujourd'huy qu'vn grand efpace imaginaire, où ces Muficiens, à peine foûtenus de noftre penfée , paroiffent au Ciel de petits Mondes balancez par leur propre centre : Le Serain n'enrheumoit pas au païs d'où ils viennent, car ils font icy beau bruict : O Dieux quel tintamarre ! fans doute ils font en procez pour le partage des terres dont l'Hyuer par fa mort les a fait heritiers : ce vieux jaloux non content d'auoir bouclé prefque tous les animaux, auoit gelé jufqu'aux riuieres, afin qu'elles ne produififfent pas mefme des images: Il auoit malicieufement tourné vers eux la glace de fes miroirs qui coulent du cofté du vif argent, & il y feroient encore, fi le Printemps à fon retour ne les eut renuerféz : Aujourd'huy le Beftail s'y regarde nager en courant: la Linote & le Pinfon s'y reproduifent fans perdre leur vnité, s'y reffufcitent fans mourir, & s'eftonnent qu'vn nid

ſi froid leur faſſe éclorre en vn momēt
des petits auſſi grands qu'eux-mémes:
enfin nous tenons la terre en bonne
humeur , nous n'auons d'orénauant
qu'à bien choyer ſes bonnes graces : A
la vérité dépitée de s'éſre veuë au pillage de l'Automne , elle s'eſtoit tellement endurcie contre nous auec les
forces que luy preſta l'Hyuer, que ſi le
Ciel n'euſt pleuré deux mois ſur ſon
ſein , elle ne ſe fut iamais attendrie:
mais Dieu mercy elle ne ſe ſouuient
plus de nòs larcins. Toute ſon attention n'eſt auiourd'huy qu'à mediter
quelque fruit nouueau: elle ſe couure
d'herbe mole, afin d'eſtre plus douce
à nos pieds: elle n'enuoye rien ſur nos
tables qui ne regorge de ſon lict : ſi
elle nous offre des Chenilles , c'eſt en
guiſe deuers à ſoye ſauuages: & les hā-
netōs ſont de petits Oyſeaux qu'elle a
eu ſoin d'inuéter pour ſeruir de ioüets
à nos enfans: elle s'eſtonne elle meſme
de ſa richeſſe, elle s'imagine à peine
eſtre la Mere detoutcequ'elleproduit,
& groſſe de 15. iours, elle auorte de

A vj

mille fortes d'infectes, parce que ne
pouuant toute feule goufter tant de
plaifir, elle ébauche des enfans à la
hafte pour auoir à qui faire du bien;
ne femble-t'il pas en attachant aux
branches de nôs forefts des feüilles fi
toufuës, que pour nous faire rire,
elle fe foit égayée à porter vn pré fur
vn arbre; mais parce qu'elle fçait que
les contentemens exceffifs font pre-
iudiciables, elle force en cette faifon
les Fébves de fleurir pour moderer
noftre ioye, par la crainte de deuenir
fols ; c'eft le feul mauuais préfage
qu'elle n'ait point chaffé de deffus
l'Hemifphere. Par tout on voit la
Nature accoucher, & fes enfans à
mefure qu'ils naiffent, ioüer dans leur
berceau. Confiderez le zephire qui
n'ofe quafi refpirer qu'en tremblant,
comme il agite les bleds & les careffe:
Ne diriez-vous pas que l'herbe eft le
poil de la terre, & que ce vent eft le
peigne qui a foin de le démefler ? ie
penfe mefme que le Soleil fait
l'amour à cette faifon, car i'ay re-

marqué qu'en quelque lieu qu'elle
ſe retire, il s'en approche touſiours,
Ces inſolens Aquilons qui nous bra-
uoient en l'abſence de ce Dieu de trã-
quillité [ſurpris de ſa venuë] s'vniſſẽt
à ſes rayons pour obtenir la paix par
leurs careſſes, & les plus coupables ſe
cachent dans les Atomes & ſe tiennẽt
coys ſans bouger, de peur d'en eſtre
reconnus : Tout ce qui ne peut nuire
par ſa vie eſt en plaine liberté. Il n'eſt
pas iuſqu'à noſtre ame qui ne ſe ré-
pande plus loin que ſa priſon, afin de
monſtrer qu'elle n'en eſt pas conte-
nuë. Ie penſe que la Nature eſt aux
Nopces, on ne voit que danſes,
que concerts, que feſtins ; &
qui voudroit chercher diſpute, n'auroit pas le contentemẽt d'en trouuer,
ſinon de celles qui pour la beauté ſur-
uiennent entre les fleurs. Là poſſible
au ſortir du combat vn Oeillet tout
ſanglant tombe de laſſitude ; là vn
bouton de Roſe, enflé du mauuais
ſuccez de ſon Antagoniſte, s'épanoüit
de ioye ; là le Lys, ce Coloſſe entre les

fleurs, ce geant de laict caillé, glorieux
de voir ses images triompher au Lou-
vre, s'éleue sur ses compagnes, les regarde de haut en bas, & fait deuant
soy prosterner la Violette, qui ialouse
& faschée de ne pas monter aussi haut,
redouble ses odeurs, afin d'obtenir de
nostre nez la preference que nos yeux
luy refusent : là le gason de Thin s'a-
genoüille humblement deuant la Tu-
lippe, cause qu'elle porte vn Calice :
là d'vn autre costé la Terre dépitée que
les arbres portent si haut & si loin
d'elle les bouquets dont elle les a cou-
ronnez, refuse de leur enuoyer des
fruicts, qu'ils ne luy ayent redonné ses
fleurs. Cependant ie ne trouue pas
pour ces disputes que le Printemps en
soit moins agreable: Mathieu Gareau
saute de tout son cœur au broüet de sa
Tante : le plus mauuais garçon du
Village iure par *sa fy* qu'il fera cette
année grand peur au Papegay : le
Vigneron appuyé sur vn échalas, rit
dans sa barbe à mesure qu'il void
pleurer sa Vigne : Enfin l'exemple de

la Nature me perſuade ſi bien le plaiſir, que toute ſujetion eſtant dou-
loureuſe, ie ſuis preſque à regret,

MONSIEVR,

Voſtre Seruiteur.

AV MESME,

POVR L'ESTE'.

LETTRE III.

Monsievr,

Que ne diriez-vous point du Soleil, s'il vous auoit rôty vous-méme ; puis que vous vous plaignez de luy, lors qu'il hâte l'affaifonnement de vos viandes ? De toute la terre il n'a fait qu'vne grande marmitte ; il a deffous attifé l'Enfer pour la faire boüillir, il a difpofé les vents tout autour comme des fouflets, afin de l'empefcher de s'efteindre ; & lors qu'il r'allume le feu de voftre Cuifine, vous vous en for-malifez : il échauffe les eaux, il les diftile, il les rectifie, de peur que leur

crudité ne-vous nuife ; & vous luy
chantez pouïlle, pendant mefme qu'il
boit à voftre fanté. Pour moy ie ne
fçay pas quelle pofture d'orénauant
fe pourra mettre ce pauure Dieu, pour
eftre à noftre gré. Il enuoye à noftre
leuer les Oyfeaux nous dóner la Mufique; il échauffe nos bains,& ne nous
inuite point qu'il n'en ait effayé le
peril en s'y plongeant le premier.
Que pouuoit il adioufter à tant d'honneur, finon de manger à noftre table?
mais iugez ce qu'il demande quand il
n'eft iamais plus proche de nos Maifons qu'à Midy : Plaignez-vous,
Monfieur, apres cela , qu'il deffeiche
l'humeur des riuieres : helas ! fans
cette attraction, que ferions nous de-
uenus ? les fleuues, les lacs,les fontaines, ont fuccé toute l'eau qui rendoit
la terre feconde, & l'on fe fâche qu'au
hazard d'en faire gagner l'hydropifie
à la moyenne region , il prenne la
charge de la repuifer, & de promener
par le Ciel les nuës, ces grands arrou-
foirs dont il efteint la foif de nos Cã-

pagnes alterées, encore dans vne saison où il est si fort épris de nostre
beauté, qu'il nous veut voir tous nuds.
I'ay bien de la peine à m'imaginer s'il
n'attiroit à soy beaucoup d'eau pour y
moüiller & rafraischir ses rayons, cõ-
mēt il nous baiseroit sãs nous brusler;
mais quoy qu'on dise, nous en auons
tousiours de reste ; car au temps mesme que la Canicule par son ardeur, ne
nous en laisse précisément que pour
la necessité ; n'a-t'il pas soin de faire
enrager les chiens de peur qu'il n'en
boiuent? vous fulminez encore contre
luy, sur ce qu'il dérobe (dites-vous)
iusqu'à nos ombres : il nous les oste
(ie l'aduoüe) &il n'a garde de les laisser
aupres de nous, voyant qu'à toute
heure elles se diuertissent à nous effrayer ; voyez comme il monte au
plus haut de nostre horison pour les
mettre à nos pieds, & pour les reco-
gner sous terre, d'où elles sont parties,
Quelque haine cependant, qu'il leur
porte, quelque proche de leur fin
qu'elles se trouuent, il leur donne la

vic quand nous nous mettons entre
deux ; c'eſt pourquoy ces Filles de la
nuit courent tout à l'entour de nous
pour ſe tenir à couuert des armes du
Soleil ; ſçachant bien qu'il aimera
mieux s'abſtenir de la victoire, que de
ſe reſoudre à les tuer au trauers de
nos corps. Ce n'eſt pas que durant toute l'année il ne ſoit pour
nous tout de feu ; & il le monſtre
aſſez, n'en repoſant ny nuit ny
iour : Mais en Eſté toutefois ſa
paſſion deuient bien autre ; il bruſle,
il court, il ſemble deualer de ſon cercle, & ſe voulant ietter à noſtre col, il
en tombe ſi pres, que pour legere
que ſoit l'Eſſence d'vn Dieu, la
moitié des hommes degoutte de
ſueur en le portant. Nous ne laiſ-
ſons pas toutesfois de nous affliger
quand il nous quitte ; les nuits meſmes ſympatiſant à ſa complexion,
deuiennent claires & chaudes, à cauſe
qu'à ſon départi la laiſſé ſur l'Horiſõ
vne partie de ſon équipage, comme
ayant à y reuenir bien-toſt. Le mois de

May veritablement fait germer les fruits, les nouë & les groſſit : mais il leur laiſſe vne aſpreté mortelle qui nous eſtrãgleroit, ſi celuy de Iuin n'y paſſoit du ſucre. Poſſible m'obiecte-ra-t'on que par ſes chaleurs exceſſiues il met les herbes en cendre, & qu'en ſuite il fait couler deſſus des orages de pluye : mais penſez-vous qu'il ait grãd tort [nous voyant tout ſalis du hâle] de nous mettre à la leſſi ve ? & ie veux qu'il fut bruſlant iuſqu'à nous conſommer, ce ſeroit au moins vne marque de noſtre paix auec Dieu, puis qu'autrefois chez ſon peuple il ne faiſoit deſcendre le feu du Ciel que ſur les Victimes purifiées : Encore s'il nous vouloit bruſler, il n'enuoyeroit pas la roſé pour nous rafraiſchir, cette belle roſée qui nous fait croire parſes infinies goutes de lumiere, que le flã-beau du Monde eſt en poudre dedans nos prez, qu'vn millió de petits Cieux ſont tombez ſur la terre, ou que c'eſt l'ame de l'Vniuers, qui ne ſçachant quel honneur rendre à ſon Pere, ſort

au deuant de luy, & le va receuoir iufques fur la pointe des herbes. Les
Villageois s'imaginent, tantoft que
ce font des poux d'argent tombez au
matin de la tefte du Soleil quife peigne,
tãtoft la fueur de l'air corrompuë par
le chaud, où des vers luifans fe font
mis : tantoft la faliue des Aftres qui
leur tombe de la bouche en dormant :
mais enfin quoy que ce puiffe eftre, il
n'importe, fuffent les larmes de l'Aurore, elle s'afflige de trop bonne grace
pour ne nous en pas réjoüir : & puis
c'eft le temps où la Nature nous met
à mefme fes trefors : Le Soleil en perfonne affifte aux couches de Cerés, &
chaque efpy de bled paroift vne bou-
langerie de petits pains de laict, qu'il
a pris la peine de cuire. Que fi quelques-vns plaignent que fa trop longue demeure auec nous jaunit les
feuïlles apres les fruits, qu'ils fçachẽt
que ce Monarque des Eftoilles en vfe
ainfi pour compofer de noftre climat
le iardin des Hefperides, en attachant
aux arbres des feüilles d'or auffi bien

que des fruits : toutesfois il a beau
tenir la campagne, il a beau dans son
Zodiaque s'échauffer auec le Lyon,
Il n'aura pas demeuré vingt-quatre
heures chez la Vierge, qu'il luy fera les
doux yeux, il deuiendra tous les iours
plus froid : & enfin quelque nom de
Pucelle qu'il laisse à la pauure fille, il
sortira de son lit tellement énervé,
que six moins à peine le gueriront
de cette impuissance. O ! que i'ay
cepédant peur de voir croiftre l'Esté
parce que i'ay peur de le voir diminuer ; c'est luy qui débarasse l'eau,
le bois, le metal, l'herbe, la pierre,
& tout les Corps differens que la
gelée auoit fait venir aux prises :
il appaise leurs froideurs, il demesle
leurs antipaties, il moyenne entr'eux vn échange de prisonniers, il
reconduit paisiblement chacun chez
soy : & pour vous montrer qu'il separe
les natures les plus iointes, c'est que
n'estant vous & moy qu'vne mesme
chose, ie ne laisse pas auiourd'huy de
me considerer separément de vous,

pour éuiter l'impertinence qu'il y
auroit de me mander à moy-mesme.
Ie suis,

M O N S I E V R,

Voftre feruiteur.

AV MESME,
CONTRE
L'AVTOMNE.
LETTRE IV.

Monsieur,

Il me semble que i'aurois maintenant bien du plaisir à pester contre
l'Automne, si ie ne craignois de fas-
cher le Tonnere, luy qui non content
de nous tuer, n'est pas satisfait s'iln'as-
semble trois Bourreaux differens dans
vne mort, & s'il ne nous massacre tout
à la fois par les yeux, par les oreilles,
& par le toucher : c'est à dire, par l'é-
clair, le Tonnerre, & le carreau : l'é-
clair s'allume pour esteindre nostre
veuë

veuë à force de lumiere, & précipitant
nos paupieres sur nos prunelles, il
nous fait passer de deux petites nuits
de la largeur d'vn double, dans vne
autre aussi grande que l'Vniuers.
L'air en s'agitant enflamme ses apo-
sthumes ; en quelque part que nous
tournions la veuë, vn nuage sanglant
semble auoir déplié entre nous & le
iour, vne tenture de gris brun, doublé
de tafetas cramoisy ; le Foudre engendré dans la nuë, créve le ventre de
sa Mere, & la nuë grosse en trauail s'é
déliure auec tant de bruit, que les
roches les plus sauuages s'ouurêt aux
cris de cet accouchement. Il ne sera
pourtât pas dit que cette orgueilleuse
saison me parle si haut, & que ie n'ose
luy répondre ; Cette insolente aux
crimes de laquelle il ne mãquoit plus
que de faire imputer à son Createur
les vices de la Nature. Mais quand
l'iniustice de cent mille coups de Tó-
nerre seroit vne production de la Sagesse inscrutable de Dieu, il ne s'ésuit
pas pour cela que la saison du Ton-

nerre, c'eſt à dire la ſaiſon deſtinée à
chaſtier les coupables, ſoit plus agreable que les autres, ou bien il faut conclure que le temps le plus doux de la
vie d'vn criminel, eſt celuy de ſon execution: Ie croy qu'en ſuite de ce funeſte Metheore nous pouuons paſſer
au vin, puis que c'eſt vn Tonnerre
liquide, vn courroux portable, & vn
treſpas qui fait mourir les yvrognes de
ſanté ; Il eſt cauſe, le furieux, que la
definition qu'Ariſtote a donnée pour
l'homme, d'animal raiſonnable, eſt
fauſſe au moins pour ceux qui en boiuent trop ; mais vous ſemble-t'il pas
qu'on peut dire du Cabaret, que c'eſt
vn lieu ou l'on vend la folie par bouteilles, & ie doute meſme s'il n'eſt
point allé iuſques dans les Cieux faire
ſentir ſes fumées au Soleil, voyant
comme il ſe couche tous les iours de
ſi bonne heure. Quelques Philoſophes
de ce ſiecle en ont tant aualé: qu'ils en
ont fait piroüetter la terre deſſous eux;
& ſi veritablemét elle ſe meut, ie pêſe
que ce ſont des S S que l'yvrognerie

luy fait faire : Pour moy, ie porte
tant de haine à ce poison, qu'encore
que l'eau de vie soit vn venin beaucoup plus furieux, ie ne laisse pas de
luy pardonner, à cause que ce m'est
vn témoignage qu'elle luy a fait rendre l'esprit. Nous voila donc en ce
temps condamnez à mourir de soif,
puis que nostre breuuage est empoi-
sonné : voyons si nostre manger que
l'Automne nous estend sur la terre,
comme sur vne table, est moins dan-
gereux que sa boisson. Helas ! pour vn
seul fruit qu'Adam mangea, cêt mille
millions de personnes moururent qui
n'estoient pas encore ; l'arbre mesme
est forcé par la Nature de commencer
le supplice de ses enfans criminels ; il
les iette contre terre, la teste en bas ;
le vent les secouë, & le Soleil les pre-
cipite. Apres cela, Monsieur, ne
trouuez pas mauuais que ie desaprou-
ue qu'on die voila du fruit en bõ estat.
Comment y pourroit-il estre, luy qui
s'est pendu soy-mesme ? Aussi à considerer comme les cailloux y vont à

l'offrande, n'est-ce pas vne occasion
de douter de leur innocence, puis
qu'ils font lapidez à chaque bout de
champs ? Ne voyez-vous pas mesme
que les arbres en produisãt les fruits,
ont foin de les enueloper de feüilles
pour les cacher, comme s'il n'auoient
pas affez d'effronterie pour montrer à
nud leurs parties honteufes ? Mais admirez encor comment cette horrible
faifon traitte les arbres en leur difant
Adieu ; Elle les charge de Vers, d'A-
raignées , & de Chenilles, & tous
chauues qu'elle les a rendus, elle ne
laiffe pas encore de leur mettre de la
vermine à la tefte : Nommez-vous
cela des prefens d'vne bonne Mere
à fes enfans ? & merite t'elle que nous
la remercions apres nous auoir ofté
prefque tous les alimens vtiles ; Mais
fon dépit paffe encore plus outre, car
elle tafché d'empoifõner ceux qui ne
font pas morts de faim, & ie n'auance
rien que ie ne prouue : N'eft-il pas
vray que ne nous reftant plus rien de
peur entre tãt de chofes dont l'vfage

nous eſt neceſſaire, ſinon l'air, la Ma-
raſtre l'a ſuffoqué de Contagion ; Ne
voyez vous pas comme elle traiſne la
peſte, cette maladie ſans queuë qui
tient la mort penduë à la ſienne en
toutes les villes de ce Royaume ? cõme elle renuerſe toute l'œconomie de
l'Vnivers & de la ſocieté des hõmes,
iuſqu'à couurir de pourpre des miſé-
rables ſur vn fumier ; & iugez ſi le feu
dont elle s'alume contre nous eſt ar-
dent, quand il ſuffit d'vn charbon ſur
vn homme pour le conſumer.

Voila, Monſieur, les treſors & l'v-
tilité de cette adorable ſaiſon, par qui
vous penſiez auoir trouué le ſecret de
la Corne d'abondance. En verité, ne
merite-t'elle pas biẽ mieux des Satyres que des Eloges, & ne deurions-
nous pas meſme deteſter les autres,
à cauſe qu'elles ſont en ſa compagnie,
& qu'elles la ſuiuent touſiours & la
precedent ? Pour moy, je ne doute
point qu'vn jour cette enragée ne per-
uertiſſe toutes ſes compagnes ; & en
effet, nous obſeruons qu'elles ont

defia toutes à fon exemple leur façon
particuliere d'eftropier, & que pour les
maux dont elles nous accablent, l'Hyuer nous contraint de reclamer S. Ieã,
le Printemps S. Mathurin, l'Efté,
S. Hubert, & l'Automne S. Roch,
puis que l'vn caufe le mal caduc, l'autre la folie, l'autre la rage, l'autre la
pefte. Pour moy, ie ne fçay qui me
tient que ie ne me procure la mort de
dépit que i'ay de ne pouuoir viure que
deffus leur regne, mais principalement de ce que la maudite Automne
me paffe tous les ans fur la tefte pour
me faire enrager : il fẽble qu'elle tafche d'embaraffer fes Sœurs dans fes
crimes ; car enfin, Monfieur, groffe de
foudre comme nous la voyons, n'in-
duit-elle pas à croire que toutes enfemble elles compofent vn Monftre
qui aboye par les pieds, que pour elle
elle eft vne Harpie affamée qui mord
de la glace pendant que fa queuë eft
au feu ; qui fe faune d'vn embrafement
par vn deluge, & qui vieille à quatre
vingts iours, eft fi paffionnée d'amour

pour l'Hyuer, à cauſe qu'il nous tuë,
qu'elle expire en le baiſãt; mais ce qui
me ſemble encore plus eſtrange eſt,
que ie me ſois abſtenu de luy reprocher ſon plus grãd crime, ie veux dire
le ſang, dont elle ſoüille depuis tant
d'années la face de toute l'Europe, car
ie le deuois faire pour la punir de ce
qu'ayant prodigué des fruicts à tout
le monde, elle ne m'en a pas encore
donné vn qui puiſſe vous dire apres
ma mort, ie ſuis,

MONSIEVR,

Voſtre Seruiteur.

B iiij

DESCRIPTION II.

DE L'AQVEDVC,

OV LA FONTAINE

D'ARCVEIL.

A MES AMIS LES BEVVEVRS
d'Eau.

LETTRE V.

Cette Lettre d'Arcueïl ayãt esté perduë, l'Autheur long-tẽps apres en fit vne autre : mais comme il ne se souuenoit presque plus de la premiere, il ne rencontra pas les mesmes pẽsées : Depuis il retrouua la perduë : & comme il est assez ennemy du trauail, il ne crût pas que le sujet fust digne d'espurer chaque Lettre en ostant de chacune les imaginations qui se pourroient rencontrer dans l'autre.

Messievrs,

Pied-là, pied-là ; ma teste sert de
Pont à vne riuiere, ie suis dessous, tout
au fonds sans nager ; & toutesfois i'y
respire à mon aise. Vous iugez bien
que c'est d'Arcueïl que ie vous escris.
Icy l'eau conduite en triomphe, marche en haye d'vn Regiment de pierres
on luy a dresse cent Portiques pour la
receuoir : & le Roy la iugent fati-
guée, d'estre venuë à pied de si loin,
enuoya l'appuyer de peur qu'elle ne
tombast. Ces excez d'honneur l'ont
renduë si glorieuse, qu'elle n'iroit pas
à Paris si l'on ne l'y portoit : s'estant
morfonduë d'auoir si long-temps couché contre terre, elle s'est fait dresser
vn lit plus haut : & l'on tient par tradition que cet Aqueduc luy sembla' si
pompeux & si beau, qu'elle vint d'elle
mesme s'y promener pour son plaisir :
cependant elle est renfermée entre
quatre murailles, seroit ce qu'on l'eust
conuaincuë de s'estre iadis trouué en

B v

la compagnie de celle de la mer pendant quelque naufrage ? Il le faut bien : car la Iustice est icy tellement seuere, qu'on y contraint iusqu'aux fontaines de marcher droict: & l'air de la Ville est si contagieux, qu'elles n'en sçauroient approcher sans gagner la pierre : ces obstacles toutesfois n'ont point empesché qu'il n'ait pris à celle cy vne telle demangeaison de la voir, qu'elle s'en gratte demie lieuë durant contre des roches, il luy tarde qu'elle ne contrefasse l'Hypocrene entre les Muses de l'Vniuersité : elle n'en peut tenir son eau. Voyez comme des montagnes de Rongis elle pisse en l'air iusqu'au Fauxbourg S. Germain ; elle va receuoir de S. A. R. l'ordre des visites qu'elle a à faire ; & quelques sourdes menasses qu'elle murmure en chemin, quelque formidable qu'elle paroisse, Luxembourg ne l'a pas plustost apperceuë, que d'vn seul Regard il la disperse de tous costez. En verité l'amour pouuoit-il ioindre Arcueil & Paris par vn lien plus fort que celuy

de la vie ? Ce reptile eſt vn morceau
pour la bouche du Roy : c'eſt vne
grande eſpée qui va faire mettre par
les Porteurs d'eau des bouts de bois à
ſon fourreau; c'eſt vne Couleuvre immortelle , qui s'enfonce dans ſon
écaille, à meſure qu'elle en ſort; c'eſt
vn apoſteme artificielle qu'õ ne ſçauroit creuer ſans metre Paris en dãger
de mort; c'eſt vn paſté, dont la ſauce
eſt viue; c'eſt vn os, dont la mouëlle
chemine ; c'eſt vn Serpent liquide,
dont la queuë va deuãt la teſte: Enfin
ie penſe qu'elle a reſolu de ne riẽ faire
ici que des choſes impoſſibles à croire:
elle ne va droiêt qu'à cauſe qu'elle eſt
voutée: elle ne ſe corrompt point, encore qu'elle ſoit au tõbeau, elle eſt viue
depuis qu'elle eſt enterre: elle paſſe par
deſſus des murs, dõt les portes ſõt ou-
uertes : elle marche droit à taſtons, &
court de toute ſa force ſans tõber. Hé
bien, Meſſieurs, apres tãt de miracles
ne meriteroit-elle pas bien d'eſtre ca-
noniſée à Paris ſous le nom de S. Coſ-
me, S. Benoiſt, S. Michel, S. Seuerin:

Qui diroit cependant que la largeur
de deux pieds mefure le deftin de tout
vn peuple ? Connoiffez par là quel
honneur ce vous eft, que moy, qui
puis, quand bon me femble, arrefter
la liqueur qui defaltere tant d'hon-
neftes gens à Paris, & qui tous les
iours me fais feruir deuant le Roy, ie
m'abaiffe iufqu'à me dire,

MESSIEVRS,

Voftre Seruiteur,
DE BERGERAC.

AVTRE,

SVR LE MESME
Sujet.

LETTRE IV.

MESSIEVRS,

Miracle, miracle, ie suis au fond de l'eau, & ie n'ay pas de quoy boire, I'ay vn fleuue sur la teste, ie n'ay point perdu pied: & enfin ie me trouue en vn pays où les fontaines volent, & où les riuieres sont si delicates qu'elle passêt par dessus des pôts de peurdesemoüiller : Ce n'est point hiperbole, car à considerer les grands Portiques sur lesquels celle-cy va côme en triomphe, il semble qu'elle se soit montée sur des échasses pour voir de plus loin

& pour remarquer dans Paris les lieux
où elle eſt neceſſaire ; ce ſont comme
des arcs auec leſquels elle décoche vn
million de fleches d'argent liquide
contre la ſoif : Tout à l'heure elle
eſtoit aſſiſe à cul-nu contre terre : mais
la voila maintenant qui ſe promene
dans des galeries : elle porte ſa teſte à
l'égal des Montagnes : & croyez toutesfois qu'elle n'eſt pas de moinsbelle
taille pour eſtre voutée : Ie ne ſçay pas
ſi nos Bourgeois prẽnent cette Arche
pour l'Arche d'Alliance ; ie ſçay ſeulement que ſãs elle ils ſeroient du vieux
Teſtament : elle encherit en leur faueur au deſſus des forces de la Nature :
Elle fait pour eux l'impoſſible, iuſqu'à
courir deux lieuës durant auec des iã-
bes mortes qu'elle nepeut remuer. On
diroit à la voir iallir en haut comme
elle fait, qu'apres auoir long-temps
pouſſé contre le Globe de la terre qui
peſoit ſur elle, s'en trouuant tout à
coup déchargée, elle ne ſe peut plus
retenir, & continuë en l'air malgré ſoy
l'a ſecouſſe qu'elle s'eſtoit donnée :

Mais d'où vient qu'à Rongis pour vn
peu de fable qu'elle a dans les reins,
elle n'vrine que goute à goute, & que
dans Arcueïl où elle eft atteinte de la
pierre, elle piffe par deffus des Montagnes ? encores ce ne font là que des
coups d'effay, elle fait bien d'autres
miracles : elle fe gliffe eternellement
hors de fa peau, fans iamais acheuer
d'en fortir ; & plus fçauante que les
Docteurs de la faculté d'Hipocrate,
tous les iours à Paris elle guerit d'vn
Regard plus de quatre cét mille alterez: elle fe morfond à force de courir :
elle s'enterre toute viue dans vn tombeau pour viure plus long-temps :
n'eft-ce point que fa beauté l'oblige à
fe cacher du Soleil de peur d'en eftre
enleuée? ou que pour s'eftre entenduë
caioler au Village, elle deuienne g lo-
rieufe qu'elle ne veuïlle plus marcher
fi on ne la porte ? ie fçay bien que
dans ce long bocal de pierre (où
ne fçauroit mefme entrer vn filet
de lumiere) on ne peut pas dire
qu'elle foit éuentée ; & ie fçay bien

pourtant qu'elle n'est pas sage de passer par dessus des portes ouuertes:ce-
pendant peut-estre que ie la blasme à
tort : car ie parle de ce mole d'Archi-
tecture, sans sçauoir encore au vray
ce que c'est : c'est possible vne nuë
petrifiée, vn grãd os dont la moüelle
chemine, vn Arc-en-Ciel solide, qui
puise de l'eau dans Arcueïl pour la
verser en cette Ville,en pasté de pois-
sõ qui a trop de sauce, vne Nayade au
lict qui a le cours de ventre, vn Apo-
ticaire de l'Vniuersité qui luy donne
des Clisteres : enfin la Mere nourrice
de toute vne Ville, dont les Robinets
sont les mammelles qu'elle luy presente à teter. Puis donc qu'vne si
longue prisõ la rend méconnoissable,
allõs vn peu plus loin la voir au sortir
du ventre de sa Mere ? O Dieux !
qu'elle est gẽtille, qu'elle a l'air frais
& la face vnie : ie l'entends qui gazoüille auec le grauier, & qui semble
par ses begayemens, vouloir estudier
la langue du pays : considerez là de
pres, ne la voyez vous pas qui se cou-

che tout de fon long dãs cette couppe
de marbre ? elle repofe & ne laiffe pas
de s'enfler fous l'égouft de fa fource,
comme fi elle tafchoit de fuccer en
dormant le tetin de fa Nourrice : au
refte vous ne trouuerriez pas aupres
d'elle le moindre poiffon, car la pauure petite eft encore trop ieune pour
auoir des enfans : ce n'eft pas toutesfois manque de connoiffance, elle a
receu auec le iour vne lumiere naturelle & du bien & du mal, & pour vous
le monftrer, c'eft qu'on ne l'approche
iamais qu'elle ne faffe voir à l'œil la
laideur ou la beauté de celuy qui la
confulte. A. fon âge pourtant à caufe
que fes traits font encore informes, on
a de la peine à difcerner fi ce n'eft
point vn iour dequatre piedsenquarré
ou bien vn œil de la terre qui pleure :
mais non, ie me trompe, elle eft trop
viue pour reffembler à des chofes
mortes, c'eft fans doute la Reyne des
fontaines de ce pays, & fon humeur
royale fe remarque en ce que par vne
liberalité toute extraordinaire, elle ne

reçoit visite de personne qu'elle ne
luy donne son portrait : en recompense elle a receu du Ciel le don de
faire des miracles ; ce n'est pas vne
chose que i'auance pour ayder à son
Panegyrique : approchez-vous du
bord, & vous verrez qu'à l'exemple
de cette Fontaine sacrée qui deïfioit
ceux qui se beignoient, elle fait des
corps sans matiere, les plonge dans
l'eau sans les moüiller, & nous môstre
chez soy des hommes qui viuent sans
aucun vsage de respiration : Encore
ne sont-ce-là que des coups qu'elle
fait en dormant : à peine a t'elle
reposé autant de temps qu'il en faut
pour mesurer quatre ajambées,
qu'elle part de son Hôtellerie, &
ne s'arreste point qu'elle n'ait receu
de Paris vn fauorable Regard. Sa
premiere visite c'est à Luxembourg :
si-tost qu'elle est arriuée, elle se iette
en terre & và tomber aux pieds de
son Altesse Royale, à qui par
son murmure elle semble demander
en langage de ruisseau les Maisons

où il luy plaiſt qu'elle s'aille loger.
Elle eſt venuë auec tant de hâte,
qu'elle en eſt encore toute en eau :
& pour n'auoir pas eu le loiſir ſur
les chemins de mettre pied à terre,
elle eſt contrainte iuſques dans le
Palais d'Orleans d'aller au baſſin
en preſence de tout le monde. Cependant elle a beau gronder à nos
Robinets, & verſer des torrens de
larmes pour nous exciter à compaſ-
ſion de ſa peine, l'ingratitude en ce
temps eſt ſi prodigieuſe, que les
alterez luy font la mouë : quantité
de Coquins luy donnent les Seaux,
& tout le monde eſt rauy de la voir
piſſer ſous elle : l'vn dit qu'elle eſt
bien mal appriſe de venir auec tant
de haſte ſe loger parmy des Bourgeois pour leur piſſer dans la bouche :
l'autre que c'eſt en vin qu'elle marche auec tant de Pompe pour ne
faire à Paris que de l'eau toute
claire : ceux-cy diſent, que ſon
impudence eſt bien grande d'allonger le col de ſi loin à deſſein

de nous cracher au nez ; ceux-là,
qu'elle est bien malade de ne pouuoir tenir son eau : Enfin il n'est pas
iusqu'à ceux qui font semblant de la
baiser, qui ne luy montre les dents.
Pour moy ie m'en laue les mains,
car i'ay deuant les yeux trop d'exemples de la punition des yurognes qui
la méprisent : La Nature mesme,
qui est la Mere de cette belle fille,
a ce semble eu si peur que quelque
chose ne manquast aux pompes de sa
reception, qu'elle a donné à tous les
hommes vn Palais pour la receuoir,
mais cette belle n'abuse point des
honneurs qu'on luy fait: au contrairé,
à peine est elle arriuée à Paris, que
pour les fatigues d'vne trop longue
course, se sentant à l'extremité, &
preuoyant sa fin, elle court à Saint
Cosme, Saint Benoist, & Saint Seuerin, pour obtenir leur benediction.
Voila tout ce que ie puis dire à la
loüange de ce bel Aqueduc & de son
Hostesse ma bonne amie : ça donc
qui veut de l'eau, en voulez vous,

Meſſieurs , ie vous la garantis de fontaine ſur la vie ; & puis vous ſçauez
que ie ſuis.

Voſtre Seruiteur.

AVTRE,

SVR L'OMBRE

que faiſoient des Arbres dans l'Eau.

LETTRE VII.

Monsievr,

Le ventre couché ſur le gaſon d'vne riuiere, & le dos eſtendu ſous les brãches d'vn Saule qui ſe mire dedans, ie voy renouueller aux Arbres l'hiſtoire de Narciſſe : cent Peupliers precipitent dans l'õde cent autres Peupliers, & ces aquatiques ont eſte tellement épouuentéz de leur cheute, qu'ils

tremblent encore tous les iours du
vent qui ne les touche pas : ie m'imagine que la nuit ayant noircy toutes choses, le Soleil les plonges dans
l'eau pour les lauer : mais que diray-ie
de ce miroir fluide, de ce petit monde
renuersé, qui place les Chesnes au
dessous de la mousse, & le Ciel plus
bas que les Chesnes : Ne sont-ce
point de ces Vierges de iadis meta-
morphosées en arbres, quidesesperées
de sentir encore violer leur pudeur
par les baisers d'Apollon, se precipitent dans ce fleuue la teste en bas : Ou
n'est-ce point qu'Apollon luy-mesme
offensé qu'elles ayent osé proteger
contre luy la fraischeur, les ait ainsi
penduës par les pieds? Auiourd'huy le
poisson se promene dans les bois, & des
forests entieres sont au milieu deseaux
sans se moüiller : vn vieil Orme entr'-
autres vous feroit rire qui s'est couché iusques dessus l'autre bord, afin
que son image prenãt la mesme postu-
re, il fit de son corps & de sonportrait
vn hameçon pour la pesche : l'onde

n'eſt pas ingrate de la viſite que ces
Saules luy rendēt; elle a percé l'Vniuers à iour de peur que le vaſe de
ſon lict ne ſoüillaſt leurs rameaux, &
non contente d'auoir formé du criſtal
auec de la bourbe, elle a vouté des
Cieux & des Aſtres par deſſous, afin
qu'on ne puſt dire que ceux qui l'e-
ſtoient venus voir, euſſent perdu le
iour qu'ils auoient quitté pour elle:
Maintenant nous pouuons baiſſer les
yeux au Ciel, & par elle le Iour ſe peut
vanter que tout foible qu'il eſt à quatre heures du matin, il a pourtant la
force de precipiter le Ciel dans des
abiſmes : mais admirez l'empire que
la baſſe region de l'ame exerce ſur la
haute, apres auoir découuert que tout
ce miracle n'eſt qu'vne impoſture des
ſens, ie ne puis encore empeſcher ma
veuë de prendre au moins ce Firmament imaginaire pour vn grand lac
ſur qui la terre flote ; le Roſſignol qui
du haut d'vne branche ſe regarde dedans, croit eſtre tombé dans la Riuiere: Il eſt au ſommet d'vn Cheſne,

&

& toutesfois il a peur de se noyer;
mais lors qu'apres s'estre affermy de
l'œil & des pieds, il a dissipé sa frayeur,
son portrait ne luy paroissant plus
qu'vn riual à combattre, il gazoüille,
il éclate, il s'égosille, & cet autre Ros-
signol, sans rompre le silence, s'égosille en apparence comme luy, &
trompe l'ame auec tant de charmes,
qu'on se figure qu'il ne chante que
pour se faire oüir de nos yeux; ie pense
mesme qu'il gazoüille du geste, & ne
pousse aucun son dans l'oreille, afin de
répondre en mesme temps à son ennemy, & pour n'enfraindre pas les loix
du Pays, dont le peuple est muet, la
Perche, la Dorade, & la Truite qui
le voyent ne sçauent si c'est vn Poisson
vestu de plumes, ou si c'est vn Oyseau
dépoüillé de son corps; elles s'amas-
sent autor de luy, le considerent comme vn Monstre, & le Brochet (ce
Tyran des Riuieres) ialoux de rencontrer vn Estranger sur son Trône,
le cherche en le trouuant, le touche
& ne le peut sentir, court apers luy au

C

milieu de luy-mesme, & s'estonne de
l'auoir tãt de fois trauersé sans le blesser. Moy-mesme i'en demeure tellement consterné, que ie suis contraint
de quitter ce tableau. Ie vous prie de
suspendre sa condamnation, puis qu'il
est mal aisé de iuger d'vne ombre : car
quand mes antousiâmes auroient la reputation d'estre fort éclairez, il n'est
pas impossible que la lumiere de celui-
cy soit petite, ayant esté prise à l'ombre ; & puis, quelle autre chose pour-
rois-je adjouster à la description de
cette Image enluminée, sinon que c'est
vn rien visible, vn cameleon spirituel,
vne nuict que la nuict fait mourir, vn
procez des yeux & de la raison, vne
priuation de clarté que la clarté met
au iour ; enfin que c'est vn esclaue qui
ne manque non plus à la matiere, qu'à
la fin de mes Lettres,

Voſtre Seruiteur, &c.

DESCRIPTION
D'VN CYPREZ.

LETTRE VIII.

MONSIEVR,

l'auois enuie de vous enuoyer la
description d'vn Cyprés; mais ie ne
l'ay qu'ébauchée, à cause qu'il est si
pointu, que l'esprit mesme ne sçauroit
s'y asseoir : sa couleur & sa figure me
font souuenir d'vn Lezard renuersé,
qui picque le Ciel en mordant la terre.
Si entre les Arbres il y a comme entre
les Hommes, difference des mestiers,
à voir celuy-cy chargé d'halaînes au
lieu de feuilles , ie croy qu'il est le

Cordonnier des Arbres. Ie n'ose quaſi
pas meſme approcher mon imagination de ſes éguilles , de peur de mé
piquer de trop écrire : de vingt mille
lances il n'en fait qu'vne ſans les vnir.
On diroit d'vne fléche que l'Vniuers
reuolté darde contre le Ciel , ou d'vn
grand clou dont la Nature attache
l'empire des viuans à celuy des morts,
cét Obeliſque, cét Arbre dragon, dont
la queuë eſt à la teſte , me ſemble vne
Piramide bien plus commode que
celle de Mauſolée : car au lieu qu'on
portoit les Trépaſſez dans celle-là, on
porte celle-cy à l'enterrement des
Trépaſſez : Mais je prophane l'auanture du jeune Cyrapiſſe, les amours
d'Apollon, de luy faire joüer des perſonnages indignes de luy dans le monument , ce pauvre metamorphoſé ſe
ſouuient encore du Soleil : il creve ſa
ſepulture & s'éguiſe en montant , afin
de percer le Ciel pour ſe joindre plû-
toſt à ſon amy : il y ſeroit déja ſans la
Terre, ſa Mere qui le retient par le
pied, Phœbus en fait en récompenſe

vn de ſes vegetaux, à qui toutes les
ſaiſons portent reſpect. Les chaleurs
de l'Eſté n'oſent l'incommoder, comme étant le mignon de leur Maiſtre,
les gelées de l'Hyuer l'apprehendent
comme la choſe du Monde la plus funeſte : de ſorte que ſans couronner le
front des Amans, ny des Vainqueurs,
il n'eſt non plus obligé que le Laurier
ou le Myrrhe, de ſe décoëffer quand
l'année luy dit Adieu : Les Anciens
méme qui connoiſſoient cét Arbre
pour le ſiege de la Parque, le traî-
noient aux funerailles, afin d'intimider
la mort par la crainte de perdre ſes
meubles. Voila ce que je vous puis
mander du tronc & des bras de cét
Arbre : je voudrois bien acheuer par
le ſommet, afin de finir par vne pointe:
mais je ſuis ſi mal-heureux que je ne
trouuerois pas de l'eau dans la mer.
Ie ſuis deſſus vne pointe, & je ne la
puis voir, à cauſe poſſible qu'elle m'a
creué les yeux: conſiderez je vous prie,
comme pour échapper à ma penſée,
elle s'aneantit en ſe formant, elle di-

C iij

minuë à force de croiſtre ; & ie dirois
que c'eſt vne Riuiere fixe qui coule
dans l'air, ſi elle ne s'étreciſſoit à meſure qu'elle chemine, & s'il n'eſtoit
plus probable de penſer que c'eſt vne
pique allumée dont la flamme eſt ver-
te : ainſi ie force le Cyprés, cét Arbre
fatal qui ne ſe plaiſt qu'à l'ombre des
tombeaux, de repreſenter du feu, car
c'eſt bien la raiſon qu'il ſoit au moins
vne fois de bon preſage, & que par
luy, ie me ſouuienne tous les iours,
quand ie le verray, qu'il a eſté cauſe
en me fourniſſant matiere d'vne Lettre, que i'ay eu l'honneur de me dire,
pour finir,

M O N S I E V R,

Voſtre Seruiteur.

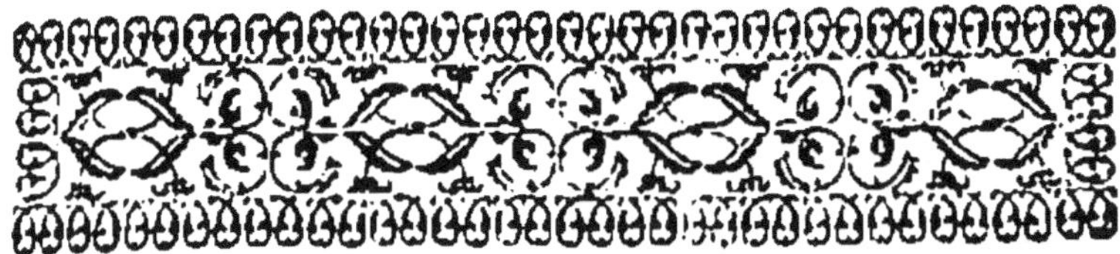

DESCRIPTION
D'VNE TEMPESTE.

LETTRE IX.

Monsievr,

Quoy que ie fois icy couché fort
mollement, ie n'y fuis pas fort à mon
aife ; plus on me berce , moins ie
dors : Tout au tour de nous les Cô-
tes gemiffent du choc de la tourmente : la Mer blanchit de courroux:
le vent fifle contre nos cables : l'eau
feringue du Sel fur noftre Tillac, &
cependant, l'Ancre & les Voilles
font leuées : Dé-ja les Litanies des
C iiij

paſſagers, ſe meſlent aux blaſphemes
des Matelots ; nos vœux ſont entre-
coupez de hoquets, Ambaſſadeurs tres-
certains d'vn degobillis tres penible.
Bon Dieu ! nous ſommes attaquez de
toute la Nature : il n'eſt pas iuſqu'à
noſtre cœur qui ne ſe ſoûleue contre
nous ; la Mere vomit ſur nous , & nous
vomiſſons ſur elle ; Vne ſeule vague
quelquefois nous enuelope ſi generalement, que qui nous contempleroit
du riuage prendroit noſtre Vaiſſeau
pour vne Maiſon de verre où nous
ſommes enchaſſez ; l'eau ſéble expres
ſe boſſuer pour nous faire vn Tableau
du Cimetiere : & quand ie preſte vn
peu d'attention , ie m'imagine diſcer-
ner (comme s'ils portoient de deſſous
l'Ocean) parmy les effroyables mu-
giſſemens de l'Onde, quelques verſets
de l'Office des Morts : Encore l'eau
n'eſt pas noſtre ſeule partie : le Ciel a
ſi peur que nous échapions, qu'il aſſé-
ble contre nous vn bataillon de Me-
theores, Il ne laiſſe pas vn Atome de
l'air qui ne ſoit occupé d'vn boulet

de grefle ; les Cometes feruent de
torchesà celebrer nos funerailles; tout
'Horifon n'eft plus qu'vn grand morceau de fer rouge ; les Tonnerres te-
millent l'oüye par l'aigre imagination
d'vne piece de Camelot qu'on déchire, & l'on diroit à voir la nuë fan-
glante & groffe comme elle eft, qu'elle
va ébouler fur nous, non la foudre,
mais le Mont Æthna tout entier. O !
Dieu fommes nous tant de chofe pour
auoir excité de la ialoufie entre les
Elemens, à qui nous perdra le premier : C'eft donc à deffein que l'eau
va iufques aux mains de Iupiter,
efteindre la flâme des éclairs ; pour
arracher au feu l'honueur de nous
auoir bruflé ; mais non contente de
cela nous faifant engloutir aux abifmes
qu'elle creufe dans fon fein, comme
elle void noftre Vaiffeau tout proche
de fe caffer contre vn écueïl, elle fe-
iette viftement deffous, & nous releue
de peur que cet autre Element ne par-
ticipe à la gloire qu'elle pretend toute
feule. Ainfi nous auons le creue-cœur

C v

de voir difputer à nos ennemis, l'honneur d'vne deffaite où nos vies feront
les dépoüilles ; elle prend bien quèl-
quefois la hardieffe, l'infolente, de
foüiller auec fon efcume l'azur du Firmament, & de nous porter fi haut
entre les Aftres, que Iafon peut penfer
que c'eft le Nauire Argo qui commence vn fecond voyage : puis dardez que
nous fommes, iufqu'au fablon de fon
lict, nous rejalliffons à la lumiere d'vn
tour de main fi prompt, qu'il n'y en
a pas vn de nous qui ne croye quand
noftre Nef eft remontée, qu'elle a
paffé à trauers la maffe du Monde fur
la mer de l'autre cofté : Helas où fom-
mes-nous, l'impudence de l'orage ne
pardonne pas mefme au nid des Alcions : les Baleines font eftouffées
dans leur propre Element : la Mer
effaye à nous faire vn couure-chef de
noftre Chaloupe : Il n'y a que le Soleil qui ne fe mefle point de cét affaffi-
nat : la Nature l'a bandé d'vn torchon
de groffes nuées, de peur qu'il ne le
vift ; ou bien c'eft que ne voulant pas

participer à cette laſcheté, & ne la
pouuant empeſcher, il eſt au bord de
ces Riuieres volantes, qui s'en laue les
mains : ô ! Vous toutesfois à qui i'é-
cris, ſçachez qu'en me noyant ie bois
ma faute, car ie ſerois encore à Paris
plein de ſanté, ſi quand vous me com-
mandaſtes de ſuiure touſiours le plancher des Vaches, i'euſſe eſté,

MONSIEVR,

Voſtre obeïſſant
Seruiteur.

POVR VNE

DAME ROVSSE.

Lettre X.

Madame „

Ie ſçay bien que nous viuons dans
vn pays où les ſentimens du vulgaire
ſont ſi déraiſonnables, que la couleur
Rouſſe, dont les plus belles cheuelu-
res ſont honorées, ne reçoit que beaucoup de mépris ; mais ie ſçay bien auſſi
que ces ſtupides qui ne ſont animez
que de l'eſcume des ames raiſonnables
ne ſçauroient iuger comme il faut des
choſes excellentes, à cauſe de la di-
ſtance qui ſe trouue entre la baſſeſſe
de leur eſprit, & la ſublimité des ouurages dont ils portent iugement ſans

les connoistre ; mais qu'elle que soit
l'opinion mal saine de ce monstre à
cent testes, permettez que ie parle de
vos diuins cheueux comme vn homme d'esprit : Lumineux dégorgement de l'essence du plus beau des
estres visibles, intelligente reflexion
du feu radical de la Nature, Image du
Soleil la mieux trauaillée, ie ne suis
point si brutal de méconnoistre pour
ma Reyne, la fille de celuy que mes
peres ont connu pour leur Dieu.
Athenes pleura sa Couronne tombée
sous les Temples abbatus d'Apollon ;
Rome cessa de commander à la Terre,
quand elle refusa de l'encens à la lumiere ; & Bisance est entrée en posses-
sion de mettre aux fers le Genre humain, aussi-tost qu'elle a pris pour ses
armes celles de la Sœur du Soleil.
Tant qu'à cet esprit vniuersel Persé
fit hommage du rayon qu'il tenoit de
luy, quatre mil-ans n'on pû vieillir
la ieunesse de sa Monarchie : mais sur
le point de voir briser ses Simulacres,
il se sauua dans Pequin des outrages de

Babylone. Il semble maintenant es-
chauffer à regret d'autres terres que
celles des Chinois. Et j'apprehende
qu'il ne se fixe dessus leur Hemisphere,
s'il peut vn iour s'en venir à nous leur
donner les quatre saisons.   La France
toutesfois, MADAME, a des mains
en vostre visage qui ne font pas moins
fortes que les mains de Iosué pour
l'enchaisner ; Vos triomphes ainsi que
les Victoires de ce Heros, font trop
illustres pour estre cachez de la nuict :
il manquera plustost de promesse à
l'homme, qu'il ne se tienne tousiours
en lieu, d'où il puisse contempler à son
aise l'ouurage de ses ouurages le plus
parfait : Voyez comme par son amour
l'Esté dernier il eschauffa les signes
d'vne ardeur si longue & si vehe-
mente, qu'il en pensa brusler la moitié de ses maisons ; & sans consulter
l'Almanach, nous n'auons pû iamais
distinguer l'Hyuer de l'Automne pour
sa benignité, à cause qu'impatient de
vous receuoir, il n'a pû se resoudre à
continuer son voyage iusqu'au Tropi-

que : ne penſez point que ce diſcours
ſoit vne Hyperbole. Si jadis la beauté
de Climene l'a fait deſcendre du Ciel,
la beauté de M . . . . . eſt aſſez conſiderable pour le faire vn peu détourner de
ſon chemin : l'égalité de vos gages, la
conformité de vos corps, la reſſemblance peut eſtre de vos humeurs,
peuuent bien r'allumer en luy ce beau
feu. Mais ſi vous eſtes fille du Soleil,
adorable Alexie, i'ay tort de dire que
voſtre Pere ſoit amoureux de vous : Il
vous aime veritablement, & la paſſion
dont il s'inquiette pour vous, eſt celle
qui luy fit ſoûpirer le malheur de ſon
Phaëton, & de ſes Sœurs ; non pas
celle qui luy fit répandre des larmes
à la mort de ſa Daphné. Cette ardeur
dont il bruſle pour vous, eſt l'ardeur dont il bruſla jadis tout le Monde ; non pas celle dont il fut luy-meſme bruſlé. Il vous regarde tous les
iours auec les friſſons & les ten-
dreſſes que luy donne la memoire
du deſaſtre de ſon fils aiſné : Il
ne void ſur la terre que vous où il

Ie reconnoisse ; s'il vous considere
marcher, voila, dit-il, la genereuse insolence dont ie marchois contre le
Serpent Python ; s'il vous entend dis-
courir sur des matieres delicates, c'est
ainsi que ie parle, dit-il, sur le Parnasse
auec mes Sœurs ; enfin ce pauure pere
ne sçait en quelle façon exprimer la
ioye que luy causa l'imagination de
vous auoir engendrée : Il est ieune
comme vous, vous estes belle comme
luy : son temperament & le vostre
sont tout de feu : Il donne la vie & la
mort aux hommes, & vos yeux comme
les siens font la mesme chose : comme
luy vous auez les cheueux roux:
I'en estois là de ma Lettre, adorable
M...........lors qu'vn Censeur à con-
tre-sens m'arracha la plume, & me dit
que c'estoit mal se prendre au Panegyrique, de loüer vne ieune personne de
beauté, parce qu'elle estoit rousse:
Moy ne pouuant punir cet orgueilleux
plus sensiblement que par le silence:
Ie pris vne autre plume, & continué
ainsi. Vne belle teste sous vne Perru-

que rousse, n'est autre chose que le
Soleil au milieu de ses rayons, ou le
Soleil luy-mesme n'est autre chose
qu'vn grand œil sous la Perruque
d'vne rousse : cependant tout le monde
en médit à cause que peu de monde a
la gloire de l'estre ; & cent femmes à
peine en fournissent vne, parce qu'e-
stant enuoyés du Ciel pour commander, il est besoin qu'il y ait plus de
suiets que de Seigneurs : Ne voyons
nous pas que toutes choses en la Nature, sont ou plus ou moins nobles,
selon qu'elles sont ou plus ou moins
rousses ? Entre les Elemens celuy qui
contient le plus d'essence & le moins
de matiere, c'est le feu, à cause de sa
rousse couleur: l'or a receu de la beauté
de sa teinture, la gloire de regner sur
les metaux ; & de tous les Astres le Soleil n'est le plus cósiderable, que parce
qu'il est le plus roux : Les Cometes
cheuelus qu'on void voltiger au Ciel
à la mort des grands hommes, sont-ce
pas les rousses moustaches des Dieux
qu'ils s'arrachent de regret ? Castor &

Pollux ces petits feux qui font prédire
aux Matelots la fin de la Tempeste,
peuuent-ils estre autre chose que les
cheueux roux de Iunon qu'elle enuoye
à Neptune en signe d'amour ? enfin
sans le desir qu'eurent les hommes de
posseder la Toison d'vne Brebis rousse,
la gloire de trente Demy-Dieux seroit
au berceau des choses qui ne sont pas
nées ; & (vn Nauire n'estant encore
qu'vn estre de raison) Americ ne
nous auroit pas conté que la terre a
quatre parties. Apollon, Venus, &
l'Amour, les plus belles diuinitez du
Pantheon sont rousses en cramoisy; &
Iupiter n'est brun que par accident,
à cause de la fumée de son foudre, qui
l'a noircy. Mais si les exemples de
la Mithologie ne satisfont pas les
aheurtez, qu'ils confrontent l'Histoire. Sanson qui tenoit toute sa force pē-
duë à ses cheueux, n'auoit-il pas receu
l'energie de son miraculeux estre dans
le roux coloris de sa Perruque ? les
Destins n'auoient-ils pas attaché la
conseruation de l'Empire d'Athenes,

à vn ſeul cheueu rouge de Niſus ? Et
Dieu n'euſt-il pas enuoyé aux Ethyo-
piens la lumiere de la Foy, s'il euſt
trouué parmy eux ſeulement vn Rouſſeau ? On ne douteroit point de l'é-
minente dignité de ces perſonnes-là,
ſi l'on conſideroit que tous les hommes qui n'ont point eſté faits d'hommes, & pour l'ouurage de qui Dieu
luy-meſme a choiſi & petry la matiere, ont touſiours eſté Rouſſeaux.
Adam qui creé par la main de Dieu
meſme, deuoit eſtre le plus accomply
des hommes, fut Rouſſeau : & toute
Philoſophie bien correcte doit apprendre que la Nature qui tend au
plus parfait, eſſaye touſiours en formant vn homme, de former vn Rouſſeau : de meſme qu'elle aſpire à faire
de l'or en faiſant du Mercure; car quoy
qu'elle rencontre, vn Archer n'eſt pas
eſtimé mal adroit, qui laſchant trente
fléches, en adreſſe cinq ou ſix au but :
côme le temperamết le mieux balancé
eſt celuy qui fait le milieu du flegme,
& de la melancolie ; il faut eſtre bien-

heureux pour frapper iustement vn
poinct indiuisible : au deçà sont les
blonds, & delà sont les noirs : c'est à
dire les volages & les opiniastres, entre deux est le milieu, où la Sagesse en
faueur des Rousseaux à logé la vertu ;
aussi leur chair est bien plus delicate,
le sang plus subtil, les esprits plus épu-
rez, & intellect, par consequent plus
acheué à cause du mélange parfait
des quatre qualitez ; c'est la raison qui
fait que les Rousseaux blanchissent
plus tard que les noirs, comme si la
Nature se fâchoit de détruire ce quelle
a pris plaisir à faire ; En verité ie ne
vois iamais de cheuelure blonde, que
ie ne me souuienne d'vne touffe de
filasse mal habillée : mais ie veux que
les femmes blondes quand elles sont
ieunes soient agreables, ne semble-t'il
pas si-tost que leurs iouës commencent à cotōner que leur chair se diuise
par filamens pour leur faire vne barbe:
ie ne parle point des barbes noires, car
on sçait bien que si le Diable en porte,
elle ne peut-estre que fort brune. Puis

donc que nous auons tous à deuenir
eſclaues de la beauté, ne vaut-il pas
bien mieux que nous perdions noſtre
franchiſe deſſous des chaînes d'or,
que ſous des cordes de chanvre, ou
des entraues de fer ? Pour moy tout ce
que ie ſouhaitte, ô ma belle M..........
eſt qu'à force de promener ma liberté
dedans ces petits labyrinthes d'or, qui
vous ſeruent de cheueux, je l'y perde
bien-toſt, & tout ce que je ſouhaitte,
c'eſt de ne la jamais recouurer quand
je l'auray perduë.　Voudriez - vous
bien me promettre que ma vie ne ſera
point plus longue que ma ſeruitude?
Et que vous ne ſerez point fâchée que
je me die juſqu'à la mort,

MADAME,

Voſtre ie ne ſçay quoy.

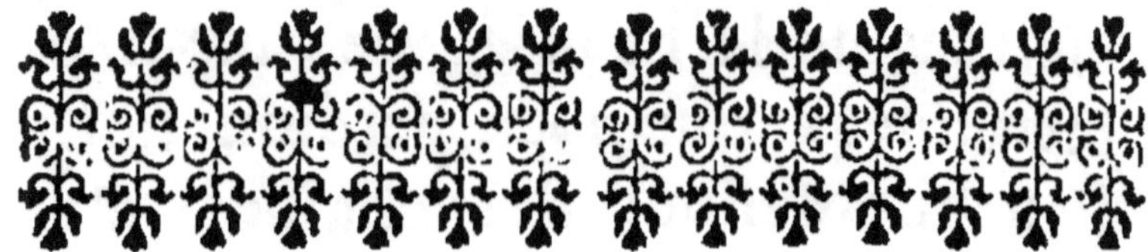

AVTRE,

LE CAMPAGNARD.

Lettre XI.

Monsievr,

I'ay trouué le Paradis d'Edem, i'ay trouué l'âge d'or, i'ay trouué la ieunesse perpetuelle ; enfin i'ay trouué la Nature au maillot, on rit icy de tout son cœur ; nous sommes grands Cousins le Porcher du Village & moy ; & toute la Parroisse m'assure que i'ay la mine, auec vn peu de trauail, de bien chanter vn iour au Lutrin ; ô Dieux ! vn Philosophe comme vous peut-il preferer au repos d'vne si agreable retraite, la vanité, les chagrins, & les

embarras de la Cour : Ha ! Monfieur,
fi vous fçauiez qu'vn Gentil-homme
champeftre eft vn Prince inconnû, qui
n'entend parler du Roy qu'vne fois
l'année , & ne le connoift que par
quelque vieux coufinage ; & fi de la
Cour où vous eftes , vous auiez des
yeux affez bons pour apperceuoir iufques icy ce gros Garçon qui garde
vos Codindes , le ventre couché fur
l'herbe , ronfler paifiblement vn
fomme de dix heures tout d'vne piece,
fe guerir d'vne fiévre ardante en de-
uorant vn quartier de lard iaune, vous
confefferiez que la douceur d'vn repos
tranquille, ne fe goufte point fous les
lambris dorez. Reuenez donc , ie
vous prie à voftre folitude : pour moy
ie penfe que vous en auez perdu la memoire : ouy fans doute, vous l'auez
perduë : Mais en verité refte-il encore
quelque fombre idée dans voftre fouuenir de ce Palais enchanté dont vous
vous eftes banny ? ha ie vois bien
que non, il faut que ie vous en enuoye le Tableau dans ma Lettre :

Escoutez le donc, le voicy, car c'est
vn tableau qui parle. On rencontre
à la porte de la Maison vne Estoille de
cinq aucnuës, tous les Chesnes qui
la composent fond admirer auec extase
l'énorme hauteur de leurs cimes en
éleuant les yeux depuis la racine iufqu'au faiste, puis les precipitant du
sommet iusques aux pieds, on doute si
la terre les porte, ou si eux mesmes ne
portent point la terre penduë à leurs
racines, vous diriez que leur front orgueilleux plie comme par force sous la
pesanteur des globes celestes, dont ils
ne souftiennent la charge qu'en gemis-
fant. Leurs bras estendus vers le Ciel,
femblent en l'embraffant demander
aux Estoilles la benignité toute pure de
leurs influéces, & les receuoir au para-
uant qu'elles ayent rien perdu de leur
innocence au lit des Elemens ; là de
tous coftez les fleurs fás auoir eu d'autre Iardinier que la Nature, respirent
vne haleine fauuage qui réueille &
fatisfait l'odorat, la simplicité d'vne
Rose sur l'Eglantier, & l'azur éclatant
d'vne

d'vne violette sous des ronces, ne laiffant point de liberté pour le choix,
font iuger qu'elles font toutes deux
plus belles l'vne que l'autre. Là le
Printemps compose toutes les faisons,
là ne germe point de plantes veni-
meuse que sa naissance aussi-toft ne
trahisse fa conseruation, là les ruis-
feaux racontent leurs voyages aux
cailloux, là mille petites voix emplu-
mées font retentir la Forest au bruit de
leurs Chansons, & la tremouffantes af-
femblée de ces gorges melodieufes eft
fi generale, qu'il femble que chaque
feuille dans les bois ait pris la figure
& la langue du Roffignol : tantoft
vous leur oyez chatoüiller vn Concert, tantoft traifner & faire languir
leur mufique, tantoft paffionner vne
Elegie par des foûpirs entre-coupez,
& puis amolir l'efclat de leurs fons
pour exciter plus tendrement la pitié ;
tantoft auffi reffufciter leur harmonie,
& parmy les roulades, les fugues, les
crochets & les efclats, rendre l'ame &
la voix tout enfemble. Echo mefme y

D

prend tant de plaisir, qu'elle semble ne
repeter leurs airs que pour les apprendre ; & les ruiseaux ialoux de leur
musique, grondent en fuyant, irritez
de ne les pouuoir égaler. A costé du'
Chasteau se découure deux prome-
noirs, dont le gason vert & continu,
forme vne émeraude à perte de veuë :
le mélange confus des couleurs que le
Printemps attache à cēt petites fleurs,
égare les muances l'vne de l'autre, &
leur teint est si pur qu'on iuge bien
qu'elles ne courent ainsi apres elles-
mesmes que pour échapper aux amoureux baisers des vents qui les caressent:
On prendroit maintenāt cette Prairie
pour vne mer fort calme, mais aux
moindres Zephirs qui se presentent
pour y folastrer, ce n'est plus qu'vn superbe Ocean, coupé de vagues & de
flots, dont le visage orgueilleusement
renfrogné, menace d'engloutir ces
petits temeraires. Mais parce que
cette mer n'offre point de riuage, l'œil
comme épouuanté d'auoir couru si
loin sans découurir le bord, y enuoye

viſtement la penſée, & la penſée dou-
tant encor que ce terme qui finit ſes
regards ne ſoit celuy du monde, veut
quaſi nous perſuader que des lieux ſi
charmans auront forcé le Ciel de ſe
ioindre à la Terre. Au milieu d'vn
tapis ſi vaſte & ſi parfait, court à
boüillons d'argent, vne fontaine ruſtique qui voit les bords de ſõ lit émaillé
de Iaſſemins, d'Orangers & de Mir-
thes, & ces petites fleurs qui ſe preſ-
ſent tout à l'entour, font croire qu'elles diſputent à qui ſe mirera la premiere ; A conſiderer ſa face jeune &
polie comme elle eſt, qui ne monſtre
pas la moindre ride, il eſt bien aiſé de
juger qu'elle eſt encore dans le ſein de
ſa Mere, & les grands cercles dont elle
ſe lie, & s'entortille en reuenant tant
de fois ſur ſoy-meſme, témoignent
que c'eſt à regret qu'elle ſe ſont obligée
de ſortir de ſa maiſon natale; mais i'admire ſur toutes choſes ſa pudeur: quãd
ie vois que cõme ſi elle eſtoit honteuſe
de ſe voir careſſer ſi proche de ſa mere,
elle repouſſe auec murmure les mains

audacieuſes qui la touche. Le Voyageur qui s'y vient rafraiſchir, courbant ſa teſte deſſous l'onde, s'éſtonne qu'il ſoit grand iour ſur ſon Horiſon, pendant qu'il voit le Soleil aux Antipodes, & ne ſe panche iamais ſur le bord, qu'il n'ait peur de tomber au Firmament : Ie me laiſſerois choir auec cette Fontaine au ventre de l'Eſtang qui la deuore, mais il eſt ſi vaſte & ſi profond, que ie doute ſi mon imagination s'en pourroit ſauuer à nage : i'obmettray les autres particularitez de voſtre petit Fontainebleau, puis qu'autrefois elles vous ont charmé comme moy & que vous les connoiſſez encore mieux : mais ſçachez cependant que ie vous y monſtreray quelque choſe qui ſera nouueau, meſmes aux inuentions de voſtre Peinture: Reſoluez-vous donc vne bonne fois à vous dépetrer des embarras de Paris : voſtre Concierge vous aime tant, qu'il iure de ne point tuer ſon grand Cochon que vous ne ſoyez de retour, il ſe promet bien de vous faire dépoüil-

ler cette grauité dont vous morguez
les gens auec vos illuſtres emplois:
hier au ſoir il nous diſoit à table, apres
auoir vn peu trinqué, que ſi vous luy
parliez par tu, il vous répondroit par
toy : & n'en doutez point, puis qu'il
eut la hardieſſe de me ſouſtenir que
i'eſtois vn ſot, de ce que moy qui ne
ſuis point à vos gages, ie me diſois,

M O N S I E V R,

Voſtre obeïſſant
Seruiteur,

D iij

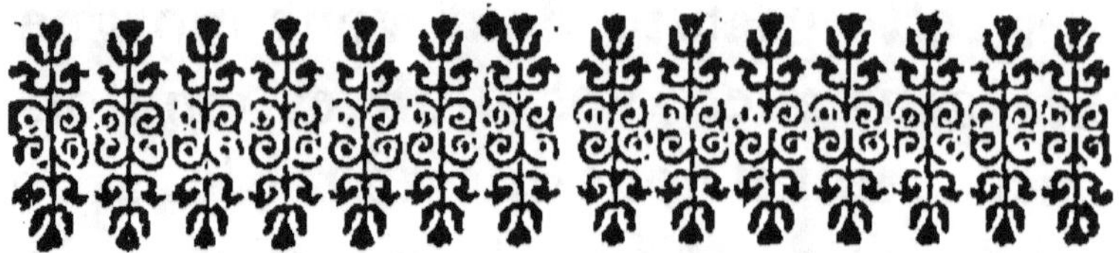

A V T R E,
P O V R
LES SORCIERS.
Lettre XI.

MONSIEVR,

   Il m'eſt arriué vne ſi eſtrange auanture depuis que je n'ay eu l'hõneur de
vous voir, que pour y ajoûter foy,
il en faut auoir beaucoup plus, que ce
perſonnage qui par la force de la ſienne, tranſporta des Montagnes. Afin
donc de commencer mon Hiſtoire,
vous ſçaurez qu'hier laſſé ſur mon lit,
de l'attention que j'auois preſtée à ce
ſot Livre que vous m'auiez autresfois

tant vanté, ie fortis à la promenade
pour diſſiper les ſombres & ridicules
imaginations dont le noir galimatias
de ſa ſçience m'auoit remply ; & comme ie m'efforçois à déprendre ma penſée de la memoire de ſes contes
obſcurs, m'eſtant enfoncé dans voſtre
petit bois apres vn quart d'heure, ce
me ſemble de chemin, i'apperceus vn
manche de balet qui ſe vint mettre entre mes iambes & à califourchon, bon
gré mal gré que i'en euſſe, & ie me
ſentis enuoler par le vague de l'air;
Or ſans me ſouuenir de la route de
mon enleuement, ie me trouuay ſur
mes pieds au milieu d'vn deſert où ne
ſe rencontroit aucun ſentier; ie repaſ-
ſay cent fois ſur mes briſées; mais cette
ſolitude m'eſtoit vn nouueau Monde,
ie reſolus de penetrer plus loin; mais
ſans apperceuoir aucun obſtacle, i'a-
uois beau pouſſer contre l'air, mes efforts ne me faiſoiét rencõtrer par tout
que l'impoſſibilité de paſſer outre: à la
fin fort haraſſé, ie tõbay ſur mes genous
& ce qui m'eſtonna dauantage, ce fut

D iiij

d'auoir passé en vn moment de midy à
minuit ; ie voyois les Estoilles luire au
Ciel auec vn feu bluetant, la Lune
estoit en son plein, mais beaucoup
plus pasle qu'à l'ordinaire ; Elle éclip-
sa trois fois, & trois fois deuala de son
cercle, les vents estoient paralitiques,
les fontaines estoient muetes, les Oyseaux auoient oublié leur ramage, les
poissons se croyoient enchassez dans
du verre, tous les animaux n'auoient
de mouuement que ce qui leur en faloit pour trembler, l'horreur d'vn silence effroyable, qui regnois pour tout
& par tout la Nature, sembloit estre
en suspend de quelque grand auanture, ie meslois ma frayeur à celle
dont la face de l'Horison paroissoit
agitée ; quand au clair de la Lune, ie
vis sortir du fond d'vne Cauerne, vn
grand & venerable Vieillard vestu de
blanc, le visage basané, les sourcils
touffus & releuez, l'œil effrayant, la
barbe renuersée par dessus les espaules ; il auoit sur la teste vn Chapeau de
Verueine, & sur le dos vne ceinture

tiſſuë du fougere de May, fait en
treſſes. A l'endroit du cœur, eſtoit
attachée ſur ſa robe vne Chauue- Souris à demy morte, & autour du col vn
Carcan chargé de ſept differentes
pierres precieuſes, dont chacune portoit le caractere du Planete qui le do-
minoit. Ainſi miſterieuſement habillé, portant à la main gauche vn
Vaſe fait en triangle, plein de roſée, &
de la droitte vne houſſine de Sureau en
ſceuë, dont l'vn des bouts eſtant ferré
d'vn mélange de tous les metaux, l'autre ſeruoit de manche à vn petit en-
cenſoir : Il baiſa le pied de ſa grote,
puis apres s'eſtre dechauſſé, & arraché
en gromelant certains mots du creux
de la poitrine, il aborda le couuert
d'vn vieux Cheſne à reculons, à quatre pas duquel il creuſa trois cernes
l'vn dans l'autre, & la terre obeïſſante
aux ordres du Negromantien, prenoit
elle-meſme en fremiſſant les figures
qu'il vouloit y tracer. Il y graua les
noms des Intelligences, tant du Siecle
que de l'Année, de la Saiſon, du Mois

de la Semaine, du Iour, & de l'Heure,
de mesme ceux de leurs Roys, auec
leurs chiffres differens chacun en sa
place propre, & les encensa tous chacun auec leurs ceremonie particulieres. Cecy acheué il posa son Vase au
milieu des cercles, le découurit, mit le
bout pointu de sa baguette entre ses
dents, se coucha la face tournée vers
l'Orient, & puis il s'endormit. Enuiron au milieu de son sommeil, i'apperceus tomber dans le Vase cinq graines
de Fougere. Il les prit toutes quand il
fut éueillé, en mit deux dans ses oreilles, vne dans sa bouche, l'autre qu'il
replongea dans l'eau, & la cinquiéme
il la ietta hors des cercles : Mais à
peine celle-là fut-elle partie de sa
main, que ie le vis enuironné de plus
d'vn million d'animaux, de mauuais
augure, tant d'insectes que de parfaits.
Il toucha de sa baguette vn Chat-
huant, vn Renard & vne Taupe, qui
aussi-tost entrerent dans les cernes, en
iettant vn formidable cry. Auec vn
cousteau d'airain, il leur fendit l'esto-

mach, puis leur ayant arraché le cœur,
& enuelopé chacun dans trois feuilles
de Laurier, il les auala. Il separa le
foye, qu'il espreignit dans vn vaisseau
de figure exagonne : cela finy il re-
commença les suffumigations. Il mesla
la rosée, & le sang dans vn bassin, y
trempa vn Gand de Parchemin Vierge, qu'il mit à sa main droite, & apres
quatre ou cinq heurlemens horribles,
il ferma les yeux, & commença les
inuocations.

Il ne remuoit presque point les levres ; i'entendois neantmoins dans sa
gorge, vn brouïssement comme de
plusieurs voix entremeslées. Il fut éle-
ué de terre à la hauteur d'vne palme,
& de fois à d'autres, il attachoit fort
attentiuement la veuë sur l'ongle in-
dice de sa main gauche. Il auoit le
visga enflammé & se tourmentoit fort.
En suite de plusieurs contorsions
épouuantables, il chut en gemissant sur
ses genoux; mais aussi-tost qu'il eut articulé trois paroles d'vne certaine oraison, deuenu plus fort qu'vn homme, il

souſtint ſans vaciller les monſtrueuſes
ſecouſſes, d'vn vent épouuantable, qui
ſouffloit côtre lui, Tātoſt par bouffées,
tantoſt par tourbillons, ce vent ſembloit tâcher à le faire ſortir des cernes.
Apres ce ſigne, les trois rōds tournerēt
ſous lui. Cet autre fut ſuiuy d'vne greſle
rouge comme du ſang, & celuy-cy ſit
encore place à vn quatriéme beaucoup plus effroyable. C'eſtoit vn
torrent de feu, qui broüiſſoit en tournant, & ſe diuiſoit par globes, dont
chacun ſe fendoit en eſclats, auec vn
grand coup de tonnerre. Il fut le dernier, car vne belle lumiere blanche &
claire, diſſipa ces triſtes Meteores.
Tout au millieu parut vn ieune homme, la iambe droite ſur vn Aigle, l'autre ſur vn linx, qui donna au Magicien
trois phioles pleines de ie ne ſçay
quelle liqueur. Le Magicien luy pre-
ſenta trois cheueux, l'vn pris au deuant
de ſa teſte, les deux autres aux tempes,
il fut frappé ſur l'eſpaule d'vn petit
baſton que tenoit le Fantoſme, & puis
tout diſparut. Ce fut alors que les

Eſtoilles bleſmies à la venuë du Soleil,
s'vnirent à la couleur des Cieux. Ie
m'allois remetre en chemin pour trouuer mon Village: mais ſur ces entrefaites, le Sorcier m'ayant enuiſagé, s'a-
procha du lieu où i'eſtois. Encor qu'il
cheminaſt à pas lents, il fut pluſtoſt
à moy que ie ne l'apperceus bouger.
Il eſtendit ſous ma main vne main ſi
froide, que la mienne en demeura fort
long-temps engourdie. Il n'ouurit ny
la bouche ny les yeux, & dans ce profond ſilence, il me conduiſit à trauers
des mazures, ſous les effroyables rui-
nes d'vn vieux Chaſteau deſ-habité,
où les ſiecles deppis mille ans trauail-
loient à mettre les chambres dans les
caues.

Auſſi-toſt que nous fuſmes entrez,
vante toy me dit-il (en ſe tournant
vers moy) d'auoir contemplé face à
face le Sorcier Agrippa, & dont l'ame
(par metaphiſicoſe) eſt celle que iadis
animoit le ſçauant Zoroaſtre, Prince
des Bactriens. Depuis pres d'vn ſiecle
que ie diſparus d'entre les hommes, ie

me conserue icy par le moyen de l'or
potable , dans vne santé , qu'aucune
maladie n'a iamais interrompuë. De
vingt ans , en vingt ans , i'auale vne
prise de cette Medecine vniuerselle,
qui me rajeunit , restituant à mon
corps , ce qu'il a perdu de ses forces.
Si tu as consideré trois phioles , que
m'a presenté le Roy des Demons
ignées , la premiere en est pleine , la
seconde de poudre de proiection , &
la troisiéme d'huile de Talc. Au reste
tu m'és bien obligé , puis qu'entre tous
les mortels ie t'ay choisi pour assister à
des Mysteres , que ie ne celebre
qu'vne fois en vingt ans. C'est par
mes charmes , que sont enuoyez quand
il me plaist , les sterilitez ou les abon-
dances. Ie suscite les guerres , en les
allumant entre les Genies qui gouuernent les Roys. I'enseigne aux Bergers la Patenostre du Loup. I'apprens aux Deuins la façon de tourner
le Sas. Ie fais courir les Ardans , sur
les Marests , & sur les Fleuues , pour
noyer les Voyageurs. I'excite les Fées

à danſer au clair de la Lune. Ie pouſſe les Ioüeurs à chercher le Trefle à quatre fueilles ſous les Gibets. I'enuoye à minuit les Eſprits hors du Cimetiere, entortillez d'vn drap, demander à leurs heritiers l'accompliſſement des vœux qu'ils ont faits à la mort. Ie commande aux Demons d'habiter les Chaſteaux abandonnez, d'égorger les Paſſans qui y viendront loger, iuſqu'à ce que quelque reſolu les contraigne de luy monſtrer le treſor. Ie fais trouuer des Mains de Gloire aux miſerables, que ie veux enrichir. Ie fais bruſler aux voleurs des Chandelles de graiſſe de Pendu, pour endormir les Hoſtes, pendant qu'ils executent leur vol. Ie donne la Piſtolle volante, qui vient reſſauter dans la pochette quand on l'a employée. Ie dõne aux Laquais ces Bagues, qui les font aller & reuenir de Paris à Orleans en vn Iour. Ie fais tout renuerſer dans vne Maiſõ par des Eſprits Folets, qui font culbuter les bouteilles, les verres, les plats, quoy que rien ne ſe caſſe, rien ne ſe répáde, &

qu'on ne voye perſonne. Ie monſtre
aux Vieilles à guerir la fiévre auec des
paroles. Ie réveille les Villageois la
veille de S. Iean, pour cueillir ſon herbe à ieun & ſans parler. I'enſeigne
aux Sorciers à deuenir Loups-garoux.
Ie les force à manger les enfans ſur le
chemin, & puis les abandonne quand
quelque Caualier, leur coupant
vne paſte (qui ſe trouue la main
d'vn homme) ils ſont reconnus
& mis au pouuoir de la Iuſtice.
I'enuoye aux perſonnes affligées vn
grand homme noir qui leur promet
de les faire riches, s'ils ſe veulent donner à luy. I'aueugle ceux qui prennent des cedules, en ſorte que quand
ils demandent 30. ans de terme, ie leur
fais voir le trois deuant l'o, que i'ay
mis aprés : Ie tors le col à ceux qui li-
ſans dans le grimoire ſans le ſçauoir,
me fond venir, & ne me donnent rien :
Ie m'en retourne paiſiblement d'auec
ceux qui m'ayant appellé me donnent
ſeulement vne ſauate : vn cheueu, ou
vne paille. I'emporte des Egliſes qu'õ

dédie, les pierres qui n'ont pas esté payées. Ie ne fais paroistre aux personnes ennuittées qui rencontrent les Sorciers allant au Sabat, qu'vne trouppe de Chats, dont le Prince est Marcou. I'enuoye tous les confederez à l'offrande, & leur presente à baiser le cul du Bouc, assis dessus vne escabelle. Ie les traitte splandidement, mais auec des viandes sans sel. Ie fais tout éuanoüir, quelque Estranger ignorant des coustumes, fait la benediction, & ie le laisse dãs vn desert, au millieu des espines, à trois cent lieuës de son pays. Ie fais trouuer dans le lit des ribauts, aux femmes des Incubes, aux hommes des Succubes. I'enuoye dormir le Cochemard, en forme d'vne longue piece de marbre, auec ceux qui ne se sont pas signez en se couchent ; i'enseigne aux Negromantiens à se défaire de leurs ennemis, faisant vne image de cire, & la piquant ou la iettant au feu pour faire sentir à l'original ce qu'ils font souffrir à la copie. I'oste sur les Sorciers le sentiment aux

endroits, où le Belier les a marquéz de
ſon Sceau. I'imprime vne vertu ſecrete à *Nolite fieri*, quand il eſt recité
à rebours, qui empéche que le beurre
ne ſe faſſe. I'inſtruis les Payſans à
metre ſous le ſeuïl de la Bergerie qu'ils
veulent ruïner, vne toupe de cheveux,
ou vn Crapaut, auec trois maudiſſons,
pour faire mourir étiques les Moutons
qui paſſent deſſus. Ie monſtre aux
Bergers à noüer l'éguillette, le jour des
Nopces, lors que le Preſtre dit *Con-
jungo vos*. Ie donne de l'argent qui ſe
trouue apres des feuïlles de Cheſne.
Ie preſte aux Magiciens vn Demon
familier, qui les accompagne, & leur
defend de rien entreprendre ſans le
congé de Maiſtre Martinet. I'enſeigne pour rompre le ſort d'vne perſonne charmée, de faire pétrir le gâ-
teau triangulaire de S. Loup , & le
donner par aumône au premier pauvre qu'il trouuera. Ie gueris les malades du Loup-garou, leur donnant vn
coup de fourche, juſtement entre les
deux yeux. Ie fais ſentir les coups aux

Sorciers, pourueu qu'on les batte auec vn bâton de Sureau. Ie délie le Moy-ne-bourru, aux Aduents de Noël, luy commande de rouler côme vn tonneau ou traîner à minuit les chaînes dãs les ruës, afin de tordre le col à ceux qui mettront la teste aux feneftres. I'enfei-gne la côpofitiõ des Breuets, des Sorts, des Charmes, des Sigilles, des Talif-mans, des Miroirs magiques, & des figures conftellées. Ie leurs apprens à trouuer le Guy de l'an neuf, l'Herbe de fouruoyement, les Gamachez, l'Emplaftre magnetique, j'enuoye le Gobelin, la Mulle ferrée, le Filourdy, le Roy Hugon, le Coneftable, les Hommes noirs, les Femmes blan-ches, les Lemures, les Farfadets, les Larues, les Lamies, les Ombres, les Manes, les Spectres, les Fantofmes; enfin je fuis le Diable Vauuert, le Iuif erran, & le grand Veneur de la Foreft de Fontainebleau. Auec ces paroles le Magicien difparut, les couleurs des ob-jets s'éloignerẽt, vne large & noire fu-mée couurit la face du climat, & je me

trouuay sur mon lit, le cœur encor
palpitant, & le corps tout froissé du
trauail de l'ame. Mais auec vne si grãde lassitude, qu'alors que ie m'en souuiens, ie ne croy pas auoir la force d'escrire au bas de ma Lettre, ie suis,

MONSIEVR,

Vostre Seruiteur.

AVTRE,

CONTRE LES SORCIERS.

LETTRE XIII.

MONSIEVR,

En bonne foy, ma derniere lettre ne vous a-t'elle point épouuanté? Quoy que vous en difiez, ie penfe que le grand homme noir aura pû faire quelque émotion, finon dans voftre ame, au moins dans quelqu'vn de vos fens. Voila ce que c'eft de m'auoir autresfois voulu faire peur des efprits ; ils ont eu leur reuanche, & ie me fuis vangé malicieufement de l'importu-

nité; dont tant de fois perfecuté de
reconnoiftre les veritez de la Magie.
Ie fuis pourtant fafché de la fiévre
qu'on m'a efcrit, que cet horrible tableau vous a caufée; mais pour effacer
ma faute, ie le veux effacer à fon tour,
& vous faire voir fur la mefme toile la
tromperie de fes couleurs, de fes traits,
& de fes ombres. Imaginez-vous donc
qu'encore que par tout le monde on ait
tant bruflé de Sorciers, conuaincus
d'auoir fait pact auec le Diable, que
tant de miferables ayent aduoüé fur le
Bucher d'auoir efté au Sabat, & que
mefme quelques-vns dans l'interrogation, ayent confeffé aux Iuges qu'ils
auoient mangé à leurs feftins des enfans, qu'on a depuis la mort des Condamnez, trouuez pleins de vie, & qui
ne fçauoient ce qu'on leur vouloit
dire, quand on leur en parloit, on ne
doit pas croire toutes chofes d'vn
homme, parce qu'vn homme peut dire
toutes chofes : car quand mefme par
vne permiffion particuliere de Dieu,
vne ame pourroit reuenir fur la terre

demander à quelqu'vn le secours de
ses prieres, est-ce à dire que des Esprits
ou des Intelligences, s'il y en a, soient
si badines que de s'obliger aux quintes
éceruelées d'vn Villageois ignorant,
s'aparoistre à chaque bout de champ,
selon que l'humeur noire sera plus ou
moins forte dans la teste mal timbrée
d'vn ridicule Berger, venir au Leüre
comme vn Faucon, sur le poing du
Giboyeur qui le reclame, & selon le
caprice de ce maraut, dancer la guim-
barde ou les matassins. Non je ne
croy point de Sorciers, encor que plusieurs grands Personnages n'ayent pas
esté de mon aduis, & je ne deffere à
l'authorité de personne, si elle n'est
accompagnée de raison, ou si elle ne
vient de Dieu. Dieu qui tout seul
doit estre crû de ce qu'il dit, à
cause qu'il le dit. Ny le nom d'A-
ristote, plus sçauant que moy, ny celuy de Platon, ny celuy de Socrate, ne
me persuadent point si mon jugement
n'est conuaincu par raison de ce
qu'ils disent : la raison seule est ma

Reyne, à qui ie donne volontierement
les mains, & puis ie fçay par experience, que les esprits les plus sublimes
ont choppé le plus lourdement ; comme ils tombent de plus haut, ils font
de plus grandes cheutes ; enfin nos
peres se font trompez iadis, leurs neveux se trompent maintenant : les
nostres se tromperont quelque iour.
N'embrassons donc point vne opinion, à cause que beaucoup la tiennent ; ou parce que c'est la pensée d'vn
grand Philosophe : mais seulement à
cause que nous voyons plus d'apparence qu'il soit ainsi que d'estre autrement. Pour moy ie me moque des
Pedans qui n'ont point de plus forts
argumens pour prouuer ce qu'ils disent, sinon d'alleguer que c'est vne
maxime : comme si leurs maximes
estoient bien plus certaines que leurs
autres proporsions : Ie les en croiray
pourtant, s'ils me montrent vne Phi-
losophie, dont les principes ne puissent
estre reuoquez en doute, desquels
toute la Nature soit d'accord, ou qui

nous

nous ayent esté releuez d'enhaut, autrement ie m'en moque, car il eft aifé
de prouuer tout ce qu'on veut, quand
on ajufte les principes aux opinions, &
non pas les opinions aux principes.
Outre cela, quand il feroit jufte de def-
ferer à l'authorité de ces grands Hommes ; & quand je ferois contraint d'aduoüer que les premiers Philofophes
ont étably ces principes, je les for-
cerois bien d'aduoüer à leur tour, que
ces Anciens-là, non plus que nous,
n'ont pas toûjours écrit ce qu'ils
ont crû : Souuent les Loix & la Reli-
gion de leur Pays, les a contraints
d'accommoder leurs preceptes à
l'intereft, & au befoin de la Politique. C'eft pourquoy on ne doit
croire d'vn homme que ce qui eft
humain, c'eft à dire poffible & ordinaire ; enfin je n'admets point de Sorciers à moins qu'on me le prouue. Si
quelqu'vn par des raifonnemens plus
forts & plus preffans que les miens,
me le peut démontrer, ne doutez point
que je ne luy dife, foyez, Monfieur, le

bien venu, c'eſt vous que i'attendois,
ie renonce à mes opinions, & i'em-
braſſe les voſtres, autrement qu'auroit
l'habille par deſſus le ſot, s'il penſoit ce
que penſe le ſot ; Il doit ſuffire au peuple qu'vne grande ame faſſe ſemblant
d'acquieſcer aux ſentimens du plus
grand nombre, pour ne pas reſiſter au
torrent, ſans entreprendre de donner
des menotes à ſa raiſon ; au contraire
vn Philoſophe doit iuger le vulgaire,
& non pas iuger comme le vulgaire.
Ie ne ſuis point pourtant ſi déraiſonna-
ble, qu'apres meſtre ſouſtrait à la ti-
rannie de l'authorité ie veüille eſtablir la mienne ſans preuue ; c'eſt pourquoy vous trouuerez bon que ie vous
apprenne les motifs que i'ay eu de douter de tant d'effets eſtranges qu'on ra-
côte des Eſprits ; il me ſéble auoir obſerué beaucoup de choſes bié conſiderables pour me débarraſſer de cette
chimere. Premierement on ne m'a iamais recité aucune hiſtoire de Sorciers
que ie n'aye pris garde qu'elle eſtoit
ordinairement arriuée à 3. ou 400. cet

lieuës de là. Cét éloignement me fit
ſoupçonner qu'on auoit voulu dérober
aux curieux, l'enuie & le pouuoir de
s'en informer, joignez à cela, que cette
bande d'Hommes habillez en Chats,
trouué au milieu d'vne Campagne,
ſans témoins, la Foy d'vne perſonne
ſeule, doit étre ſuſpecte en choſe ſi miraculeuſe ; prés d'vn Village, il en a
eſté plus facile de tromper des Idiots.
C'étoit vne pauvre Vieille : elle étoit
pauvre, la neceſſité l'a pû contraindre
à mentir pour de l'argent. Elle étoit
Vieille, l'âge affoiblit la raiſon, l'âge
rend babillard, elle a inuenté ce conte
pour entretenir ſes voiſines : L'âge affoiblit la veuë, elle a pris vn Liévre
pour vn Chat : L'âge rend timide, elle
en a crû voir ſo. au lieu d'vn. Car enfin
il eſt plus facile qu'vne de ces choſes
ſoit arriuée, qu'on voit tous les jours
arriuer, qu'vne auanture ſurnaturelle,
ſans raiſon & ſans exemple. Mais
examinons ces Sorciers. Vous trouuerez que c'eſt vn Païſan fort groſſier,
qui n'a pas l'eſprit de ſe démeſler des

filets, dont on l'embaraſſe, à qui la grandeur du peril aſſomme l'entende-ment en telle ſorte, qu'il n'a plus l'ame aſſez preſente, pour ſe juſtifier, qui n'oſeroit meſme répondre pertinem-ment, de peur de donner à conclurre aux preoccupez, que c'eſt le Diable qui parle par ſa bouche. Si cependant il ne dit mot, chacun crie qu'il eſt con-uaincu de ſa conſçience, & auſſi-toſt le voila jetté au feu. Mais le Diable eſt-il ſi fou, luy qui a bien pû autrefois le changer en Chat, de ne le pas mainte-nant changer en Mouche, afin qu'il s'enuole ? Les Sorciers (diſent-ils) n'ont aucune puiſſance, dés qu'ils ſont entre les mains de la Iuſtice. O par ma foy, cela eſt bien trouué ; donc Maiſtre Iean Guillot, de qui le pere a volé les biens de ſon Pupille, s'eſt acquis par le moyen de vingt mille écus dérobez, que luy couſta ſon Office de Iuge, le pouuoir de commander aux Diables, vraye-ment les Diables portent grand reſ-pect aux Larons. Mais ces Diables

au moins deuoient éloigner ce pauvre
malheureux , leur tres-humble seruiteur, quand ils sceurent qu'on étoit en
campagne pour le prendre : Car ce
n'est pas donner courage à personne
de le seruir, d'abandonner ainsi les
siens ; pour des Natures qui ne sont
qu'esprits, elles font de grands pas de
Clerc. I'ay aussi remarqué, que tous
ces Magiciens pretendus, sont gueux
comme des Diogenes. O Ciel ! est-il
donc vray semblable, qu'vn homme
s'exposast à brusler eternellement,
sous l'esperance de demeurer pauvre,
hay, affamé, & en crainte continuelle
de se voir griller en place Publique :
Satan luy donneroit, non des feuïlles
de Chesne, mais des pistolles de poids,
pour acheter des Charges qui le mettroient à couuert de la Iustice. Mais
vous verrez que les Demons de ce
temps-cy sont extremement niais, &
qu'ils n'ont pas l'esprit d'imaginer tãt
de finesses : Ce malautru Berger que
vous tenez dans vos prisons, à la veille
d'estre boüilly, sur quelles conuictions

le condamnez-vous ? On l'a surpris
recitant la Patenoſtre du Loup ? Ha de
grace, qu'il la repete, vous n'y remar-
querez que de grandes ſotiſes , &
moins de mal, qu'il n'y en a dedans
vn mort-Diable , pour laquelle cependant on ne fait mourir perſonne.
Outre cela dit-on, il a enſorcelé des
Trouppeaux ? ou ce fut par parolles,
ou par la vertu cachée de quelques
poiſons naturels. Par paroles, ie ne
croy pas que les vingt-quatre Lettres
de l'Alphabet, couuent dans la Grammaire, la malignité occulte d'vn venin ſi preſent , ny que d'ouurir la bouche, ſerrer les dents, appuyer la langue
au pallais, de telle ou telle façon, ait la
force d'empeſter les Moutons , ou de
les guerir. Car ſi vous me répondez
que c'eſt à cauſe du pact : Ie n'ay point
encor leu dans la chronologie , le téps
auquel le Diable accorda auec le Genre humain, que quand on articuleroit
de certains mots qui doiuent auoir eſté
ſpecifiez au contract, il tuëroit, qu'à
d'autres il gueriroit, & qu'à d'autres il

viendroit nous parler, & ie veux qu'il
en eut paſſé concordat auec vn particulier ; ce particulier - là n'auroit pas
le conſentement de tous les hommes
pour nous obliger à cet accord. A
quelque ſillabes toutesfois, qu'vn
Lourdaut ſans y penſer aura proferées,
il auolera incontinent pour l'effrayer,
& ne rendra pas la moindre viſite à vne
perſonne puiſſante, déprauée, illuſtre,
ſpirituelle, qui ſe donne à luy de tout
ſon cœur, & qui par ſon exemple ſeroit cauſe de la perte de cent mille
ames. Vous m'auoüerez peut-eſtre
que les paroles magiques n'ont aucun
pouuoir, mais qu'elles couurent ſous
des mots barbares, la maligne vertu
des ſimples, dont tous les enchanteurs
empoiſonnent le beſtial. Hé bien pourquoy donc ne les faites-vous mourir
en qualité d'empoiſonneurs & non pas
de Sorciers. Ils confeſſent (repliquez-
vous) d'auoir eſté au Sabat, d'auoir enuoyé des diables dãs les corps de quelques perſónes, qui ſe ſont trouuées de-
moniaques. Pour les voyages du Sabat

voicy ma creance, c'eſt qu'auec des
huilles aſſoupiſſantes, dont ils ſe graiſ-
ſent, comme alors qu'ils veillent, ils
ſe figurent eſtre bien-toſt emportez à
califourchon ſur vn balet par la cheminée, dans vne ſale où l'on doit feſti-
ner, danſer, faire l'amour, baiſer le
cul du Bouc ; l'imagination fortement
frappée de ces Fantoſmes, leur repreſente dans le ſommeil ces meſmes choſes, comme vn balet entre les iambes,
vne campagne qu'ils paſſent en volant, vn Bouc, vn feſtin, des Dames,
c'eſt pourquoy quand ils ſe réüeillent,
ils croyent auoir veu ce qu'ils ont
ſongé. Quand à ce qui concerne la
poſſeſſion, ie vous en diray auſſi ma
penſée, auec la meſme franchiſe. Ie
trouue en premier lieu, qu'il ſe rencontre dix mille femmes pour vn homme. Le Diable ſeroit-il vn ribaud,
de chercher auec tant d'ardeur l'ac-
couplement des femmes ? Non, non,
mais i'en deuine la cauſe, vne femme
à l'eſprit plus leger qu'vn homme,
& plus hardy par conſequent à reſou-

dre des Comedies de cette nature.
Elle espere que pour peu de latin
qu'elle escorchera, pour peu qu'elle
fera de grimasses, de sauts, de capriol-
les, & de postures, on les croira tousiours beaucoup au dessus de la pudeur, & de la force d'vne fille ; Et
enfin elle pense estre si forte de sa
foiblesse, que l'imposture estant découuerte, ou attribuëra ses extrauagances, à quelques suffocations de
matrice, ou qu'au pis aller, on pardonnera à l'infirmité de son sexe.
Vous répondrez peut-estre que pour
y en auoir de fourbes, cela ne
conclud rien contre celles qui sont
veritablement possedées. Mais si c'est
là vostre nœud Gordien, i'en seray
bien-tost l'Alexandre. Examinons
donc, sans qu'il nous importe de
choquer les opinions du vulgaire,
s'il y a autrefois eu des Demonia-
ques, & s'il y en a auiourd'huy.
Qu'il y en ait eu autrefois ; ie n'en
doute point, puis que les Liures sacrez
asseurent qu'vne Caldéenne par art

Magique, enuoya vn Demon dans le Cadavre du Prophete Samuel, & le fit parler. Que Dauid coniuroit auec sa Harpe, celuy dont Saül estoit obsedé : Et que nostre Sauueur Iesus-Christ chassa les Diables des corps de certains Hebreux, & les enuoya dans des corps de Pourceaux. Mais nous sommes obligez de croire, que l'Empire du Diable cessa quand Dieu vint au Monde. Que les Oracles furent estouffez sous le berceau du Messie, & que Sathan perdit la parole en Bethléem, l'influence alterée de l'Estoille des trois Roys, luy ayant sans doute causé la peupie. C'est pourquoy ie me moque de tous les energumenes d'auiourd'huy, & m'en mocqueray iusqu'à ce que l'Eglise me commande de les croire. Car de m'imaginer que cette Penitence de Goffredy, cette Religieuse de Loudun, cette fille d'Evreux, soient endiablées, parce qu'elles font des cullebutes, des grimasses, & des gambades; Scaramouche, Colle, & Cardelin les mettront à quia. Comment, elles ne sçauent pas seulement parler Latin ! Lucifer a bien peu de soin de ses Diables, de ne les pas enuoyer au College. Quelques-vnes respondent assez pertinemment, quand l'Exorciste declame vne Oraison de Breuiaire, dont en quelque façon elles escorchent le sens, à force de le reciter ; à moins que cela vous les voyez contrefaire les enragées, feindre à tout ce qu'on leur presche vne distraction d'esprit perpetuelle, & cependant i'en ay surpris d'attentiues à guetter au passage quelque Verset de leur Office, pour respondre à propos, comme ceux qui veulent chanter à Vespres & ne les sçauent pas, attendent à l'affust le *Gloria Patri*, &c. pour s'y égosiller. Ce que ie trouue encore de bien diuertissant, sont les méprises, où elles s'embarrassent quand il faut obeïr ou n'obeïr pas. Le Coniurateur commandoit à vne de baiser la terre;

E vj

toutes les fois qu'il articuleroit le
sacré Nom de Dieu : ce Diable d'o-
beïssance le faisoit fort deuotement :
Mais comme il vint encore vn coup,
à luy ordonner la mesme chose en
autre termes, que ceux dont il
vsoit ordinairement ; (car il luy commanda par le Fils Coeternel du Souuerain Estre,) ce Nouice Demoniaque, qui n'estoit pas Theologien, demeura plat, rougit, & se ietta
aux iniures : Iusqu'à ce que l'Exorciste l'ayant appaisé par des mots
plus ordinaires, il se remit à raison-
ner. I'obseruay outre cela, que
selon que le Prestre haussoit sa voix,
le Diable augmentoit sa colere, bien
souuent à des paroles de nul poids,
à cause qu'il les auoit prononcées
auec plus d'esclat ; Et qu'au contraire, il aualoit dout comme lait,
des Exorcismes qui faisoient trembler, à cause qu'estant las de crier,
il les auoit prononcez d'vne voix
basse. Mais ce fut bien pis quelque temps après, quand vn Abbé

les coniura. Elles n'estoient point
faites à son stile, & cela fut cause
que celles qui voulurent répondre,
répondirent si fort à contre sens, que
ces pauures Diables, au front de qui
restoit encor quelque pudeur, de-
uinrent tous honteux, & depuis en
toute la iournée, il ne fut pas possible de tirer vn méchant mot de leur
bouche. Ils crierent à la verité fort
long-temps qu'ils sentoient là des
Incredules ; qu'à cause d'eux ils ne
vouloient rien faire de miraculeux,
de peur de les conuertir. Mais la
feinte me sembla bien grossiere ; car
s'il estoit vray, pourquoy les en
auertir ? ils deuoient au contraire
pour nous endurcir en nostre incré-
dulité, se cacher dans ces corps, &
ne pas faire des choses qui pussent
nous desaueugler. Vous respondez
que Dieu les force à cela , pour
manifester la Foy. Oüy , mais ie
ne suis point conuaincu, ny obligé
de croire que ce soit le Diable qui
fasse toutes ces singeries, puis qu'vn

homme les peut faire naturellement.
De se contourner le visage vers les
espaules, ie l'ay veu pratiquer aux Bo-
hemiens. De sauter, qui ne le fait
point hors les Paralitiques : De iurer,
il ne s'en rencontre que trop. De
marquer sur la peau certains caracteres ; Ou des eaux, ou des pierres, co-
lorent ainsi sans prodige nostre chair.
Si les Diables sont forcez, comme
vous dites, de faire des miracles afin
de nous illuminer, qu'ils en faffent de
conuaincants, qu'ils prennent les
Tours de Nostre-Dame de Paris, où
il y a tant d'incredules, & les portent sans fraction dans la Campagne
Saint Denys, danser vne Sarabande
Espagnolle. Alors nous serons conuaincus. I'ay pris garde encore que
le Diable qu'on dit estre si médisant,
n'induit iamais ces personnes Demo-
niaques, (au milieu de leurs grandes
fougues) à médire l'vne de l'autre.
Au contraire, elles s'entreportent vn
tres-grand respect, & n'ont garde
d'agir autrement, parce que la pre-

miere offensée descouuriroit le my-
stere. Pourquoy, mon Reuerend
Pere, n'instruit-on vostre procez, en
consequence des crimes dont le Diable vous accuse ? le Diable (dites-
vous) est Pere de mensonge, pourquoy donc l'autre iour fistes vous
brusler ce Magicien, qui ne fut ac-
cusé que par le Diable ? Car ie rép.
comme vous, le Diable est pere de
mensonge. Aduoüez, aduoüez mon
Reuerendissime, que le Diable dit
vray, ou faux, selon qu'il est vtile à
vostre malicieuse paternité. Mais,
bons Dieux ! ie vois tressaillir ce Diable quand on luy iette de l'eau beniste,
est-ce donc vne chose si sainte qu'il ne
la puisse souffrir sans horreur ? Certes
cela fait que ie m'estonne qu'il ait osé
s'enfermer dans vn corps humain, que
Dieu a fait à son Image, capable de la
vision du Tres-haut, reconnu son enfant par la regeneration Baptismale,
marqué des Saintes Huyles, le Temple du Saint Esprit, & le Tabernacle
de la Sainte Hostie. Comment a-t'il eu

l'impudence d'entrer en vn lieu qui
luy doit estre bien plus venerable
que de l'eau, sur la quelle on a sim-
plement recité quelque prieres.
Mais nous en aurons bonne issuë,
ie vois le Demoniaque qui se tempeste fort à la veuë d'vne Croix
qu'on luy presente ! ô Monsieur
l'Exorciste, que vous estes bon, ne
sçauez-vous pas qu'il n'y a aucun
endroit dans la Nature, où il n'y
ait des Croix, puis que par toute la
matiere, il y a longueur, & largeur,
& que la Croix n'est autre chose
qu'vne longeur consideree auec
vne largeur. Qu'ainsi ne soit, cette
Croix que vous tenez, n'est pas
vne Croix, à cause qu'elle est d'E-
benne, cette autre n'est pas vne
Croix à cause qu'elle est d'argent,
mais l'vne & l'autre sont des Croix,
à cause que sur vne longueur, on a
mis vne largeur qui la trauerse. Si
donc cette energumene, a cent mille
longueurs, & cent mille largeurs,
qui sont toutes autant de Croix,

pourquoy luy en prefenter de nouuelles ? Cependant vous voyez
cette femme, que pour en auoir approché les levres par force, contrefait l'interdite. O quelle piperie ! Prenez, prenez vne bonne poignée de
verges, & me la foüettez en amy,
car ie vous engage ma parole, que
fi on condamnoit d'eftre ietttez à
l'eau tous les energumenes, que cent
coups d'eftriuieres par iour n'auroient pû guerir, il ne s'en noyeroit
point. Ce n'eft pas comme ie vous
ay dit, que ie doute de la puiffance
du Createur fur fes Creatures : mais
à moins d'eftre conuaincu par l'authorité de l'Eglife, à qui nous deuons donner aueuglement les
mains, ie nommeray tous ces
grand effets de Magie, la Gazette
des Sots, ou le *Credo* de ceux qui
ont trop de *Foy*. Ie m'apperçoy
bien que ma Lettre eft vn peu trop
longuë, c'eft le fuiet qui m'a pouffé
au delà de mon deffein, mais vous
pardonnerez cette importunité à vne

personne qui fait vœu d'estre jusqu'à
la mort, de vous, & de vos contes
d'Esprit,

MONSIEVR,

Voſtre Seruiteur.

A MONSIEVR GERZAN,
SVR
SON TRIOMPHE
DES DAMES.

LETTRE XIV.

MONSIEVR,

Aprés les Eloges que vous donnez aux Dames, resolument je ne veux plus estre homme; Ie m'en vay toute à l'heure tâcher d'obtenir de la dexterité des Chirurgiens, ce que l'Empereur Heliogabale impetra du Rasoir de ses Empyriques. Si vous vous donnez patience encore huit jours,

vous allez voir en moy vn miracle tout
contraire à celuy qui se passe dans la
Fable d'Iphic & Iante. Resolument
ie vais me faire tronçonner d'vn coup
de serpe, ce qui m'oblige à porter vn
caleçon, & m'empesche de me mas-
quer en autre temps qu'au Carnaual.
Que ie porte enuie du bon-heur de
Tiresias, qui sans souffrir tous les
maux où ie me prépare, eut l'auantage
de changer d'espece pour auoir frappé
sur vn Serpent. La Sagesse de Dieu,
qui d'ordinaire agit par progrez, &
monte par degré les choses les moins
nobles aux plus hautes, a bien fait
voir la préeminence que les Femmes
ont au dessus des Hommes, quand elle
n'a pas voulu faire Eue, qu'elle n'eust
fait Adam auparauant. Aussi est-ce
vne marque euidente de l'estime que
la Nature à tousiours faite des Femmes, de dire qu'elle les a choisies pour
nous porter, ne s'estant pas voulu fier
de nostre ieunesse à nous mesme; mais
la Nature aussi nous fait connoistre au
partage de ses biens, qu'elle a voulu

auantager la cadette au préjudice de
l'aîlnée, luy donnant la beauté, dont
chaque trait eſt vne Armée qui và
quand il luy plaiſt, bouleuerſer des
Thrônes, déchirer des Diadêmes, &
traîner en ſeruitude les orgueilleuſes
Puiſſances de la Terre. Que ſi comme nous elles ne vaquent pas à maſſacrer des hommes, ſi elles ont horreur
de porter au coſté ce qui nous fait deteſter vn Bourreau : c'eſt à cauſe qu'il
ſeroit honteux que celles qui nous
donnent à la lumiere, portaſſent dequoy nous là rauir : & parce auſſi qu'il
eſt beaucoup plus honneſte de ſüer à
la conſtruction, qu'à la deſtruction de
ſon eſpece : Donc en matiere de viſage, nous ſommes de grands gueux:
& ſur ma foy de tous les biens de la
Terre en general, je les voy plus riches
que nous, puiſque ſi le poil fait la
principale diſtinction de la brute & du
raiſonnable, les hommes ſont au
moins par l'eſtomach, les jouës & le
menton, plus beſtés que les femmes?
malgré toutesfois ces muettes, mais

conuaincantes predications de Dieu
& de la Nature ? fans vous, Monfieur,
ce deplorable fexe alloit tomber fous
le noftre ; vous qui tout caduc, & preft
à choir de cette vie, auez releué cent
mille Dames qui n'auoient point d'ap-
puy : Qu'elles fe vantent apres cela
de vous auoir donné le iour, quand
elles vous auroient enfanté plus dou-
loureufement que la Mere d'Hercule,
elles vous deuroient encore beaucoup
à vous qui non content de les auoir
enfantés toutes enfembles, les auez fait
triompher en naiffant. Vne femme
à la verité, vous a porté neuf mois,
mais vous les auez toutes portées fur
la tefte de leurs ennemis. Pendant
vingt fiecles, elles auoient combattu,
elles auoient vaincu pendant vingt
autres : & vous depuis quatre moins
feulement, leur auez decerné le
Triomphe : Oüy, Monfieur, chaque
periode de voftre Liure eft vn Char
de victoire, ou elle triomphent plus
fuperbement que les Scipions, ny les
Cefars n'ont iamais fait dans Rome :

Vous auez fait de toute la Terre vn Pays d'Amazones, & vous nous auez reduits à la Quenoüille : Enfin l'on peut dire qu'auant vous toutes les Femmes n'étoient que des Pions, que vous auez mis à Dame ; Nous voyons cependant que vous nous trahiſſez, que vous tournez caſaque au genre Maſculin, pour vous ranger de l'autre ; Mais comment vous punir de cette faute ? Comment ſe reſoudre à diffamer vne perſonne qui a fait entrer nos Meres & nos Sœurs dans ſon party ; Et puis on ne ſçauroit vous accuſer de poltronerie, vous étant rangé du coſté le plus foible, ny voſtre plume d'eſtre intereſſée ayant commencé l'Eloge des Dames en vn âge où vous eſtes incapable d'en receuoir des faueurs : Confeſſez pourtant, apres les auoir fait triompher, & auoir triomphé de leur Triomphe meſme, que leur ſexe n'euſt iamais vaincu ſans le ſecours du noſtre : Ce qui m'eſtonne à la verité, c'eſt que vous ne leur auez point mis en main pour nous détruire, les armes

ordinaires ; Vous n'auez point cloüé
des Eſtoilles dans leurs yeux ; Vous
n'auez point dreſſé des montagnes de
neiges à la place de leur ſein : L'or,
l'yvoire, l'azure, le corail, les Roſes &
les Lys, n'ont point eſté les materiaux
de voſtre baſtiment, ainſi que tous
nos Eſcriuains modernes, qui malgré
la diligence que fait le Soleil pour ſe
retirer de bonne heure, ont l'impudence de le dérober en plain iour ; &
des Eſtoilles auſſi que ie ne plains pas
pour leur apprendre à ne pas tant aller
la nuit ; mais ny le feu, ny la flame, ne
vous ont point donné de froides imaginations : Vous nous auez porté des
bottes, dont nous ignorons la parade;
Enfin, ie rencontre dans ce Liure des
choſes ſi diuinement conceuës, que
i'ay de la peine à croire que le S. Eſprit
fuſt à Rome quand vous le compo-
ſaſtes ; Iamais les Dames n'ont ſorty
de la preſſe en meilleure poſture, ny
moy iamais mieux reſolu de ne plus
aller au Tombeau du Pere Bernard,
pour voir vn miracle, puis que Mon-

ſieur

fieur de Gerzan loge à la porte de
l'Eglife : O ! Dieux, encore vne fois,
la belle chofe que vos Dames ! Ha,
Monfieur, vous auez tellement obligé
le fexe par ce Panegyrique, que pour
meriter auiourd'huy l'affection d'vne
Reyne, il ne faut eftre,

MONSIEVR,

Que voftre
Seruiteur.

AVTRE,

LE DVELISTE.

LETTRE XV.

MONSIEVR,

Quoy que je me porte en homme qui creve de santé, je ne laiſſe pas d'étre malade depuis trois ſemaines, que ma Philoſophie eſt tombée à la mercy des Gladiateurs : Ie ſuis inceſſamment trauaillé de la tierce & de la carte : I'aurois perdu la connoiſ-ſance du papier, ſi les Cartels s'écri-uoient ſur autre choſe : Ie ne diſcerne deſia plus l'ancre d'auec le noir à noir-cir ; Et enfin pour vous faire réponſe, i'ay presque esté forcé de vous escrire auec mon espée, tant il est glorieux d'escrire mal parmy des personnes, dont les plumes ne se taillent point : Il faudroit, ie pense, que Dieu accomplit quelque chose d'aussi miraculeux que le souhait de Caligula, s'il vouloit finir mes querelles : Quand tout le Genre-humain seroit erigé en vne teste, quand de tous les viuans il n'en resteroit qu'vn, ce seroit encore vn Duel qui me resteroit à faire : Vrayement vous auriez grand tort de m'appeller maintenant le premier des hommes : car ie vous proteste qu'il y a plus d'vn mois que ie suis le second de tout le monde : Il faut bien que vostre depart ayant deserté Paris, l'herbe ait crû par toutes les ruës, puis qu'en quelque lieu que i'aille, ie me trouue tousiours sur le pré. Cependant ce n'est pas sans risque, mon portrait que vous fistes faire à esté trouué si beau, qu'il a pris possible enuie à la Mort d'en auoir l'Original : Elle me fait à ce dessein

mille querelles d'Allemand. Ie m'i-
magine quelquefois eftre deuenu
Porc épic, voyant que perfonne ne
m'approche fans fe piquer ; & l'on
n'ignore plus, quand quelqu'vn dit
à fon ennemy, qu'il s'aille faire piquer, que ce ne foit de la befongne que
l'on me taille ? Ne voyez vous pas
auffi qu'il y a maintenant plus d'ombre fur noftre Horifon, qu'à voftre
départ ; c'eft à caufe que depuis ce
temps là ma main en a tellement
peuplé l'enfer, qu'elles regorgent fur
la terre : A la verité, ce m'eft vne
confolation bien grande d'eftre hay,
parce que ie fuis aimé, de trouuer
par tout des ennemis, à caufe que
i'ay des amis par tout, & de voir
que mon malheur vient de ma bonne
fortune ; mais i'ay peur que cette
demangeaifon de gloire , ne m'inuite
à porter mon nom iufqu'en Paradis:
C'eft pourquoy pour éuiter à de fi
dangereufes Propheties, ie vous coniure de venir promptement remettre
mon Ame en fon affiette de Philo-

ſophe ; car il me fâcheroit fort qu'à
voſtre retour, au lieu de me trouuer
dans mon Cabinet, vous treuuaſſiez
dans vne Egliſe, Cy giſt,

MONSIEVR,

[illegible]

Voſtre Seruiteur.

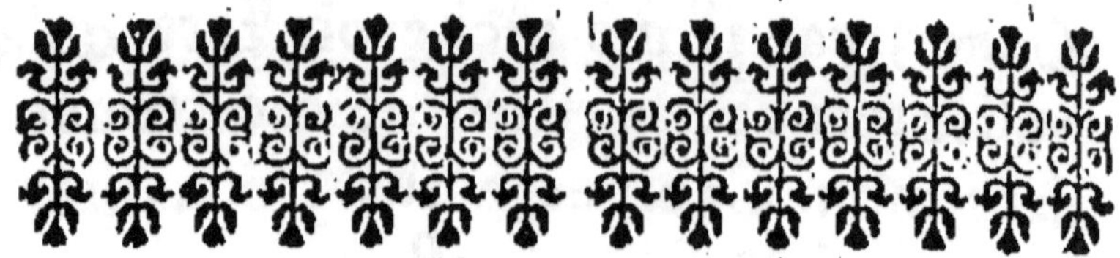

SVR VN

RECOVVREMENT

DE SANTE'.

Lettre XVI.

Monsievr,

Vous me permettrez bien de railler maintenant auec voſtre fiévre, puis qu'elle vous a tourné les talons ; par ma foy ie m'eſtonne qu'elle ait oſé ietter le gand à vn hardy Cheualier comme vous ; auſſi quelques brauours dont elle ait triomphé entrant dans la carriere , j'ay prévû la honte de ſa defaite ; cependant tout le monde vous croyoit party pour les Champs

Elifées ; & defia quelques-vns qui
ne font pas les plus chers de vos amis,
vous publioient arriué dans l'affreufe
Cité dont vous n'eftiez pas encore
aux Fauxbourgs. I'admire en verité,
comment vous qui choififliez toufiours les chofes les plus faciles, ny
ayant qu'vne alambée à faire de
voftre Chambre à la Chappelle, où
dorment vos enceftres, vous ayez
tourné bride auec tant de precipita-
tion : Cependant ie fouftiendray à la
barbe de voftre grand cœur, que vous
auez agy en habile homme ; le gifte
n'eft pas bon, l'Hofte n'y change point
de draps ; & quoy que le lit foit appuyé fi ferme, qu'il ne puiffe trembler
que par vn tremblement de terre, la
Chambre eft froide & caterreufe, les
ieufnes s'y obferuent perpetuels, &
quoy qu'à la Flamande on ait de la
Biere iufques par deffus les yeux, on
n'y boit que de l'Eau-benifte : au refte
vous n'y euffiez pas trouué vne perfô-
ne raifonnable, ny de l'vn, ny de l'autre
fexe; car on n'y reçoit point des hômes

à moins qu'ils ayent perdu l'esprit : & pour les femmes, encore qu'elles ayent là vne bonne qualité qu'elles n'ont pas icy, qui est de se taire, elles y sont si laides en récompense, que la plus belle est Camuse ; Ne vous repentez donc point, quelque genereux que nous vous croyons, d'auoir vsé si à propos du priuilege de Normandie ; les ombres de là-bas ne sont pas si charmantes que celles de vos allées couuertes : & ie vous proteste qu'en moins d'vn clin d'œil, vous alliez faire vn voyage si esloigné, que vous n'eussiez pas esté de retour auant la Resurrection : & moy-mesme en ce pays, ie n'aurois pas trouué vn homme qui eust voulu se charger de vous aller dire de ma part, que ie suis,

MONSIEVR,

Voftre Seruiteur.

LETTRES
SATYRIQVES
DE MONSIEVR
DE CYRANO
BERGERAC.

CONTRE VN POLTRON.

LETTRE I.

Monsievr,

Ie sçay que vous étes trop sage pour conseiller jamais vn Duel ; c'est pourquoy je vous demande vostre aduis sur celuy que j'ay resolu de faire ; car enfin [comme vous sçauez] l'honneur saly ne se laue qu'auec du sang. Hyer je fus appellé sot, & l'on

s'émancipa de me donner vn soufflet
en ma presence : Il est vray que ce fut
en vne compagnie fort honorable.
Certains stupides en matiere de dé-
meslez, disent qu'il faut que ie perisse,
ou que ie me vange. Vous Monsieur,
dites-moy, vous mon plus cher amy,
& que i'estime trop sage pour m'exciter à aucune action cruelle : Ne suis-
ie pas assez mal traitté de la langue, &
de la main de ce Poltron, sans irriter
encore son espée : car quoy que ie sois
marry d'estre appellé sot, ie serois bien
plus fasché qu'on me reprochast de-
stre defunt. Si i'estois enfermé dans
vn sepulchre, il pourroit à son aise, &
en seureté, mal parler de mon courage:
Ne seray ie donc pas mieux de demeurer au monde, afin d'estre tousiours
present pour le chastier quand sa temerité m'en donnera suiet. Infailliblement ceux qui me conseillent la
tragedie, ne iugent pas que si i'en suis
la catastrophe, il se moquera de ma
valeur : Si ie le tuë, on croira que ie
l'ay chassé du monde, parce que ie

n'ofois y demeurer tant qu'il y feroit : Si ie luy ofte la rapiere, on dira que i'apprehendois qu'il demeuraft armé. Si nous demeurons égaux, à quoy bon fe mettre au hazard du plus grand de tous les malheurs, qui eft la mort, pour ne rien decider : Et puis quand i'aurois Lettre du Dieu Mars, de fortir de ce combat à mon honneur, il pourroit au moins fe vanter de m'auoir cótraint à commettre vne infigne folie : Non, non, ie ne déguaifne point, c'eft craindre fon ennemy de vouloir par le moyen de la mort, ou l'efloigner de foy, ou s'éloigner de luy : Pour moy ie n'apprehende pas qu'il foit où ie feray : il tient à gloire de n'auoir iamais redouté les Parques : s'il veut que ie le croye, qu'il fe tuë, i'iray confulter tous les Sages pendant foixante ou quatre-vingts ans, pour fçauoir s'il a bien fait : & fi l'on me répond qu'oüy, alors ie tafcheray d'en viure encore autant pour faire le refte de mes iours penitence de ma poltronnerie. Vous trouuerez peut-eftre ce

procedé fort eftrange dans vn homme
de cœur comme moy : Mais, Monfieur, à parler franc, ie trouue que la
vie eft vne fi bonne chofe, que i'aime
mieux me tenir à ma carte, que de me
mettre au hazard en les broüillant,
d'en auoir vne pire. Ce Monfieur le
Matamore veut peut-eftre mourir
bien-toft, afin d'en eftre quitte de
bonne heure ; mais moy qui fuis plus
genereux, ie tafche de viure plus long-
temps, au rifque d'eftre long-temps
en eftat de pouuoir mourir. Penfe-
t'il fe rendre fort recommandable,
pour témoigner qu'il s'ennuye de ne
pas retourner à la nuit fa premiere
maifon, eft-ce qu'il a peur du Soleil ?
Helas ! pauure bufle, s'il fçauoit ce
que c'eft d'eftre trépaffé, rien ne le
prefferoit. Vn homme ne fait rien
d'illuftre qui deuant trente ans met fa
vie en danger, parce qu'il expofe ce
qu'il ne connoift pas ; mais lors qu'il
la hazarde depuis cet âge-là, ie fouftiens qu'il eft enragé de la rifquer,
l'ayant connuë. Quand à moy ie

trouue le iour tres-beau, & ie n'aime
point à dormir fous terre, à caufe
qu'on ny voit goutte. Qu'il ne s'enfle
point pourtant de ce refus, car ie veux
bien qu'il fçache que ie fçay vne botte
à tuer mefme vn Geant charmé, &
qu'à caufe de cela ie ne veux point me
battre de peur qu'on ne l'apprenne.
Il y a cent autres raifons encore qui me
font abhorrer le Duel ; Moy i'irois
fur le pré, & là fauché parmy l'herbe,
m'embarquer poffible pour l'autre
monde ; Helas ! mes creancirs n'attendent que cela pour m'accufer de
banqueroute ; mais penferoit-il mefme m'auoir mis à iubé, quand il m'auroit ofté la vie ; au contraire, i'en de-
uiendrois plus terrible, & ie fuis affeuré qu'il ne pourroit me regarder
quinze iours apres, fans que ie luy fiffe
peur : S'il afpire à la gloire de m'auoir
égorgé pourueu que ie me porte bien,
ie luy permets de fe vãter par tout d'e-
ftre mon bourreau ; auffi bien quand il
m'auroit tué, la gloire ne feroit pas grãde, vne poignée de Syguë en feroitbien

autant. Il và s'imaginer peut-eſtre
que la Nature m'a fort mal-traité en
me refuſant du courage : mais qu'il
apprenne que la Nature ne ſçauroit
nous joüer vn plus vilain trait, que de
ſe ſeruir contre nous de celuy du ſort ;
que la moindre Puce en vie, vaut
mieux que le grand Alexãdre decedé :
& qu'enfin ie me ſens indigne d'obliger des Torches beniſtes à pleurer ſur
mes armoiries ; I'aime veritablement
qu'on me flate de toutes les qualitez
d'vn bel eſprit, horſmis de celle d'heureuſe memoire , qui m'eſt inſuppor-
table, & pour cauſe ; Vne autre raiſon me deffend encore les batailles ;
I'ay compoſé mon Epitaphe , dont la
pointe eſt fort bonne, pourueu que je
viue cent ans ; & j'en ruïnerois la rencontre heureuſe , ſi je m'azardois de
mourir plus jeune : ajoûtez à cela que
j'aborre ſur toutes choſes les maladies, & qu'il n'y a rien plus nuiſible
à la ſanté que la mort. Ne vaut-il
donc pas bien mieux s'encourager à
deuenir Poltron, que de ſe rendre la

cauſe de tant de deſaſtres ; Ainſi (forts
de noſtre foibleſſe) on ne nous verra
jamais ny pâlir, ny trembler, que d'apprehenſion d'auoir trop de cœur. Et
toy ? ô ! ſalutaire poltronerie, je te
vouë vn Autel , & je promets de te
ſeruir auec vn culte ſi deuot, que pour
commencer dés aujourd'huy , je dédie
cette Epître au Lâche le plus confirmé
de tes Enfans , de peur que quelque
Braue, à qui je l'euſſe enuoyée, ne ſe
fuſt imaginé que j'étois homme à ſe
ſeruir pour ces quatre méchans mots
qu'on eſt obligé d'écrire à la fin de
toutes les Lettres ; Ie ſuis,

MADAME,

Voſtre Seruiteur, &c.

CONTRE

VN MEDISANT.

LETTRE II.

Ie ſçay bien qu'vne ame baſſe comme la voſtre ; ne ſçauroit naturellement s'empécher de médire ; auſſi n'eſt-ce pas vne abſtinence où je vous veüille condamner ; La ſeule courtoiſie que je veux de vous, c'eſt de me déchirer ſi doucement, que je puiſſe faire ſemblant de ne le pas ſentir : Vous pouuez connoiſtre par-là qu'on m'envoye la Gazette du pays Latin ; Remerciez Dieu, de ce qu'il m'a donné vne ame aſſez raiſonnable, pour ne croire pas tout le monde de toutes

choses, à cause que tout le monde peut
dire toutes choses, autrement j'aurois
appliqué à vos maux de rate vn plus
solide & plus puissant antidote que le
discours ; Ce n'est pas que i'aye iamais attendu des actions fort humaines d'vne personne qui sortoit de
l'Humanité : mais je ne pouuois croire
que vôtre ceruelle eut si generalement
échoüée contre les bancs de la Rhetorique, que vous eussiez porté en Phi-
losophie vn homme sans teste. On
auroit à la verité trouué fort estrange,
que dans vn corps si vaste, vostre petit
esprit ne se fust pas perdu, aussi ne l'a-
t'il pas fait longue, & i'ay oüy dire
qu'il y a de bonnes années que vous ne
sçauriez plus abandonner la vie, que
vostre trépas accompagné de miracle
ne vous fasse canoniser : Oüy, prenez
congé du Soleil quand il vous plaira,
vous estes asseuré d'vne ligne dans nos
Litanies, quand le Consistoire appren-
dra que vous serez mort sans auoir rendu l'esprit : mais consolez-vous, vous
n'en durerez pas moins pour cela:

les Cerfs & les Corbeaux, dont l'esprit est taillé à la mesure du vostre, viuent quatre cens ans ; & si le manque de genie est la cause de leur durée, vous deuez estre celuy qui fera l'Epitaphe du genre-humain : C'est sans doute, en consequence de ce brutal instinct de vôtre nature, que vous choisissiez l'or & les pierres precieuses pour répandre dessus vostre venin. Souffrez donc, encore que vous pretendiez vous soustraire de l'empire que Dieu à donné aux hommes sur les bestes, que je vous commande de vomir sur quelque chose de plus salle que mon nom, & de vous ressouuenir (car je croy que les animaux comme vous ont quelque reminiscence) que le Createur n'a donné à ceux de vostre espece vne langue que pour aualer, & non pas pour parler ; souuenez-vous en donc, c'est le meilleur conseil que vous puissiez prendre ; car quoy que vostre foiblesse fasse pitié, celle des Poux & des Puces qui nous importunent, ne nous obligent pas à leur pardonner:

Enfin ceſſez de mordre, ſimulachre de
l'enuie : car quoy que je ſoïs peu ſenſible à l'injure, je ſuis ſeuere à la punir;
rien n'empeſcheroit la vertu d'vn
Elebore , qu'on appelle en François
Tricot , duquel pour vous monſtrer
que je ſuis Philoſophe (ce que vous
ne croyez pas) je vous châtirois auec
ſi peu d'animoſité, que le chapeau dans
vne main , & dans l'autre vn bâton,
je vous dirois en vous briſant les os.
Ie ſuis,

MONSIEVR,

Voſtre obeïſſant
Seruiteur.

CONTRE
VNE DEMOISELLE
AVARE.

LETTRE III.

MADEMOISELLE,

Si tout le monde étoit obligé comme moy, pour faciliter la lecture de ſes Lettres, d'enuoyer de l'argent, les Balzacs n'auroient jamais écrit, & les Aueugles ſçauroient lire : Mais quoy, ſi les miennes ne ſont éclairées par la reflexion de l'or de quelques Louys, vous n'y voyez que du noir de Grimoire : & quand

mesme ie les aurois prises dans Pole-
xãdre, ie suis asseuré d'auoir pour vous
escrit en Hebreu ; Ouurir la bouche,
& mouuoir les levres en toutes les
façons necessaires à l'expression de
nostre langue, ne vous fait entendre
que de l'Arabe : Pour vous parler
François, il faut ouurir la main, ainsi
ma bourse deuient chez moy le seul
organe, par lequel ie vous puisse
éclaircir les difficultez de la Bible, &
vous rendre les Centuries de Nostra-
damus aussi faciles que le *Pater*: Enfin
Mademoiselle, c'est de vous seule que
l'on peut dire auec verité, point d'argent point de Suise ; Ie me console
aisément de vostre humeur, parce que
tant que vous ne changerez point, ie
suis asseuré d'estre en puissance auec la
Croix de quelque pistolles, de chasser
plus facilement, qu'auec l'eau beniste
& l'exorcisme, le Demon d'auarice:
mais i'ay tort de vous reprocher vne
si grande bassesse, ce sont au contraire
des motifs de vertu qui vous font agir
de la sorte ; car si vous tombez plus

souuent sous la Croix, que les mal-
faicteurs de Iudée, c'est parce que
vous croyez pieusement que les Iustes
ne vous sçauroient rien demander in-
iustement, & que l'or ce symbole de
la pureté,ne vous sçauroit estre donné
qu'auec des intentions tres-pures. Ie
pense mesme, comme vous estes, aussi
bien que bonne Chrestienne, encore
meilleure Françoise, que vous vous
abaissez deuant tous ceux qui vous
presentent les images de nos Roys, &
que mesme comme vous estes d'vne
probité exemplaire, qui ne veut
faire tort à personne, vous estes tellement scrupuleuse à la distribution de
vos faueurs, que vous appuyez dauantage sur les baisers de dix pistoles
que sur ceux de neuf: Cette œconomie ne me déplaist pas, car ie suis asseuré,tenant ma bourse dansvne main,
de tenir vostre cœur dãs l'autre : Tout
ce qui me fasche, c'est de ce que cette
chere Image, que vous iuriez autresfois auoir imprimée fort auant dans
vostre cœur, vous la mettez hors de

chez

chez vous par les espaules, si-tost
qu'elle y a demeuré trois iours sans
payer son giste : Pour moy ie pense
que vous auez oublié la definition de
l'homme, car toutes vos actions me
prouuent que vous ne me prenez que
pour vn animal donnant. Cependant
ie croyois estre par l'opinion. d'Ari-
stote vn animal raisonnable, mais ie
voy bien qu'il faut me resoudre à ces-
ser d'estre ce que ie suis, du moment
que ie cesse de foüiller à ma poche :
Corrigez, ie vous prie, cette humeur
qui conuient fort mal à vostre ieunesse
& à cette generosité dont vous vous
faites toute blanche ; car il vous est
honteux d'estre à mes gages ; Moy
qui suis,

MADEMOISELLE,

Vostre Seruiteur.

G

CONTRE VN INGRAT.

LETTRE IV.

MONSIEVR,

Par l'affection que ie vous ay portée
dont vous estiez indigne, ie vous ay
fait meriter d'estre mon ennemy : Si
les Philistins autrefois n'eussent laissé
leurs vies sous le bras de Sanson, nous
ne sçaurions pas auiourd'huy que la
Terre eut porté des Philistins: Ils doiuent leur vie à leur mort, & s'ils eussent vescu dix ans plus tard, ils fussent
morts trente siecles plustost : Ainsi
vous moissonnez malgré moy cette
gloire de vostre lâcheté, de m'auoir
contraint de vous en punir : On me

dira, ie le fçay bien, que pour auoir
détruit vn Pigmée, ie n'attacheray pas
à mon fort la matiere d'vne illuftre
Epitaphe : Mais à regarder fans intereft le reuers du paradoxe, ce Marius
qui fit en trois combats vn cymetiere
à trois Nations, ne fut pas cenfé Poltron, lors qu'il frappoit les Grenoüilles du Marais, où il s'eftoit ietté : Et
Socrate ne ceffa pas d'eftre le premier
homme de l'Vniuers, quand il eut
écrafé les poux qui le mordoient dans
fon cachot : Non, non, petit Nain, ne
penfez pas-eftre quelqu'autre chofe :
effayez de vous humilier en voftre
neant, & croyez, comme vne article
de Foy, que fi vous eftes encor auffi
petit qu'au iour de voftre naiffance, le
Ciel l'a permis ainfi, pour empefcher
vn petit mal de deuenir grand : Enfin
vous n'eftes pas homme ? & que
Diable eftes vous donc ? Vous eftes
peut-eftre vne Momie que quelque
Farfadet aura volée à l'Efcole de
Medecine pour en effrayer le Monde : Encore, cela n'eft-il point

trop esloigné du vray-semblable, puis
que si les yeux sont les miroirs de
l'ame, vostre ame est quelque chose
de bien laid ; cependant vous vous
vantez de mon amitié : O ! Ciel, pu-
nisseur des heresies, chastiez celle-cy
du Tonnerre : Ie vous ay donc aimé ?
Ie vous ay donc porté mon cœur en
offrande : donc vous m'estimiez sot
au poinct d'auoir par charité donné
mon ame au Diable : mais ce n'est pas
de moy seul que vous auez médit : les
plus chatoüillans Eloges qui partent
de vous sont des Satyres, & Dieu ne
vous eut point échappé si vousl'eussiez
conneu : Tout ce qui respire, interessé
à la perte des Monstres, auroit desia
tanté mes bonnes graces par vostre
mort, mais il la neglige comme vn
coup seur, sçachant que vous auez en
moy seul,

Vostre Partie,
Vostre Iuge, &
Vostre Bourreau.

CONTRE

SOVCIDAS.

LETTRE V.

HE! par la mort, Monſieur le Coquin, ie trouue que vous eſtes bien impudent de demeurer en vie apres m'auoir offenſé : Vous qui ne tenez lieu de rien au monde, ou qui n'eſtés au plus qu'vn clou aux feſſes de la Nature : Vous qui tomberez ſi bas, ſi ie ceſſe de vous ſouſtenir ; qu'vne Puce en leſchant la terre, ne vous diſtinguera pas du paué : Vous enfin ſi ſale, & puant, qu'on doute (en vous voyant) ſi voſtre Mere n'a point accouché de vous par le derriere, encores ſi vous m'euſſiez enuoyé demander le temps d'vn *Peccaui* : Mais ſans vous

enquefter fi ie trouue bon que vous
viuiez encore demain, ou que vous
mouriez dés auiourd'huy, vous auez
l'impudence de boire & de manger,
comme fi vous n'eftiez pas mort : Ha !
ie vous protefte de renuerfer fur vous
vn fi long aneantiffement, qu'il ne fera
pas vray de dire que vous auez iamais
vefcu; Vous efperez fans doute m'at-
tendrir par la dedicace de quelque en-
nuyeux Burlefque : Point, point, ie
fuis inexorable, ie veux que vous mour-
riez tout prefentement; puis felon que
ma belle humeur me rendra mifericor-
dieux, ie vous reffufciteray pour lire ma
Lettre; auffi-bien quand pour regagner
mes bonnes graces, vous me dedieriez
vne Fare, ie fçay que tout ce qui eft
fot ne fait pas rire, & qu'encore que
pour faire quelque chofe de bien ridicule, vous n'ayez qu'à parler ferieufement, voftre Poëfie eft trop des halles,
& ie penfe que c'eft la raifon pourquoy voftre Iugement de Pâris n'a
point de debit : Donc fi vous m'en
croyez, fauuez-vous au Barreau des

ruades de Pegafe ; vous y ferez fans
doute vn Iuge incorruptible, puis que
voftre Iugement ne fe peut achepter.
Au refte, ce n'eft point de voftre Li-
braire feul, que i'ay appris que vous
rimaffiez : Ie m'en doutois defia bien,
parce que c'euft efté vn grand miracle
fi les Vers ne s'eftoient pas mis dans
vn homme fi corrompu : Voftre haleine feule fuffità faire croire que vous
eftes d'intelligence auec la mort, pour
ne refpirer que la pefte ; & les Mufca-
dins ne fçauroiët empefcher que vous
ne foyez par tout le Monde en fort
mauuaife odeur : Ie ne m'irrite point
contre cette putrefaction, c'eft vn crime de vos Peres ladres : Voftre chair
mefme n'eft autre chofe que de laterre
creuaffée par le Soleil, & tellement
fumée, que fi tout ce qu'on y a femé a-
uoit pris racine, vous auriez maintenät
fur les efpaules vn grand bois de haute
fuftaye : apres cela ié ne m'eftonne plus
de ce que vous prouuez qu'on ne vous
a point encore connu : Il s'en faut en
effet plus de quatre pieds de crote,

qu'on ne vous puiſſe voir : Vous eſtes
enſeuely ſous le fumier auec tant de
grace, que s'il ne vous manquoit vn
pot caſſé pour vous gratter, vous ſeriez
vn Iob accomply. Ma foy vous donnez vn beau démenty à ces Philoſophes qui ſe mocquent de la Creation.
S'il s'en trouue encore, ie ſouhaitte
qu'ils vous rencontrent : car ie ſuis aſſeuré qu'apres voſtre veuë, ils croi-
ront aiſément que l'homme peut auoir
eſté fait de bouë. Ils vous preſche-
ront, & ſe ſeruiront de vous-méſme,
pour vous retirer de ce malheureux
Atheïſme où vous croupiſſez. Vous
ſçauez que ie ne parle point par cœur,
& que ie ne ſuis pas le ſeul qui vous
a entendu prier Dieu, qu'il vous fit la
grace de ne point croire en luy. Comment petit Impie, Dieu n'oſeroit auoir
laiſſé fermer vne porte quand vous
fuyez le baſton, qu'il ne ſoit par vous
aneanty : & vous ne commencez à le
recroire que pour auoir contre qui
iurer, quand vos Dezeſcamotez ré-
pondent mal à voſtre auarice : I'a-

uouë que voftre fort n'eft pas de ceux
qui puiffent patiemment porter la
perte, car vous eftes gueux comme vn
Diogene, & à peine le Chaos entier
fuffiroit-il à vous raffafier, c'eft ce qui
vous a obligé d'affronter tant de mon
de : Il n'y a plus moyen que vous
trouuiez pour marcher en cette Ville
vne ruë non creanciere, à moins que
le Roy faffe baftir vn Paris en l'air.
L'autre iour au Confeil de Guerre, on
donna aduis à Monfieur de Turenne
devous mettre dans vn Mortier, pour
vous faire fauter comme vne bombe
dans fainte Menehould, pour contraindre en moins de trois iours, par la
faim, les Habitans de fe rendre : Ie
penfe en verité que ce ftratagême là
reüffiroit, puis que voftre nez, qui n'a
pas l'vfage de raifon : ce pauure Nez,
le repofoir & le Paradis des Chique-
naudes, femble ne s'eftre retrouffé que
pour s'efloigner de voftre bouche affamée : Vos dents ? Mais bons Dieux !
où m'embaraffay-ie, elles font plus à
craindre que vos bras, leur chancre &

G v

leur longueur m'épouuante ; auſſi bien
quelqu'vn me reprocheroit que c'eſt
trop berner vn homme, qui dit m'eſti-
mer beaucoup : Donc, ô plaiſant petit
Singe, ô Marionnette incarnée, cela
ſeroit-il poſſible; mais ie voy que vous
vous cabrēz de ce glorieux ſobriquet !
Helas demandez ce que vous eſtes à
tout le monde, & vous verrez ſi tout
le monde ne dit pas que vous n'auez
rien d'homme que la reſſemblance
d'vn Magot : Ce n'eſt pas pourtant,
quoy que ie vous compare à ce petit
homme à quatre pattes, ny que ie
penſe que vous raiſonniez auſſi bien
qu'vn Singe : Non, non, meſler gam-
bade ; car quand ie vous contemple ſi
deſcharné, ie m'imagine que vos nerfs
ſont aſſez ſecs & aſſez preparez pour
exciter, en vous remuant, ce bruit que
vous appellez parole, c'eſt infailliblement ce qui eſt cauſe que vous jaſez &
fretillez ſans interualle: Mais puis que
parler y a, apprenez-moy de grace,
ſi vous parlez à force de remuer, ou
ſi vous remuez à force de parler ; ce

qui fait foupçonner que tout le tintamarre que vous faites ne vient pas de
voſtre langue, c'eſt qu'vne langue
feule ne ſçauroit dire le quart de ce que
vous dites, & que la plufpart de vos
difcours font tellement efloignez de la
raiſon, qu'on void bien que vous parlez par vn endroit qui n'eſt pas fort
pres du cerueau : Enfin, mon petit
gentil Godenot, il eſt vray que vous
eſtes toute langue, que s'il n'y auoit
point d'impieté d'adapter les chofes
faintes aux prophanes, ie croirois que
S. Iean prophetifoit de vous quand il
écriuit, que la parole s'eſtoit faite
chair ; Et en effet s'il me falloit écrire
autant que vous parlez, i'aurois befoin
de deuenir plume ; mais puis que cela
ne fe peut, vous me permettrez de
vous dire adieu ; Adieu donc, mon
Camarade, fans compliment, auſſi
bien feriez vous trop mal obey, fi
i'eſtois,

Voſtre Seruiteur.
G vj

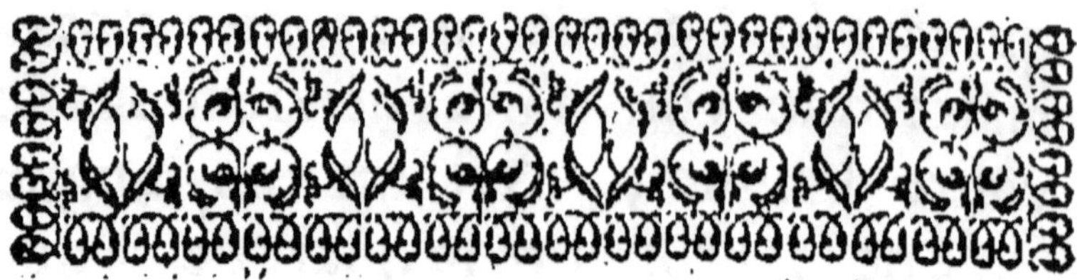

CONTRE

MONSIEVR DE V***

LETTRE VI.

MONSIEVR,

Tant de caresses de la Fortune que
i'ay perduë en perdant voftre amitié,
me perfuadent enfin de me repentir
d'auoir fi fort contribué à fa perte: &
fi ie fuis en difgrace, ie confeffe que ie
la merite, pour ne m'eftre pas conferué
plus foigneufement, & l'eftime & la
veuë d'vne perfonne qui fait paffer les
moindres, dont il eft vifité, fous le titre
de Comtes, & de Marquis: Certes,
Monfieur, vous vous faites le Pere
de forces grands Seigneurs qui ne

croyoient pas l'eſtre, & ie commence
à m'apperceuoir que i'ay tort d'auoir
ainſi negligé ma fortune, car i'aurois
poſſible gagné à ce ieu là vne Princi-
pauté. Quelques-vns blâment cette
humeur prodigue ; mais ils ne ſçauent
pas que ce qui vous engage à ces mag-
nificences, eſt le paſſionné deſir qui
vous emporte pour la multiplication
de la Nobleſſe, & que c'eſt pour cela
que ne pouuant mettre au iour de
Gentilhommes ſelon la chair, vous
en voulez du moins produire ſpirituel-
lement : Les Autheurs Romaneſques
que vous connoiſſez, donnent bien
des Empires à tel qui ſouuent n'auoit
pas poſſedé deux arpens de terre, mais
voſtre talent eſt ſi eſgal au leur, qu'il
vous met en droit d'vſer des meſmes
priuileges : On ſçait aſſez que tous
ces grands Autheurs ne parlent pas
mieux que vous, puis que vous parlez
tout comme eux, & qu'à chaque
moment vous vomiſſez & Caſ-
ſandre & Poléxandre ſi crus, qu'on
penſe voir dans voſtre bouche le

papier deſſous les paroles : Les Criti-
ques murmurent que le grand bruit
dont vous eſclatez, n'eſt pas la marque
d'vn grand eſprit, que les vaiſſeaux
vuides en excitent plus que ceux qui
ſont pleins, & que peut-eſtre à cauſe
du concaue de voſtre cerueau remply
de rien, voſtre bouche à l'exemple des
cauernes, fait vn écho mal diſtinct de
tous les ſons qui la frappent ; mais
quoy il ſe faut conſoler, celuy-là eſt
encore à naiſtre, qui a ſceu le moyen
d'empeſcher l'enuie de mordre la
vertu ; car ie veux meſme, comme ils
le diſent, que vous ne fuſſiez pas vn
grand Genie, vous eſtes toutesfois vn
grand homme. Comment vous eſtes
capable par voſtre ombre ſeule de
noircir vn Ieu de Paulme tout entier ;
perſonne n'entend parler de voſtre
taille, qu'il ne croye qu'on faſſe l'hiſtoire d'vn Cedre ou d'vn Sapin ; &
d'autres qui vous connoiſſent vn peu
plus particulierement, prouuant que
vous n'auez rien d'homme que le ſon
de la voix, aſſeurent qu'ils ont appris

par tradition que vous eſtes vn Cheſne
tranſplanté de la Foreſt de Dodone :
Ce n'eſt pas de mon aduis qu'ils portent ce iugement ; au contraire ie leur
ay dit cent fois qu'il n'y auoit point
d'apparence que vous fuſſiez vn Cheſne, puis que les plus ſenſez tombent
d'accord que vous n'eſtes qu'vne buſche ; Pour moy qui penſe vous connoiſtre de plus lõgue main, ie leur ſouſtiés
qu'il eſt tout à fait éloigné du vray-ſé-
blable d'imaginer que vous ſoyez vn
arbre ; car encor que cette partie ſupe-
rieure de voſtre tout (qu'àcauſe du lieu
de ſa ſcituatiõ on appelle voſtre teſte)
ne faſſe aucune fonctiõ raiſonnable ny
meſme ſenſitiue, ie ne me perſuade pas
pourtãt qu'elle ſoit de bois, mais iem'i-
magine qu'elle a eſté priuée de l'vſage
des ſens, à cauſe qu'vne ame humaine
n'eſtãt pas aſſez grãde pour animer de
bout en bout vn ſi vaſte coloſſe, la Nature a eſté cõtrainte de laiſſer en friche
la Region d'enhaut ; Et en effet y a t'il
quelqu'vn qui ne ſçache que quand
elle logea ce qu'en d'autres on nomme

l'Esprit dans voftre corps demeuſuré,
elle eut beau le tirer & l'allonger, elle
ne put jamais le faire arriuer juſqu'à
voſtre ceruelle ; Vos membres méme
ſont ſi prodigieux, qu'à les conſiderer
on croit que vous auez deux Geans
pendus au bas du ventre, à la place de
vos cuiſſes, & vous auez la bouche ſi
large, que je crains quelquefois que
voſtre teſte ne tombe dedans ; En verité s'il étoit de la Foy de croire que
vous fuſſiez homme, j'aurois vn grand
motif à ſoupçonner, qu'il a donc fallu
mettre dans voſtre corps pour luy donner la vie, l'ame vniuerſelle du monde.
Il faut en effet, que vous ſoyez quelque
choſe de bien ample, puiſque toute la
Communauté des Frippiers eſt occu-
pée à vous veſtir, ou bien que ces gens
là qui cherchent le débit, ne pouuant
amener toutes les ruës de Paris à la
Halle, ayent chargé ſur vous leurs
guenilles, afin de promener la Halle
par tout Paris : Au reſte, ce reproche
ne vous doit point offenſer, au contraire, il vous eſt auantageux, il fait

connoiftre que vous eftes vne perfonne publique , puifque le public
vous habille à fes dépens, & puis affez
d'autres chofes vous rendent confiderable : Ie dis méme fans mettre en
ligne de compte, que comme de l'ef-
paiffeur de la Vafe du Nil, enfuite de
fon débordement , les Egyptiens ju-
gent de leur abondance ; on peut fup-
puter par l'épaiffeur de nôtre embonpoint , le nombre des embraffemens
illegitimes qui fe font faits en vôtre
Faux-bourg : Et enfin, à propos d'arbre à qui je vous comparois tantoft,
ont dit que vous en étes vn fi fertil,
qu'il n'y a point de jour que vous ne
produifiez ; mais je fçay bien que ces
fortes d'injures paffent fort loin de
vous, & que vos calomniateurs n'euffent ofé vous foûtenir en face tant
d'injures, du temps que la troifiéme
peinture des Cartes eftoit voftre portrait ; vous traîniez alors vne brette,
qui vous auroit vangé d'eux , ils ne
vous euffent pas accufé, comme aujourd'huy , d'effronterie en vn état de

condition , où vous changiez si fouuent de couleur. Voila, Monsieur, les
peaux d'Asnes à peu prés dont ils per-
secutent voftre déplorable renommée:
I'en ferois l'Apologie vn peu plus longue, mais la fin du papier m'oblige de
finir : Permettez donc que je prenne
congé de vous fans les ceremonies ac-
couftumées, parce que ces Meffieurs
qui vous méprifent fort, & dont je fais
beaucoup d'eftime, penferoient que je
fuffe le valet du valet des Tambouri-
neux, fi j'auois mis au bas de cette
Lettre, que je fuis,

MONSIEVR,

Voftre Seruiteur, &c.

CONSOLATION

A VN AMY

SVR L'ETERNITE'

DE SON BEAV-PERE.

LETTRE VII.

MONSIEVR,

La Faculté bien mieux que moy, vous mettra quelque iour à couuert de la vie de ce personnage : laissez la donc faire, elle a des bras dont personne ne pare les coups : Vous me répondrez sans doute qu'il a passé desia plus de dix fois le temps de mourir, que la Parque ne s'est pas souuenuë

de luy, & que maintenant qu’elle a
tant marché depuis, elle sera honteuse
& paresseuse de reuenir le prendre si
loin : Non, non, Monsieur, esperez
toûjours jusqu’à ce qu’il ait passé neuf
cent ans, l’âge de Mathusalem ; mais
enfin parlez luy sans cesse en grondant,
criez, pestez, tonnez dans la maison,
croissez par tout à ses yeux, & faites
en sorte, qu’il se dépite contre le jour,
n’est-il pas temps aussi-bien qu’il fasse
place à d’autres : Comment Arte-
phius & la Sybille Cümée au prix de
luy, n’ont fait que semblant de viure,
il nâquit auparauant que la Mort fût
faite, & la Mort à cause de cela, n’o-
seroit tirer sur luy, parce qu’elle craint
de tuer son Pere : & puis méme quand
cette consideration ne l’empécheroit
pas, elle le void si foible de vieillesse,
qu’il n’auroit pas la force de marcher
jusqu’en l’autre monde : Et je pense
qu’vne autre raison encore le fait demeurer debout, c’est que la Mort qui
ne luy voit faire aucune action de vie,
le prenant plûtost pour vne statuë que

pour vn viuant, penſe qu'il eſt du
deuoir, ou du temps, ou de la fortune,
de le faire tomber. Aprés cela, Monſieur, je m'étonne fort que vous diſiez
qu'étant preſt de fermer le cercle de
ſes jours, & arriuant au premier point
dont il eſt party, il redeuienne enfant?
Ha ! vous-vous mocquez, & pour
moy, je ne ſçaurois pas méme m'imaginer qu'il l'ait jamais eſté, quoy luy
petit garçon ? Non, non, il ne le fut
jamais, ou Moyſe s'eſt trompé au
calcul qu'il a fait de la Creation du
Monde : S'il eſt permis toutesfois de
nommer ainſi tout ce qui peut à peine
faire les fonctions d'vn enfant, je vous
donne les mains, car il faut en effet
qu'il ſoit plus ignorant qu'vne Plante
méſme, de ne ſçaüoir pas mourir,
choſe que tout ce qui a vie ſçait faire
ſans Precepteur. O ! que n'a t'il eſté
cõneu d'Ariſtote, ce Philoſophe n'euſt
pas définy l'Homme Animal raiſonnable ; Ceux de la Secte d'Epicure,
qui démonſtrent que les beſtes vſent
de la raiſon, en doiuent excepter

celle-là encore s'il estoit bien vray
qu'il fut beste : Mais , helas ! dans
l'ordre des estres animez , il est vn peu
plus qu'vne Artichault , & vn peu
moins qu'vne Huistre à l'Escaille ; de
sorte que i'aurois crû, si ce n'estoit que
vous le soupçonnez de ladrerie, qu'il
est, ce qu'on appelle la plante sensi-
tiue. Aduoüez donc que vous auez tort
de vous ennuyer de sa vie; il n'a pas encor vescu, il n'a que dormy; attendez au
moins qu'il ait acheué vn somme : estes
vous asseuré qu'õ ne luy ait pas dit que
le Sommeil & la Mort sõt freres, il fait
peut-estre scrupule [ayant bonne conscience] apres auoir ioüy de l'vne,
d'auoir affaire à l'autre. N'inferez pas
cependant , ensuite de cela , que je
veüille prouuer par cette enfilade, que
le personnage dont il est question soit
vn sot homme, point du tout, il n'est
rien moins qu'homme ; car outre qu'il
nous ressemble par le Baptesme, c'est
vn priuilege dont ioüissent aussi bien
que luy les Cloches de sa Parroisse. Ie
parlerois de cette vie iusqu'à la mort

pour foulager voftre ennuy, mais le
fommeil commence de caufer à ma
main de fi grandes foibleffes, que ma
tefte, par compagnie, tombe fur mon
oreille. Ha ! par ma foy, ie ne fçay
plus ce que i'efcris. Adieu, bon foir,

MONSIEVR,

Voftre Seruiteur.

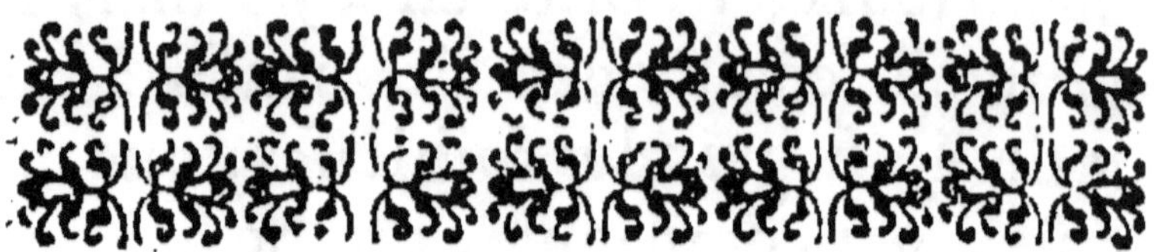

CONTRE

VN PILLEVR

DE PENSE'ES.

LETTRE VIII.

MONSIEVR,

Puis que noſtre amy butine nos Penſées, c'eſt vne marque qu'il nous eſtime, il ne les prendroit pas s'il ne les croyoit bonnes, & nous auons grand tort de nous eſtomaquer de ce que n'ayant point d'enfans, il adopte les noſtres : Pour moy ce qui m'offence en mon particulier (car vous ſçauez que i'ay vn eſprit vãgeur de torts, & fort enclin à la iuſtice diſtributiue)

diſtributiue) c'eſt de voir qu'il attribuë à ſon ingrate imagination les boñs
ſeruices que luy rend ſa memoire, &
qu'il ſe diſe le pere de mille hautes
conceptions : dont il n'a eſté au plus
que la Sage-Femme, Allöns, Monſieur, aprés cela nous vanter d'écrire
mieux que luy, lors qu'il eſcrit tout
comme nous, & tournons en ridicule
qu'à ſon âge il ait encore vn Eſcriuain
chez luy, puis qu'il ne nous fait point
en cela d'autre mal que de rendre nos
œuures plus liſibles ; nous deurions,
au contraire, receuoir auec reſpect tant
de ſages aduertiſſements moraux, dont
ie taſche de reprimer les emportemens
de noſtre ieuneſſe ; Oüy certes, nous
deuroins y adiouſter plus de foy, &
n'en douter non plus que de l'Euangile ; car tout le monde ſçait que ce ne
ſont pas des choſes qu'il ait inuentées;
A la verité, d'auoir vn Amy de la ſorte,
c'eſt entretenir vne Imprimerie à bon
marché ; Pour moy ie m'imagine, en
dépit de tous ſes grands Manuſcrits,
que ſi quelque iour aprés ſa mort, on

H

inuentorie le Cabinet de ſes Liures,
c'eſt à dire de ceux qui ſont ſortis de
ſon Genie, tous ſes Ouurages enſemble, oſtant ce qui n'eſt pas de luy,
compoſeront vne Bibliotheque de papier blanc. Il ne laiſſe pas de vouloir
s'attribuer les dépoüilles des morts, &
de croire inuenter ce dont il ſe ſouuient ; mais de cette façon il prouue
mal la noble extraction de ſes penſées
de n'en tirer l'antiquité que d'vn homme qui vit encore ; mais il veut par là
conclurre à la Metempſicoſe, & montrer que quand il ſe ſeruiroit des imaginations de Socrate, il ne les voleroit
point, ayant eſté iadis ce meſme Socrate, qui les imagina ; & puis n'a-t'il
pas aſſez de memoire pour eſtre riche
de ce bien là ſeul ? Comment il l'a ſi
grande, qu'il ſe ſouuient de ce qu'on
a dit trente ſiecles auparauant qu'il fut
au monde. Quand à moy qui ſuis vn
peu moins ſouffrant que les morts,
obtenez de luy qu'il me permettre de
datter mes penſées, afin que ma poſterité ne ſoit point douteuſe : Il y eut

iadis vne Déeſſe Echo ; celuy-cy, ſans
doute, en doit-eſtre le Dieu ; car de
meſme qu'elle il ne dit iamais que ce
que les autres on dit, & le repete ſi
mot à mot, que tranſcriuant l'autre
iour vne de mes Lettres [il appelloit
cela compoſer,] il euſt toutes les
peines du monde à s'empeſcher de
mettre , Voſtre Seruiteur Beaulieu ,
parce qu'il y auoit au bas,

Voſtre Seruiteur,
DE BERGERAC.

AVTRE,

CONTRE

VN PILLEVR

DE PENSEES.

LETTRE IX.

Monsievr,

Aprés auoir eschauffé contre nous cét homme qui n'est que flegme, n'ap- prehendons nous point qu'vn de ces iours on nous accuse d'auoir bruslé la riuiere; cét esprit aquatique murmure continuellement comme les fontaines sans que l'on puisse entendre ce qu'il dit. Ha ! Monsieur, que cét homme

me fait preuoir à la fin des ſiecles vne
eſtrange auanture, c'eſt que s'il ne
meurt qu'au bout de ſa memoire, les
Trompettes de la Reſurrection n'auront pas de ſilence: Cette ſeule faculté
dans luy ne laiſſe point de place aux
autres, &il eſt vn ſi grãd perſecuteur du
ſens commun, qu'il me fait ſoupçonner
que le Iugemẽt vniuerſel n'a eſté promis que pour en faire auoir aux perſõ-
nes comme luy, qui n'ẽ ont point eu de
particulier; Et àvous parler ingenumẽt,
quiconque le fera ſortir du monde aura
grand tort, puis qu'il l'en fera ſortir ſãs
raiſon; mais cependant il parle autant
que tous les Liures, & tous les Liures
ſemblent n'auoir parlé que pour luy;
il n'ouure iamais la bouche que nous
n'y trouuions vn larcin, & il eſt ſi accouſtumé à mettre au iour ſon pillage,
que meſme quand il ne dit mot, c'eſt
pour dérober cela aux muets. Nous ſõ-
mes pourtant de faux braues, & nous
partageons auec injuſtice les auantages du combat, noſtre eſprit ayant
trois facultez de l'oppoſer au ſien, qui

n'en a qu'vne ; c'eſt pourquoy s'il à
dans la teſte beaucoup de vuide, on
luy doit pardonner , puis qu'il n'a pas
eſté poſſible à la Nature de la remplir
auec le tiers d'vne ame raiſonnable ,
En récompenſe il ne la laiſſe pas dormir, il la tient ſans ceſſe occuppéeà
dépoüiller quelqu'vn ; Et ces grands
Philoſophes, qui croyoient s'eſtre mis
par la pauureté qu'ils profeſſoient,à
couuert d'impoſts & de contributions,
luy doiuent par iour chacun iuſqu'au
plus miſerable , vne rente de dix penſées , & ce Maltotier de conceptions,
n'en laiſſe pas eſchapper vn qu'il ne
taxe aux aiſez , ſelon l'eſtenduë de ſon
reuenu ; ils ont beau ſe cacher dans
l'obſcurité, il les ſçait bien trouuer, &
les fait bien parler François : Encore
ont ils ſouuent le regret de voir con-
fiſquer leurs œuures toutes entieres,
quand ils n'ont pas le moyen de payer
leur taxe, mais il continuë ces brigan-
dages en ſeureté : car il ſçait que la
Grece & l'Italie releuât d'autres Princes que du noſtre,il ne ſera pas recher-

ché en France des larcins qu'il aura
faits chez eux. Ie croy meſme qu'il
penſe, à cauſe que les Payens ſont nos
ennemis, ne pouuoir rien butiner ſur
eux qui ne ſoit pris de bonne guerre :
Voila, Monſieur, ce qui eſt cauſe que
nous voyons chaque page de ſes Epi-
ſtres eſtre le cymetiere des viuans &
des morts; Ne doutez point apres cela
que ſi au iour de la conſommation des
ſiecles, chacun reprend ce qui luy appartient, le partage de ſes eſcrits ne ſoit
la derniere querelle des hõmes. Apres
auoir eſté dans nos conuerſations cinq
ou ſix iours à l'affuſt aux penſées, plus
chargé de pointes qu'vn Porc-eſpic, il
les và ficher dans ſes Epigrammes &
dans ſes Sonnets, comme des éguilles
dans vn ploton : Cependant il ſe vante
qu'il n'y a rien dans ſes eſcrits qui ne
luy appartienne auſſi iuſtement, que le
papier & l'ancre qu'il a payez : que les
24. lettres de l'Alphabet ſontà luy cõme à nous, & la diſpoſition par conſequent : & qu'Ariſtote eſtant mort, il
peut s'éparer de ſes liures, puis que ſes

terres qui ſont des immeubles, ne ſont
pas auiourd'huy ſans Maiſtres; mais
apres tout cela, quelquesfois quand
on luy trouue le manteau ſur les eſ-
·paules, il l'adopte pour ſien, & proteſte de n'auoir iamais logé dans ſa
memoire que ſes propres imaginatiõs :
pour cela il ſe peut faire, ſes eſcrits
eſtans l'Hoſpital où il retire les miennes. Si maintenant vous me demandez la definition de cét homme, ie
vous répondray que c'eſt vn Echo qui
s'eſt fait penſer de la courte haleine,
& qui auroit eſté muet ſi je n'auois
iamais parlé : Pour moy, ie ſuis vn
miſerable Pere, qui pleure la perte de
mes enfans : Il eſt vray que de ſes richeſſes il en vſe fort genereuſement,
car elles ſont plus à moy qu'à luy : Et
il eſt encore vray que ſi l'on y mettoit
le feu, en y iettant de l'eau, ie ne ſau-
uerois que mon bien, c'eſt pourquoy
ie me retracte de tout ce que ie luy ay
reproché : De qu'elle faute, en effet,
puis-ie accuſer vn innocent qui n'a
rien fait, ou qui (quoy qu'il ait fait)

ne l'a fait enfin qu'apres moy ? Ie ne
l'accuſe donc plus, nous ſommes trop
bons amis, & i'ay touſiours eſté ſi ioint
à luy, qu'on ne peut pas dire qu'il ait
iamais trauaillé à quelque choſe où ie
n'aye eſté attentif. Ses ouurages
eſtoient mes ſeules penſées, & quand
ie m'occupois à imaginer, ie ſongeois
à ce qu'il deuoit eſcrire : Tenez donc
ie vous ſupplie pour aſſeuré, que tout
ce que ie ſemble auoir reproché cy-
deſſus à ſa mandicité, eſt ſeulement
pour le prier qu'il eſpargne ſes ridicules comparaiſons de nos peres, car ce
n'eſt pas le moyen de deuenir, comme
il l'eſpere, Eſcriuain ſans comparaiſõ,
puis que c'eſt vne marque d'auoir bien
de la pente au larcin, de dérober iuſqu'à des guenilles, & de n'auoir pour
toute fineſſe de bien dire, que des cõme, des de meſmes, ou des tout ainſi.
Comment la foudre n'eſt pas aſſez
loin de ſes mains dans la moyenne
region de l'air, ny les torrens de
la Thrace aſſez rapides pour empeſcher qu'il ne les deſtourne iuſqu'en ce

H v

Royaume pour les marier par force à
ſes comparaiſons : Ie ne vois pas le
motif de ce mauuais butin, ſi ce
n'eſt que ce flegmatique, de peur de
laiſſer croupir ſes aquatiques penſées,
eſſaye d'en former des torrens, craignant qu'elles ne ſe corrompent, ou
qu'il veüille eſchauffer ſes froides ren-
contres auec le feu des eſclairs & des
Tonnerres : Mais puis qu'enfin, pour
tout ce que ie luy ſçaurois dire, il ne
vainquera pas les tyranniques malignitez de ſa Planette : & puis que
cette inclination de Filou le gourman-
de auec tant d'empire, qu'il glanne au
moins ſur les bons Autheurs : car quel
butin pretend-il faire ſur vn miſerable
comme moy, il ne ſe chargera que de
vetilles : Cependant il conſomme &
les nuits & les iours à me dépoüiller
depuis les pieds iuſqu'à la teſte : & cela
eſt ſi vray, que ie vous feray voir dans
toutes ſes Lettres le commencemẽt &
la fin des miennes. Ie ſuis,

MONSIEVR,

Voſtre Seruiteur.

CONTRE

VN GROS HOMME.

LETTRE X.

ENfin, gros Homme, ie vous ay veu, mes prunelles ont acheué ſur vous de grands voyages, & le iour que vous éboulâtes corporellement iuſqu'à moy, i'eus le temps de parcourir voſtre Hemiſphere, ou pour parler plus veritablement, d'en découurir quelques cantons : Mais comme ie ne ſuis pas tout ſeul les yeux de tout le monde, permettez que ie donne voſtre portraict à la poſterité : qui vn iour ſera bien aiſe de ſçauoir comment vous eſtiez fait. On ſçaura donc en premier lieu, que la Nature qui vous ficha vne teſte ſur la poitrine,

ne voulut pas expreſſément y mettre
de col, afin de le dérober aux malignitez de voſtre Horoſcope : Que voſtre
ame eſt ſi groſſe, qu'elle ſeruiroit bien
de corps à vne perſonne vn peu deliée:
Que vous auez ce qu'aux hommes on
appelle la face ſi fort au deſſous des
eſpaules, & ce qu'on appelle les eſpaules ſi fort au deſſus de la face, que vous
ſemblez vn S, Denys portant ſon Chef
entre ſes mains : Encore ie ne dis que
la moitié de ce que ie voy, car ſi ie deſcends mes regards iuſqu'à voſtre Be-
daine, ie m'imagine voir aux Limbes
tous les Fidelles dans le ſein d'Abra-
ham ; Sainte Vrſule qui porte les onze
mille Vierges enuelopées dans ſon
manteau, ou le Cheual de Troye
farcy de quarante mille hommes ;
Mais ie me trompe, vous eſtes quelque choſe de plus gros, ma raiſon
trouue bien plus d'apparence, à croire
que vous eſtes vne louppe aux entrail-
les de la Nature, qui rend la Terre
iumelle : Hé ! quoy, vous n'ouurez
iamais la bouche, qu'on ne ſe ſou-

uienne de la Fable de Phaëton, où le
Globe de la Terre parle: oüy le Globe
de la Terre : Et fi la Terre eft vn Animal, vous voyant auffi rond, & auffi
large qu'elle, ie fouftiens que vous
eftes fon mafle, & qu'elle a depuis peu
accouché de l'Amerique, dont vous
l'auiez engroffée : Hé! bien qu'en
dites-vous, le portrait eft il reffem-
blant, pour n'y auoir donné qu'vne
touche ? par la defcription de voftre
fphere de chair, dont tous les membres font fi ronds, que chacun fait vn
cercle, & par l'arondiffement vniuer-
fel de voftre efpaiffe maffe, n'ay-ie pas
appris à nos Neveux que vous n'eftiez
point fourbe, puis que vous marchez
rondement ? Pouuois-ie mieux conuaincre de manfonge, ceux qui vous
menacent de pauureté, qu'en leur faifant voir à l'œil que vous roulerez toufiours ? Et enfin eftoit-il poffible d'en-
feigner plus intelligiblement que vous
eftes vn miracle, puis que voftre gras
embonpoint vous fait prendre par vos
Spectateurs pour vne Longe de Veau,

qui se promene sur ses lardons. Ie me
doute bien que vous m'obiecterez
qu'vne Boule, qu'vn Globe, ny qu'vn
morceau de chair, ne font pas des ouurages, & que la belle Sidon vous a
fait triompher sur les Theatres de Venise : Mais entre vous & moy, vous
en connoissez l'enclotüeure : il n'y a
personne en Italie, qui ne sçache que
cette Tragedie est la Cornëille d'E-
sope : que vous l'auez sceuë par cœur
auparauant que de l'auoir inuentée,
estant tirée *de l'Aminte, du Pastor fido,
de Guarini, du Caualier Marin,* & de
cent autres, on la peut appeller la
Piece des Pieces, & que vous seriez
non seulement vn Globe, vne Boule,
& vn morceau de chair : mais encore
vn miroir qui prend tout ce qu'on luy
monstre, n'estoit que vous representez
trop mal : Sus donc confessez la
debte, ie n'en parleray point ; au contraire, pour vous excuser, ie diray à
tout le monde que vostre Reyne de
Cartage doit estre vn corps composé
de toutes les natures : parce qu'estant

d'Afrique, c'eſt de là que viennent les Monſtres : Et i'adiouſteray meſme que cette piece parut ſi belle aux Nobles de cette Republique, qu'à l'exemple des Acteurs qui la ioüioient, tout le monde la ioüioit : Quelques ignorans peut-eſtre concluront, à cauſe de la ſterilité despenſées qu'on y trouue, que vous ne penſiez à rien quand vous la fiſtes ; mais tous les habilles ſçauent qu'afin d'éuiter l'obſcurité, vous y auez mis les bonnes choſes fort claires:& quãd meſme ils auroiẽt prouué que depuis l'Ortil iuſqu'au Sapin, c'eſt à dire depuis le Taſſe iuſqu'à Corneille, les Poëtes ont accouché de voſtre enfant, ils ne pourroient rien inferer, ſinon qu'vne ame ordinaire, n'eſtãt pas aſſez grãde pour viuifier vôtre maſſe de bout en bout, vous fuſtes animé de celle du môde,& qu'auiourd'hui c'eſt-ce qui eſt cauſequevousimaginez par le cerueau de tous les hômes: Mais encore ils ſõt biẽ éloignezd'auoüer que vous imaginez,ils ſoûtiénẽt qu'il n'eſt pas poſſible que vous puiſſiez parler,

ou que si vous parlez, c'est comme
iadis l'antre de la Sibille, qui parloit
sans le sçauoir ; Mais encore que les
fumées qui sortent de vostre bouche, ie voulois dire de vostre bon-
don, soient aussi capables d'enyurer
que celles qui s'exhaloient de cette
grotte, ie n'y vois rien d'aussi prophetique : c'est pourquoy i'estime
que vous n'estes au plus que la Cauerne des sept Dormans, qui ronflent
par vostre bouche. Mais, bons
Dieux *!* qu'est-ce que ie voy ? vous
me semblez encore plus enflé qu'à
l'ordinaire. Est-ce donc le courroux
qui vous sert de Seringue ? Desia vos
iambes & vostre teste se font tellement vnies par leur extention à la cir-
conferance de vostre Globe, que vous
n'estes plus qu'vn balon. Vous vous
figurez peut-estre que ie me moque,
par ma foy vous auez deuiné, & le
miracle n'est pas grand qu'vne boule
ait frappé au but : Ie vous puis mesme asseurer que si les coups de baston
s'enuoyoient par escrit, vous liriez

ma Lettre des espaules : & ne vous estonnez pas de mon procedé, car la vaste estenduë de vostre rondeur me fait croire si fermement que vous estes vne terre, que de bon cœur ie planterois du bois sur vous pour voir comment il s'y porteroit ? Pensez-vous donc à cause qu'vn homme ne vous sçauroit battre tout entier en vingt-quatre heures, & qu'il ne sçauroit en vn iour eschigner qu'vne de vos Omoplates, que ié me veuille reposer de vostre mort sur le Bourreau ? Non, non, ie seray moy-mesme vostre Parque, & ce seroit desia fait de vous, si i'estois bien deliuré d'vn mal de rate, pour la guerison duquel les Medecins m'ont ordonné encore quatre ou cinq prises de vos impertinences : mais si-tost que i'auray fait banqueroute aux diuertissemens, & que ie seray las de rire, tenez pour tout asseuré que ie vous enuoyeray defendre de vous compter entre les choses qui viuent : Adieu c'est fait. I'eusse bien finy ma Lettre à l'ordinaire, mais vous

n'euſſiez pas crû pour cela que ie
fuſſe voſtre tres-humble, tres-obeïſſant, & tres-affectionné : C'eſt pourquoy, Gros Creué,

Seruiteur à la
paillaſſe.

CONTRE RONSCAR.

LETTRE XI.

Monsieur,

Vous me demandez quel iugement ie fais de ce Renard, à qui semblent trop vertes les Mures où il ne peut atteindre : ie pense que comme on arriue à la connoissance d'vne cause par ses effets, qu'ainsi pour connoistre la force, ou la foiblesse de l'esprit de ce personnage, il ne faut que ietter la veuë sur ses productions : Mais ie parle fort mal de dire ses productions, il n'a iamais sceu que détruire, témoin le Dieu des Poëtes de Rome, qu'il fait encore auiourd'huy radoter. Ie vous

aduouëray donc au ſuiet ſur lequel
vous deſirez auoir mon ſentiment, que
ie n'ay iamais veu de ridicule plus ſerieux, ny de ſerieux plus ridicule que
le ſien : Le peuple l'approuue, apres
cela concluez : Ce n'eſt pas toutesfois
que ie n'eſtime ſon iugement, d'auoir
choiſi pour eſcrire vn ſtyle mocqueur,
puis qu'eſcrire, comme il fait, c'eſt ſe
mocquer du monde. Ses Partiſans ont
beau crier pour eſleuer ſa gloire, qu'il
trauaille d'vne façon, où il n'a perſonne pour guide, ie le confeſſe : mais
qu'ils mettent la main ſur leur conſcience : En verité n'eſt-il pas plus
aiſé de faire l'Eneïde de Virgile,
comme Ronſcar, que de faire l'Eneïde
de Ronſcar comme Virgile : Pour
moy ie m'imagine quand il ſe meſle de
profaner le ſaint Art d'Apollon, entendre vne Grenoüille faſchée croaſſer
au pied du Parnaſſe. Vous me repro-
cherez peut-eſtre que ie traitte vn peu
mal cét Autheur de le reduire à l'in-
fecte ; mais ne l'ayant iamais veu, puis

bleau, ie ne ſçaurois pour le peindre.,
agir d'autre façon, que de ſuiure l'idée
que i'en ay receuë de tous ſes amis.
Il n'y en a pas vn qui ne tombe
d'accord que ſans mourir, il a ceſſé
d'eſtre homme, & n'en eſt plus que
la façon. Mais en effet, à quoy le re-
connoiſtrions-nous ; il marche à rebours du ſens commun, & il en eſt
venu à ce point de beſtialité, que de
bannir les pointes & les penſées de la
compoſition des ouurages ; Quand
par malheur en liſant, il tombe ſur
quelqu'vne, on diroit à voir l'horreur
dont il eſt ſurpris, qu'il eſt tombé des
yeux ſur vn Bazilic, ou qu'il a marché
ſur vn Aſpic. Si la terre n'auoit iamais cōneu d'autres pointes que celles
des Chardons, la Nature la formé, de
ſorte qu'il ne les auroit pas trouué
mauuaiſes, car entre vous & moy, lors
qu'il fait ſemblant de ſentir qu'vne
pointe le picque, ie ne puis m'empeſcher de croire que c'eſt afin de nous
perſuader qu'il n'eſt pas ladre ; mais
ladre ou non, ie le laiſſerois en pa-

tience, s'il n'érigeoit point des tro-
phées à la stupidité, en l'appuyant de
son exemple. Comment, ce bon
Seigneur veut qu'on n'écriue que
ce qu'on a leu, comme si nous ne
parlions auiourd'huy François, qu'à
cause que iadis on a parlé Latin, &
comme si l'on n'estoit raisonnable que
quand on est moulé; Nous sommes
donc beaucoup obligez à la Nature de
ne l'auoir pas fait naistre le premier
homme, car indubitablement il n'auroit iamais parlé, s'il auoit entendu
braire auparauãt: Il est vray que pour
faire entendre ses pensées, il employe
vne espece d'Idiome qui force tout le
monde à s'estonner comment les vingt
quatre lettres de l'Alphabet se peuuẽt
assembler en tant de façons sans rien
dire? Apres cela vous me demanderez
le iugement que ie fais de cét homme,
qui sans rien dire parle sans cesse? Helas, Monsieur, ie n'en dis rien, sinon
qu'il faut que son mal soit bien enra-
ciné, de n'en estre pas encore guery depuis plus de quinze ans qu'il a le flus de

bouche ? Mais à propos de son infirmité, on croit comme vn miracle de ce
saint homme, qu'il n'a de l'esprit que
depuis qu'il est malade ; Que sans ce
que la maladie a troublé l'œconomie
de son temperament, il estoit taillé
pour estre vn grand sot : & que rien
n'est capable d'effacer l'encre dont il a
barboüillé son nom sur le front de la
Memoire, puis que le Mercure &
l'archet n'en ont pû venir à bout. Les
railleurs adioustent à cela qu'il ne vit
qu'à force de mourir, & qu'à cause que
cette drogue de Naples luy a consté
bonne, & l'a fait monter au nombre
des Autheurs, il la reuéd tous les iours
aux Libraires; mais quoy qu'ils disent,
il ne mourra iamais de faim, car pourueu que rien ne manque à sa Chaire, ie
suis asseuré qu'il roulera iusqu'à la
mort: S'il auoit mis ses Poëmes autant
à couuert de la fureur de l'oubly, ils ne
seroiét pas en dăger cŏme ils sŏt d'estre
bien tost inhumez en papier bleu: aussi
n'y a-t'il guerre d'apparéce que ce pot
pourry de Peaux-d'Asnes, fasse viure

Ronſcar autant de ſiecles que l'Hiſtoire d'Enée a fait durer Virgile : Il
me ſemble au contraire qu'il ſeroit
mieux d'obtenir vn Arreſt de la Cour,
qui portaſt commandement aux Ha-
rangeres de parler touſiours vn meſme
iargon, de peur qu'introduiſant de
noůueaux rébus à la place des vieux,
on ne doute auant quatre mois en
quelle Langue il aura eſcrit. Mais
helas ! en ce terreſtre ſeiour, qui peut
répondre de ſon eternité dans la memoire des hommes, quand elle dépend de la viciſcitude de leurs Prouer-
bes : Ie vous aſſeure que cette penſée
m'a fait iuger pluſieurs fois, que les
Cheuuax qui traiſnent le Char de ſa
renommée, aůoient beſoin qu'il ſe
ſeruit de pointes pour la faire auancer;
autrement elle porte la mine, ſi elle
marche auſſi lentement que luy, de ne
pas faire vn long voyage : Comment
les Grecs ont demeuré moins de
temps au Siege de Troye, qu'il ne s'en
eſt paſſé depuis qu'il eſt ſur le ſien ?
A le voir ſans bras & ſans iambes, on
le

le prendroit (si sa langue estoit immobile) pour vn Therme platé au Paruis
du Temple de la Mort : Il fait bien de
parler, on ne pourroit pas croire sans
cela qu'il fut en vie : & ie me trompe
fort, si tout le monde ne disoit de luy,
apres l'auoir ouy tant crier sous l'archet, que c'est vn bon violon : Ne
vous imaginez pas, Monsieur, que ie
le boure ainsi pour m'escrimer de l'é-
quiuoque de Violon, ou autre : A cu-
rieusement considerer le squelete de
cette Momie, ie vous puis asseurer
que si iamais il prenoit enuie à la Parque de danser vne Sarabande, elle
prendroit à chaque main vne couple
de Ronscars, au lieu de Castagnettes,
ou tout au moins elle se passeroit leurs
langues entre ses doigts pour s'en seruir, comme on sert des cliquettes
de ladre : Ma foy, puis que nous en
sommes arriuez iusques-là, il vaut autant acheuer son portrait. Ie me figure
donc [car il faut bien figurer les animaux que l'on ne montre pas pour de
l'argent] que si ses pensées forment

au moule de sa teste, il doit auoir la
teste fort plate ; que ses yeux sont des
plus grands, si la Nature les luy a fen-
dus de la longueur du coup de hache
qui luy a feslé le cerueau. On adiouste
à sa description, qu'il y a plus de dix
ans que la Parque luy a tordu le col,
sans le pouuoir estrangler : & ces iours
passez vn de ses amis m'asseura qu'a-
pres auoir contemplé ses bras tords, &
petrifiez sur ses hanches, il auoit pris
son corps pour vn gibet, où le Diable
auoit pendu vne ame, & se persuada
mesme qu'il pouuoit estre arriué que le
Ciel, animant ce cadavre infecté &
pourry, auoit voulu pour le punir des
crimes qu'il n'auoit pas commis encore, ietter par auance son ame à la
voirie.   Au reste, Monsieur, vous
l'exorterez de ma part, s'il vous plaist,
de ne se point emporter pour toutes
ces galanteries, par lesquelles ie tasche
de dérober sa pensée aux cruelles douleurs qui le tourmentent ; Ce n'est
point à dessein d'augmenter son affliction ; Mais quoy, il n'est pas facile de

contraindre en son cœur toutes les veritez qui se pressent, & puis pour auoir
peint le Tableau de son visage mal
basty, n'est-il pas manifeste à chacun
que depuis le temps que les Medecins
sont occupez à curer sa carcasse, ce doit
estre vn homme bien vuidé; Outre
cela que sçait-on si Dieu ne le punit
point de la haine qu'il porte à ceux qui
sçauent bien penser quand nous voyõs
sa maladie incurable, pour auoir differé
trop long-temps de se mettre entre les
mains d'vne personne qui sceust bien
penser, ie me persuade que c'est aussi en
consequêce de cela que ce Cerbere enragé vomit son venin sur tout le mõde:
car i'ay appris que quelqu'vn luy dé-
pliant vn Sonnet, qu'il disoit (n'é estãt
pas bien informé) estre de moy, il tour-
na sur luy des yeux qui l'obligerent de
le replier sans le lire ; mais son caprice
ne m'estonne gueres, car comment
eust il pû voir cét ouurage de bon œil,
luy qui ne sçaurois mesme regarder le
Ciel que de trauers, luy qui persecuté
de trois fleaux, ne reste sur la terre

que pour estre aux hommes vn spectacle continuel de la vengeãce de Dieu,
luy dont la calomnie & la rage ont
osé répondre leur escume sur la pourpre d'vn Prince de l'Eglise, & tasché
d'en faire rejallir la honte sur la face
d'vn Heros, qui conduit heureuse-
ment sous les auspices de Loüis le premier Estat de la Chrestienté, Enfin
tout ce qui est noble, auguste, grand,
& sacré, irrite à tel poinct ce Monstre,
que semblable au Codinde, aussi bien
en sa diformité qu'en son couroux, il
ne peut supporter la veuë d'vn Chapeau d'escarlate sans entrer en fureur,
quoy que sous ce Chapeau la France
glorieuse repose à couuert de ses ennemis ? Vous iugez donc bien à present
que son mespris m'importe comme
rien, & que s'auroit esté vn petit miracle si mon Sonnet qui passe pour
assez doux ; n'auoit pas semblé fade
à vn homme poivré : Mais ie m'apperçoy que ie vous traitte vn peu
trop familiairement de vous entretenir d'vn suiet si bas ; Au reste ie

vous conſeille de vous paſſer de l'aimable Comedie que vous vous don-
neriez en luy montrant ma Lettre, ou
bien faites-vous inſtruire de la langue
qu'entendoit Eſope pour luy expliquer le François. Vóila vne partie de
ce que i'auois à mander ; l'autre con-
ſiſte à ſigner le, ie ſuis, en le faiſant
tomber mal à propos, parce qu'il eſt
tellement ennemy des penſées, que ſi
quelque iour cette Lettre venoit entre
ſes mains, il preſcheroit par tout que ie
l'aurois mal concluë, ſi apres qu'il
l'auroit leuë il auoit trouué que ie
n'aurois pas mis à la fin ſans y penſer,
Ie ſuis,

MONSIEVR,

Voſtre Seruiteur.

A MESSIRE IEAN.

LETTRE XII.

MESSIRE IEAN,

Ie m'eſtonne fort que ſur la Chaire de verité, vous dreſſiez vn Theatre de Charlatan, qu'au lieu de preſcher l'Euangile à vos Parroiſſiens, vous repaiſ-ſiez leurs oreilles de cent contes pour rire, que vous ayez l'inſolence de reciter des choſes que Triuelin rougiroit ſous ſon maſque de prononcer ; Que profanant la dignité de voſtre cara-ctere, vous deſcriuiez les plus ſales plaiſirs de la débauche, ſous ombre de les reprendre, auec des circonſtances ſi particulieres, que vous nous faites ſou-uenir (qu'elle abomination) des ſacrifi-ces qu'autresfois on faiſoit à Priape, de qui le Preſtre eſtoit le Maquereau : Certes, Meſſire Iean, vous deuriez exercer voſtre Charge auec moins de

ſcandale, quand vous ne luy auriez aucune autre obligation que celle de
vous auoir appellé du fumier, où l'on
vous a veu n'aiſtre, à l'Eſtat Eccleſia-
ſtique ; car ſi vous n'auez pas aſſez de
force pour reſiſter à voſtre bouffon
d'aſcendant, du moins diſſimulez ; Et
quand voſtre deuoir vous obligera d'a-
noncer l'Euangile, faites ſemblant de
la croire ; Permettez que nous puiſ-
ſions nous tromper, & nous creuer les
yeux de la raiſon, pour ne pas voir que
vous ſentez le fagot ; & puis qu'en
dépit du Loup garou, vous eſtes reſolu de debiter nos Myſteres comme
vne farce, ne faites donc pas ſonner les
Cloches pour appeller le monde à
voſtre Sermon; deſcendez de la Chaire
de verité, & montez ſur vne borne au
coin du Carrefour, ſeruez-vous d'vn
Tambourin de Biſcaye, mettez gam-
bader ſur vos eſpaules vne Guenon,
puis pour acheuer la Momerie en toutes ſes meſures, paſſez la main dans voſtre chemiſe, vous y trouuerez Gode-
not dans ſa gibeciere ; Alors on ne ſe

scandalisera point que vous diuertis-
siez le Badaut, vous pourrez, comme
vn Basteleur, raconter les vertus de
vostre Mitridat, debiter des Chappelets de baume, des Sauonetes pour la
galle, & des Pomades odoriferantes.
Vous pourrez mesme faire prouision
d'onguent pour la bruslure ; car les
Sorciers du pays m'ont iuré auoir leu
dans la cedule que vous auez donnée,
(vous sçauez bien à qui) que le terme
en expire à Noël. Vous auez beau méme ne pas croire aux Possedez, on voit
assez par les cótortiós dót vous agitez
les pedás de vostre guaine corporelle,
que vous auez le Diable au corps; mais
vous auez beau tascher à vous guerir
du mal d'Enfer par vne forte imagination, & courir les lieux de débauche,
il ne nous importe, pourueu que vous
n'accrochiez que des Vieilles ou des
sterilles, parce que la venuë de l'An-
techrist nous fait peur, & vous sçauez
la Prophetie : Mais vous riez, Messire
Iean, vous qui croyez à l'Apocalipse,
comme à la Mithologie, & qui dites

que l'Enfer est vn petit conte pour
épouuanter les hommes ; de mesme
que pour effrayer les enfans, on les menasse de les faire manger à la Lune.
Aduoüez, aduoüez, que vous estes
l'incomparable ; car expliquez moy,
ie vous coniure, comment vous pouuez estre impie & bigot tout ensemble, & composer auec les filets du tissu
de vostre vie, vne toile meslée de
superstition & d'atheïsme : Ha ! Messire Iean, mon amy, vous mourrez
en dansant les sonnettes ; Et en verité il n'est pas besoin de consulter
vn Oracle pour en iurer : car aussi-
tost qu'on regarde les pieces de rapport qui composent l'assemblage &
la simetrie de vos membres, on en
demeure assez instruit : vos cheueux
plus droits que vostre consçience,
vostre front couppé de sillons, [c'est
à dire taillé sur le modelle des Campagnes de Beausse] où le Soleil marque vostre plage à l'ombre de vos
rides, aussi iuste qu'il marque l'heure
sur vn Cadran ; Vos yeux à l'abry

de vos ſourcils touffus, qui reſſemblent
à deux precipices au bord d'vn bois,
ſont tellement enfoncez, qu'à viure
encore vn mois, vous nous regarderez
par le derriere de la teſte : On ſe perſuade (habillez de rouge comme ils
ſont) voir deux Cometes ſanglantes :
& i'y trouue du vray-ſemblable, puis
que plus haut dans vos ſourcils on découure des Eſtoilles fixes, que quelques-vns n'appellent pas ainſi. Voſtre
viſage eſt à l'ombre d'vn nez, dont
l'infection eſt cauſe que vous eſtes par
tout en fort mauuaiſe odeur : & mon
Cordonnier m'aſſeura vn iour qu'il
auoit pris vos iouës pour vne peau de
Maroquin noir, meſme ie me ſuis
laiſſé dire que les plus deliez poils de
vos mouſtaches, fourniſſent charita-
blement de barbe au goupillon du Be-
neſtier de voſtre Egliſe. Voila, ie
penſe à peu prés l'image en hierogliphe, qui conſtituë voſtre horoſcope.
Ie paſſerois plus loin, mais comme
i'attends viſite, ie craindrois de perdre
l'occaſion de vous mander à la fin de

ma Lettre, ce que l'on n'y mande pas
ordinairement ; C'est que ie ne suis,
& ne seray iamais,

MESSIRE IEAN,

V. S.

CONTRE

VN PEDANT.

LETTRE XIII.

Monsieur,

Ie m'eſtonne qu'vne buche comme vous, qui ſemblez auec voſtre habit n'eſtre deuenu qu'vn grand charbon, n'ait encor pû rougir du feu dont vous bruſlez ? Penſez au moins, quand voſtre mauuais Ange vous reuolte contre moy, que mon bras n'eſt pas loin de ma teſte, & que iuſqu'à preſent voſtre foibleſſe & ma generoſité vous ont garanty : quoy que tout voſtre compoſé ſoit quelque choſe de fort mépriſable, ie m'en deliureray s'il

me semble incommode ; ne me con-
traignez donc pas à me souuenir que
vous estes au monde : Et si vous voulez viure plus d'vn iour, rappellez souuent en vostre memoire, que ie vous
ay deffendu de ne me plus faire la matiere de vos médisances : Mon nom
remplit mal vne periode ; & l'espaisseur de vostre masse carrée la pouroit
mieux fermer : Vous faites le Cesar,
quand du faiste de vostre Tribune Pe-
dagogue, & Bourreau de cent Esco-
liers, vous regardez gemir sous vn
Sceptre de bois vostre petite Monarchie : mais prenez-garde qu'vn Tyran
n'excite vn Brutus : car quoy que vous
soyez l'espace de quatre heures sur la
teste des Empereurs, vostre domina-
tion n'est point si fortement establie,
qu'vn coup de Cloche ne la détruise
deux fois par iour. On dit que par tout
vous vous vantez d'exposer & vostre
conscience & vostre salut : Ie croy
cela de vostre pitié : Mais de risquer
vostre vie à cette intention, ie sçay que
vous estes trop lasche, & que vous ne

la voudriez pas ioüer contre la Monarchie du Monde ? Vous conseillez
& concertez ma ruine, mais ce sont
des morceaux que vous taillez pour
d'autres ; Vous seriez fort aise de contempler seurement de la riue vn naufrage en haute mer ; & cependant ie
suis devoüé au pistolet par vn Pedant
bigot. Vn Pedant *in sacris*, qui deuroit
pour l'exemple, si l'image d'vn pistolet
auoit pris place en sa pensée, se faire
exorciser : Barbare Maistre d'Escole :
Quel suiet vous ais-ie donné de me tãt
vouloir de mal ? Vous feüilletez peut-
estre tous les crimes dõt vous estes capable, & pour lors il vous souuient de
m'accuser de l'impieté que vous reproche vostre memoire; mais sçachez que
ie connois vne chose que vous ne connoissez point, que cette chose est Dieu,
& que l'vn des plus forts argumens,
apres ceux de la Foy, qui m'ont conuaincu de sa veritable existance, c'est
d'auoir consideré que sans vne premiere & souueraine bonté qui regne
dans l'Vniuers, foible & meschant

comme vous estes, vous n'auriez pas
vescu si long-temps impuny. Au reste,
i'ay appris que quelques petits ouurages vn peu plus esleuez que les voftres
ont causé à voftre timide courage tous
les emportemens dont vous auez ful-
miné contre moy : Mais., Monfieur,
en verité ie fuis en querelle auec ma
penfée, de ce qu'elle a rendu ma Satyre
plus piquante que la voftre, quoy que
la voftre foit le fruit de la fueurdes plus
beaux Genies de l'antiquité : Vous
deuez vous en prendre à la Nature, &
non pas à moy qui n'en puis mais ; car
pouuois-ie deuiner que d'auoir de l'efprit eftoit vous offencer ? Vous fçauez
de plus que ie n'eftois pas au ventre de
la Iument, qui vous conceut, pour
difpofer à l'humanité les organes & la
côplexion qui côcouroiët à vous faire
Cheual. Ie ne pretends point toutefois
que les veritez que ie vous prefche, re-
iailliffent fur le Corps de l'Vniuerfité,
(cette glorieufe Mere des Sçiences)
de la quelle fi vous compofez quelques
mêbres, vous n'en eftes que les Parties,

honteuſes : Y a-t'il rien dans vous
qui ne ſoit tres-difforme, voſtre ame
meſme eſt noire, à cauſe qu'elle porte
le deuil du treſpas de voſtre conſçience, & voſtre habit garde la meſme couleur pour ſeruir de petite Oye
à voſtre ame. A la verité, ie confeſſe
qu'vn chetif hypocondre, comme
vous? ne peut obſcurcir l'eſtime des
gens doctes de voſtre profeſſion : &
qu'encore qu'vn ridicule orgueil vous
perſüade que vous eſtes habille par
deſſus les autres Regens de l'Vni-
uerſité : ie vous proteſte, mon cher
Amy, que ſi vous eſtes le plus grand
homme en l'Academie des Muſes,
vous ne deuez cette grandeur qu'à
celle de vos membres, & que vous
eſtes le plus grand perſonnage de
voſtre Coll ege, par le meſme Titre
que ſaint Chriſtophle eſt le plus grand
Saint de Noſtre-Dame. Ce n'eſt pas
que quand la Fortune & la Iuſtice
ſeront bien enſemble, vous ne me-
ritiez fort d'eſtre le Principal de quatre ceüs Aſnes qu'on inſtruit à voſtre

College : Oüy, certes, vous le meritez, & ie ne sçache aucun Maistre des Hautes-Oeuures à qui le fouët siaye bien comme à vous, ny personne à qui il appartienne plus iustement. Aussi de ce grand nombre, i'en sçay tel qui pour dix pistoles, voudroit vous auoir escorché : mais si vous m'en croyez vous le prendrez au mot, car dix pistoles sont plus que ne sçauroit valoir la peau d'vne beste à cornes. De tout cela, & de toutes les autres choses que ie vous manday l'autre iour, vous deuez conclurre ? ô petit Docteur ! que les Destins vous ordonnent par vne Lettre, que vous vous contentiez de faire eschouër l'esprit de la ieunesse de Paris, contre les bancs de vostre Classe, sans vouloir regenter celuy qui ne reconnoist l'empire, ny du Monet, ny du Thesaurus. Cependant vous me heurtez à corne émouluë, & ressuscitant en vostre souuenir la memoire de vostre épouuantable auanture, vous en composez vn

Roman , dont vous me faites le
Heros : Ceux qui veulent vous excu-
ſer en reiettent la cauſe ſur la Nature,
qui vous a fait naiſtre d'vn pays où la
beſtiſe eſt le premier patrimoine, &
d'vne race dont les ſept pechez mortels ont compoſé l'Hiſtoire. Veritablement apres cela, i'ay tort de me faſ-
cher , que vous eſſayez de m'attribuer
tous vos crimes, puis que vous eſtes en
âge de donner voſtre bien, & que
vous paroiſſiez quelquefois ſi tranſporté de ioye , en ſuputant les débor-
dez du ſiecle, que vous y oubliez iuſqu'à voſtre nom. Il n'eſt pas neceſſaire de demander qui peut m'auoir
appris cette ſtupide ignorance que
vous penſiez ſecrete, vous qui tenez
à gloire de la publier, & qui la beu-
glez ſi haut dans voſtre Claſſe , que
vous la faites oüir d'Orient iuſqu'en
Occident : Ie vous conſeille toutesfois, Maiſtre Picard, de changer de-
formais de texte à vos Harangues, car
ie ne veux plus, ny vous voir, ny vous
entendre, ny vous eſcrire ; Et la raiſon

de cela, est que Dieu qui possible est
aux termes de me pardonner mes fautes, ne me pardonneroit pas celle d'a-
uoir eu affaire à vne Beste.

DESCRIPTION DV CARESME.

LETTRE XIV.

Monsievr,

Vous auez beau canonifer le Carefme, c'eft vne Fefte que ie ne fuis pas
en deuotion de chômer; Ie me le re-
prefente comme vne large ouuerture
dans le corps de l'année, par où la
mort s'introduit, ou comme vn Ca-
nibale, qui ne vit que de chair humaine, pendant que nous ne viuons
que de racines : Le cruel a fi peur de
manquer à nous détruire, qu'ayant
fceu que nous deuons perir par feu,
dés le premier iour de fon regne, il

met tout le monde en cendre : Et pour
exterminer par vn Deluge les reftes
d'vn embrafement, il fait enfuite dé-
border la Marée iufques dans nos
Villes. Ce Turc qui racontoit au
Grand-Seigneur que tous les François
deuenoient foux à certain iour de l'année, & qu'vn peu de certaine poudre
appliquée fur le front, les faifoit r'entrer dans leur bon fens, n'eftoit pas de
mon opinion ; car ie fouftiens qu'ils
ne font iamais plus fages que cette
iournée : Et fi l'on m'obiecte leurs
Mafcarades, ie réponds qu'ils fe déguifent, afin que le Carefme qui les
cherche ne les puiffe trouuer: En effet,
il ne les attrappe iamais que le lendemain au lit, lors qu'ils font démafquez.
Les Saincts qui pour auoir l'efprit de
Dieu font plus prudens que nous, fe
déguifent auffi ; mais il ne fe démaf-
quent que le iour de Pafques, quand
l'ennemy s'en eft allé ; Ce n'eft pas
que le Barbare ait pitié de nous, il fe
retire feulement, parce qu'alors nous
fommes fi changez, que luy mefme ne

nous reconnoiſſant plus, il croit nous
auoir pris pour d'autres : Vous voyez
que déſia nos bras ſe décharnent, nos
iouës tombent, nos mentons s'égui-
ſent, nos yeux ſe creuſent, le ventru
que vous connoiſſez commence à voir
ſes genoux, la Nature humaine eſt effroyable; Bref, iuſques dans les Egliſes
nos Saints feroient peur s'ils ne ſe ca-
choient, & puis doutez qu'il ſoit ré-
chapé des Martyrs, de la rouë, de la
fournaiſe, & de l'huile boüillante, lors
que dans ſix ſemaines nous verrons
tant de gens ſe bien porter, apres auoir
eſſuyé la furie de quarante ſix Bourreaux; leur preſence ſeule eſt terrible.
Pour moy ie me figure Careſme-Pre-
nant, ce grand iour des Metamorpho-
ſes, vn riche Aiſné qui ſe creue, pendant que quarante-ſix Cadets meurent
de faim ; Ce n'eſt pas que la Loy du
ieuſne ne ſoit vn ſtratagéme bien inuenté pour exterminer tous les Fols
d'vne Republique ; mais ie trouue que
les iours maigres ont tort de tuer tant
de Veaux en vne ſaiſon, où ils ne per-

mettent pas qu'on en mange, & d'en-
durer que le mois de Mars souffle du
costé de Rome, tant de vens de Marée
si malins, qu'ils nous empeschent de
manger à demy. Hé ! quoy, Monsieur, il n'y a pas vn Chrestien dont le
ventre ne soit vne mare à Grenoüilles,
ou vn Iardin potager : Ie pense que
sur le Cadavre d'vn Homme trépassé
en Caresme, on void germer des Bet-
tes-raues, des Chervis, des Nauets, &
des Carotes : Mais encore il semble à
oüir nos Predicateurs, que nous ne
deurions pas mesme estre de
chair en ce temps. Comment il ne
suffit pas à ce maigre impitoyable de
nous ruiner le corps, s'il ne s'efforce de
corrompre nostre ame ; Il a tellement
peruerty les bonnes mœurs, qu'auiour-
d'huy nous cōmuniquons aux femmes
nos tentations de la chair, sans qu'elles
s'en offensent ; ne sont-ce pas là des crimes pour lesquels on le deuroit chasser
d'vn Estat bien policé : mais ce n'est
pas d'auiourd'huy qu'il gouuerne auec
insolence ; puis que Nostre-Seigneur

mourut fous le premier an de fon regne ; La machine entiere du monde penfa s'en éuanouïr, & le Soleil qui n'eftoit pas accouftumé à ces longues diettes, tomba le mefme iour en défaillance, & ne feroit iamais reuenu de fa foibleffe, fi l'on n'eut promptement ceffé le Carefme : O ! trois & quatre fois heureux celuy qui meurt vn Mardy-gras : il eft quafi le feul qui fe puiffe vanter d'auoir vefcu vne année fans Carefme ; Oüy, Monfieur, fi i'eftois affeuré d'abiurer l'herefie tous les Samedys-Saints : ie me ferois Huguenot tous les Mecredys des Cendres : Ma foy nos Peres Reformez doiuent bien demander à Dieu que iamais le Pape ne foit mon prifonnier de guerre : car encore que ie fois affez bon Catholique, ie ne le mettrois point en liberté, qu'il n'euft reftitué pour fa rançon tous les iours gras qu'il nous a pris. Ie l'obligerois encore à dégrader du nombre des douze mois de l'année celuy de Mars, comme eftant le Ganelon qui nous trahit : Il

ne

ne fert à rien de répondre qu'il n'eft
pas toufiours tout à fait contre nous,
puis que des pieds ou de la tefte il
trempe toufiours dans la purée : qu'il
ne fe fauue de la migraine qu'auec la
crampe : & qu'enfin le Carefme eft
fon gibet, où tous les ans il fe trouue
pendu par les pieds ou par le col: Il eft
donc la principale caufe des maux que
nos ennemis nous font, parce que c'eft
luy qui les loge pendant qu'ils nous
perfecutent, & ces perfecutions ne
font pas imaginaires : Si la terre que
les morts ont fur la bouche ne les em-
pefchoit point de parler, ils en fçau-
roient bien que dire, Auffi ie penfe
qu'on a placé Pafques tout exprés à la
fin du Carefme, à caufe qu'il ne falloit pas moins à des perfonnes que le
Carefme a tuez, qu'vne Fefte de la
Refurrection : Ne vous eftonnez donc
pas que tant de monde l'extermine :
car apres auoir tué tant de monde, il
merite bien d'eftre rompu : Cependant, Monfieur, vous faites le Panegyrique du Carefme: vous loüez celuy

K

qui m'empesche de viure, & ie le souffre sans murmurer ; Il faut bien que
ie sois,

MONSIEVR,

Vostre Seruiteur
D. B.

POVR

MADEMOISELLE * * *

A MONSIEVR

LE COQ.

LETTRE XV.

MONSIEVR LE COQ.

Voſtre Coquette m'a prié de vous
enuoyer ce Poulet de ſa part : tant
d'autres que vous auez receu d'elle
n'ont veſcu qu'en papier, mais celuy-
cy eſleué auec plus de ſoin, tete, rit,
& reſpire ; car la Poule a demeuré
contre l'ordinaire de ſes ſemblables,
neuf moiſs auant que de l'eſclorre :

K ij

On le prendroit ce pouſſin pour vn
petit homme ſans barbe, & ceux qui
ont dreſſé ſon horoſcope ont predit
qu'il ſeroit vn iour grand Seigneur à
Rome, à cauſe que la premiere fois
qu'il a rompu le ſilence, ç'a eſté par le
mot de Pape : Ie luy ay fort recom-
mandé de vous reprocher voſtre ingratitude, & de vous coniurer de reuenir au nid de voſtre aimable Poule :
mais encore qu'il ne ſe faſſe qu'en ſon
langage, n'ayez pas le cœur plus dur
que S. Pierre, à qui le meſme langage
pût ſuffire autrefois pour l'appeller à
reſipiſcence : Ceſſe donc, ô volage
Coq, de débaucher les femmes de vos
voiſins, reuenez au Poulier de celle
qui depuis ſi long-temps vous a donné
ſon cœur, de celle dont ſi ſouuent les
careſſes ont preuenu vos deſirs, & de
celle enfin qui m'a proteſté, tout ingrat que vous eſtes, de vous accabler
de ſes plus cheres faueurs, ſi vous luy
faites ſeulement paroiſtre l'ombre
d'vn repentir : mais rien ne vous
émeut ; Et quoy, Coq effronté, ne

voyez-vous pas que voſtre barbe en
rougit meſme de honte, quand au lieu
de venir à ſes pieds humblement, traiſ-
ner vos aiſles contre terre, vous vous
dreſſez ſur vos ergots pour luy chanter
des Satyres : Vous voyez bien peut-
eſtre que ce n'eſt pas-là parler en terme
de Poule, mais ie comprends bien
auſſi que les airs que vous entonnez à
ſa loüange, ne ſont pas des Cocqué-
ricos : Vrayment voila de beaux te-
moignages de gratitude, pour reconnoiſtre la liberalité d'vne perſonne qui
vous enuoye ſa premiere couuée, Sans
doute que l'autre iour, quand vous le
fuſtes voir, vous ne le conſideraſtes
qu'à-demy : regardez-le maintenant de
plus prez, ce petit tableau de vous
meſme, il vous reſſemble fort, auſſi l'a-
t'elle fait aprés vous, & ie vous proteſte
que c'eſt le plus beau fruit de bon
Chreſtien, qu'on ait cueïlly chez elle
de cette Automne : Mais à propos ie
me trompe, ce n'eſt pas vn fruit, c'eſt
vn Poulet : faites donc à ce Poulet vn
auſſi bon accueïl, qu'elle l'a fait aux

voftres ; Quand ce ne feroit que par
rareté vous pourrez le monftrer à tout
Paris, comme le premier Coq qui iamais foit né fans coquille, autrement
ie defaduouëray tout ; Et pour excufer
la Coquetterie de voftre Poule, ie pu-
blieray que tout ce qu'elle en a fait, n'a
efté que pour faire,

MONSIEVR LE COQ.

Vn petit Coq
à-l'Afne.

A VN COMTE

DE BAS-ALOY.

LETTRE XVI.

Monsieur,

Ie ne sçay quelle bonne humeur de la Fortune à voulu qu'au mesme temps que vous lisiez mes informations, on me faisoit voir les vostres, où il est aueré par témoins irreprochables, qu'vn Comte depuis trois iours, Comte fait à plaisir, Comte pour rire, enfin si petit Comte, qu'il ne l'est point du tout, vouloit s'ériger en braue, malgré les salutaires conseils de son temperament pacifique ; qu'il s'estoit si fort aguerry à la bataille des machettes, que s'estant imaginé qu'vn

K iiij

duel n'aboutiſſoit au plus qu'à la conſommation d'vne demie aulne de toile,
il croyoit auoir trouué dans le linge de
ſa femme la matiere de mille combats,
qu'il n'auoit iamais eſté ſur le pré que
pour paiſtre, & enfin qu'il n'auoit receu le Bapteſme qu'en conſequence de
celuy que l'on donne aux Cloches:
Sus donc efforcez-vous, beau Damoi-
ſel, aux armes Fées, grincez les dents,
mordez vos doigts, tapez du pied,
iurez vn par la mort, & taſchez de deuenir courageux: Ie ne vous conſeille
pas toutefois de rien hazarder, que
vous ne ſoyez aſſeuré qu'il vous ſoit
venu du cœur ; tatez vous bien auparauant, afin que ſelon qu'il vous en
dira, vous preſentiez la poitrine à
l'eſpée, ou le dos au baſton : Mais
vous vous ſoumettrez au dernier, ie le
voy bien, car il ne tuë que fort rarement ; & puis il n'eſt pas vray ſemblable que la Reyne des perles, qui vous
a fait l'honneur d'ériger voſtre fief en
Comté, & qui dit tant de bien de vous,
ait fait de vous vn méchant Comte ;

Ie suis fasché que vous n'entendiez
mieux le François, vous iugeriez à ce
complimét qu'on vous coupe du bois,
& par ma foy vous auriez deuiné ; car
ie vous protefte, si les coups de baston
pouuoient s'enuoyer par efcrit, que
vous liriez ma Lettre des efpaules ; &
que vous y verriez vn homme armé
d'vn tricot, fortir visiblement de la
place où i'ay accoufté de mettre,

MONSIEVR,

Voftre Seruiteur
D. B.

CONTRE

VN LISEVR

DE ROMANS.

LETTRE XVII.

A MOY MONSIEVR,

Parler Roman ; Hé ! dites-moy,
ie vous supplie, Polexandre & Alcidiane, sont-ce des Villes que Gaffion
aille assieger ? En verité iusques icy
i'auois crû estre à Paris, demeurant
au Marests du Temple, & ie vous
auois crû vn Soldat volontaire dans
nos Trouppes de Flandres, quelquefois mis en faction par vn Caporal ;
mais puis que vous m'asseurez que
ie ne suis plus moy-mesme, ny vous

celuy-là, ie suis obligé Chrestienne-
ment de le croire ? Enfin, Monsieur,
vous commandez des Armées ; O !
rendons graces à la Fortune, qui s'est
reconciliée auec la Vertu: Certes ie ne
m'estonne plus de ce que cherchant
tous les Samedys vostre nom dans les
Gazettes:ie ne pouuois l'y rencontrer.
Vous estes à la teste d'vne Armée dans
vn Climat, dont Renaudot n'a point
de connoissance. Mais en vostre consçience, mon cher Monsieur, dites-
moy ? est-ce agir en bon François,
d'abandonner ainsi vostre Patrie, &
d'affoiblir par l'esloignement de vostre
personne le party de nostre Souuerain:
Vous feriez ce me semble beaucoup
plus pour vostre gloire, d'augmenter
sur la mer d'Italie nostre flote de la
vostre, que d'aspirer à la conqueste
d'vn pays que Dieu n'a pas encore
creé ? Vous m'en demandez la route:
par ma foy ie ne la sçay point ?&toute-
fois ie pêse que vous deuez chãger celle
que vous auez prise: car ce n'est pas le
plus court, pour arriuer aux Canaries,

K vj

de passer par les Petites maisons. Ie
m'en vais donc pour la prosperité &
le bon succez de voostre voyage, faire
des vœux, & porter vne chandelle à
S. Mathurin, & le prier que ie puisse
vous voir sain quelque iour, afin que
vous puissiez connoistre sainement,
que tout ce que ie vous mande dans
cette Lettre, n'aboutit qu'à vous témoigner combien ie suis,

MONSIEVR,

Voostre affectionné
Seruiteur.

CONTRE

LES MEDECINS.

LETTRE XVIII.

Monsievr,

Puis que ie suis condamné (mais ce n'est que du Medecin) dont i'appelleray plus aisément que d'vn Arrest Preuostal, vous voulez bien que de mesme que les Criminels qui preschent le peuple quand ils sont sur l'Eschelle, moy qui suis entre les mains du Bourreau, ie fasse aussi des remonstrances à la ieunesse : La Fiévre & le Drogueur me tiennent le poignard sur la gorge auec tant de rigueur, que i'espere d'eux qu'ils ne souffriront pas que

mon difcours vous puiffe ennuyer. Il
ne laiffe pas, Monfieur le gradué, de
me dire que ce ne fera rien, & protefte
cependant à tout le monde, que fans
miracle ie n'en puis releuer. Leurs
préfages toutesfois encore que funeftes, ne m'allarment gueres : car ie
connois affez que la foupleffe de leur
art les oblige de condamner tous leurs
malades à la mort, afin que fi quelqu'vn en efchappe, on attribuë la gue-
rifon aux puiffans remedes qu'ils ont :
& s'il meurt, chacun s'écrie que c'eft
vn habille homme, & qu'il l'auoit bié
dit. Mais admirez l'effronterie de mon
Bourreau, plus ie fens empirer le mal
qu'il me caufe par fes remedes, & plus
ie me plains d'vn nouuel accident, plus
il témoigne s'en réioüir, & ne me penfe d'autre chofe que d'vn tant mieux.
Quand ie luy raconte que ie fuis tombé dans vn fincope letargique, qui
m'a duré pres d'vne heure, il répond
que c'eft bon figne : Quand il me void
entre les ongles d'vn flux de fang qui
me déchire, bon dit-il, cela vaudra vne

faignée : Quand ie m'attrifte de fentir
comme vn glaçon qui me gagne toutes les extremitez, il rit en m'afleurant,
qu'il le fçauoit bien ; que fes remedes
efteindroient ce grand feu : quelquefois mefme que femblable à la mort,
ie ne puis parler, ie l'entends s'écrier
aux miens qui pleurent de me voir à
l'extremité. Pauures gens que vous
eftes, ne voyez-vous pas que c'eft la
fiévre qui tire aux abois ? Voila comme ce traiftre me berce : & cependant
à force de me bien porter ie me meurt.
Ie n'ignore pas que i'ay grand tort
d'auoir reclâmé mes ennemis à mon
fecours : Mais quoy, pouuois-ie deuiner que ceux dont la fcience fait
profeffion de guerir, l'employeroient
toute entiere à me tuër : Car helas !
c'eft icy la premiere fois que ie fuis
tombé dans la foffe, & vous le deuez
croire, puis que fi i'y auois paffé quelqu'autrefois, ie ne ferois plus en eftat
de m'en plaindre : Pour moy, ie confeille aux foibles luiteurs, afin de fe
vanger de ceux qui les ont renuerfez,

de se faire Medecins, car ie les asseure qu'ils mettront en terre ceux qui les y auoient mis. En verité, ie pense que de songer seulement, quand on dort, qu'on rencontre vn Medecin, est capable de donner la fiévre. A voir leurs animaux étiques, affublez d'vn long drap mortuaire, soustenir immobilement leur immobile Maistre, ne semble-t'il pas d'vne biere, où la Parque s'est mise à califourchon, & ne peut-on pas prendre leur houssine pour le Guidon de la mort, puis qu'elle sert à conduire son Lieutenant. C'est pour cela sans doute que la Police leur a commandé de monter sur des Mules, & non pas sur des Cauales, de peur que la race des Graduez venant à croistre, il n'y eut à la fin plus de Bourreaux que de Patiens. O! quel contentement i'aurois d'anatomiser leurs Mules, ces pauures Mules, qui n'ont iamais senty d'aiguillons, ny de dans, ny dessus la chair, parce que les esperons & les bottes sont des superfluitez que l'esprit delicat de la faculté ne sçauroit digerer. Ces Meſſieurs ſe gouuernent auec tant de ſcrupule, qu'ils font meſme obſeruer à ces pauures beſtes (parce qu'elles ſõt leurs domeſtiques) des ieuſnes plus rigoureux que ceux des Niniuites, & quantité de tres-longs, dont le Rituel ne s'eſtoit point ſouuenu. Ils leur attachent, par les diettes la peau, tout à crû ſur les os, & ne nous traittent pas mieux, nous qui les payons bien; car ces Docteurs morfondus, ces Medecins de neige, ne nous font manger que de la gelée: Enfin tous leurs diſcours ſont ſi froids, que ie ne trouue qu'vne difference entr'eux, & les peuples du Nort; c'eſt que les Noruigiens ont touſiours les mulles aux talons, & qu'eux ont touſiours les talons aux Mules; ils ſont tellement ennemis de la chaleur, qu'ils n'ont pas ſi-toſt connu dans vn Malade quelque choſe de tiede, que comme ſi ce corps eſtoit vn Montgibel, les voila tous couppez à ſeigner, à cliſte-riſer, à noyer ce pauure eſtomach dans le Scené, la Caſſe, la Tiſanne, &

debiliter la vie , pour debiliter diſent ils ce feu qui prend nourriture, tant qu'il rencontre de la matiere : de ſorte que ſi la main toute expreſſe de Dieu, les fait r'ajamber vers le monde, ils attribuent auſſi-toſt à la vertu des refrigeratifs, dont ils ont aſſoupy cet incendie. Ils nous dérobent la chaleur & l'energie de l'eſtre qui eſt au ſang ainſi pour auoir eſté trop ſaignez nos Ames en s'enuolant, ſeruent de Volant aux palettes de leurs Chirurgiens ; Hé ! bien, Monſieur, que vous en ſemble, apres cela n'auons nous pas grand tort de nous plaindre de ce qu'ils demandent dix piſtoles pourvne maladie de huit iours ? N'eſt-ce pas vne cure à bon marché, où il n'y a point de charge d'ame ? mais confrontez vn peu, ie vous prie, la reſſemblance qu'il y a entre le procedé des Drogueurs, & le procez d'vn Criminel. Le Medecin ayant conſideré les vrines, interroge le patient ſur la ſelle, & le comdamne : le Chirugien le bande, & l'Apotiquaire deſcharge ſon coup par derriere : Les affligez mefme, qui penfent auoir befoin de leur chicane, n'en font pas grande eftime. A peine font-ils entrez dans la Chambre, qu'on tire la Langue au Medecin, on tourne le Cul à l'Apotiquaire, & l'on tend le Poigneau Barbier : Il eft vray qu'ils s'en vangent de bonne forte, il en coufte toufiours au Railleur le Cymetiere. I'ay remarqué que tout ce qu'il y a de funefte aux Enfers, eft compris au nombre de trois : On y void trois Fleuues, trois Chiens, trois Iuges, trois Parques, trois Gerions, trois Hecates, trois Gorgones, trois Furies : Les fleaux dont Dieu fe fert à punir les hommes, font diuifez auffi par trois, la Pefte, la Guerre, & la faim : le Monde, la Chair & le Diable : le Foudre, le Tonnerre & l'Efclair : la Saignée, la Medecine & le Lauement : enfin trois fortes de gens font enuoyez au monde tout exprés pour martirifer l'homme pendant la vie. L'Aduocat tourmente la bource, le Medecin le corps, & le Theologien l'ame, encor ils s'en vâtêt

nos Efcuyers à Mules : Car comme vn
iour le mien entroit dans ma Chambre, fans autre explication, ie ne luy fis
que dire *Combien* ? l'impudent meurtrier, qui comprit auffi-toft que ie luy
demandois le nombre de fes homicides, empoignant fa groffe barbe, me
répondit ? *Autant* ; Ie n'en fais point,
continua-t'il, la petite bouche, & pour
vous montrer que nous apprenons,
auffi-bien que les Efcrimeurs, l'art de
tuer, c'eft que nous nous exerçons de
mefme eux toute noftre vie, fur la
tierce & fur la quarte. La reflexion
que ie fis fur l'innocence effrontée de
ce perfonnage, fut que fi les autres difent moins, ils en font bien autant :
Que celuy-là fe contentoit de tuer , &
que fes camarades ioignoient au meurtre la trahifon ; Que qui voudroit efcrire les voyages d'vn Medecin, on ne
pourroit pas les compter par les Epita-
phes feuls de fa Paroiffe ; & qu'enfin
la fiévre nous attaque, le Medecin

d'enuoyer nos corps au sepulchre, si
elle n'attentoit sur nostre ame ; Le
Chirurgien enrageroit plustost qu'a-
uec sa charpie, tous blessez qui font
naufrage entre ses mains, ne fussent
trouuez morts couchez auec leurs tan-
tes. Concluons donc, Monsieur, que
tantost ils enuoyent & la Mort, & sa
Faux, enseuelie dans vn grain de Man-
dragore, tantost liquifiée dans le
canon d'vne Seringue; tantost sur la
pointe d'vne Lancette ; Que tantost
auec vn Iuillet, ils nous font mourir en
Octobre ; & qu'enfin ils sont accou-
stumez d'enueloper leurs venins dans
de si beaux termes, que dernierement
ie pensois que le mien m'eut obtenu
du Roy vne Abbaye Commandataire,
quand il m'asseura qu'il m'alloit donner vn Benefice de ventre. O ! qu'a-
lors i'eusse esté réioüy, si i'eusse pû
trouuer à le battre par équiuoque,
comme fit vne Villageoise, à qui l'vn
de ces Basteleurs demandant si elle
auoit du poulx, elle luy répondit auec
force soufflets, & force égratigneures,

qu'il eſtoit vn ſot, & qu'en toute ſa
vie elle n'auoit iamais eu ny Poux ny
Puces ; mais leurs crimes ſont trop
grands pour ne les punir qu'auec des
Equiuoques, citons-les en Iuſtice de la
part des Trépaſſez. Entre tous les humains, ils ne trouueront pas vn Aduocat, il n'y aura Iuge qui n'en conuain-
que quelqu'vn d'auoir tué ſon Pere: &
parmy toutes les pratiques qu'ils ont
couchées au Cymetiere, il n'y aura pas
vne teſte qui ne leur graince les dents.
Que les puſſent-elles deuorer, il ne
faudroit pas craindre que les larmes
qu'on ietteroit de leur perte fiſſent
groſſir les riuiers : On ne pleure aux
trépas de ces gens-là que de ce qu'ils
ont trop veſcu : Ils ſont tellement aimez, qu'on trouue bon tout ce qui
vient d'eux, meſme iuſqu'à leur mort ;
comme s'il eſtoient d'autres Meſſies,
ils meurent auſſi bien que Dieu pour
le ſalut des hommes. Mais, bons
Dieux ! n'eſt-ce pas encore là mon
mauuais Ange qui s'approche ? ha !
c'eſt luy-meſme, ie le connoiſt à ſa ſou-

tane, *Vade retro Satanas,* Champagne apportez moy le Beniſtier ; Demon gradué ie te renonce ; O l'effronté Satan ! ne me viens-tu pas encor ordonner quelque apoſéme ? Miſericorde, c'eſt vn Diable Huguenot, il ne ſe ſoucie point de l'Eau beniſte ! encor ſi i'auois des poings aſſez roides pour former vn caſſe-muſeau ; Mais helas ! ce qu'il m'a fait aualler s'eſt ſi bien tourné en ma ſubſtance, qu'à force d'vſer de conſommez, ie ſuis tout conſommé moy-meſme : venez donc viſtement à mon ſecours, où vous allez perdre,

MONSIEVR,

Voſtre plus fidel
Seruiteur.
D. C. D. B.

CONTRE

VN FAVX-BRAVE.

LETTRE XIX.

IL a menty le Deuin, les Poltrons ne meurét point à voſtre âge, & puis voſtre vie n'eſt pas aſſez illuſtre pour eſtre de celles dont les Aſtres prennent le ſoin de marquer la durée. Les perſonnes de voſtre eſtage doiuent s'attendre de mourir ſans Comette, auſſi-bien que beaucoup d'autres qui vous reſſemblent, dont la Nature ſans le ſçauoir, accouche tous les iours en dormant. On m'a rapporté de pluſieurs endroits, que vous vous vanticz que i'auois fait deſſein de vous aſſaſſiner : Helas ! mon grand amy, me croyez-vous ſi fol d'entreprendre l'impoſſible ?

l'impoſſible ? Hé de grace, par où frapper vn homme pour le tuer ſubitement, qui n'a ny cœur ny ceruelle. Ie veux mourir ſi la façon dont vous viuez impenetrable aux iniures, ne fait croire que vous auez pris à taſche d'eſſayer combien vn homme ſans cœur, peut durer naturellement : Ces reflexions eſtoient aſſez conſiderables, pour m'obliger à vous faire ſentir ce que peſe vn trigot ; mais cette longue ſuite de vos Anceſtres, dont vous prônez l'antiquité, m'ont retenu le bras. I'y trouue meſme quelque apparence, depuis qu'vn fameux Genealogiſte m'a fait voir auſſi clair que le iour, que tous vos Titres de Nobleſſe, furent perdus dans le Deluge, & qu'il m'a prouué que vous eſtes Gentil-homme auec autant d'éuidence, que le prouua ce Villageois au Roy François I. quãd il luy dit que Noé auoit eu trois ſils dans l'Arche, & qu'il n'eſtoit pas certain duquel il eſtoit ſorty. Mais ſans cela meſme, ie me ſerois touſiours bien douté que vous eſtes de bonne Maiſõ,

puiſque perſonne ne peut nier que la
vôtre ne ſoit vne des plus neufves de ce
Royaume. Ainſi, quand les Blaſon-
neurs de ce ſiecle s'en deuroient ſcan-
daliſer, prenez des armes, & ſi vous
m'en croyez, vous vous donnerez
celles-cy : Vous porterez des gueules
à deux feſſes, chargées de cloux ſans
nombre, à la vilenie en cœur, & vn
baſton briſé ſur le chef. Toutes-fois
comme on ne remplit l'Eſcu du Rotu-
rier, qu'on veut annoblir, qu'aprés le
fait d'armes qui l'en a rendu digne, je
vous attends où ce Laquais vous con-
duira, afin que ſelon les proüeſſes de
Cheüalerie que vous aurez faites, je
vous chauſſe les eſperons : Vous ne
deuez pas craindre d'y tomber pour
victime, car ſi le ſort vous attend en
quelque lieu, c'eſt pluſtoſt à l'eſtable,
qu'au lict d'honneur, ou ſur la breſche
d'vne muraille ; Et pour moy qui me
connois vn peu en phiſionomie, je
vous engage ma parole, que voſtre
deſtinée n'eſt pas de mourir ſur le pré,
ou bien ce ſera pour auoir trop mangé

de foin. Confultez pourtant là-deſſus
toutes les puiſſances de voſtre ame,
afin que ie m'arme viſte d'vne eſpée,
ou de ce qu'en François on appelle vn
baſton.

Fin des Lettres Satyriques.

D'VN SONGE.

LETTRE XX.

MONSIEVR,

Cette vision de Queuedo, que nous leuſmes hier enſemble, laiſſa de ſi fortes impreſſions en ma penſée, du plaiſant Tableau qu'il dépeint, que cette nuit ie me ſuis trouué en ſonge aux Enfers, mais ces Enfers-là m'ont paru bien diferent du noſtre ; leur diuerſité m'a fait croire que c'eſtoient les Champs Elizées : & en effet, ie n'eus pas auancé fort peu de chemin, que ie reconneus l'Auerne, comme les Grecs & les Romains l'ont décrite : I'y vis

l'Acheron, le Fleuue de l'Oubly, le
vigilant Cerbere, les Gorgones, les
Furies & les Parques, Ixion fur la
roüe, Titie deuoré par vn Vautour, &
beaucoup d'autres chofes qui fôt plus
au long dans la Mithologie. Ayant
paſſé plus auant, ie rencontray force
gens veſtus à la Grecque & à la Romaine, dont les vns parloient Grec, &
les autres Latin, & i'en apperçeus
d'autres occupez à les conduire dans
de diuers appartemens : Ils me ſemblerent tous fort ſociables, c'eſt pourquoy, ie me meſſay à leur compagnie :
Il me ſouuient que i'en accoſtay vn, &
qu'aprés quelques autres diſcours, luy
ayant fait ſçauoir que i'eſtois eſtranger, il me reſpondit que i'eſtois donc
venu à la bonne heure, parce qu'on
changeoit ce iour-là de maiſon tous les
Morts qui s'eſtoient pleins d'auoir eſté
mal aſſociez, & que ſi i'eſtois curieux,
ie pouuois m'en donner le plaiſir. Il
me tendit enſuite la main fort courtoi-
ſemét, ie luy preſtay la mienne: & nous
allons, continua-t'il, dans la Salle où

l'on n'ordonne des départemens de ceux qui se veulent quitter pour se loger auec d'autres : Nous aurons le plaisir de voir à nostre aise, & sans nous lasser, comme chacun s'y prendra pour faire sa cause bonne. Nous marchâmes donc ensemble iusqu'au lieu, où enfin nous arriuâmes: mon Conducteur me donna place aupres de luy, & par bonheur elle se rencontra si proche de la Chaire du Iuge, que nous oüîmes intelligiblement les querelles de toutes les parties. A mesure donc qu'ils sortoient de leur ancienne demeure, ie remarquay qu'on les plaçoit, si ie ne me trompe, non pas comme vous penseriez, les Roys tousiours auec les Roys, mais bien souuent des Roys auec des Pastres, des Philosophes auec des Villageois, de belles personnes auec d'autres fort laides, & des vieux auec des ieunes. Mais pour commencer, i'apperceus Pythagore tres-ennuyé de sa compagnie: c'estoit vne Trouppe de Comediens, qui par leur caquet continuel, le détournoient

de ſes hautes ſpeculations. Le Iuge
qui preſidoit, luy dit, que l'eſtimant
homme de grande memoire, puis qu'a-
pres pour le moins quinze cens ans, il
s'eſtoit ſouuenu d'auoir eſté au Siege
de Troye, on l'auoit apparié auec des
perſonnages qui n'en ſont pas dépour-
ueus : Ho ſi ce n'eſt, s'écria-t'il, qu'à
cauſe de cela que vous me logez auec
ces Batteleurs, vous me pouuez mettre indifferemment auec tous les autres morts : car il n'y a ceans preſque
pas vn defunt (ſi vous en voulez croire
ſon Epitaphe) qui ne ſoit d'heureuſe
memoire, Puis donc qu'ils ne ſont pas
les ſeuls auec qui ie ſympathiſe en
memoire pour Dieu, deliurez-moy
du caquet importun de ces Roys &
de ces Reynes, dont le regne ne
dure que deux heures. La Iuſtice de
ſes raiſons entenduës, ie ſcay bien
qu'on le fit marcher ailleurs ; mais il
ne me ſouuient pas où Ariſtote,
Pline, Elian, & beaucoup d'autres Naturaliſtes, furent mis, parce
qu'ils ont connu les beſtes, auec les

Maures, & le Peintre Zeuxis fut pareillement logé auec eux, pource que
son Tableau de raisins, que les Oyseaux venoient bequeter, l'a conuaincu
d'en auoir abusé. Dioscoride ne demandoit pas mieux que d'estre planté
auec les Lorrains, disant qu'il s'accor-
deroit bien auec eux, pource qu'il connoissoit parfaitement le naturel des
simples. Mais on s'auisa de l'enuoyer
vers les filles de Delias, à la charge de
leur apprendre à discerner la vertu des
herbes mieux qu'elles ne firent, quand
elles voulurent raieunir leur Pere.
Raimond Lule, qui iuroit d'auoir rendu l'or potable, fut placé auec certains
riches Yvrognes qui auoient fait la
mesme chose. Lucain que Neron fit
tuer pour la ialousie qu'il conceut de
son Poëme, des Guerres de Pharsalle,
s'associa de quelques petits enfans que
les vers ont fait mourir. Il escheut à
Virgile l'appartement des Maque-
reaux, pour auoir débauché Didon,
qui sans luy eust esté vne Dame fort
sage. Ouide & Actéon, criminels

par hazard, furent logez enſemble
comme gens qu'auoit rendus miſerables le mal des yeux : Ils choiſirent
pour retraite vn logement fort obſcur,
d'autant, diſoient-ils, qu'ils craignoient
de trop voir. Ie vis loger Orphée auec
les Chantres du Pont-neuf, pource
qu'ils ont ſceu l'vn & l'autre attirerles
Beſtes. Æſope & Apulée ne firent
qu'vn ménage, à cauſe de la conformité
de leurs miracles, car Æſope, d'vn Aſne,
a fait vn Homme, en le faiſant parler,
& Apulée d'vn Homme a fait vn Aſne,
en le faiſant braire. Romulus ſe ran-
gea auec des Fouconniers, pource qu'il
a dreſſé des Oyſeaux à voler, non pas
vne Perdrix, mais l'Empire de Rome.
On parloit de mettre Cæſar auec les
bons Ioüeurs, i'en demanday la cauſe,
& l'on me répondit que d'vn ſeul coup
de dez, qu'il ietta ſur le Rubicon, il
auoit gagné l'Empire du Monde: Tou-
resfois, il fut trouué plus à propos de
fouler ſon orgueil, le rangeant auec
des Eſclaues, qu'ō eſtimoit iadis auoir
des caracteres pour courir : Vous

pourrez, luy cria le Maiſtre des Ceremonies, eſſayer encore vne fois voſtre
veni, vidi, vici. On mit Brutus auec
ceux qui ont monté ſur l'Ours, parce
qu'il n'a point eu peur des Eſprits.
Caſſius à qui ſa mauuaiſe veuë cauſa
la mort, auec les femmes groſſes qui
ont la veuë dangereuſe. Caligula voulut eſtre mis dans vn appartement plus
magnifique que celuy de Darius, comme ayant couru des auantures incom-
parablement plus glorieuſes : Car, dit-
il, moy Caligula, i'ay fait mon Cheual Empereur, & Darius a eſté fait
Empereur par le ſien. Neron parut en
ſuite, on l'aſſocia d'vne Compagnie
de Baſteleurs pour ſe perfectionner,
on l'euſt bien attelé auec Timon l'ennemy des hommes, mais on craignoit
que ſi quelque iour la Nature ſimpa-
tiſſant à leurs ſouhaits, ne faiſoit qu'v-
ne teſte de tout le Genre-humain, il n'y
eut diſpute entre euxà qui la couperoit.
Ie vis le Roy Numa preſenter vn Pla-
cet, à ce qu'on luy octroya d'eſtablir
ſon domicile en la Maiſon d'vn certain

fameux Hydraulique, qui auoit iadis
fait faire des miracles à l'eau, comme
eſtant auſſi capable que l'autre, puis
qu'il auoit fait parler la Fontaine Ege-
rie, & l'auoit rédué ſi clair-voyãte en
matiere d'eſtat, qu'au lieu qu'vn autre
Ingenieur l'auroit conduite, il s'en laiſ-
ſoit conduire. Nabuchodonoſor fut
liuré entre les mains d'vn Charlatan,
qui ſe promettoit de gagner beaucoup
à le monſtrer, parce qu'on n'auoit point
encor iamais veu de tels animaux. Pa-
trocle s'eſtomaqua de ſe voir aſſorty
auec des gens gueris de maux incura-
bles ; mais il ſe paya de raiſon, quand
on luy eut appris que c'eſtoit à cauſe
qu'il auoit comme eux trõpé la mort.
Iaſon demeura fort décontenãcé de ſe
trouuer au milieu d'vne cohuëde Courtiſans d'Eſpagne, pource qu'il n'entendoit pas leur langue: car il ne pût s'imaginer ce qu'õ vouloit dire, quãd on luy
précha que toutes les entrepriſes de ces
Cheualiers en herbe, auſſi-bien que les

lecture des choses fabuleuses dans vn
âge dont la foiblesse accompagne de
foy toutes ses connoissances : Ie n'ay
rien parcouru dans la Fable des
Payens, qui ne repassast tumultuaire-
ment à ma fantaisie. Il me semble
que ie vis ranger Iupiter auec les foux,
sur ce que Momus auoit representé
qu'il auoit vn coup de hache, Iupiter
offensé, demanda, ce me semble, à
ce bouffon, quel coup de hache il entendoit : c'est celuy-là, répondit le
plaisant, dont Vulcain de sa grace vous
fendit le cerueau pour vous faire accoucher de Minerue. Le vieil Saturne
qui n'y entendoit point de finesse, receut sans murmurer la compagnie
d'vne trouppe de Fauxcheurs, à cause
de la conformité du Sceptre. On obligea Phœbus à suiure quelques experi-
mentez Ioüeurs de palet, auec defense
de les abandonner tant qu'il auroit
appris à ne plus prendre la teste de son
amy pour vn but. I'oüis, ce me semble, commander à Siziphe, d'acoster
des Casseurs de grais qui estoient-là,

pour se defaire de sa Roche entre leurs
mains. Ie ne sçay pas s'il obeït, parce
que la curiosité détourna ma veuë sur
Thetis, qui disputoit pour choisir vn
associé ; on la mit à la rangette à costé
d'vn certain Hypocondre, qui pensant
estre de brique ne vouloit pas boire,
de peur de se détremper ; car comme si
elle eut autrefois apprehendé la mesme chose, elle n'oza pour immorta-
liser entierement son fils Achille, luy
tremper dans l'Occean le talō qu'elle
tenoit. Hecate se fourra dans la presse
pour ioindre la Mere de Gargantüa :
car, disoit-elle, si i'ay trois faces, celle-
cy en a vne si large, qu'elle en vaut
bien trois. On proposa de loger Io
auec Popée, la Femme de Neron,
pour certaines raisons dont ie ne me
souuiens pas : cette Princesse en fut
contente, à la charge que l'autre se gar-
deroit de ruer, d'autant qu'elle craignoit les coups de pieds. Dedale, ce
grand Artisan, ne fit aucune resistance,
encore qu'on luy donnast pour Con-
freres des Sergens, des Greffiers, des

Procureurs, & autres gens de Cornet,
parce qu'il oüit dire que c'estoient des
personnes qui, comme luy, n'auoient
pas volé sans plumes ; qui comme luy,
voloient pour se sauuer ; & lesquels,
veu le temps, auroient esté contrains,
s'ils n'eussent ioüé de la Harpe, de
ioüer de la Vielle. Dalila Maistresse
de Samson, fut mise auec les Chauues,
à cause qu'on craignoit que la logeant
auec d'autres, elle ne les prit aux cheueux comme Samson. Porcie fut ran-
gée auec des malades de pâle couleurs,
les Iuges d'Enfer l'en soupçonnant atteinte, depuis qu'elle auoit aualé des
charbons. Iocaste & Semiramis ne firent qu'vn mesnage, pource qu'elles
auoient esté l'vne & l'autre Meres &
Femmes de leurs fils, & grosses deux
fois d'vn mesme enfant. Ie vis tout le
monde bien empesché pour accom-
pagner Arthemise, les vns la vouloient
reioindre à son Mary, à cause de leur
amour tant vantée, les autres la porte à l'Hospital des Femmes enceintes,
alleguans que d'aualler de la cendre,

comme elle auoit fait, estoit vne enuie
de Femme grosse. Mais elle appaisa
tous leurs contrastes, se logeant d'elle
mesme auec des Blanchisseuses qu'elle
apperceut; à la charge, leur cria-t'elle,
que pour la peine de vous aider à vos
lescives, i'auray les cendres à ma dis-
position. Thesée demandoit de loger
auec des Tisserans, se promettant de
leur apprendre à conduire le fil. Percée le Braue d'Andromede, se trouuoit esgalement bien auec tous les
Instituteurs d'Ordres, parce qu'ils ont
tous, comme luy, defendu les Femmes. Neron pour la place duquel il
auoit esté tant debatu, choisit enfin
de luy-mesme l'appartement d'Ero-
strate, ce fameux insensé, qui brusla
le Temple de Diane: car ie suis, dit
cét Empereur en marchant, personne
qui aime autant que luy à me chauffer
de gros bois. Iuuenal, Perse, Horace,
Martial, & presque tous les Epigram-
matistes, & Satyriques, furent enuoyez
au Manege auec les Escuyers d'Academie, pource qu'ils ont reputation

d'auoir sceu bien piquer. On mit pareillement auec ces Poëtes force Es-
pingliers, Esguilletiers, Fourbisseurs,
& autres, dont la besongne, ainsi que
les ouurages, ne valent rien sans
pointes. Le Duc de Clarance qui se
noya volontierement dans vn tonneau
de Maluoisie, alloit cherchant Diogene, sur l'esperance d'auoir pour giste
la moitié de son tonneau:mais comme
il ne se rencontra pas, & qu'on apperceut le grand Socrate qui n'estoit pas
encore attelé : Voicy iustement vostre
fait, luy dit on, car & vous & ce Philosophe, estes tous deux morts de trop
boire. Socrate fit vne profonde reuerence à ses Iuges, & leur monstra du
doigt le vieil Heraclite, qui attendoit
vn Collegue : on donna ordre aux
Heros de Roman de l'emmener auec
eux. C'est vn personnage (leur dit le
Fourier qui les apparia) dont vous aurez toute sorte de contentement : il
a vn cœur de chair, vous ne luy racon-
terez point vos auantures,comme c'est
entre vous vne chose ineuitable, sans

luy tirer des larmes, car il n'eſt pas
moins que vous tendre à pleurer.
Euridice prit la main d'Achille : marchons, luy dit-elle, marchons, auſſi
bië ne nous ſçauroit-on mieux aſſortir
puis que nous auons tous deux l'ame
au talon. Ie vis placer Curtius ce fameux Romain, qui ſe precipita dans
vn Gouffre pour ſauuer Rome, auec
vn certain Brutal qui s'eſtoit fait tuer,
en protegeant vne Femme débauchée.
Ie m'eſtonnay de voir aſſortir des
perſonnes ſi diſſemblables : mais on
me répondit qu'ils eſtoient tous deux
morts pour la choſe Publique. En
ſuite on aſſocia Icare auec Promethée,
pour auoir eſté l'vn & l'autre trop af-
pres à voler. Echo fut logée auec nos
Autheurs modernes, d'autant qu'ils ne
diſent, comme elle, que ce que les autres on dit. Le Trium virat de Rome,
auec celuy d'Enfer, c'eſt à dire An-
thoine, Auguſte & Lepide, auec Ra-
damante, Eaque, & Minos, ſur ce
qu'on repreſenta que ceux-là de meſme que ceux-cy auoient eſté Iuges de

mort. On pensa mettre Flamel, qui
se vantoit d'auoir la pierre, auec les
defunts de cette maladie : mais il s'en
offensa, criant que la sienne estoit
la Pierre philosophale, & qu'il y auoit
vne difference presque infinie entre les
vertus de ces deux sortes de Pierres:
car les graueleux, continua-t'il, ne sont
tourmentez de la leur, qu'apres qu'elle
est formée, au côtraire de nous qui n'en
sommes trauaillez que durant sa conception, outre que nous ne nous faisons
iamais tailler de la nostre. Ses raisons
oüies, on l'emioya trouuer Iosué, parce
que quelques vns se vanterent d'auoir
aussi bien que luy fixé le Soleil. Quantité d'autres Chimistes suiuoient celuy-cy auec grand respect, & recueil-
loient comme des Oracles, des sottises
qu'il leur debitoit, dans lesquelles ces
pauures foux s'imaginoient estre enuelopé le secret du grand Œuure. On
les my-partit, les vns auec des Char-
bonniers, comme gens de fourneau:
les autres auec ceux qui ont donné des
soufflets aux Princes. On mit Hecu-

be auec Cerbere, pour augmenter
le nombre des Portiers Infernaux, elle
aboya fort contre les Marefchaux des
Logis à caufe de cét affront; mais on
la fatisfit, luy remonftrant qu'elle étoit
vn Monftre à trois teftes, auffi bien
que l'autre, puis que comme Chienne
elle en auoit vne, comme Femme
deux, & qu'vn & deux faifoient trois.
Ie me fouuiens qu'on en mit quelques vns à part, entre lefquels fut
Midas, pource qu'il eft le feul au
Monde qui fe foit plein d'auoir efté
trop riche. Phocion fut de mefme
feparé des autres, s'eftant trouué
le feul qui iamais ait donné de l'argent pour mourir; Et Pigmalion pareillement ne fut affocié de perfonne,
à caufe qu'il n'y a iamais eu que
luy qui ait efpoufé vne Femme
muette. Apres cette diftribution,
par laquelle chacun fut mis
dans fa chacuniere, les Imagès
de mon Songe n'eftant plus fi
diftinctes, ne me laifferent apperceuoir que des peintures generales;

Par exemple ie vis le Corps entier des Filoux s'associer auec les Chasseurs d'auiourd'huy, pource qu'ils tirent en volant. Nos Autheurs de Roman, auec Æsculape, pource qu'ils font en vn moment des cures miraculeuses. Les Bourreaux auec les Medecins, à cause qu'ils sont payez pour tuer. Vne grande Trouppe de Tireurs d'armes, demandoient aussi d'estre logez auec Messieurs de la Faculté, parce que l'Art d'Escrime leur donne, aussi bien qu'à eux, la connoissance de la tierce & de la quarte : mais on les mit auec les Cordonniers, d'autant que la perfection du mestier consiste à bien faire vne bote. Parmy le vacarme confus d'vne quantité de mécontens, ie distinguay la voix de Boutteville, qui fulminoit de ce que tout le monde refusoit sa compagnie : Mais sa colere ne luy seruit de rien, personne ne l'osoit acoster, de peur de prendre querelle. Cét homme portoit la solitude auec luy, & ie vis l'heure qu'il alloit estre reduit à se faire Hermite, s'il ne se fut

enfin accommodé auec les Gram-
mariens Grecs, qui ont inuenté le
Duel. Vn Operateur qui diftribuoit
les remedes, augmentoit la preffe, à
caufe du grand nombre des Sots dont
il eftoit enuironné : plufieurs le con-
fultoient, & i'apperceus entr'autres la
Femme d'Orphée qui demandoit vn
Cataplafme pour la demangeaifon des
Yeux. Priam vint auffi luy demander de l'onguent pour la bruflure,
mais l Operateur n'en euft pas affez,
car la Ville de ce pauure Prince eftoit
toute bruflée. Ie vis là quantité
d'Aduocats condamnez au feu, afin
qu'ils viffent clair à certaines affaires
trop obfcures. Quand aux Sages, ils
furent mis auec les Architectes,
comme gens qui doiuent vfer en
toutes chofes de regle & de compas.
Il ne fut iamais poffible de feparer
les Furies des Efpiciers, tant elles
auoient peur de manquer de flambeaux. Ie fus bien eftonné de rencontrer Tibere, lequel en attendant
qu'on le plaçaft, fe repofoit couché fur

des cailloux. Ie luy demanday s'il ne reposeroit pas mieux sur vn lit; Et ie craindrois, me repliqua-t'il, que la chaleur de la plume ne me causast quelque chose de pire que la pierre. Sur ces entrefaites, Agrippine, la Mere de Neron, le coniura de la vanger, de ce que Seneque auoit publié qu'elle auoit eu quatre enfans depuis son mariage, elle paroissoit furieuse & toute hors de soy, mais Neron l'appaisa par ces paroles. Madame, il ne faut croire d'vn médisant que la moitié de ce qu'il dit. Les Parques se contenterent de demeurer auec des paüures Villageoises, qui nourrissent leurs Marys de leurs quenoüilles, quand on leur eust appris, qu'aussi bien qu'elles, ces Paysanes auoient filé la vie des hommes. Il vint là certains Batteurs en Grange, & parce qu'ils manquoient de fleau, on leur fit prendre Attila pour s'en seruir à faute d'autres. Les effrontez s'associerent des Gardeurs de Lyons, afin d'apprendre d'eux à ne point changer de couleur. I'en aurois

encor bien veu d'autres, si onze heures qui sonnerent à ma Montre, ne
m'eussent esueillé & rappellé dans ma
memoire, qu'à toute heure de iour &
de nuit, ie suis & ie seray iusqu'au dernier somme,

MONSIEVR,

Vostre tres-affectionné
Seruiteur.

CONTRE LES FRONDEVRS.

LETTRE XXI.

Le Lecteur doit estre aduerty que cette Lettre fut enuoyée pēdant le Siege de Paris, & durant la plus violente animosité des Peuples cõtre Mõseigneur le Cardinal: On ne s'estonnera dõc pas d'y voir des choses bien moins ajustées à l'estat present des affaires, qui ont beaucoup changé depuis ce temps-là.

A MONSIEVR ***

MONSIEVR,

Il est vray, ie suis Mazarin, ce n'est ny la crainte, ny l'esperance, qui me le font

font dire auec tant d'ingenuité, c'eſt le plaiſir que me donne vne verité quand ie la prononce. I'aime à la faire eſclater, ſinon autant que ie le puis, du moins autant que ie l'oſe, & ie ſuis tellement anthipatique auec ſon ad-uerſaire, que pour donner vn iuſte dé-menty, ie reuiendrois de bon cœur de l'autre monde. La Nature s'eſt ſi peu ſouciée de me faire bon Courtiſan, qu'elle ne m'a donné qu'vne langue pour mon cœur & pour ma fortune. Si i'auois brigué les applaudiſſemēs de Paris, ou pretendu à la reputation d'é-loquent, i'aurois eſcrit en faueur de la Fronde, à cauſe qu'il n'y a rien qu'on perſuade plus aiſément au Peuple, que ce qui eſt bien aiſé de croire : Mais comme il n'y a rien auſſi qui marque d'auantage vne ame vulgaire, que de penſer comme le vulgaire, ie fais tout mon poſſible pour reſiſter à la rapidité du torrent, & ne me pas laiſſer empor-ter à la foule : Et pour commencer, ie déraisonnable, que ie ne vous veuïlle apprendre la cause pourquoy ie me suis rangé de vostre party : Vous sçaurez donc que c'est parce que ie l'ay trouué le plus iuste, & parce qu'il est vray que rien ne nous peut dispenser de l'obeïssance que nous deuons à nostre legitime Souuerain : car bien que les Frondeurs nous en iettent des pierres, ie pretends les refronder contr'eux sivertement, que ie les deslogeray de tous les endroits, où leur calomnie a fait fort contre son Eminence. Les premiers coups qu'ont en vain tenté les Poëtes du Pont-neuf (contre la reputation de ce grand Homme) ont esté d'alleguer qu'il estoit Italien. A cela ie réponds (n'on point à ces Heros de papier broüillard, mais aux personnes raisonnables qui meritent d'estre desabusés) qu'vn honneste homme n'est ny François, ny Alemand, ny Espagnol : il est Citoyen du Monde, & sa Patrie est par tout : Mais ie veux que Monsieur le Cardinal soit Estranger, ne luy sommes nous pas d'autant plus obligez , de ce qu'il abandonne ſes Dieux domeſtiques pour defendre les noſtres ? Et puis quand il ſeroit naturel Sicilien, comme ils le croyent, ce n'eſt pas à dire pour cela qu'il ſoit vaſſal du Roy d'Eſpagne : car l'Hiſtoire eſt teſmoin que nos Lys ont plus de droiƈt à la ſouueraineté de cét Eſtat, que les Chaſteaux de Caſtille.

Mais ils ſont tres-mal informez de ſon berceau : car encore que la Maiſon des Mazarins, fuſt Originaire de Sicile, Monſieur le Cardinal eſt né dans Rome ; Et puis qu'il eſt Citoyen d'vne Ville neûtre, il a pû par conſequent s'attacher aux intereſts de la Nation qu'il a voulu choiſir : On ſçait bien que le peuple à Rome , & les Nobles , & les Cardinaux , s'attachent ainſi à la proteƈtion particuliere , ou d'vn Roy , ou d'vn Prince , ou d'vne Republique : Il y en à qui tiennent pour la France , d'autres pour l'Eſpagne, d'autres pour d'autres Souuerains , & ſon Eminence

embraſſant le bon droiɛt de noſtre
cauſe, a voulu ſuiure l'exemple de
Dieu, qui ſe range touſiours du party
le plus iuſte. Certes l'heureux ſuccez
de nos Armes a bien fait voir & l'ex-
cellence de ſon choix, & la iuſtice de
noſtre cauſe ; & noſtre Eſtat agrandy
ſous ſon Miniſtere, a bien témoigné
qu'en ſa faueur, le Ciel auoit fait ſa
querelle de la noſtre : Auſſi preſque
tous ceux qui ont demandé ſa ſortie,
ſe ſont depuis trouuez Penſionnaires
des Ennemis de cette Couronne, &
la gloire des belles actions de noſtre
Grand Cardinal, qui multiplie ſes
rayons, ont bien fait voir que ſon eſ-
clat leur faiſant mal aux yeux, ils ont
imité les Loups de la Fable, qui pro-
mettoient aux Brebis de les laiſſer en
paix, pourueu qu'elles eſloignaſſent le
Chien de leur Bergerie.

Enfin ces Reformateurs d'Eſtat,
qui couurent leurs noirs deſſeins ſous
le maſque du bien public, n'ont autre
choſe à rechanter, ſinon que Monſieur
le Cardinal eſt Italien. Oüy ; mais

dequoy ſe peuuent-ils plaindre? il n'a-
uance que des François, & ceux dont
la grandeur ne ſçauroit faire d'ombre.
Il n'a fait aucune Creature, & nous
voyons à la Cour trente Seigneurs
Italiens de fort grande Maiſon, dont
les vns attirez par la proximité du Sãg
auec luy, les autres par ſa renommée,
ſont icy depuis dix ans à ſe morfondre,
d'autant qu'il ne les à pas iugés vtiles
au ſeruice du Roy. Cependant quelque ſageſſe qu'il employe à la conduite
du Gouuernement, elle déplaiſt à nos
Politiques Bourgeois ; ils décrient ſon
Miniſtere. Mais ce n'eſt pas d'auiour-
d'huy que les malheureux imputent à
la bonne fortune des autres, les mauuais offices de la leur. Dans le chagrin
qui les ronge, ils ſe plaindroient de n'a-
uoir pas dequoy ſe plaindre: parce que
ſon Eminence n'a point fait de Creatures, ils l'appellent ingrat : s'il en euſt
fait, ils l'auroient acculé d'ambition.
A cauſe qu'il a pouſſé nos Frontieres
en Italie, il eſt traiſtre à ſon Pays : &
s'il n'euſt point porté nos Armes de ce

cofté-là, il fe feroit entendu contre nous auec fes Compatriotes : Enfin de quelque biais qu'on auance la gloire de ce Royaume, fon Eminence aura toufiours grand tort, à moins qu'elle faffe fes enuieux affez grands, pour ne luy plus porter d'enuie. Que le feu des calomnies pouffe donc tant qu'il voudra fa violence contre elle, fa reputation eft vn Rocher au milieu des flots, que la tempefte laue au lieu d'ébranfler ; & cette mèfme force qui le rēd capable de fuporter le faix d'vn Empire, ne l'abandonnera pas quand il fera queftion de fuporter des iniures.

La feconde batterie dreffée contre luy, attaque fa naiffance : Hé quoy ! fommes nous obligez d'inftruire des ignorans volontaires ? luy deuons nous apprendre, à caufe qu'ils font femblant de ne le pas fçauoir, que la famille des Mazarins, de laquelle eft forty le Pere de Monfieur le Cardinal, eft non feulement des plus Nobles, mais encore des mieux alliées de toute l'Italie, & que les armes de fon illuftre

Race, font de plus anciennes entre toutes celles dont la vieille Rome a con-
ſerué le nom ? L'ignorance des ſots
auroit vn grand priuilege , ſi nous
eſtions obligez d'eſcouter patiemment
le rebours de toutes les veritez qui ne
ſont de ſa connoiſſance.

Le peuple de la place Maubert &
des Halles, ne veut pas tomber d'accord de ces veritez qui ſõt manifeſtes :
mais ce peuple ne feroit pas de la lie,
s'il pouuoit eſtre fainemẽt informé de
quelque choſe ; outre que c'eſt la couſtume, quand il apperçoit des vertus
eſleuées d'vne hauteur où ſa baſſeſſe ne
peut atteindre, de s'en vanger à force
d'en médire. Quoy que Monſieur le
Cardinal de Richelieu fut tres-connu,
qu'il ſortit d'vne des plus anciennes
Maiſons de Poiċtou , qu'il touchaſt de
parenté aux Seigneurs François de la
plus grãde marque, & que nos Princes
meſmes partageaſſent auec luy le Sang
de leurs Ayeuls, ſa Nobleſſe ne laiſſa pas
de luy eſtre cõteſtée. De ſẽblables cõ-
tes ne tariſſẽt iamais dãs la bouche des

seditieux, qui cherchent par tout vn pretexte de refuser l'obeïssance qu'ils doiuent à ceux que le Ciel leur a donné pour Maistre.

Ils le pourfuiuent encore, & l'accusent d'auoir protegé les Cardinaux Barberins. Euft-il efté honorable à la France d'abandonner les personnes facrées qui reclament son secours ? les Nepveux d'vn Pape, qui auoit efté durant tout son Regne le fidelle Amy de la France. Les autres Nations n'auroient-elles pas attribué ce delaiffement à l'impuiffance de les maintenir : Et ce témoignage de foiblesse n'auroit il pas porté grand coup à fa Maiefté Tres-Chreftienne : de qui l'Empire se fouftient autant fur fa reputation que fur fa force.

Quand nos Colomniateurs se fentent preffez en cét endroit, ils changent de terrain, & crient qu'il a fait fur les peuples des exorfions espouuantables. Pour moy, ie ne fçay pas fi la Canaille entretient des intelligence dans les Royaumes eftrangers, qu

l'informent plus au vray du mani-
ment des finances, que n'en font in-
struits le Conseil , l'Espargne & la
Chambre des Comptes : Ie sçay bien
que la Cour de Parlement de Paris,
qui l'accusoit du transport,ou du mauuais employ de tant de comptans,aprés
auoir examiné dans vn si long loisir les
Traittez & les Negociations de Can-
tariny , ne luy a pas mesme imputé la
diuersion d'vn quart d'escu, & ie pense
que ses ennemis n'eussent pas oublié
de le charger de Peculat, s'il s'en fut
trouué conuaincu , plustost que de
faux crimes, dont ils ont en vain essayé
de le noircir , manque de veritables :
Outre cela le Royaume est-il chargé
d'aucun impost,qui ne fust estably dés
l'autre Regne : Encor il me semble
qu'on ne les exige point auec tant de
rigueur qu'il se pratiquoit alors, quoy,
que le fonds auancé par les Traittans
eust esté consommé dés le viuant de
Monsieur le Cardinal de Richelieu,
& qu'il ne faille pas laisser maintenant
de continuer la guerre contre les

M v

mesmes Ennemis ; Croyent-ils donc qu'auec des feüilles de Chesne, on paye cinq ou six Armées ? Qu'on leue toutes les Campagnes de nouueaux Gens de Guerres ? Qu'on entretienne les correspondances qu'il faut auoir & dedans & dehors ? Qu'on fasse reuolter des Prouinces & des Royaumes entiers contre nos Ennemis : Enfin qu'vn seul Maistre domine au fort de tous les Potentats de la Terre, sans de prodigieuses sommes d'argent, qui seules sont capables de nous achepter la Paix ? Oüy, car Monsieur le Drapier se figure qu'il en và du gouuernement d'vne Monarchie, comme des gages d'vne Chambriere, ou de la pension de son fils Pierrot.

Ils adioustent à leurs ridicules contes & hors de saison, que les choses ont reüssi tres-souuent au rebours, de ce qu'il auoit conseillé. Ie le croy, car il est maistre de son raisonnement, non pas des caprices de la Fortune. Nous voyons si souuent de bons succez authoriser de mau-

uaifes conduites : & ie m'eftonnerois
bien dauantage, qu'à trauers les tenebres de l'aduenir, vn homme pût
auec les yeux de fa penfée, fixer vn
ordre aux éuenemens hazardeux, &
par fon attention conduire les aleures
de la fatalité.

Quand ces Caufeurs ont efté re-
pouffez à cette attaque, ils luy re-
prochent vn Palais qu'il a fait baftir
à Rome ; mais qu'ils apprennent
qu'en cette Cour-là, le moindre des
Cardinaux y a le fien. Eftant Cardinal François, la Pompe d'vn Palais dans Rome, tourne à la gloire
de la France, comme fa baffeffe
iroit dans l'efprit des Italiens à la
honte de noftre Nation. Il y a eu
de nos Roys [ie dis des plus au-
guftes] qui ont fourny liberalement
à des Cardinaux, des fommes tres-
confiderables pour baftir leurs Palais, à condition que fur le Por-
tail ils feroient arborer nos Fleurs
de Lys : & malgré tant de motifs fpecieux, vn miferable petit

Mercier en roulant ſes Rubans, ne trouue pas à propos que Monſieur le Cardinal faſſe baſtir à ſes deſpens vne Maiſon.

La Canaille murmure encore, & crie qu'il n'a aucun lieu de retraite, ſi la France l'abandonnoit. Hé ! quoy donc, Meſſieurs les aueugles, à cauſe que pour vous proteger & conſeruer, il s'eſt fait des ennemis par toute la terre, c'eſt vn homme deteſtable & abominable, & vous le iugez indigne de pardon. Sa faute en effet n'eſt pas pardonnable, d'auoir ſi fidellement ſeruy des Ingrats. Et Dieu qui le vouloit donner en exemple, à ceux qui s'expoſent pour le peuple, a permis que s'eſtant comporté auſſi genereuſement que Phocion, Pericles & Socrate, il ait rencontré d'auſſi meſchans Citoyens, que ceux qui condamnerent iadis ces grands Hommes.

On le blâme enſuite de ce qu'il a refuſé la Paix, & ma Blanchiſſeuſe m'a iuré que l'Eſpagne l'offroit à des conditions tres-vtiles & tres-honorables pour ce Royaume. l'exhorte les Sages qui ne doiuent pas iuger fur des appa-rences , de fe reſſouuenir que le temps auquel nos Plenipotētiaires ont refuſé de la conclure , eſt lors que commen-cerent les plus violens accez de la re-uolte de Naples , & que la Fortune fembloit alors nous offrir la reſtitution d'vn eſtat qui nous appartient. Il euſt eſté contre toutes les regles de la Prudence humaine, d'en negliger la conqueſte, qui nous eſtoit comme aſ-feurée : outre que le Roy Catholique ayant toufiours infiſté que nous aban-donnaſſions les intereſts du Roy de Portugal , il ne nous eſtoit pas licite(à moins de paſſer pour la plus perfide des Nations) de ſigner la Paix , fans qu'il fut compris dans le Traité , puis qu'il n'auoit hazardé que fur noſtre parole de remettre la Couronne fur la teſte de fa race.

Mais voicy le dernier choc & le plus violent dont ils pretendent ob-fcurcir la fplendeur de fa gloire. Il eſt, difent-ils, autheur du Siege de Paris.

Ie leur réponds en premier lieu, qu'il l'a dû conseiller, la Reyne Regente ayant esté aduertie de plusieurs complots qui se braffoient contre la perfonne du Roy. Cependant le bruit mefme commun tombe d'accord qu'il n'a pas esté le premier à prefter fa voix pour la refolution de cette entreprife, & qu'au contraire on l'a toufiours blâmé d'auoir pris des voyes trop penchées à la douceur. De plus, pourquoy vouloir qu'il ait ordonné luy feul l'enleuement de noftre ieune Monarque ? Les gens du meftier fçauent qu'il n'eft pas feul dans le Confeil, & qu'il n'y porte fon opinion que comme vn autre. Bien loin donc d'auoir efté le feul Autheur de ce deffein, il n'a pas mefme fouffert qu'on executaft contre la Ville les chofes qui fans doute euffent hafté fa reduction, parce qu'elles femblerent à fon naturel humain vn peu trop cruelles : Et fi les Parifiens me demandent qu'elles font ces chofes, ie leur feray connoiftre qu'il pouuoit par exemple auec beaucoup de iuſtice, faire punir de mort les priſonniers de Guerre en qualité de traiſtres & de rebelles à leur Roy : Il pouuoit d'ailleurs en vne nuit, s'il l'eut voulu, auec l'intelligence qu'il auoit au dedans, faire ſaccager & bruſler les Faux-bourgs, qui n'eſtoient que fort foiblement gardez : chaſſer les fuyars dans la Ville pour l'affamer, ou bien les paſſer au fil de l'eſpée à l'éxemple de Henry I V. qui fit des Veufues en moins d'vn iour de la moitié des Femmes de Paris, & diminuer par cette ſeignée la fiévre des Habitans: Mais au lieu de ces actes d'hoſtilité, il defendit meſme d'abbattre les Moulins qui ſont autour de la Ville, quoy qu'il ſceut que par leur moyen elle receuoit continuellement force bleds: & encore qu'il euſt aduis d e toutes les marches de leurs Gens de guerre, il faiſoit ſouuent détourner les Trouppes Royales des routes de nos Conuois : pour n'eſtre point obligé de nous affammer & nous battre en meſme temps.

. Il a donc aſſiegé Paris, mais de quelle façon ? Comme celuy qui ſembloit auoir peur de le prendre : comme vn bon Pere à ſes enfans, il s'eſt contenté de leur montrer les verges, & les a long-temps menacez, anfin qu'ils euſſent le loiſir de ſe repentir: Et puis à parler franchement, leur maladie eſtant vn effet de leur débauche, il eſtoit du deuoir d'vn bon Medecin de les obliger à faire vne diéte. En verité s'il eſtoit permis de ſe diſpenſer à la raillerie, ſur vne matiere de cette importance ; Ie dirois que la veille des Roys, le noſtre voyant dans ſa Capitale tant d'autres Roys arriuez de nuit, il ſortit contr'eux, & voulut eſſayer de vaincre cinquante mille Monarques.

Voilà ie penſe tous les chefs, par qui la Canaille a taſché de rendre odieuſe la perſonne de ſon Eminéce, ſans auoir iamais eu aucun legitime ſuiet de s'en plaindre : Cependant ils ne laiſſent pas de décrier ſes plus eſclatantes vertus, de blâmer ſon Miniſtere, & luy pre-

ferer fon Predeceffeur : Mais par
quelle raifon ? ie n'en fçay aucune, fi
ce n'eft peut-eftre, parce que Monfieur le Cardinal Mazarin n'enuoye
perfonne à la mort fans connoiffance
de caufe , parce qu'il n'a point vne
Cour graffe du fang des Peuples, parce
qu'il ne fait point trancher la tefte à
des Comtes, à des Marefchaux, & à
des Ducs & Pairs, parce qu'il n'é-
loigne pas les Princes de la connoiffance des Affaires, parce qu'il n'eft pas
d'humeur à fe vanger , enfin parce que
mefme ils le voyent fi moderé, qu'ils
en préuoyent l'impunité de leurs
attentats. Voilà pourquoy ces Factieux
ne le iugent pas grand Politique : O !
ftupide vulgaire, vn Miniftre benin te
déplaift, prens garde de tomber dans
le malheur des Oyfeaux de la Fable,
qui ayant demandé vn Chef, ne fe
contenterent pas du gouuernement de
la Colombe que Iupiter leur donna,
qui les gouuernoit paifiblement, &
crierent tant aprés vn autre, qu'ils
obtindrent vn Aigle qui les deuora

tous. Defunt Monſieur le Cardinal
eſtoit vn grand Homme auſſi bien que
ſon Succeſſeur ; mais n'ayant pas aſſez
de hardieſſe pour decider de leurs me-
rites, ie me contenteray de faire ſouuenir tout le monde que Monſieur le
Cardinal de Richelieu eut l'honneur
d'eſtre choiſi par le feu Roy Louis
XIII. le plus iuſte Monarque de l'Europe, pour eſtre ſon Miniſtre : Et
Monſieur le Cardinal Mazarin, par
le Cardinal de Richelieu meſme, le
plus grand Genie de ſon ſiécle.

Au reſte, on a tort d'alleguer que nous
ſommes dans vn Gouuernement, ou les
Armes, les Lettres, & la Pieté ſont mé-
priſées: Ie ſouſtiens au contraire, qu'elles n'ont iamais eſté ſi bien reconnuës?
Les Armes, témoin Meſſieurs de Gaſ-
ſion & de Rantzau, qui par ſon credit
& ſon conſeil, ont eſté faits Mareſ-
chaux de France, ſans parler de Monſieur le Prince, qui des biens faits de la
Reyne, poſſede plus luy ſeul que quelques Roys de l'Europe. La pieté,
témoin le Pere Vincent, qu'elle a com-

mis pour iuger des mœurs, de la conſçience, & de la capacité de ceux qui pretendent aux Beneſices. Les Lettres, témoin le iudicieux choix qu'il a fait d'vn des premiers Philoſophes de noſtre temps, pour l'éducation de Monſieur le Frere du Roy ? Témoin le docte Naudé qu'il honore de ſon eſtime, de ſa table & de ſes preſens ? Et bref, témoin cette grande & magnifique Bibliotheque, baſtie pour le public, à laquelle par ſon argent & ſes ſoins, tous les Sçauans de l'Europe contribuent : Qu'adiouſter, Meſſieurs, aprés cela ? rien, ſinon que la gloire de ce Royaume ne ſçauroit monter plus haut, puis qu'elle eſt en ſon Eminence. Ne trouuez-vous pas à propos que le peuple ceſſe enfin de laſſer la patiéce de ſõ Prince, par les outragesqu'il fait à ſõ Fauory, qu'il accepte auec reſpect le pardon qu'on luy preſente ſans le meriter ? Non, Monſieur, il ne le merite pas ; car eſt-ce vne faute pardonnable, de ſe rebeller cõtre ſõ Roy l'Image viuãte de Dieu, tourner ſes armes cõtre

celuy qu'il nous a donné pour exercer
& fur nos biens & fur nos vies, les
fonctions de fa toute-puissance: N'eft-
ce pas accufer d'erreur la Maiefté Di-
uine, de côtroller les volontez du Maiftre qu'elle nous a choifi : Ie fçay bien
que l'on peut m'obiecter que les parti-
culiers d'vne Republique ne font pas
hors la voye de falut : Mais il eft tres-
vray neantmoins, que comme Dieu
n'eft qu'vn à dominer tout l'Vniuers,
& que comme le Gouuernement du
Royaume Celefte eft Monarchique,
celuy de la Terre le doit-eftre auffi.
La Sainte Efcriture fait foy que Dieu
n'a iamais ordonné vn feul Eftat populaire, & quelques Rabins affeurent
que le peché des Anges fut d'auoir
fait deffein de fe mettre en Republique. Ne voyons-nous pas mefme,
qu'il a long-temps auparauant fa venuë, donné Dauid au peuple d'Ifraël,
& que depuis noftre Redemption, il a
fait defcendre du Ciel la S. Ampoule,
dont il a voulu que nos Roys fuffent
facrez, afin de les diftinguer par vn

caractere furnaturel de tous ceux qui
naiftroient pour leur obeïr. L'Eglife
Militante , qui eft l'Image de la
Triomphante, eft conduite monarchi-
quement par les Papes : Et nous
voyons que iufqu'aux Maifons particulieres, il faut qu'elles foient gouuer-
nées par vne efpece de Roy, qui eft le
Pere de famille : C'eft comme vn pr-
mier reffort dans la focieté, qui meut
nos actions auec ordre : & c'eft cét in-
ftinct fecret, qui neceffite tout le monde à fe foûmettre aux Roys. Le peuple à beau tafcher d'efteindre en fon
ame cette lumiere qui le guide àla foû-
miffion, il eft à la fin emporté malgré
luy par la force de ce premier mobile,
contraint de rendre l'obeïfface qu'il
doit. Mais cependant celuy de Paris
a bien eu la temerité de leuer fes mains
fur l'Oinct du Seigneur, alleguant
pour pretexte, que ce n'eft pas au Roy
qu'il s'attaque, mais à fon Fauory :
comme fi de mefme qu'vn Prince eft
l'Image de Dieu, vn Fauory n'eftoit
pas l'Image du Prince. Mais c'eft

encor trop peu de dire l'image, il eſt
ſon fils. Quand il engendre ſelon la
chair, il engendre vn Prince. Quand il
engendre ſelon ſa dignité, il engendre
vn Fauory. En tant qu'homme, il fait
vn Succeſſeur ; En tant que Roy, il
fait vne Creature : Et s'il eſt vray que
la creation ſoit quelque choſe de plus
noble que la generation, parce que
la creation eſt miraculeuſe, nous deuons adorer vn Fauory, com-
me eſtant le miracle d'vn Roy : Ainſi
quand meſme ce ne ſeroit que contre
ſon Eminence, qu'il prend les armes,
penſe-t'il eſtre Cheſtien, lors qu'il
attente aux iours d'vn Prince de l'E-
gliſe ? Non, Monſieur, il eſt Apoſtat:
il offenſe le Saint Eſprit, qui preſide à
la promotion de tous les Cardinaux :
& vous ne deuez point douter, qu'il
ne puniſſe leur ſacrilege auſſi rigou-
reuſement, qu'il a puny le maſſacre du
Cardinal de Guiſe, dont la mort, quoy
que iuſte, ſeigna durant vingt ans
par les gorges de quatre cens mille
François : Mais encore quel fruit

peut-il fe promettre d'vne rebellion, qui ne peut jamais reüffir ; Et quand méme elle reüffiroit, jufqu'à renuerfer la Monarchie de fond en comble, quel auantage en recuëilleroit - il ? Tel qui ne poffede aujourd'huy qu'vn Manteau, n'en feroit pas alors le maiftre. Il feroit autheur d'vne defolation épouuantable , dont les petits fils de fes arrieres Neveux ne verroient pas la fin. Encor eft-il bien groffier, s'il fe perfuade que la Chreftienté puiffe voir fans y prendre intereft, la perte du Fils Aifné de l'Eglife. Tous les Roys de l'Europe n'ont-ils pas intereft à la conferuation d'vn Roy qui les peut remonter vn iour fur leurs Trônes, fi leurs Suiets rebelles les en auoient fait trefbucher ? Et ie veux que cette refolution arriuaft fans vn plus grand bouleuerfement que celuy dont faigne encore auiourd'huy la Hollande ; Ie fouftiens que le gouuernement populaire eft le pire fleau, dont Dieu afflige vn Eftat, quand il le veut chaftier.

N'eft-il pas contre l'odre de la Nature qu'vn Baftelier ou vn Crocheteur, foient en puiſſance de condamner à mort vn General d'Armée ; & que la vie du plus grand perſonnage foit à la diſcretion des polmons du plus ſot, qui à perte d'haleine demandera qu'il meure. Mais grace à Dieu, nous fommes fort efloignez d'vn tel cahos : On ſe cache defia pour dire le Cardinal, fans Monſeigneur : & chacun commence à ſe perfuader qu'il eſt malaiſé de parler comme les Maraux, & de ne le pas eftre. Auffi quand tout le Royaume ſe feroit ligué contre luy, i'eſtois certain de ſa Victoire, car il eſt fatal aux Iules de furmonter les Gaules. I'efpere donc que nous verrons bien-toſt vne révnion generale dans les efprits, & vne harmonie parfaite entre les diuers mébres du corps de cétEſtat. Comme Monſieur de Beaufort n'eſt animé que du Sang de France, il n'eſt pas croyable que ce Sang ne le retienne, quand il voudra rougir ſon fer dans le ſein de ſa Mere : & de mefme

que les ruiſſeaux : apres s'eſtre quittez
& égarez quelque temps, reuiennent
enfin ſe révnir à l'Occean, d'où ils
s'eſtoient eſchappez. Ie ne doute pas
que cét illuſtre Sang ne ſe reioigne
bien-toſt à ſa ſource, qui eſt le Roy.
Pour les autres Chefs de Party, ie n'ay
garde de ſi mal penſer d'eux, que de
croire qu'ils refuſent de marcher ſur
les pas d'vn exemple ſi heroïque. Il
me ſemble que ie les voy deſia s'incliner de reſpect deuant l'Image du
Prince : ils ſont trop iuſtes, faiſant reflexion ſur ce que les premiers de leurs
races ont receu de la faueur des Roys
precedens, pour vouloir empeſcher
que le ſort d'vne autre Maiſon ſoit
regardé à ſon tour d'vne aſpect auſſi fauorable.

Monſieur le Coadjuteur ſçait bien
que le Duc de Rets, ſon Grand Pere,
fut Fauory de Henry III. Monſieur de
Briſſac peut auoir leu que ſon Ayeul
fut eſleué aux Charges & aux dignitez
par le Roy Henry IV. Monſieur de
Luynes a veu ſon Pere eſtre le tout

puiſſant ſur le cœur & la fortune du Roy Louis X I I I. & Monſieur de la Mothe-Houdancourt ſe ſouuient peut-eſtre encore du temps qu'il eſtoit en faueur ſous le Fauory meſme du Roy defunt. Ils n'ont donc pas ſuiet de ſe plaindre, que Monſieur le Cardinal ſoit dans ſon Regne, ce qu'eſtoient leurs Ayeux, ou ce qu'ils ont eſté eux-meſmes dans vn autre.

Mais quand toutes ces conſiderations ſeroient trop foibles pour les r'appeller à leur deuoir, ils ſont genereux, & l'apprehenſion de paroiſtre ingrats aux biens-faits qu'il ont receus de ſa Maieſté, fera qu'il aimeront mieux oublier leurs mécontentemens, que de paſſer pour méconnoiſſans : Et l'exemple de mille traiſtres, qui ont payé les faueurs de la Cour par des iniures, ne portera aucun coup ſur leur eſprit, qui ſçait trop que l'ingratitude eſt vn vice de Coquin, dont la Nobleſſe eſt incapable. Il n'appartient qu'à des

Poëtes du Pont-neuf, comme Ronf-
car, de vomir de l'efcume fur la Pourpre des Roys & des Cardinaux, &
d'employer les liberalitez qu'ils reçoiuent continuellement de la Cour,
en papier qu'ils barboüillét contr'elle
Il a bien eu l'effronterie (aprés s'eftre
vanté d'auoir receu de la Reyne mille
francs de fa penfion) que fi on ne luy
en envoyoit encore mille, il n'eftoit
pas en fa puiffance de retenir vne nouuelle Satyre, qui le preffoit pour fortir
au iour, & qu'il coniuroit fes amis
d'en auertir au pluftoft. Hé bien ! en
verité , a-t'on veu dans la fuitte de
tous les fiecles , quelque exemple
d'vne ingratitude auffi effrontée, Ha !
Monfieur , c'eft fans doute à caufe de
cela que Dieu qui en a preueu la grandeur & le nombre pour le punir affez,
a aduancé il y a defia vingt ans, par
vne mort continuë , le chaftiment
des crimes qu'il n'auoit pas commis
encore , mais qu'il deuoit commettre. Permettez-moy, ie vous fupplie, de détourner vn peu mon difcours

pour parler à ces Rebelles. Peuple seditieux, accourez pour voir vn spectacle digne de la Iustice de Dieu; C'est l'espouuantable Ronscar, qui vous est donné pour exemple, de la peine que souffriront aux Enfers les Ingrats, les Traistres, & les Calomniateurs de leurs Princes. Considerez en luy de quelles verges le Ciel chastie la Calomnie, la Sedition, & la Médisance. Venez, Escriuains Burlesques, voir vn Hospital tout entier dans le corps de vostre Apollon ; Confessez en regardant les Escroüelles qui le mangent, qu'il n'est pas seulement le malade de la Reyne, comme il se dit, mais encor le malade du Roy. Il meurt chaque iour par quelque membre, & sa langue reste la derniere, afin que ses cris vous apprennent la douleur qu'il ressent. Vous le voyez, ce n'est point vn conte à plaisir ; depuis que ie vous parle, il a peut-estre perdu le nez ou le menton : Vn tel spectacle ne vous excite t'il point à penitence ? Admirez endurcis, admirez les secrets iugemens du Tres-Haut ; Escoutez d'vne Oreille de contrition cette parlante Momie ; Elle se plaint qu'elle n'est pas assez d'vne, pour suffire à l'espace de toutes les peines qu'elle endure. Il n'est pas iusqu'aux Bien-heureux, qui en punition de son impieté & de son Sacrilege, n'enseignent à la Nature de nouuelles infirmitez pour l'accabler : Desia par leur Ministere, il est accablé du mal de Saint Roch, de Saint Fiacre, de Saint Clou, de Sainte Renne ; & afin que nous comprissions par vn seul mot tous les ennemis qu'il a dans le Ciel, le Ciel luy-mesme a ordonné qu'il seroit malade de Saint. Admirezdonc, admirez combien sont grands & profonds les secrets de la Prouidence ; Elle connoissoit l'ingratitude des Parisiens enuers leur Roy, qui deuoit esclater en mil six cens quarante-neuf ; mais ne souhaittant

pas tant de victimes, elle a fait
naiſtre quarante ans auparauant vn
homme aſſez ingrat, pour expirer
luy ſeul tous les fleaux qu'vne Ville
entiere auoit meritez. Profitez donc,
ô Peuple, de ce miracle eſpouuantable : & ſi la conſideration des
flâmes eternelles eſt vn foible motif pour vous rendre ſages, & pour
vous empeſcher de reſpandre voſtre
fiel ſur l'eſcarlate du Tabernacle:
qu'au moins chacun de vous ſe retienne par la peur de deuenir Ronſcar. Vous excuſerez, s'il vous plaiſt,
Monſieur, ce petit tour de promenade, puis que vous n'ignorez pas
que la Charité Chreſtienne nous
oblige de courir au ſecours de nos
ſemblables, qui ſans l'apperceuoir
ont les pieds ſur le bord d'vn precipice
preſts à tomber dedans : Vous n'en
auez pas beſoin, vous qui vous eſtes
touſiours tenu pendant les ſecouſſes
de cét Eſtat, fortement attaché
au gros de l'Arbre ; Auſſi eſt-ce vn
des motifs le plus conſiderable, pour

lequel ie suis , & ie seray toute ma
vie.

MONSIEVR,

Voftre tres-humble,
tres-obeïssant, &
tres-affectionné
Seruiteur,
DE CYRANO BERGERAC.

N iiij

THESÉE

A

HERCVLE.

LETTRE XXII.

COmme c'eſt de l'autre Monde que ie vous eſcris, ô mon cher Hercule, ne vous eſtonnerez-vous point, qu'au delà du Fleuue de l'Oubly, ie me ſouuienne encore de noſtre amitié, & que i'en conſerue le ſouuenir en des lieux où vient faire naufrage la memoire des hommes : Ha ! ie preuoy que non, vous ſçauez trop que cette communauté, dont l'eſtime l'vn de *l'autre* auoit lié nos ames, n'eſt point vn nœud que la Mort puiſſe dé-baraſſer ; Et les Enfers meſme inac-

cessibles où ie suis retenu, ne sont pas
assez loin, pour empescher que mes
soûpirs n'aillent iusqu'à vous. Ie sçay
qu'on vous a veu fremir, & trembler
de courroux contre le Tyran de la
Nuit, dont ie souffre le rigoureux
Empire, & que le grand Hercule,
apres auoir escorné des Taureaux,
deschiré des Lyons, estranglé des
Geans, & porté sur ses espaules la
Machine du Monde, qu'Athlas n'a-
uoit pû soustenir, il n'est pas homme
à craindre les abois d'vn Chien qui
veille à la porte de ma prison : c'est
vn Monstre qui n'a que trois testes, &
l'Hydre qu'il sceut dompter en auoit
sept, dont chacune renaissoit en sept
autres : Donc, ô vous triomphant
Protecteur du Ciel, venez acheuer sur
vos ennemis la derniere victoire : Venez en ces Cauernes obscures rauir à
la Mort mesme le priuilege de l'immortalité : & enfin resoluez-vous vne
fois de satisfaire au suspend, où la
terreur de vostre bras tient toute la
Nature. Vous auez assez fait voler
N v

voſtre nom ſur les Montagnes de la
terre, & les Eſtoilles du Firmament:
Songez à ceux qui au centre du monde
languiſſent accablez du poids de la
terre, pour auoir combattu ſous vos
Enſeignes : Vous imagineriez-vous
bien l'eſtat auquel eſt reduit l'infor-
tuné Theſée ? Auiourd'huy que ſes
plaintes font retentir ſes malheurs iuſqu'aux climats que le Soleil eſclaire,
il eſt au quartier le plus triſte & le plus
funeſte des Champs Eliſées , aſſis ſur
la ſouche d'vn Cyprés eſclaté du Tonnerre, incertain s'il vous doit enuoyer
vne Requeſte, ou ſon Epitaphe. L'o-
reille aſſiegée, & ſa veuë offenſée du
croaſſement des Corbeaux , & du cry
continu d'vn nuage d'Orfrayes, la
teſte appuyée ſur le marbre noir d'vn
monument , au milieu d'vn Cymetiere eſpouuantable qu'enuironnent
des riuieres de ſens, où flottent les
corps morts, & dont la courſe peſante
n'eſt excitée que par le ſon lugubre des
ſanglots, qu'expirent les ames qui la
trauerſent. Voila, ô Heros inuincible,

le fatal employ qui moiſſonne les années que ie deurois paſſer plus glo-
rieuſement à voſtre ſeruice : Mais encore afin qu'aucune circonſtance faſ-
cheuſe ne manque à ma douleur , ie
ſuis tourmenté non ſeulement par le
mal-meſme , mais par ſon eternelle
veuë. Ie vous diray que l'autre iour
[excuſez moy ſi ie parle de cette façon
dans vn lieu remply de tenebres, où
l'aueuglement regne par tout, & chez
qui toutes ſortes d'obiets portent le
deuïl perpetuel] l'autre iour donc,
pendant la rigueur des aſpects les plus
infortunez dont vn maudit climat
puiſſe eſtre regardé mortellement : Ie
reconnus tout interdit l'horrible manoir des Parques qui détournoient
leurs regards ſur les miens. Ie fus
long-temps occupé à contempler ces
Meres homicides du Genre-Humain , qui tenoient perduës à
leurs Fuſeaux, les ſuperbes Arbitres
de la liberté des Peuples, & deui-
doient auſſi negligeamment la ſoye
d'vn glorieux Tyran, que le fil d'vn

simple Berger. Ie les coniuray par
mes larmes de filer plus promptement ma vie, ou d'en rompre la
trame : & puis que la peur de la Mort
me tourmentoit dauantage que la
Mort mesme, qu'elles eussent la bonté
de me sauuer de cent mille par vne
seule : Mais ie leus dans leurs yeux
qu'elles auoient decreté de ne me
pas accorder si-tost ma priere : Cette
compagnie espouuantable m'obligea de quitter ma demeure : Mais
helas ! ie tombay dans vne autre
encor plus affreuse, c'estoit vn vaste
Marais flottant, où le hazard m'ayant
engagé, ie me vis à la discretion de
cent mille Viperes qui n'en ont point
elles-mesmes, & qui de leurs langues
toutes bruslantes de venin, ayant
succé sur mes ioües le douloureux
dégorgement de mon cœur, me rendoient à la place, l'air de leurs siffle-
ments pour respirer. Là ie vis ces
fameux coupables, que leurs crimes
ont condamnez à d'extrémes sup-
plices, se produire au feu qui les

confumoit, fupporter dans la flame tous les tourmens infupportables de la gelée : & fous l'impitoyable Empire d'vne eternité violente, n'auoir plus rien de leur eftre que la puiſſance de fouffrir. I'y rencontray Siziphe au fommet d'vne Montagne, pleurant la perte de la Roche qui luy venoit d'efchapper : Titie reſſufciter fans ceſſe à l'infatiable faim du Vautour qui le bequetoit : Ixion perdre à chaque tour de la rouë qu'il faifoit tourner, la memoire du precedent. Tantalle deuoré par les viandes mefmes qu'il tafchoit en vain de deuorer : & les Danaïdes occupées à remplir eternellement vn vaiffeau percé qu'elles ne pouuoient emplir. Il y auoit là tout proche vn buiſſon fort efpais, fous lequel i'apperceus au trauers des fortifications de ce labyrinthe vegetatif, la maigre Enuie, qui les regards fichez affreufement contre terre, les mains iaulnes & feiches, les cuiſſes tremblantes & décharnées, l'efto-

mach colé sur les costes, l'haleine
contagieuse, la peau corroyée par la
chaleur de l'atre bille, maschoit en
vomissant la moitié d'vn Crapaut,
à demy digeré. I'eus ensuite la
conuersation des Furies, occupées
à des actions si brutalles, que ie les
abandonne à l'imagination, de peur
que le recit n'esloigne de vostre
courage, par son horreur, le dessein
de me secourir. Voila quelle est
mon infortune, ô genereux Prince;
l'expression que ie vous en ay faite
n'est point pour appeller vostre
bras vangeur à mon secours, car
ie flétrirois la gloire du grand Alcide,
si ie donnois quelque iour à penser
qu'il eust esté besoin d'employer
des paroles pour l'exciter à produire vne action vertueuse; & ie suis
asseuré que le temps qu'il employera
pour la lecture de ma Lettre, est le
seul qui retardera le premier pas du
voyage, dont ie dois attendre ma
liberté : Mais cependant ie ne trouue
pas lieu de la finir ; car auec quelle

apparence, moy qui suis necessiteux
du seruice de tout le monde, m'ose-
rois-ie dire, ô grand Hercule,

Voſtre Seruiteur
THES'EE.

SVR

VNE ENIGME,

QVE L'AVTHEVR
enuoyoit à Monsieur
de * * * * * *

LETTRE XXIII.

MONSIEVR,

Pour reconnoiſtre le preſent dont
m'enrichit ces iours paſſez voſtre belle
Enigme, i'ay crû eſtre obligé de m'ac-
quiter enuers vous par vne autre ſemblable : Ie dis ſemblable, à l'égard du
nom d'Enigme qu'elle porte : car
quand à la ſublimité du caractere de
la voſtre, ie reconnois le mien ſi fort

au deſſous, que ie ſerois vn temeraire
d'oſer ſuiure ſon vol ſeulement des
yeux de la penſée. Si pourtant elle eſt
aſſez heureuſe pour ſe voir receuë en
qualité de ſuiuãte aupres de la voſtre,
ſon Pere ſera trop honnoré. Ie vous
aduouë qu'elle eſt en impatience de
vous entretenir : Si donc voſtre bonté
luy veut accorder cette grace, vous
n'auez qu'à continuer la lecture de
cette Lettre.

ENIGME.

IE nâquis 900. ans auparauant ma
Sœur, & toutesfois elle paſſe pour
mon Aiſnée ; ie croy que ſa laideur &
ſa difformité ſont cauſes de cette mé-
priſe : Il n'y a perſonne qui n'abhorre
ſa compagnie & ſa conuerſation, il ne
ſort iamais de ſa bouche vne bonne
nouuelle ; & quoy qu'elle ait plus

d'Autels ſur la Terre, qu'aucune des
autres Diuinitez, elle ne reçoit point
de ſacrifices agreables que les vœux
des deſeſperez. Mais moy qui charme tout ce que i'approche, ie ne paſſe
aucun iour ſans voir tomber à mes
pieds, ce qui reſpire dans l'air, ſur la
mer, & ſur la terre. Ie trouue mon
berceau dans le cercueil du Soleil, &
dedans mon cercueil le Soleil trouue
ſon berceau. Ce que l'homme a iamais veu de plus aimable & de plus
parfait ſe forma le premier iour de
mon regne. La Nature a fondé mon
Trône, & dreſſé ma couche au
ſommet d'vn Palais ſuperbe dont
elle a ſoin, quand ie repoſe, de tenir
la porte fermée ; & l'ouurage de
cét édifice eſt élabouré auec tant d'art,
que perſonne iamais n'a connu l'ordre
& la Symmetrie de ſon Achitecture :
Enfin ie fais ma demeure au centre
d'vn labyrinthe inexplicable, où la
raiſon du Sage & du Fol, du Sçauant &
de l'Idiot, s'égarent de compagnie. Ie
n'ay point d'hoſte que mon pere ; &

quoy qu'il foit pourueu de facultez
beaucoup plus raifonnables que ne sõt
les miennes, ie le fais pourtãt marcher
où ie veux, & ie difpofe de fa conduite:
Cependant i'ay beau le tromper, peu
d'heures le defabufent fi clairement,
qu'il fe promet [quoy qu'en vain] de
ne fe plus fier à mes menfonges : car
i'attache aux fers, malgré luy, les cinq
Efclaues qui le feruent; auffi-toft qu'ils
font fatiguez, ie les contrains bon gré
malgré de s'abãdonner à mes caprices :
Ce n'eft pas qu'il n'effaye de fuïr ma
rencontre ; mais ie me cache pour le
guetter en des lieux fi noirs & fi fom-
bres, qu'il ne manque iamais de tomber dans mõ embufche; il fe rend auffi-
toft à la force du caractere, dont ma
Diuinité l'eftõne, en forte qu'il n'a plus
d'yeux que pour moy ; ce n'eft pas que
ie n'aye d'autres puiffans aduerfaires,
entre lefquels le plus confiderable eft
l'ennemy iuré du filence, qui m'auroit
defia chaffé des confins de fon Eftat, fi
la plus grãde partie de fes fuiets ne s'e-
ftoient reuoltez ; Et ces reuoltez là,

que la cauſe de la raiſon ſoûleue contre leur Tyran, ſont les mieux reglez,
& les ſeuls qui viuent ſous vne iuſte
harmonie. Ils protegent mon innocence, font taire les vacarmes & les
clameurs qui conſpirent à ma ruïne,
m'introduiſent peu à peu dans leur
Royaume, & à la fin m'aident eux-
meſmes à m'en rendre le Maiſtre:
Mais ie pouſſe mes conqueſtes encor
bien plus loin : ie partage auec le Dieu
du Iour, l'eſtenduë & la durée de ſon
empire : Que ſi la moitié que ie poſſede, n'eſt pas la plus eſclatante, elle
eſt au moins la plus douce & plus trã-
quille. I'ay encor au deſſus de luy
cét auantage, que i'empiette, quand
bon me ſemble ſur ſes terres, & qu'il
ne peut empietter ſur les miennes.
L'Aſtre dont l'Vniuers eſt eſclairé, ne
deſcend point de l'Horiſon, que ie
n'attache au ioug de mon char la moitié du Genre-Humain. Ie ſuſcite & ie
conſerue le trouble parmy les peuples
pour les maintenir en repos. Ils n'ont
garde qu'ils ne m'aiment, car ie les

traitte tous selon leurs humeurs. Les
Gays, ie les meine aux festins, aux
promenades, aux Bals, à la Comedie,
& à tous les autres spectacles de diuertissemens : Les Coleriques, ie les
meine à la Guerre, ie les poste à la
teste d'vne puissante Armée, leurs fais
ouurir trente Escadrons à coups d'es-
pées, gagner des batailles, & prendre
des Roys prisonniers. Pour les mé-
lancholiques, ie les enfonce aux plus
noires horreurs d'vne solitude espouuantable ; ie les monte aux faistes de
cent Rochers affreux & inaccessibles,
pour faire paroistre à leur veuë des
abysmes encore plus profonds : Enfin
i'accorde à toutes sortes de gens des
occupations de leur goust. Ie comble
de biens les plus miserables, & quelquefois en dépit de la Fortune, ie prens
plaisir à precipiter ses mignons iusqu'au plus bas de sa rouë. I'esleue
aussi, quand il me plaist, vn Coquin sur
le Trône, comme autrefois i'ay pro-
stitué vn Imperatrice Romaine aux
embrassemens d'vn Cuisinier. C'est

moy, qui de peur que les Amans ne
s’aillent vanter de leurs bonnes for-
tunes, ay ſoin de leur clorre les yeux,
auant qu’il ſoient aux ruelles. C’eſt
auſſi par mon Art, qu’on vole ſans
plumes, qu’on marche ſans mouuoir
les pieds; Et c’eſt moy ſeul enfin, par
qui l’on meurt ſans perdre la vie. Ie
paſſe la moitié du temps à reparer
l’embonpoint ; Ie recolore les iouës:
& ie fais eſpanoüir ſur les viſages, &
la roſe & le lys. Ie ſuis deux choſes
enſemble bien diſemblables, le tru-
chement des Dieux, & l’interprete des
ſors. Quand on me voit de prés, on
ne ſçait qui ie ſuis, & l’on ne commence à me connoiſtre qu’alors qu’on
m’a perdu de veuë; l’Aigle qui regarde
le Soleil fixement, ſille la paupiere
deuant moy. Ie ne ſçay pas ſi parmy
mes Anceſtres, on a compté quelque
Lyon, mais à la Campagne le chant
du Cocq me met en fuite ; Et à parler
franchement, i’ay de la peine moy-
meſme à vous expliquer mon eſtre, à
moins que vous vous figuriez que ce

que fait faire à ſon ſabot, vn petit garçon quand il foüette, ie le fais faire
à tout le monde. Hé bien, Monſieur,
c'eſt-là parler bien clair, & ſi, ie gage
que vous n'y entendez goutte; O bien
ſur ma foy, ie ne vous l'expliqueray
pas, à moins que vous me le comman-
diez : car en ce cas-là, ie vous confeſ-
feray ingenument, que le mot que
vous cherchez, eſt le Sommeil, & ie
ne ſçaurois m'en defendre ; Car ie ſuis
& ie feray toute ma vie,

MONSIEVR,

Voſtre tres-obeïſſant.

LETTRES
AMOVREVSES
DE MONSIEVR
DE CYRANO
BERGERAC.

A

MADAME ***

LETTRE I.

Madame,

Pour vne personne aussi belle
qu'Alcidiane, il vous falloit sans doute, comme à cette Heroïne, vne demeure inaccessible ; car puis qu'on
n'abordoit à celle du Roman que par
hazard, & que sans vn hazard semblable on ne peut aborder chez vous;
ie croy que par enchantement vos

charmes ont tranſporté ailleurs, depuis ma ſortie, la Prouince où i'ay eu
l'honneur de vous voir ; Ie veux dire,
Madame, qu'elle eſt deuenuë vne ſeconde Iſle flotante, que le vent trop
furieux de mes ſoupirs pouſſent &
font reculer deuant moy, à meſure
que i'eſſaye d'en approcher. Mes
Lettres meſme, pleines de ſoumiſſions
& de reſpects, malgré l'art & la
routine des Meſſagers les mieux in-
ſtruits, n'y ſçauroient aborder. Il
ne me ſert de rien que vos loüanges
qu'elles publient, les faſſe voler de
toutes parts, elle ne vous peuuent rencontrer ; & ie croy meſme que ſi
par le caprice du hazard ou de la
Renommée, qui ſe charge fort ſouuent de ce qui s'adreſſe à vous, il en
tomboit quelqu'vne du Ciel dans
voſtre cheminée, elle ſeroit capable
de faire éuanoüir voſtre Chaſteau.
Pour moy, Madame, apres des
auantures ſi ſurprenantes, ie ne doute
quaſi plus que voſtre Comté n'ait
changé de climat auec le Pays qui

luy eſt Antipode ; & i'apprehende
que le cherchant dans la Carte, ie
ne rencontre à ſa place, comme on
trouue aux extremitez du Septentrion (Cecy eſt vne Terre où les
Glaces empeſchent d'aborder.) Ha !
Madame, le Soleil à qui vous reſſem -
blez , & à qui l'ordre de l'Vniuers
ne permet point de repos , s'eſt
bien fixé dans les Cieux pour eſclairer vne victoire, où il n'auoit preſque pas d'intereſt. Arreſtez-vous
pour eſclairer la plus belle des voſtres ; car ie proteſte (pouruen que
vous ne faſſiez plus diſparoiſtre ce
Palais enchanté, où ie vous parle
tous les iours en eſprit) que mon
entretien muet & diſcret ne vous
fera iamais entendre que des vœux,
des hommages, & des adorations.
Vous ſçauez que mes Lettres n'ont
rien qui puiſſe eſtre ſuſpect ; Pourquoy donc apprehendez-vous la conuerſation d'vne choſe qui n'a iamais
parlé ? Ha Madame ! s'il m'eſt
permis d'expliquer mes ſoupçons, ie

pense que vous me refusez voftre
veuë, pour ne pas communiquer
plus d'vne fois, vn miracle auec
vn prophane ; Cependant vous
fçauez que la conuerfion d'vn in-
credule comme moy, (c'eft vne
qualité que vous m'auez iadis re-
prochée) demanderoit que ie viffe
vn tel miracle plus d'vne fois.
Soyez donc acceffible aux tefmoi-
gnages de veneration, que i'ay
deffein de vous rendre. Vous fçauez que les Dieux reçoiuent fauo-
rablement la fumée de l'encens que
nous leur bruflohs icy bas, &
qu'il manqueroit quelque chofe à
leur gloire, s'ils n'eftoient adorez?
Ne refufez donc pas de l'eftre:
car fi tous leurs attributs font ado-
rables, puis que vous poffedez
tres-éminemment les deux prin-
cipaux, la Sageffe & la Beauté;
vous me feriez faire vn crime,
m'empefchant d'adorer en voftre
perfonne le diuin Caractere que
les Dieux ont imprimé ; Moy prin-

cipalement, qui suis & seray toute
ma vie,

MADAME,

Voſtre tres-humble,
& tres paſſionné
Seruiteur.
O iiij

AVTRE,
LETTRE II.

MADAME,

Le feu dont vous me bruſlez, a ſi peu de fumée, que ie défie le plus ſevere Capuchon d'y noircir ſa conſcience & ſon humeur : Cette eſchauffaiſon celeſte, pour qui tant de fois S. Xauier penſa creuer ſon pourpoint, n'eſtoit pas plus pure que la mienne, puis que ie vous aime, comme il aimoit Dieu, ſans vous auoir jamais veuë. Il eſt vray que la perſonne qui me parla de vous, fit de vos charmes vn Tableau ſi acheué, que tant que dura le trauail de ſon chef-d'œuvre, ie ne pû m'imaginer qu'il vous peignoit, mais qu'il vous produi-

soit. C'a esté sur sa caution que i'ay
capitulé de me rendre; ma Lettre
en est l'hostage. Traitez-là, ie vous
prie humainement, & agissez auec elle
de bonne guerre; car quand le droict
des gens ne vous y obligeroit pas, la
prise n'est pas si peu considerable,
qu'elle en puisse faire rougir le Con-
querant. Ie ne nie pas à la verité, que
la seule imagination des puissans traits
de vos yeux, ne m'ait fait tomber les
armes de ma main, & ne m'ait contraint de vous demander la vie. Mais
aussi, en verité, ie pense auoir beaucoup aidé à vostre victoire; Ie com-
battois, comme qui vouloit estre
vaincu; Ie presentois à vos assauts
tousiours le costé le plus foible; &
tandis que i'encourageois ma raison
au triomphe, ie formois en mon ame
des vœux pour sa défaite: Moy-mesme, contre moy, ie vous prestois main
forte, & cependant le repentir d'vn
dessein si temeraire me forçoit d'en
pleurer. Ie me persuadois que vous
tiriez ces larmes de mon cœur, pour

le rendre plus combuſtible, ayant oſté
l'eau d'vne Maiſon où vous vouliez
mettre le feu ; & ie me confirmois
dans cette penſée, lors qu'il me venoit en memoire que le cœur eſt vne
place au contraire des autres, qu'on
ne peut garder, ſi l'on ne la bruſle.
Vous ne croyez peut-eſtre pas que ie
parle ſerieuſement : Si fait en verité ;
& ie vous proteſte, ſi ie ne vous vois
bien-toſt, que la bile & l'Amour me
vont roſtir d'vne ſi belle ſorte, que ie
laiſſeray aux Vers du Cymetiere
l'eſperance d'vn maigre déieuné.
Quoy vous vous en riez : Non, non,
ie ne me moçque point, & ie prénoy
par tant de Sonnets, de Madrigaux, &
d'Elegies, que vous auez receus ces
iours-cy de moy (qui ne ſçait ce que
c'eſt que Poëſie) que l'amour me de-
ſtine au voyage du Royaume des
Dieux, puis qu'il m'a enſeigné la langue du Païs : Si toutesfois quelque
pitié vous émeut à differer ma mort,
mandez-moy que vous me permettez
de vous aller offrir ma ſeruitude ; car ſi

vous ne le faites, & bien-tost, on vous
reprochera que, vous auez, sans connoissance de cause, inhumainement
tué de tous vos Seruiteurs, le plus pas-
sionné, le plus humble, & le plus
obeïssant Seruiteur, DE BERGERAC.

AVTRE,

Lettre III.

Madame,

Vous me voulez du bien: Ha *!* dés la premiere ligne, ie suis voſtre tres-humble, tres-obeïſſant, & tres paſſionné ſeruiteur: car ie ſens deſia mon ame par l'excez de ſa ioye, ſe répandre ſi loin de moy, qu'elle aura paſſé ſur mes levres, anparauant que i'aye le temps de finir ainſi ma Lettre: Toutesfois la voila concluë: & ie puis, ſi ie veux, la fermer: Auſſi bien, puis que vous m'aſſeurez de voſtre affection, tant de lignes ne ſont pas neceſſaires contre vne place priſe: & n'eſtoit que c'eſt la coûtume qu'vn Heros meure debout, & vn Amou-

reux en fe plaignant, i'aurois pris
congé de vous & du Soleil, fans vous
le faire fçauoir : mais ie fuis obligé
d'employer les derniers foupirs de ma
vie à publier en vous difãt Adieu,que
i'expire d'amour , vous fçaürez bien
pour qui. Vous croirez , peut-eftre,
que le mourir des Amans, n'eft autre
chofe qu'vne façon de parler, & qu'à
caufe de la conformité des noms de
l'Amour & de la Mort, ils prennent
fouuent l'vn pour l'autre : mais ie fuis
fort affeuré que vous ne douterez pas
de la poffibilité du mien, quand vous
aurez confideré la violence & la longueur de ma maladie, & moins encore
quand apres auoir leu ce difcours,
vous trouuerez à l'extremité,

MADAME,

Voftre Seruiteur,

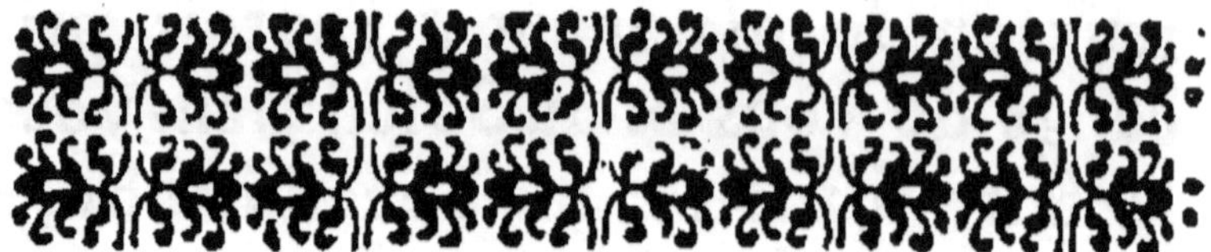

AVTRE,

LETTRE IV.

Madame,

Bien loin d'auoir perdu le cœur quand ie vous fis hommage de ma liberté ; ie me trouue au contraire depuis ce iour-là, le cœur beaucoup plus grand : Ie pense qu'il s'est multiplié, & que comme s'il n'estoit pas assez d'vn pour tous vos coups, il s'est efforcé de se reproduire en toutes mes arteres, où ie le sens palpiter, afin d'estre present en plus de lieux, & deuenir luy seul, le seul obiet de tous vos traits. Cependant, Madame, la franchise, ce tresor precieux pour qui Rome autresfois a risqué l'Empire du monde : Cette charmante liberté, vous me l'auez ra-

uïc : & rien de ce qui chez l'ame se
glisse par les sens, n'en a fait la conqueste : Voftre esprit seul meritoit
cette gloire : sa viuacité, sa douceur,
son estenduë, & sa force, valoiënt bien
que ie l'abandonnasse à de si nobles
fers : Cette belle & grande ame, esle-
uée dans vn Ciel, si fort au deffus de la
raisonnable, & si proche de l'intelligi-
ble, qu'elle en possede éminemment
tout le beau : Et ie dirois mesme beaucoup du Souuerain Createur qui l'a
formée, si de tous les attributs, qui
font effentiels à sa perfection, il ne
manquoit en elle celuy de miseri-
cordieuse : Oüy, si l'on peut imaginer dans vne Diuinité quelque defaut, ie vous accuse de celuy-là.
Ne vous souuient-il pas de ma derniere visite, où me plaignant de vos
rigueurs, vous me promistes au sortir de chez vous, que ie vous re-
trouuerois plus humaine, si vous me
retrouuiez plus discret, & que
ie vinsse, en me disant adieu, le
lendemain, parce que vous auiez

refolu d'en faire l'efpreuue : Mais
helas ! demander l'efpace d'vn iour,
pour appliquer le remede à des blef-
fures qui font au cœur ! N'eft-ce
pas attendre, pour fecourir vn malade, qu'il ait ceffé de viure, & ce
qui m'eftonne encor dauantage ; c'eft
que vous défiant que ce miracle ne
puiffe arriuer, vous fuyez de chez
vous pour éuiter ma rencontre funefte : Hé bien ! Madame, hé bien !
fuyez-moy, cachez-vous, mefme de
mon fouuenir ; on doit prendre la
fuite, & l'on fe doit cacher quand on
a fait vn meurtre. Que dis-ie, grands
Dieux : Ha ! Madame, excufez la
fureur d'vn defefperé ; non, non, pa-
roiffez, c'eft vne Loy pour les hommes, qui n'eft pas faite pour vous :
car il eft inoüy que les Souuerains
ayent iamais rendu compte de la
mort de leurs Efclaues : Oüy, ie dois
eftimer mon fort tres-glorieux, d'a-
uoir merité que vous priffiez la peine
de caufer fa ruïne : car du moins
puis que vous auez daigné me haïr,

ce fera vn témoignage à la pofterité, que ie ne vous eftois pas indifferent. Auffi la mort dont vous auez crû me punir, me caufe de la ioye : Et fi vous auez de la peine à comprendre quelle peut-eftre cette ioye, c'eft la fatisfaction fecrette que ie reffens d'eftre mort pour vous, en vous faifant ingrate : Oüy, Madame, ie fuis mort, & ie preuoy que vous aurez bien de la difficulté à conceuôir, comment il fe peut faire, fi ma mort eft veritable, que moy-mefme ie vous en mande la nouuelle ? Cependant il n'eft rien de plus vray : mais apprenez que l'homme a deux trefpas à fouffrir fur la terre, l'vn violent, qui eft l'Amour, & l'autre naturel qui nous reioint à l'indolence de la matiere : Et cette mort qu'on appelle Amour, eft d'autant plus cruelle, qu'en commençant d'aimer, on commence auffi-toft à mourir. C'eft le paffage reciproque de deux ames qui fe cherchent, pour animer en commun ce qu'elles aiment

& dont vne moitié ne peut-estre separée de sa moitié, sans mourir, comme il est arriué,

MADAME;

A

Vostre fidelle
Seruiteur.

AVTRE,

LETTRE V.

MADAME,

Suis-ie condamné dé pleurer encore bien long-temps ? Hé ie vous prie, ma belle Maiſtreſſe au nom de voſtre bon Ange, faites-moy cette amitié, de me découurir là-deſſus voſtre intention, afin que i'aille de bonne heure retenir place aux Quinze-Vingts, parce que ie preuoy que de voſtre courtoiſie, ie ſuis predeſtiné à mourir aueugle; Oüy aueugle (car voſtre ambition ne ſe contenteroit pas que ie fuſſe ſimplement borgne.) N'aüez-vous pas fait deux alambics dé mes deux yeux, par où vous auez trouué l'inuention de

diſtiler ma vie, & de la conuertir en eau
toute claire ? En verité , ie ſoupçonne-
rois [ſi ma mort vous eſtoit vtile , & ſi
ce n'eſtoit la ſeule choſe que ie ne puis
obtenir de voſtre pitié] que vous n'é-
puiſiez ces ſources d'eau qui ſon chez
moy , que pour me bruſler plus facilement : & ie commence d'en croire
quelque choſe, depuis que i'ay pris
garde, que plus mes yeux tirent d'humide de mon cœur , plus il bruſle : Il
faut bien dire que mon Pere ne forma
pas mon corps du meſme argille , dont
celuy du premier homme fut compoſé , mais qu'il le tailla ſans doute
d'vne pierre de chaux, puis que l'humidité des larmes que ie répands , m'a
tantoſt conſommé : Mais conſommé,
croiriez-vous bien , Madame, de
quelle façon: ie n'oſerois plus marcher
dans les ruës embraſé comme ie ſuis,
que les enfans ne m'enuironnent de
fuſées , parce que ie leur ſemble vne
figure eſchappée d'vn feu d'artifice:ny
à la Campagne, qu'on ne me prenne
pour vn de ces Ardens , qui traiſnent

les Gens à la riuiere. Enfin vous pouuez connoiftre tout ce que cela veut
dire, c'eft, Madame, que fi vous ne
reuenez & bien-toft, vous entendrez
dire à voftre retour, quand vous demanderez où ie demeure, que ie demeure aux Tuilleries, & que mon nõ,
c'eft la befte à feu qu'on fait voir aux
Badauts pour de l'argent. Alors vous
ferez bien honteufe, d'auoir vn Amant
Salemandre , & le regret de voir
brufler dés ce Monde,

MADAME,

Voftre Seruiteur,

AVTRE,

LETTRE VI.

Mademoiselle,

I'ay receu vos magnifiques brasse-
lets, qui m'ont semblé tous glorieux
de porter vos chiffres ; ne craignez
plus apres cela, qu'vn prisonnier ar-
resté par les bras & par le cœur,
vous puisse eschapper : Ie confesse
cependant que vostre don m'eust esté
suspect, à cause qu'il entre presque tousiours des cheueux & des caracteres dans la composition des charmes : mais comme vous auez tant
d'autres moyens plus nobles pour
causer la mort, ie n'ay garde de
vous soupçonner de sortilege ; &
puis i'aurois tort de me dérober aux

secrets de voftre Magie, ne m'eftant
pas poffible de me fouftraire mon Ho-
rofcope, qui s'eft accordée auec la
voftre, de ma trifte auanture. Adiou-
ftez à cette confideration qu'elle fera
beaucoup plus recommandable, fi elle
arriue par des moyens furnaturels, &
s'il faut vn miracle pour la caufer. Ie
m'imagine, Mademoifelle, que vous
prenez cecy pour vne raillerie. Hé
bien parlons ferieufement, dites-moy
donc en confçience : N'eft-ce pas acquerir vn cœur à bon marché, qui ne
vous coufte que cinq ou fix coups de
broffe. Par ma foy, fi vous en trouuez
d'autres à ce prix-là, ie vous confeille
de les prendre ; car il peut reuenir
plus facilement des cheueux à la tefte,
que des cœurs à la poitrine : Mais
n'auriez-vous point choifi par ma-
lice, des cheueux à me faire prefent,
pour m'expliquer en hierogliphe,
l'infenfibilité de voftre cœur ; Non
ie vous tiens plus genereufe ? mais
quelque mal intentionnée que vous
foyez, ie confonds tellement dans ma

ioye toutes les choſes qui me viennent de voſtre part, que les mains qui m'ou-tragent, ou qui me careſſent, me ſont eſgalement ſouhaittables , pourueu qu'elles ſoient les voſtres, & la Lettre que ie vous enuoye en eſt vne preuue, puis qu'elle ne tend qu'à vous remer-cier, de m'auoir lié les bras, de m'auoir tiré par les cheueux ; & par toutes ces violences, m'auoir fait,

MADEMOISELLE,

Voſtre Seruiteur,

AVTRE.

AVTRE,

LÉTTRE VII.

Madame,

Ie ne me plains pas seulement du mal que vos beaux yeux ont eu la bonté de me faire ; ie me plains encore d'vn plus cruel, que leur absence me fait souffrir. Vous laissastes en mon cœur, lors que ie pris congé de vous, vne insolente, qui sous pretexte qu'elle se dit vostre idée, se vante d'auoir sur moy puissance de vie & de mort ; encore elle encherit tiranniquement sur vostre empire, & passe à cet excez d'inhumanité, de deschirer les playes que vous auiez fermées, & d'en creuser de nouuelles dans les vieilles qu'elle sçait ne pouuoir guerir. Man-

dez moy, ie vous prie, quand cet Aſtre
qui ſemble n'auoir éclipſé que pour
moy, reuiendra diſſiper les nuages de
mes inquietudes : N'eſt-ce pas aſſez
donner d'exercice à cette conſtance, à
qui vous promettiez le triomphe ? Ne
m'auiez vous pas iuré en partant pour
voſtre voyage, que toutes mes fautes
eſtoient effacées, que vous les oubliez
pour iamais, & que iamais vous ne
m'oublieriez ? O ! belles eſperances,
qui ſe ſont éuanoüies auec l'air qui les
a formées ! À peine euſtes vous acheué ces paroles trompeuſes, répandu
quelques larmes perfides, & pouſſé
des ſoupirs artificieux, dont voſtre
bouche, & vos yeux démentoient voſtre cœur, que fortifiant en voſtre ame
vn reſte de cruauté cachée, vous re-
doublaſtes vos careſſes, afin d'éter-
niſer en ma memoire le cruel ſouuenir
de vos faueurs que i'auois perduës :
Mais vous fiſtes encore dauantage,
vous vous eſloignaſtes des lieux, où
ma veuë auroit peut-eſtre eſté capable
de vous toucher de pitié, & vous vous

abſentaſtes de moy, pendant mon ſupplice, comme le Roy s'eſloigne de la
place où l'on execute les criminels, de
peur d'eſtre importuné de leur grace ;
Mais à quoy, Madame, tant de pre-
cautions ? vous connoiſſez trop bien la
puiſſance de vos coups, pour en apprehender la gueriſon. La Medecine
qui parle de toutes les maladies, n'a
rien eſcrit de celle qui me tuë, à cauſe
qu'elle en parle, comme les pouuant
traitter ; mais celle qu'à produit en
moy voſtre amour, eſt vne maladie
incurable ; car le moyen de viure
quand on a donné ſon cœur, qui eſt la
cauſe de la vie ? Rendez-le moy donc,
ou me donnez le voſtre à la place du
mien ; autrement, dans la reſolution
où ie ſuis, de terminer par vne mort
ſanglante ma pitoyable deſtinée, vous
allez attacher aux conqueſtes, que
meditent vos yeux, vn trop funeſte
augure, ſi la victime que ie vous dois
immoler, ſe rencontre ſans cœur. Ie
vous coniure donc encore vne fois,
puis que pour viure vous n'auez pas

P ij

beſoin de deux cœurs, de m'enuóyer
le voſtre, afin que vous ſacrifiant vne
hoſtie entiere, elle vous rende & l'A-
mour & la Fortune propices, & m'em-
peſche de faire vne mauuaiſe fin,
quand meſme ie ferois tomber au bas
de ma Lettre, mal à propos, que ie ſuis
& ie ſeray, iuſques dans l'autre
monde,

MADAME,

Voſtre fidelle
Eſclaue.

AVTRE,

LETTRE VIII.

Madame,

Vovs vous plaignez d'auoir reconnu ma paſſion dés le premier moment que la Fortune m'obligea de voſtre rencontre ; mais vous à qui voſtre miroir fait connoiſtre, quand il vous monſtre voſtre image, que le Soleil a toute ſa lumiere & toute ſon ardeur, dés l'inſtant qu'il paroît, quel motif auez vous de vous plaindre d'vne choſe à qui ny vous ny moy ne pouuons appotrer d'obſtacles? Il eſt eſſentiel à la ſplendeur des rayons de voſtre beauté, d'illuminer les corps, comme il eſt naturel au mien de reflefchir vers vous cette lumiere que vous iettez ſur

moy : & de mefme qu'il eft de la puiffance du feu de vos bruflans regards,
d'allumer vne matiere difpofée, il eft
de celle de mon cœur d'en pouuoir
eftre confommé : Ne vous plaignez
donc pas, Madame, auec iniuftice, de
cet admirable enchaifnement, dont la
Nature a ioint d'vne focieté commune
les effets auec leurs caufes. Cette
connoiffance impreueuë eft vne fuite
de l'ordre qui compofe l'harmonie de
l'Vniuers : & c'eftoit vne neceffité
preueuë au iour natal de la Creation
du monde , que ie vous viffe, vous
connuffe, & vous aimaffe : mais parce
qu'il n'y a point de caufe qui ne tendent à vne fin, le poinct auquel nous
deuions vnir nos ames eftant arriué,
vous & moy tenterions en vain d'empefcher noftre deftinée. Mais admirez les mouuemens de cette predefti-
nation, ce fut à la pefche où ie vous
rencontray : Les filets que vous dé-
pliaftes en me regardant , ne vous an-
nonçoient-ils pas ma prife : & quand
i'euffe éuité vos filets, pouuois-ie me

sauuer des hameçons pendus aux
lignes de cette belle Lettre, que vous
me fiftes l'honneur de m'enuoyer
quelques iours apres, dont chaque
parole obligeante n'eftoit compofée
de plufieurs caracteres, qu'afin de me
charmer : Auffi ie l'ay receuë auec des
refpects dont ie ferois l'expreffion, en
difant que ie l'adore, fi i'eftois capable
d'adorer quelqu'autre chofe que vous.
Ie la baifay au moins auec beaucoup
de tendreffe, & ie m'imaginois, en
preffant mes levres fur voftre chere
Lettre, baifer voftre bel efprit, dont
elle eft l'ouurage : Mes yeux prenoient plaifir de repaffer plufieurs fois
fur tous les caracteres que voftre plume auoit marquez : Infolents de leur
fortune, ils attiroient chez eux toute
mon ame, & par de longs regards, s'y
attachoient pour fe ioindre à ce beau
crayon de la voftre. Vous fuffiez-
vous imaginé, Madame, que d'vne
feüille de papier, i'euffe pû faire vnfi
grand feu : il n'efteindra iamais pourtant que le iour ne foit efteint pour

moy ; Que fi mon ame & mon amour
fe partagent en deux foupirs, quand ie
mourray, celuy de mon amour partira
le dernier. Ie coniureray à l'agonie,
le plus fidelle de mes amis, de me reciter cette aimable Lettre : & lors
qu'en lifant, il fera paruenu à la fin,
où vous vous abaiffez, iufqu'à vous
dire ma Seruante : Ie m'efcrieray iufqu'à la mort, ha ! cela n'eft pas poffible, car moy-mefme i'ay toufiours
efté.

MADAME,

Voftre tres-humble,
tres-fidel, & tres-
obeïffant Efclaue,
DE BERGERAC.

FIN.

LE PEDANT IOÜÉ,

COMEDIE.

A PARIS.

M. DC. LXI.

(2).

ACTEVRS.

GRANGER, Pedant.

CHASTEAVFORT, Capitan.

MATHIEV GAREAV, Païfan.

DE LA TREMBLAYE, Gentil-homme amoureux de la fille du Pedant.

CHARLOT GRANGER, fils du Pedant.

CORBINELI, Valet du jeune Granger, Fourbe.

PIERRE PAQVIER, Cuiſtre du Pedant, faiſant le Plaiſant.

FLEVRY, Couſin du Pedant.

MANON, fille du Pedant.

GENEVOTE, Sœur de M. de la Tremblaye.

CVISTRES.

La Scene eſt à Paris au College de Beauuais.

LE
PEDANT
IOÜE',
COMEDIE.

ACTE PREMIER.

SCENE PREMIERE.

GRANGER, CHASTEAVFORT,

GRANGER.

O PAR les Dieux iumeaux, tous les Monſtres ne ſont pas en Affrique. Et de grace, Satrape du Palais Seïgial, donne-moy la définition de ton indiui

du. Ne ferois-tu point vn eftre de raifon,
vne chimere, vn accident fans fubftance, vn
elixir de la matiere premiere, vn fpectre de
drap noir ? Ha! tu n'és fans doute que cela,
ou tout au plus vn grimaut d'Enfer qui fait
l'efcole buiffonniere.

CHASTEAVFORT.

Puis que ie te voy curieux de connoiftre les
grandes chofes, ie veux t'apprendre les miracles de mon berceau. La Nature fe voyant
incommodée d'vn fi grand nombre de Diuinitez, voulut oppofer vn Hercule à ces Monftres. Cela luy donna bien iufques à la hardieffe de s'imaginer qu'elle me pouuoit produire. Pour cét effet elle empoigna les ames
de Samfon, d'Hector, d'Achile, d'Aiax, de
Cirus, d'Epaminondas, d'Alexandre, de
Romule, de Scipion, d'Hannibal, de Sylla,
de Pompée, de Pyrrhus, de Caton, de Cæ-
far, & d'Antoine; puis les ayant puluerifées,
calcinées, rectifiées, elle reduiit toute cette
confection en vn fpirituel fublimé qui n'attendoit plus qu'vn fourreau pour s'y fourer.
Nature glorieufe de fon reüffit, ne pût goû-
ter moderement fa ioye, elle clabauda fon
chef d'œuure par tout, l'Art en deuint ialoux;
& fâché, difoit-il, qu'vne teigneufe empor-
taft toute feule la gloire de m'auoir engendré,
la traitta d'ingrate, de fuperbe, luy déchira fa
coüffe; nature de fon cofté prit só ennemy aux

cheueux; Enfin l'vn & l'autre batit & fut batu.
Le tintamarre des démentis, des foufflets, des
baftonnades, m'éueilla : ie les vis, & iugeant
que leurs démeflez ne portoient pas la mine
de prendre fi-toft fin, ie me créé moy-mefme.
Depuis ce temps-là leur querelle dure encore; par tout vous voyez ces irreconciliables
ennemis fe prefter le colet, & les defcriptions
de nos Efcriuains d'auiourd'huy ne font lar-
dées d'autre chofe que des faits d'armes de ces
deux gladiateurs, à caufe que prenant à bon
augure d'eftre né dans la guerre, ie leur com-
manday en memoire de ma naiffance de fe
battre iufques à la fin du monde, fans fe repofer. Donc afin de ne pas demeurer ingrat,
ie voulus dépeftrer la Nature de ces Dieute-
lets, dont l'infolence la mettoit en ceruelle.
Ie les manday, ils obeïrent; enfin ie pronon-
çay cét immuable Arreft. Gaillarde trouppe, quand ie vous ay conuoquez, la plus mi-
fericordieufe intention que i'euffe pour vous,
eftoit de vous annihiler; mais craignant que
voftre impuiffance ne reprochaft à mes mains
l'indignité de cette victoire, voicy ce que
i'ordonne de voftre fort. Vous autres Dieux
qui fçauez fi-bien courir comme Saturne
pere du temps, qui mangeant & deuo-
rant tout, court à l'hofpital ; Iupiter qui
comme ayant la tefte fêlée depuis le coup de
hache qu'il receut de Vulcain doit courir
les ruës : Mars qui comme Soldat court
aux armes : Phebus qui comme Dieu des

Vers court la bouche des Poëtes : Venus qui
comme putain court l'esguillette : Mercure
qui comme Meſſager court la Poſte : Et Diane qui comme Chaſſereſſe court les Bois.
Vous prendrez la peine s'il vous plaiſt de
monter tous ſept à califourchon ſur vne
Eſtoille. Là, vous courerez de ſi bonne ſorte,
que vous n'aurez pas le loiſir d'ouurir les
yeux.

PAQVIER.

En effet, les Planetes ſont iuſtement ces ſept-
là.

GRANGER.

Et des autres Dieux qu'en fiſtes-vous ?

CHASTEAVFORT.

Midy ſonna, la faim me prit, i'en fis vn ſau-
piquet pour mon diſner.

PAQVIER.

Domine, ce fut aſſeurément en ce temps-là
que les Oracles ceſſerent.

CHASTEAVFORT.

Il eſt vray, & dés lors ma complexion prenant part à ce ſalmigondis de Dieux, mes
actions ont eſté toutes extraordinaires : Car

ſi i'engendre, c'eſt en Deucalion : ſi ie regarde, c'eſt en Baſilic : ſi ie pleure , c'eſt en Heraclite : ſi ie ris, c'eſt en Democrite : ſi i'eſcume, c'eſt en Cerbere : ſi ie dors, c'eſt en
Morphée : ſi ie veille, c'eſt en Argus : ſi ie
marche , c'eſt en Iuif errant : ſi ie cours,
c'eſt en Pacolet : ſi ie vole, c'eſt en
Dédale : ſi ie m'arreſte , c'eſt en Dieu Terme: ſi i'ordonne, c'eſt en Deſtin: Enfin, vous
voyez celuy qui fait que l'Hiſtoire du Phenix n'eſt pas vn conte.

GRANGER.

Il eſt vray qu'à l'âge où vous eſtes n'auoir
point de barbe , vous me portez la mine
auſſi-bien que le Phenix , d'eſtre incapable
d'engendrer. Vous n'eſtes ny maſculin, ny
feminin , mais neûtre : Vous auez fait de
voſtre Dactile vn Troquée, c'eſt à dire, que
par la ſouſtraction d'vne bréve, vous vous
eſtes rendu important à la propagation des
indiuidus. Vous eſtes de ceux dont le ſexe
femel.

> *Ne peut oüir le nominatif*
> *A cauſe de leur genitif,*
> *Et ſouffre mieux le vocatif*
> *De ceux qui n'ont point de datif,*
> *Que de ceux dont l'accuſatif*
> *Apprend qu'ils ont vn ablatif.*
> *I'entends que le diminutif*
> *Qu'on fit de vray trop exceſsif*
> *Sur voſtre flaſque genitif*

A iij

Vous prohibe le conjonctif.
Donc puis que vous estes passif,
Et ne pouuez plus estre actif,
Témoin le poil indicatif
Qui m'en est fort persuasif ;
Ie vous fais vn imperatif
De n'auoir iamais d'optatif
Pour aucun genre subjunctif
De nunc, iusqu'à l'infinitif ;
Où ie fais sur vous l'adjectif
Du plus effroyant positif
Qui iamais eust comparatif :
Et si ce rude partitif
Dont ie seray distributif,
Et vous le sujet collectif,
N'est le plus beau superlatif,
Et le coup le plus sensitif,
Dont homme soit memoratif :
Ie iure par mon iour natif
Que ie veux pour ce seul motif
Qu'vn sale & sanglant vomitif,
Surmontant tout confortatif,
Tout lenitif, tout restrictif,
Et tout bon corroboratif,
Soit le chastiment primitif,
Et l'effroyable exprimitif
D'vn discours qui seroit fautif :
Car ie n'ay le bras si chetif,
Ny vous le talon si fuitif,
Que vous ne fussiez portatif
D'vn coup bien significatif.
   O visage ! ô portrait natif !

O souuerain expeditif!
Pour guerir tout sexe lascif,
D'amour naissant, ou effectif:
Genre nesitre, genre metif,
Qui n'ostes homme qu'abstractif,
Grace à vostre copulatif
Qu'à rendu fort imperctif
Le cruel tranchant d'vn ganif,
Si pour soudre ce Locogrif
Vous auez l'esprit trop tardif,
A ces mots soyez attentif.

Ie fais vœu de me faire Iuif,
Au lieu d'eau de boire du suif,
D'estre mieux damné que Caïf,
D'aller à pied voir le Cherif,
De me rendre à Tunis captif,
D'estre berné comme escogrif,
D'estre plus maudit qu'vn Tarif,
De deuenir ladre & poussif,
Bref par les mains d'vn fort hâtif,
Couronné de Ciprés & d'If,
Passer dans le mortel Esquif,
Au païs où l'on est oisif:
Si iamais ie deuiens retif
A l'agréable executif
Du vœu dont ie suis l'inuentif,
Et duquel le preparatif
Est, beau Sire, vn baston massif,
Qui sera le dissolutif
De vostre demy substantif:
Car c'est mon vouloir décisif,
Et mon testament mort ou vif.

Mais vous parler ainſi, c'eſt vous donner à
ſoudre les emblêmes d'vn Sphinx, c'eſt perdre ſon huyle & ſon temps, c'eſt eſcrire ſur la
Mer, baſtir ſur l'Areine, & fonder ſur le
Vent. Enfin, ie connois que ſi vous auez quelque teinture des Lettres, ce n'eſt pas de celle
des Gobelins, car par Iupiter Ammon, vous
eſtes vn ignorant.

CHASTEAVFORT.

De Lettres, ah! que me dites-vous? *des ames
de terre & de boüë*, pourroient s'amuſer à ces
vetilles; mais pour moy ie n'eſcris que ſur les
corps humains.

GRANGER.

Ic le voy bien. C'eſt peut-eſtre ce qui vous
donne enuie d'appuyer voſtre plume charnel-
le ſur le parchemin vierge de ma fille. Elle
n'en ſeroit pas contriſtée, la pauureté; car
vne femme auiourd'huy aime mieux les beſtes
que les hommes, ſuiuant la reigle *as petit hac.*
Vous aſpirez auſſi-bien qu'Hercule à ſes Co-
lones yvoirines; mais l'orifice, l'orée, & l'ourlet de ſes gueſtres, eſt pour vous vn *Ne plus vl-
tra.* Premierement, à cauſe que vous eſtes
Veuf d'vne Pucelle qui vous fit faire plus de
chemin en deux iours, que le Soleil n'en fait
en huit mois dans le Zodiaque : Vous cour-
ruſtes de la Vierge au Chancre; en moins de

vingt-quatre heures, d'où vous entraftes au
Verfeau fans auoir veu d'autre Signe en paf-
fant que celuy du Capricorne. La feconde
obiection que ie fais, eft que vous eftes Nor-
mand; Normandie *quafi* venu du Nort pour
mandier. De voftre Nation les Seruiteurs
font traiftres, les égaux infolens, & les Maî-
tres infupportables. Iadis le Blafon de cette
Prouince eftoit trois Faux, pour monftrer
les trois efpeces de faux qu'engendre ce climat; *fcilicet*, Faux-fauniers, Faux-témoins,
Faux-monoyeurs; ie ne veux point de Fauf-
faires en ma maifon. La troifiéme qui m'eft
vne raifon inuincible, c'eft que voftre bourfe
eft malade d'vn flux de ventre, dont la mienne apprehende la contagion. Ie fçay que voftre valeur eft recommandable, & que voftre
mine feule feroit trembler le plus ferme manteau d'aujourd'huy : Mais en cet âge de Fer,
on iuge de nous par ce que nous auons, & non
pas par ce que nous fommes. La pauureté fait
le vice, & fi vous me demandez *Cur tibi def-
picior* ? ie vous répons *Nunc omnibus itur ad
aurum*. D'vn certain riche Laboureur la
charruë m'éblouït, & ie fuis tout à fait refolu que puis que *hic dat or*, *I longum ponat* dans
fon *O communé*. C'eft pourquoy ie vous confeille de ne plus approcher ma fille en Roy
d'Egypte, c'eft à dire qu'on ne vous voye
point auprés d'elle dreffer la Pyramide à fon
intention. Quoy que i'aime les reigles de la
Grammaire, ie ne prendrois pas plaifir de

vous voir accorder ensemble le Masculin auec le Feminin, & ie craindrois que *Si duo continuè iungantur fixa, nec vna, sit res,* vn maleuole n'inferast ; *Optant sibi iungere casus.*

CHASTEAVFORT.

Il est vray, Dieu me damne, que vostre fille est folle de mon amour ; Mais quoy, c'est mon foible de n'auoir iamais pû regarder de femme sans la blesser. La petite gueuse toutefois a si bien sceu friponner mon cœur ; ses yeux ont si bien sceu paillarder ma pensée, que ie luy pardonne quasi la hardiesse qu'elle a prise de me donner de l'amour. Genereux Gentil-homme, me dit elle l'autre iour (la pauurette ne sçauoit pas mes qualitez) l'Vniuers a besoin de deux Conquerans ; la race en est esteinte en vous, si vous ne me regardez d'vn œil de misericorde: Côme vous estes vn Ale-xandre, ie suis vne Amazone; faisons sortir de nous deux vn plusque Mars, de qui la naissan-ce soit vtile au genre humain, & dont les ar-mes aprés auoir dispensé la mort aux deux bours de la Terre, fassent vn si puissant Em-pire, que iamais le Soleil ne se couche pour tous ses peuples. I'auois de la peine à me rendre entre les bras de cette passion, mais enfin ie vainquis en me vainquant, tout ce qu'il y a de grand au monde, c'est à dire que ie l'aimay : Ie ne veux pas pourtant que tant de gloire vous rende orgueilleux ; que deue;

niez infolent fur les petits ; mais humiliez
vous en voftre néant que i'ay voulu choifir
pour faire hautement éclater ma puiffance.
Vous craignez , ie le voy bien, que ie ne mé-
prife voftre pauureté : mais quand il plaira à
cette éfpée, elle fera de l'Amerique & de la
Chine, vne bafle court de voftre maifon.

G R A N G E R.

O ! Microfcome de vifions fanatiques : *Vade
retro*, autremeut aprés vous auoir apoftrophé
du bras gauche, *Addetur huic dexter , cui fyn-
copa fiet vt alter*, & pour toute emplaftre de
ces balafres , vous ferez medicamenté d'vn
Sic volo , fic iubeo, fit pro ratione voluntas.
Loin donc d'icy, prophane, fi vous ne voulez que ie mette en vfage pour vous punir toutes les regles de l'Arithmetique, Ma colere
primò commencera par la Demonftration, puis
marchera en fuite vne Pofition de foufflets :
Item, vne Addition de baftonades : *Hinc*, vne
Fraction de bras : *Illinc*, vne Souftraction de
iambes. De là ie feray grefler vne Multiplication de coups, tapes, taloches, horions,
fandans, eftocs, reuers, eftramaçons, caffe-
mufeaux fi épouuantables, qu'aprés cela l'œil
d'vn Linx ne pourra pas faire la moindre Di-
uifion, ny Subdiuifion, de la plus groffe parcelle de voftre miferable indiuidu.

CHASTEAVFORT.

Et moy, chetif excommunié, i'aurois desia
fait sortir ton ame par cent playes, sans la dignité de mon Estre, qui me defend d'oster la
vie à quelque chose de moindre qu'vn Geant:
& mesme ie te pardonne, à cause qu'infailliblement l'ignorance de ce que ie suis t'a ietté
dans ces extrauagances.   Cependant me voicy fort en peine, car pouuoit-il me méconnoistre, puis que pour sçauoir mon nom, il ne
faut qu'estre de ce monde? Sçachez donc,
Messire Iean, que ie suis celuy qu'on ne peut
exterminer sans faire vne Epitaphe à la Nature; & le Pere des Vaillans, puis qu'à tous
ie leur ay donné la vie.

GRANGER.

Pardonnez, grand Prince, à mon peu de foy.
Ce n'est pas ....

CHASTEAVFORT.

Releuez-vous, Monsieur le Curé, ie suis
content: Choisissez viste où vous voulez regner, & cette main vous bastit vn Trône
dont l'Escalier sera fait des cadavres de six
cens Roys.

GRANGER.

Mon Empire fera plus grand que le monde, ſi
ie regne ſur voſtre cœur. Protegez-moy ſeulement contre ie ne ſçay quel Gentillaſtre,
qui a bien l'inſolence de marcher ſur vos briſées, & . . .

CHASTEAVFORT.

Ne vous expliquez pas, i'aurois peur que mes
yeux en couroux ne iettaſſent des eſtincelles,
dont quelqu'vne par mégarde vous pourroit
conſumer.   Vn mortel aura donc eu la temerité de ſe chauffer à meſme feu que moy, &
ie ne puniray pas les quatre Elemens qui l'ont
ſouffert? Mais ie ne puis parler, la rage me
tranſporte, ie m'en vay faire pendre l'Eau, le
Feu, la Terre, & l'Air, & ſonger au genre
de mort, dont nous exterminerons ce Pigmée
qui veut faire le Coloſſe.

SCENE II.

GRANGER, PAQVIER.

GRANGER.

HE' bien *Petre*, ne voila pas vne digue que ie viens d'oppoſer aux terreurs que me donne tous les iours Monſieur de la Trem- blaye ? Car la Tremblaye à cauſe de Cha- ſteaufort, Chaſteaufort à cauſe de la Trem- blaye, déſiſteront de la pourſuite de ma fille. Ce ſont deux poltrons ſi éprouuez, que s'ils ſe battent iamais, ils ſe demanderont tous deux la vie. Me voicy cependant embarqué ſur vne mer où la moitié du monde a fait nau- frage. C'eſt l'amour chez moy , l'amour de- hors, l'amour par tout. Ie n'ay qu'vne fille à marier, & i'ay trois gendres pretendus. L'vn ſe dit braue, ie ſçay le contraire ; l'autre ri- che, mais ie ne ſçay ; l'autre Gentil-homme, mais il mange beaucoup. O ! Nature, vous croiriez vous eſtre miſé en frais, ſi vous auiez fagoté tant ſeulement trois belles qualitez en vn indiuidu. Ha ! Pierre Paquier , le mon- de s'en va renuerſer.

PAQVIER.

Tant mieux, car autrefois i'entendois dire la mesme chose, que tout estoit renuersé. Or si l'on renuerse auiourd'huy ce qui estoit renuersé, c'est le remettre en son sens.

GRANGER.

Mais ce n'est pas encore là ma plus grande playe : i'aime, & mon fils est mon riual. Depuis le iour que cette furieuse pensée a pris gîste au ventricule de mon ceruean, ie ne mange pour toute viande, qu'vn *pœnitet, tædet, miseret.* Ha, ç'en est fait, ie me vais pendre.

PAQVIER.

La, la, esperez en Dieu, il vous assistera : Il assiste bien les Allemans qui ne sont pas de ce pays-cy.

GRANGER.

Si ie l'enuoyois à Venise ? *haud dubie,* c'est le meilleur. C'est le meilleur ? O ! oüy sans doute. Bien donc dés demain ie le mettray sur mer.

PAQVIER.

Au moins ne le laissez pas embarquer sans ar-

tacher fur luy de l'Anis à la Reyne, car les
Medecins en ordonnent contre les vents.

GRANGER.

Va-t'en dire à Charlot Granger qu'il auole
fubitement icy : S'il veut fçauoir qui le demande, dis-luy que c'eft moy.

SCENE III.

GRANGER, *feul.*

DOnc feiongant de nos Lares ce vorace
abforbeur de biens, chaque fol de rente
que ie foulois auoir deuiendra parifis ? & le
marteau de la ialoufie ne fonnera plus les longues heures du defefpoir, dans le clocher de
mon ame. D'vn autre cofté me puis-je refoudre au mariage, moy que les liures ont
inftruit des accidens qu'il tire à fa cordelle ?
Que ie me marie, ou ne me marie pas, ie fuis
affeuré de me repentir. N'importe, ma femme pretenduë n'eft pas grande, ayant à veftir
vne here, ie ne la puis prendre trop courte.
On dit cependant qu'elle veut plaftronner fa
virginité, contre les eftocades de mes perfections. Hé ! à d'autres, vn pucelage eft plus

difficile à porter qu'vne cuiraſſe. Toutes les
femmes ne ſont elles pas ſemblables aux arbres , pourquoy donc ne voudroit-elle pas
eſtre arrouſée ? *At primò* comme les arbres
elles ont pluſieurs teſtes ; comme les arbres,
ſi elles ſont ou trop ou trop peu humectées,
elles ne portent point ; comme les arbres , elles ont les fleurs auparauant les fruits ; comme les arbres , elles déchargent quand on les
ſecouë : Enfin, Iean Deſpotere le confirme,
quand il dit , *Arboris eſt nomen muliebre.* Mais
ie croy que Paquier a beu de l'eau du Fleuue
Lethé , ou que mon fils s'approche à pas d'Eſ-
creuiſle ; ie m'en vais *obuiam,* droit à luy.

SCENE IV.

CHARLOT, PAQVIER.

CHARLOT.

IE ne puis rien comprendre à ton galimathias.

PAQVIER.

Pour moy ie ne trouue rien de si clair.

CHARLOT.

Mais enfin ne me sçaurois-tu dire qui c'est
qui me demande ?

PAQVIER.

Ie vous dis que c'est moy.

CHARLOT.

Comment toy ?

PAQVIER.

Ie ne vous dis pas moy : Mais ie vous dis que

c'eſt Moy ; car il m'a dit en partant, dis luy
que c'eſt, Moy.

CHARLOT.

Ne ſeroit-ce point mon Pere que tu veux dire ?

PAQVIER.

Hé ! vrayment oüy. A propos ie penſe qu'il a
enuie de vous enuoyer ſur la Mer.

CHARLOT.

Hé quoy faire, Paquier ?

PAQVIER.

Il ne me l'a point dit ; mais ie croy que c'eſt
pour voir la Campagne.

CHARLOT.

I'ay trop voyagé, i'en ſuis las.

PAQVIER.

Qui vous ? Ie vais gager chapeau de Cocu, qui
eſt vn des vieux de voſtre Pere, que vous n'a-
uez iamais veu la Mer que dans vne Huître
à l'eſcaille.

CHARLOT.

Et toy, Paquier, en as-tu vû d'auantage ?

PAQVIER.

Oüy-da ; i'ay veu les Bons-hommes,
Chaillot, Saint Clou , Vaugirard.

CHARLOT.

Et qu'y as-tu remarqué de beau , Paquier ?

PAQVIER.

A la verité ie ne les vis pas trop bien, pource
que les murailles m'empefchoient.

CHARLOT.

Ie penfe , ma foy , que tes voyages n'ont pas
efté plus longs, que fera celuy dont tu me
parle. Va, tu peux t'affeurer que je ne defire
pas , . . .

SCENE V.

GRANGER, CHARLOT, PAQVIER.

GRANGER.

Qve tu demeures plus long-temps icy:
Viſte, Charlot, il faut partir. Songe à
l'Adieu dont tu prendras congé des Dieux
Foyers, protecteurs du toiƈt paternel ; car
demain l'Aurore porte-ſafran, ne ſe ſera pas
pluſtoſt iettée des bras de Tithon dans ceux
de Cephale, qu'il te faudra fier à la diſcretion de Neptun Guide-nefs. C'eſt à Veniſe
où ie t'enuoye, *Tuus enim patruus* m'a mandé qu'eſtant orbe d'hoirs maſles, il auoit beſoin d'vn perſonnage ſur la fidelité duquel il
pûr ſe repoſer du maniement de ſes facultez.
Puis que donc tu n'as iamais voulu t'abreuuer
aux Mareſts, fils de l'ongle du Cheual em-
plumé, & que la Lyrique harmonie du ſçauant meurtrier de Python, n'a iamais enflé ta
parole, eſſaye-ſi dans la marchandiſe. Mercure aux pieds aiſlez te preſtera ſon Caducée.
Ainſi le turbulent Eole te ſoit auſſi affable
qu'aux pacifiques Nids des Alcions. Enfin,

Charlot , il faut partir.

CHARLOT.

Pour où aller, mon Pere ?

GRANGER.

A Venise, mon fils.

CHARLOT.

Ie voy bien, Monfieur , que vous voulez éprouuer fi ie ferois affez lafche pour vous abandonner , & par mon abfence vous arracher d'entre les bras vn fils vnique : Mais non , mon Pere, fi vos tendreffes font affez grandes pour facrifier voftre ioye à mon auancement, mon affection eft fi forte , qu'elle m'empefchera de vous obeïr : Auffi quoy que vous puiffiez alleguer , ie demeureray fans ceffe auprès de vous, & feray voftre bafton de vieilleffe.

GRANGER.

Ce n'eft pas pour prendre voftre aduis, mais pour vous apprendre ma volonté, que ie vous ay fait venir. Donc demain ie vous emmaillotte dans vn Vaiffeau, pendant que l'air eft ferain ; car s'il venoit à nébulifier , nous fommes menaffez par les Centuries de Noftradamus, d'vn temps fort incommode à la Nauigation.

CHARLOT.

C'eſt donc ſerieuſement que vous ordonnez
de ce voyage ? Mais apprenez que c'eſt ce que
ie ne puis faire ; & que ie ne feray iamais.

SCENE VI.

FLEVRY, GRANGER, PAQVIER.

FLEVRY.

HE' bien, mon Couſin, noſtre Laboureur
eſt-il arriué ? ferons-nous ce mariage ?

GRANGER.

Helas ! mon Couſin, vous eſtes arriué ſous
les preſagieux auſpices d'vn Oyſeau bien in-
fortuné. Soyez toutefois le fatal arbitre de
ma noire ou blanche Deſtinée, & le fidele
eſtuy de toutes mes penſées. Ce riche gendre n'eſt pas encore venu, ie l'attendois icy;
mais lors que ie ne penſois vaquer qu'à la
ioye, ie me vois inueſty des glaiues de la douleur. Mon fils eſt fol, mon Couſin, le pauure

enfant doit vne belle chandelle à Saint Mathurin.

FLEVRY.

Bon Dieu! depuis quand ce mal-heur eſt-il
arriué?

GRANGER.

Helas! tantoſt comme ie le careſſois, il a voulu ſe ietter à mon viſage, & déſiner à mes
deſpens le portrait d'vn Moniaque ſur mes
jouës. Il gromele en pietinant qu'il n'ira
point à Veniſe. Ho, ho, le voicy, cachons-
nous & l'eſcoûtons.

SCENE VII.

CHARLOT, FLEVRY,
GRANGER, CVISTRES.

CHARLOT.

Oy i'iray à Veniſe! & i'abandonnerois
la choſe pour laquelle ſeule i'aime le
iour? I'iray pluſtoſt aux Enfers ; pluſtoſt
d'vn poignard i'ouuriray le ſein de mon barbare Pere, & pluſtoſt de mes propres mains
ayant choiſi ſon cœur dans vn ruiſſeau de
ſang

fang , i'en battray les murailles.

FLEVRY.

O ! grand Dieu , quelle rage ?

CHARLOT.

Non , mon Pere , ie n'y puis confentir.

FLEVRY, *fuyant.*

Liez-le , mon Coufin , liez-le , il ne faut qu'vn malheur.

GRANGER.

Piliers de Claffes , Tire-gigauts , Cifeaux de Portion , Executeurs de Iuftice Latine ; *Adefte fubito , adefte , ne dicam aduolate.* Iettez moy promptement vos bras Achilains fur ce Microcofme erronée de chimeres abftractiues, & liez-le auffi fort que Promethée fur le Caucafe.

CHARLOT.

Vous auez beau faire , ie n'iray point.

GRANGER.

Gardez bien qu'il n'échape , il feroit vn Haricot de nos fcientifiques fubftances.

CHARLOT.

Mais, mon Pere, encore dites-moy pour quel fuiet vous me traitez ainfi : Ne tient-il qu'à faire le voyage de Venife pour vous contenter ? I'y fuis tout preft.

GRANGER

Ofez-vous attenter au tableau viuant de ma docte Machine, Goujats de Ciceron ; Songez à vous : *Iratus eft Rex, Reginaque non fine caufa.* Apprenez que i'en dis moins que ie n'en penfe, & que *Supprimit Orator quæ rufticus edit ineptè.*

CHARLOT.

Oüy, mon Pere, ie vous promets de vous obeïr en toutes chofes : mais pour aller à Venife, il n'y faut pas penfer.

GRANGER.

Comment Freflons de College, Roüille de mon pain, Cangrene de ma fubftance, cét obfedé n'a pas encore les fers aux pieds : Vifte qu'on luy donne plus d'entraues que Xerces n'en fimit à l'Ocean, quand il la voulut faire Efclaue.

CHARLOT.

Ah ! mon Pere, ne me liez point, ie fuis tout
preft à partir.

GRANGER.

Ha ! ie le fçauois bien que mon fils eftoit
trop bien moriginé pour donner chez luy paffage à la frenefie. Va, mon Dauphin, mon
Prince de Gales, tu feras quelque iour la benediction de mes vieux ans. Excufe vn efprit
préuenu de faux raports : ie te promets en ré-
compenfe d'allumer pour toy mon amour au
centuple dés que tu feras là.

CHARLOT.

Où, là, mon Pere ?

GRANGER.

A Venife, mon Fils.

CHARLOT.

A Venife, moy ? pluftoft la mort.

GRANGER.

Au fou, au fou, ne voyez-vous pas comme
il m'a ietté de l'efcume en parlant ; Voyez fes

yeux tous renuerfez dans fa tefte : Ha! mon
Dieu, faut-il que i'aye vn enfant fou ? Vifte,
qu'on me l'empoigne ?

CHARLOT.

Mais encore apprenez moy pourquoy on
m'attache ?

VN CVISTRE.

Parce que vous ne voulez pas aller à Venife.

CHARLOT.

Moy, ie n'y veux pas aller ? On vous le fait
accroire. Helas ! mon Pere, tant s'en faut,
toute ma vie i'ay fouhaitté auec paffion de
voir l'Italie, & ces belles contrées qu'on appelle le Iardin du Monde.

GRANGER.

Donc mon fils, tu n'as plus befoin d'Ellebo-
re. Donc ta tefte refte encore auffi faine que
celle d'vn Chou cabus apres la gelée. Vien
m'embraffer, Vien mon Toutou, & va t'en
auffi-toft chercher quelque chofe de gentil,
& à bon marché, qui foit rare hors de Paris,
pour en faire vn prefent à ton Oncle ; car ie
te vais toute à cette heure retenir vne place
au Coche de Lyon.

SCENE VIII.

CHARLOT , *seul.*

Qve de fscheufes conionctures où ie me trouue embarassé ! Apres toute ma feinte il faut encore ou abandonner ma Maiftresse, c'eft à dire mourir, ou me refoudre à veftir vn pourpoint de pierre, cela s'appelle fainct Victor ou S. Martin.

SCENE IX.

CORBINELI, CHARLOT.

CORBINELI.

Si vous me voulez croire, voftre voyage ne fera pas long.

CHARLOT.

Ha ! mon pauure Corbineli, te voila. Sçais-tu donc bien les malheurs où mon Pere m'engage.

CORBINELI.

Il m'en vient d'apoſtropher tout le *Tu autem.*
Il vous enuoye à Veniſe ; vous deuez partir
demain : Mais pouruai que vous m'écoutiez,
ie penſe que ſi le bon homme, pour tracer le
plan de cette Ville, attend voſtre retour, il
peut dés maintenant s'en fier à la Carte. Il
vous commande d'acheter icy quelque baga-
tele à bon marché qui ſoit rare à Veniſe, pour
en faire vn preſent à voſtre Oncle : C'eſt vn
couſteau qu'il vient d'émoudre pour s'égorger. Suiuez moy ſeulement.

Fin du premier Acte.

ACTE II.
SCENE PREMIERE.

CHASTEAV-FORT, *seul.*

VOus vous estes batu? Et donc ! Vous auez
eu auantage sur voſtre ennemy ? Fort
bien. Vous l'auez deſarmé ? Facilement. Et
bleſſé ? Hon. Dangereuſement , s'entend ?
A trauers le corps. Vous vous éloignerez ? Il
le faut. Sans dire adieu au Roy ? Ha , a , a.
Mais cét autre , miſerable , de quelle mort le
ferons nous tomber ? De l'étrangler comme
Hercule fit Anthée , ie ne ſuis pas Bourreau.
Luy feray-je aualer toute la mer ? Le monument d'Ariſtote eſt trop illuſtre pour vn ignorant. S'il eſtoit Maquereau , ie le ferois mourir en eau douce. Dans la flâme , il n'auroit
pas le temps de bien gouſter la mort. Com-
manderay-je à la Terre de l'engloutir tout
vif ? Non, car comme ces petits Gentillaſtres
ſont accouſtumez de manger leurs terres ; celuy-cy pourroit bien manger celle qui le cou-

B iiij

uriroit. De le déchirer par morceaux, ma
colere ne seroit pas contente, s'il restoit de
ce malheureux vn atôme aprés sa mort.   O !
Dieux ie suis reduit à n'oser pas seulement luy
defendre de viure, parce que ie ne sçay comment le faire mourir.

SCENE II.

I. GAREAV, CHASTEAVFORT.

GAREAV.

Vartigué, vela de ces mangeux de petits
enfans. La vegne de la Courtille, belle
montre, & peu de rapport.

CHASTEAVFORT.

Où vas-tu bon-homme ?

GAREAV.

Tout deuant moy.

CHASTEAVFORT.

Mais ie demande où va le chemin que tu
suis.

GAREAV.

Il ne va pas, il ne bouge.

CHASTEAVFORT.

Pauure ruſtre, ce n'eſt pas cela que ie veux
ſçauoir : Ie te demande ſi tu as encore bien du
chemin à faire auiourd'huy.

GAREAV.

Nanain da, ie le trouueray tout fait.

CHASTEAVFORT.

Tu parois, Dieu me damne, bien gaillard
pour n'auoir pas diſné.

GAREAV.

Dix nez ? Qu'en fera-je de dix ? il ne m'en
faut qu'vn.

CHASTEAVFORT.

Quel Docteur ! Il en ſçait autant que ſon Curé.

GAREAV.

Auſſi ſi je ; N'eſt-il pas bien curé qui n'a rien
au ventre ? Hé, la ris Iean, on te frit des
œufs. Teſtigué, eſt-ce à cauſe qu'ous eſtes

Monſieu , qu'ous faites tant de menes ? Dame , qui rare a , guare a. Tenez n'auous point veu malva ? Bonjou donc, Monſieu , s'tules: Hé qu'eſt-ce donc ? Ie penſe donc qu'ous me prendrais pour queuque inorant ? Hé ſi tu és riche, diſne deux fois.   Aga quien, qui m'a angé de ce galouriau ? Boneſi sfeſmon ! vela vn homme bien vidé, vela vn engein de belle degueſne , vela vn biau vaiſſiau, s'il auoit deux ſaicles ſur le cul. Par la morguoi, ſi i'auoüas vne ſarpe ei vn baſton, ie feroüas vn Gentizome tout au queu.   C'eſt de la Nobleſſe ; Maquieu Furon , va te couché tu ſouperas demain. Eſt-ce donc pelamor qu'ous auez vn engein de far au coſté qu'ous fetes l'Olbrius & le Vaſpaſian ? Vartigué ce n'eſt pas encore come-ça.   Dame acoutez ie vous dorois bian de la gaule par ſous l'huis ; mais par la morguoy ne me ioüez pas des Trogedies, car ie vous feroüas du bezot. Iarnigué je ne ſis pas vn gniais : I'ay eſté ſans repruche Marguillier, i'ay eſté Beguiau, i'ay eſté Portofrande , i'ay eſté Chaſſe Chien , i'ay eſté Guieu & Guiebe , ie ne ſçay pus qui ie ſis. Mais ardé de tout ça bre r r r i'en dis du Mirlito, parmets que i'aye de Stic.

CHASTEAVFORT.

Malheureux excommunié, voila bien du haut ſtile.

GAREAV.

Monſieu de Marſilly m'appellet bien ſon bâ-
tar. Il ne s'en eſt pas failly l'eſpoiſſeur d'vn
tornas qu'il ne m'ait fait apprenty Conſeillé.
Vien ça, ce me fit il vne fois, gros fils de Putain, car i'eſquions tout comme deux freres:
Ie veux, ce fit-il, que tu venais, ce fit-il, autour de moy, ce fit-il, dans la Turquiſe, ce
me fit-il. O ! ce l'y fis-ie, cela vous plaiſt a
dire : Non eſt, ce me fit-il. O ! ſi eſt, ce l'y
fis-je. O ! ce me fis-ie à par moy : Eſcoute
Iean, ne faut point faire le bougre, faut ſauter. Dame ie ne feſy point de deſigurance
dauantage, ie me boury auec ly cahin caha,
tout à la maxite Françoiſe. Mais quand on
g'ny eſt, on g'ny eſt. Bonneſy pourtant ie
paraiſſy vn ſot baſquié, vn ſot baſquié ie paraiſſy ; car Martin Binet... Et y à propos
Denis le balafré ſon onque, ce grand ecné,
s'en venit l'autre iour la remontée lantarner
enuiron moy. Ah ! ma foy, ma foy, ie penſe
qua Guieu mercy, ie vous l'y ramenis le pus
biau chinfregniau ſus le mouſtafa, qu'oul l'y
en demeury les badigoines eſcarboüillées tout
auaux l'hyuar. Que Guiebe auſſi ! Tous les
iours que Guieu feſet, ce bagnoquier la me
rauaudet come vn Satan. C'eſtet ſa ſœur qui
eſpouſit le grand Tiphoine. Acoutez, ol n'a
que faire de faire tant l'enhaſée, ol n'a goute
ne brin de biau. Parmaſy, comme dit l'autre

ce n'est pas grand chance ; la Reyne de Nior,
malheureuse en biauté. Pour son homme
quand oul est des-habillé, c'est vn biau cor-
nu. Mais regardez vn petit, ce n'estet encore
qu'vne varmene, & si ol feset desia tant la de-
uargondée, pour autant qu'ol sauet luire dans
les Sessiaumes, qu'on n'en sauet cheuir. Ol
se carret comme vn pou dans eune rogne: Dame aussi ol auet la voix, reuerence parlé, aussi
finement claire qu'eune iau de roche. Len di-
set que Monsieu le Curé auet bien trampé souuent son Goupillon dans son Benaisquié; mais
ardé sont des médiseux, les faut laisser dire,
& pis quand oul auret ribaudé vn tantinet,
c'est à ly à faire, & à nous à nous taire , pis
qu'il donne bien la pollution aux autres, il ne
l'oubly pas pour ly. Monsieu le Vicaire itou
estet d'vne humeur bien domicile & bien tur-
quoise ; mais ardé. . . .

CHASTEAVFORT.

Et de grace , Villageois , acheue nous tes
auantures du voyage de Monsieur de Marsil-
ly.

GAREAV.

Ho, ho, ous n'estes pas le Roy Minos , ous
estes le Roy Priant. O donc ie voyagisme sur
l'Or riant, & vers la Mardy Terre Année.

CHASTEAVFORT.

Tu veux dire au contraire vers l'Orient,

fut la Mediterranée.

GAREAV.

Hé bian ie me reprens, vn var fe reprent bian. Mais guiau fi vous penfiais que ie deuiffefme entendre tous ces rintamarres-là,comme vous autres Latinifeurs, Dame nanain: Et vous, comme guiebe déharnachez vous voftre Philophie? l'ariuifmes itou aux Deux Trois Gilles le baftard , dans la Trarfvilanie, en Berhlian de Galilene, en Harico, & pis au païs .... au païs.... au païs.... du Beure.

CHASTEAVFORT.

Que Diable veux-tu dire , au païs du Beure ?

GAREAV.

Oüy au païs du Beure. Tan quia que c'eft vn pays qui eft mou comme beure, & où les gens font durs comme piare. Ha! c'eft la graiffe; hé bian les gens n'y font-ils pas bian durs, pis que ce font des Grecs: Et pis apres cela ie nous en allifmes, reuerence parlé, en vn pays fi loin , fi loin , ie penfe que mon Maiftre appellet cela le pays des Baffins , où le monde eft noir come des Antechrits. Ardé, ie croy fixiblement que ie n'euffiefmes pas encor cheminé deux glieuës, que i'euffiefmes troué le Paradis & l'Enfar. Mais tenez, tout ce qui me

femblit de pus biau à voir, c'eft ces petits Sa-
rafins d'Italife cette petite grene d'andoüille
n'eft pas pus grande que fauequoy, & s'ils fça-
uont defia parler Italian. Dame ie ne fefimes-
là·guere d'ordure. Ie nous bandifmes nos
quaiffes tout au bout du monde dans la Tur-
quife, moy & mon Maiftre. Parmafy pourtant, ie difis biantoft à mon Maiftre qu'oul
s'en reuenift. Hé quemant, quelle vilanie:
Tous ces Turs-là font tretous huguenots
comme des chiens. Oul fe garmantet par efcouffe de leur bailler des exultations à la Tur-
quoife.

CHASTEAVFORT.

Il faut dire des exhortations à la Turque.

GAREAV.

O bien, tanquia qu'il les farmonet comme il
falet.

CHASTEAVFORT.

Ton Maiftre fçauoit donc l'Idiome Turc :

GAREAV.

Hé vramant oüy oul fçauet tous ces Gerof-
mes-là : les auet-il pas veus dans le Latin:
Son frere itou eftet bien fçauant, mais oul
n'eftet pas encore fi fçauant, car n'en marmu-
fet qu'oul n'auet appris le Latin qu'en François. C'eftet vn bon Nicolas, qui s'en allet

tout deuant ly, hurlu, brelu, n'en n'euſt pas
dit qu'oul y touchet, & ſt anpandant oul mar-
monet touſiours dans vne baſtelée de Liures.
Ie ne me ſçauras tenir de rire, quand ie me
ramenteu des noms ſi biſcornus, & ſi par le
ſanguoy tout ça eſtet vray, car oul eſtet moulé. D'auquns s'intiloient, s'intuloient : oüay:
ce n'eſt pas encore comme ça : S'inlutuloient,
i'ay ſis caſi, S'intilutoient, ſin, ſin, ſin;
Tanquia que ie m'entens bian.

CHASTEAVFORT.

Tu veux dire s'intituloient.

GAREAV.

Oüy, oüy, ſin, ſin, hela qui ſe feſoient comme vous dites : Vela tout comme il le déſtint
chet. Ie ne ſçay pus où i'en ſis, vous me l'a-
uez fait pardre.

CHASTEAVFORT.

Tu parlois du nom de ces Liures.

GAREAV.

Ces Liures donc, pis que Liures y a. Oüay:
Ha ie ſçay bian; Oul y auet des Amas de
Gaules, des Cadets de Terelire, & des Aiſ-
nez de Vigile.

CHASTEAVFORT.

Il faut dire, mon grand amy, des Amadis
de Gaule, des Decades de Tite-Liue, des
Eneïdes de Virgile. Mais pourſuis.

GAREAV.

O ! par le ſangué va t'en chercher tes pour-
ſuiueux. Aga qu'il eſt raiſonnabe auiourd'hy,
il a mangé de la ſoupe à neuf-heures. Hé
ſi ie ne veux pas dire comme ça moy ; Tanquia qu'à la parfin ie nous reuinſmes. Il ap-
portit de ce pays-là tant de Guiaman-rou-
ges, des Hemoroides vertes, & vne grande
eſpée qui atteindret d'icy à demain. C'eſt à
tout ces farremens que ces mangeux de petits
enfans ſe batont en deüil. Il aportit itou de
pétits engingorniaux remplis de naiſſance, à
celle fin de conſeruer, ce feſet-il, l'humeur
ridicule, à celle fin, ce feſet-il, de viure
auſſi long-temps que Maquieu ſalé. Tenez
n'auous point veu Nique-doüille, qui ne
ſçauret rire ſans montrer les dants ;

CHASTEAVFORT.

Ie ne ris pas de la vertu de tes eſſences.

GAREAV.

Il le frappe.

O guian ſçachez que les naiſſances ont de

merucilleufes proprez ; c'eſt vn certain oi-
gnement dont les Ancians s'oignoient quand
ils eſtient morts, dont ils viuent ſi longue-
ment. Mais morgué il me viant de ſouuenir
que vous vouliais tantoſt que ie vous diſi le
nom de ces Liures. Et ie ne veux pas moy ;
& vous eſtes vn ſot drés-là , & teſtigué ous
eſtes vn ignorant là dedans. Car vantregué
ſi vous eſtes vn ſi bon diſeux , morgué tapons
nous donc la gueule comme il faut. Dame il
ne faut point tant de beure pour faire vn car-
tron ? Et quien? & vela pour toy.

CHASTEAVFORT.

Ce coup ne m'offence point , au contraire , il
publie mon courage inuincible à ſouffrir.
Toutesfois afin que tu ne te rendes pas indigne de pardon par vne ſeconde faute , encore que ce ſoit ma couſtume de donner plû-
toſt vn coup d'eſpée qu'vne parole , ie veux
bien te dire qui ie ſuis. I'ay fait en ma vie
ſeprante mille combats , & n'ay iamais porté botte qui n'ait tué ſans confeſſion. Ce
n'eſt pas que i'aye iamais feraillé le fleuret ,
ie ſuis adroit la grace à Dieu , & partant la
ſçience que i'ay des armes , ie ne l'ay iamais
appriſe que l'eſpée à la main. Mais que cét
auertiſſement ne t'effraye point ; Ie ſuis tout
cœur , & il n'y a point par conſequent de place ſur mon corps où tu puiſſes adreſſer tes
coups ſans me tuer. Sus donc , mais gardons

la veuë, ne portons point de mesme temps,
ne poussons point de prés, ne tirons point de
seconde : Mais viste, viste, ie n'aime pas
tant de discours ; Mardieu de puis le temps
ie me serois mis en garde, i'aurois gagné la
mesure, ie l'aurois rompuë, i'aurois surpris
le fort, i'aurois pris le temps, i'aurois coupé
sous le bras, i'aurois marqué tous les batte-
mens , i'aurois tiré la flanconade, i'aurois
porté le coup de dessous, ie me serois allongé
de tierce, sur les armes, i'aurois quarté du
pied gauche, i'aurois marqué feinte à la pointe
& dedans & dehors, i'aurois estramaçoné,
ébranlé , empieté, engagé, volté, porté,
paré, riposté, carté, passé, desarmé, & tué trente
hommes.

GAREAV.

Il le frape encore.

Vramant , vramant, vela bien la Musicle de
S. Innocent , la plus grande piqué du
monde. Quel embrocheux de Limas : Et
quien , quien , vela encor pour t'aga-
cer.

CHASTEAVFORT.

Il le frape. Il le frape encore. Il est frapé de rechef.

Ie ne sçay, Dieu me damne, ce que m'a fait
ce marault, ie ne me sçaurois fâcher contre luy. Foy de Caualier, cette gentillesse
me charme. Voila le faquin du plus grand

cœur que ie vis iamais. Il faut neceſſairement, ou que ce beliſtre ſoit
mon fils, ou qu'il ſoit Demoniaque.
D'égorger mon fils à mon eſſient, ie
n'ay garde; De tuer vn poſſedé, i'aurois
tort, puis qu'il n'eſt pas coupable des
fautes que le Diable luy fait faire.
Toutefois, ô! pauure Païſan, ſçache
que ie porte à mon coſté la Mere nourrice des Foſſoyeurs, que de la teſte du
dernier Sophy ie fis vn pomeau à mon
eſpée, que du vent de mon chapeau ie
ſubmerge vne Armée nauale, & que
qui veut ſçauoir le nombre des hommes
que i'ay tuez, n'a qu'à poſer vn 9 &
tous les grains de ſable de la mer en ſuite
qui ſeruiront de zeros. Quoy que tu *Il eſt en-*
faſſes, ayaut proteſté que ie gagnerois *core batu.*
cela ſur moy-meſme, de me laiſſer bat-
tre vne fois en ma vie, il ne ſera pas dit
qu'vn marault comme toy me faſſe
changer de reſolution. Quelque faquin *Garean ſe*
de cœur bas, & rauale, auroit voulu *retire en*
meſurer ſon eſpée auec ce vilain : mais *vn coin*
moy qui ſuis Gentil-homme, & Gen- *du Thea-*
til-homme d'extraction, ie m'en ſuis *tre, & le*
fort bien ſceu garder. Il ne s'en eſt ce- *Capitan*
pendant quaſi rien fallu que ie ne l'aye *demeure*
percé de mille coups, tant les noires *ſeul.*
vapeurs de la bile offuſquent quelquefois la clarté des plus beaux Genies. En
effet i'allois tout maſſacrer, Ie iure donc

auiourd'huy par cette main, cette main difpenfatrice des Couronnes & des Houlettes, de ne plus dorefnauant receuoir perfonne au combat, qu'il n'ait leu deuant moy fur le pré fes Lettres de Nobleffe , & pour vne plus grande préuoyance ie m'en vais faire promptement aduertir Meffieurs les Marefchaux qu'ils m'enuoyent des Gardes pour m'empefcher de me battre; car ie fens ma colere qui croift, mon cœur qui s'enfle, & les doigts qui me demangent de faire vn homicide. Vifte, vifte, des Gardes, car ie ne réponds plus de moy : Et vous autres Meffieurs qui m'écoutez, allez m'en querir toute à l'heure, ou par moy tantoft vous n'aurez point d'autre lumiere à vous en retourner, que celle des éclairs de mon fabre, quand ils vous tombera fur la tefte ; & la raifon eft, que ie vay, fi ie n'ay vn Garde , fouffler d'icy le Soleil dans les Cieux comme vne chandelle. Ie te maffacrerois, mais tu as du cœur, & i'ay befoin de foldats.

Gareau reuenant le frape encore & le Capitan s'en va.

SCENE III.

GRANGER, GAREAV,
MANON, FLEVRY.

MANON.

QVel démeſlé donc, mon pauure Ieaṅ,
Qauois tu auec ce Capitaine ;

GAREAV.

Aga, ou me venet rauodé de ſa Philophie!
Ardé tenez , c'eſt tout fin dret comme ce
grand Cocſigruë de Monſieu du Meny :
vous ſçauez bian, qui auet ces grand pena-
ches quand ie demeurais chez Mademoirelle
de Carnay. Dame pelamor qu'oul eſtet braue comme le tems, qu'oul luiſet dans le
moulé, quoul iargonet par eſcouſſe des Aſnes
à Batiſte, de Peres Paticiers, il velet que ie
ly fiſieſmes trettous l'obenignal. Pelamor
itou , à ce que ſuchequient les mediſeux,
qu'auec Mademoirelle noſtre Metraiſſe, il
bouter cety-cy dans cety-là, (ce n'eſt pas ce
nonobſtant, comme dit l'autre, pour ce chore

la , car ardé bonne renomée vaut mieux que ceinture dorée) mais par la morguoy ſpheſmon , c'eſtet vn bel oiſeau pour tourner quatre broches ; & pis étou l'en marmuſet qu'oul eſtet vn tentet tarabuſté de l'entendement. Bonne-fy la barbe l'y eſtet venuë deuant vne bonne Ville, ol luy eſtet venuë deuant Sens. Ce Iean qui de tout ſe meſle, il y a deſia eune bonne eſcouſſe da, s'en venit me ramener auos les eſchegnes eune houſſene de dix ans. Vartigué ie n'eſtes pas Gentizome pour me battre en deüil , mais … O don c'eſtet Mademoirelle noſtre Meſtraiſſe qui m'auet loüé, & ſtanpandant il voulet ; ce dit-il, me faire , ce dit-il, enfiler la porte. O , ce me fit-il, ie te feray bien enfiler la porte, ce fit-il, Guian cette parole la me prenit au cœur. O par la morguoy, ce l'y fis-ie, vous ne me feraiz point enfiler la porte, & pis au fons, ce l'y fi-ie, c'eſt mademoirelle qui m'a loüé : ſi Mademoirelle veut que ie l'enfile, ie l'enfileray bian, mais non pas pour vous.

GRANGER.

Or ça noſtre Gendre, mettons toutes quérelles ſous le pied, & donnons leur d'vn oubly à trauers les hypocondres. Si l'Hymenée porte vn flambeau, ce n'eſt pas celuy de la Diſcorde : Il doit allumer nos cœurs, non pas noſtre fiel : C'eſt le ſuiet qui nous aſſemble tous. Voila ma fille qui voudroit deſia qu'on

dist d'elle & de vous, *Sub*, *super*, *in*, *subter*,
casu iunguntur viroque, *in vario sensu.*

MANON.

Mon Pere, ie ne suis pas capable de former
des souhaits, mais de seconder les vostres :
Conduisez ma main dans celle que vous auez
choisie, & vous verrez vostre fille d'vn visage égal, ou décendre, ou monter.

GRANGER.

Rien donc ne vous empesche plus de conclure cét accord, aussi-tost que nous sçau-
rons les natures de vostre bien.

FLEVRY.

La donc ne perdons point de temps.

GRANGER.

Vos facultez consistent-elles en rentes, en
maisons, ou en meubles :

GAREAV.

Dame oüy, i'ay tres bian de tout ça, par le
moyan d'vn heritage.

GRANGER.

Qu'on donne promptement vn siege à Mon-

ſieur. Manon, ſaluez voſtre mary. Cette
ſucceſſion eſt-elle grande.

GAREAV.

Elle eſt de vint mile frans.

GRANGER.

Viſte, Paquier, qu'on mette le couuert.

GAREAV.

Il ſe met dans vne Chaiſe.

La, la, vous moquez-vous, rafubez voſtre
bonnet, entre nous autres, il ne faut point
tant de freſmes ny de ſimonies. Hé qu'es-ce
donc : Noſtre dinſe, n'en diret que ie ne
nous connoiſſiens plus. Quoy ous auez bouté
en obliuiance de quand ous eſquiais au Cha-
quiau : Parguene alez ous n'eſquiais qu'vn
petit Nauet en ce tems-là, ous eſtes à cette
heure-cy eune Citroüille bian groſſe. Vramant laiſſez faire, ie penſe que Guieu marcy,
i'auons bian ſarmoné de vous, feu noſtre
mainagere & moy. Si vous eſtet venu des
cornes toute les fois que les oreilles vous ont
corné (ce que i'en dis pourtant ce n'eſt pas
que i'en parle, ce crois ie bian qu'ous en auez
aſſez ſans nous.) Tanquia, que, donc pour
reuenir à noſtre conte, ierniguoy i'eſquieſ-
mes tous deux de méchantes petite vermenes.
I'allieſmes vreder auaux ces bois. Et y a pro-
poſ

pos ce biau marle qui sublet si finement haut :
Hé bian regardez, ce n'estet que le Clocu
Fili Dauy ! Ous esquiais vn vray Iui d'Aui-
gnon en ce tems-là : Ous esquiais trejours à
pandiller en tour ces cloches, & y sauter
comme vn Maron. O bian, mais ce n'est
pas le tout que des choux, il faut de la
graisse.

GRANGER.

Auez-vous icy les Contracts acquisitoires de
ces heritages-là ?

GAREAV.

Nanain vramant, & si l'on ne me les veut pas
donner ; mais ie me doute bian de ce qu'oul
y a. Testigué ie m'amuse bian à des papiers,
moy. Hé ardé, tous ces brinborions de Contracts, ce n'est que de l'escriture qui n'est
pas vraye, car ol n'est pas moulée. Hobian,
acourez-la, c'est vne petite sussion qui est
vramant bian grande, da, dé Nicolas Girard :
hé la, le pere de ce petit Louis Girard qui
estet si semillant, ne vous sçauriais vous re-
corder ; c'est ly qui s'alit neger à la grand
Mare. O bian son pere est mort, & si ie l'a-
uons conduit en tare s'il a plû à Guieu, sans
repruche, comme dit l'autre. Ce pauure
Guiebe estet allé dénicher des Pies sur l'Orme de la comere Massée : Dame comme
oul estet au Copiau, le vela bredi, breda,

qui commence à griller tout auaux les branches, & cheit eune grande escousse, pouf,
à la ranuarse. Guieu benit la Cresquianté,
ie croy que le cœur l'y escarboüillit dans le
ventre, car oul ne sonit iamais mot, ne
groüillit, sinon qu'oul grimonit trépassant,
Guibe set de la Pie, & des Piaux. O donc
ly il estet mon Compere, & sa femme ma
Comere. Or ma Comere, pis que Comere y
a, auparauant que d'auoir espousé mon Compere, auet espousé en preumieres nopces, le
Cousin de la brü de Piare Oliuier, qui touchet de bian prés à Iean Henault, de par le
Gendre du Biau-frere de son Onque. Or
cely-cy, retenez bian, auet teu des enfans
de Iaquelaine Brunet qui mourirent sans enfans : Mais il se trouue que le Neveu de Denis Gaucher auet tout baillé à sa femme par
Contract de mariage, à celle fin de frustriser
les heriquiers de Thomas Plaçon, qui deuient
y r'entrer pisque sa Meregrand n'auet rian
laissé aux mineurs de Denis Vanel l'esné :
Or il se trouue que ie somes parens en queuque magniere de la Veufue de Denis Vanel
le icune, & par consequent ne deuons-je pas
auoir la sussion de Nicolas Girard ?

GRANGER.

Mon amy, ie fais ouurir à ma conception
plus d'yeux que n'en eust iamais le Berger
Gardien de la Vache Io, & ie ne vois goute

eu voſtre affaire.

GAREAV.

O Monſieu, ie m'en vas vous l'éclaircir auſſi finalement claire, que la voix des enfans de cœur de noſtre Vilage. Acoutez donc : Il faut que vous ſçachais que la Veufue de Denïs Vanel le ieune, dont ie ſommes parens en queuque magniere, eſtet fille du ſecond lit de Georges Marquiau, le Biau-frere de la Sœur du Neueu de Piare Brunet dont i'auons tantoſt fait meution : Or il eſt bian à clair que ſi le Couſain de la Brû de Piare Oliuier qui touchet de bian prés à Iean Henault, de par le Gendre du Biau-frere de ſon Onque ; eſtet Pere des enfans de Iaquelaine Brunet trépaſſez ſans enfans, & qu'apres tout ce tin-tamarre-là, on n'auet rian laiſſé aux mineux de Denis Vanel le ieune, i'y deuons r'entrer, n'eſt-ce pas?

GRANGER.

Paquier, repliez la nappe, Monſieur n'a pas le loiſir de s'arreſter. Ma foy, beau Sire, de-puis que Cupidon ſegregea la Lumiere du Cahos ; il ne s'eſt point veu ſous le Soleil vn démeſlé ſemblable. Dedale & ſon Labirinthe en ont bien dans le dos. Ie vous remercie cependant de l'honneur qu'il vous plaiſoit nous faire : Vous pouuez promener voſtre Charruë ailleurs que ſur le champ virginal au ventre de ma fille.

MANON.

Les Valets de la feste vous remerfiſſont.

FLEVRY.

Vous auez bon courage, mais les iambes vous
faillent.

GAREAV.

Ma foy voire ; Auſſi bian n'en velay-ie pus
I'aime bian mieux vne bonne groſſe Mainagere, qui vous trauaille de ſes dix doigts,
que non pas de ces Madames de Paris qui ſe
feſont courtiſer des Courtiſans. Vous ver-
raiz ces Galoureaux tant que le iour eſt long
leur dire, Mon cœur, Mamour, Parcy, Parlà;
Ie le veux bian, Le veux-tu bian; Et pis c'eſt
à ſe ſabouler, à ſe patiner, à plaquer les mains
au cómencemét ſur les iouës, pis ſur le cou, pis
ſur les tripes, pis ſur le brichet, pis encore pus
pas, &ainſi le vit ſe gliſſe. Stanpádant moy qui
ne veux pas qu'on me faſſe des Trogedies, ſi
i'auoüas trouué queuque Ribaut licher le
moruiau à ma femme, comme cét affront
là frape bian au cœur, peut eſtre que dans
le deſeſpoir ie m'emporteroüas à ieter ſon
chapiau par les freneſtres, pis ce ſecret du
ſcandale Tigué queuque gniais.

GRANGER.

O esperances futiles du concept des humains!
De mesme les Chats tu ne flates que pour
égratigner, Fortune malicieuse !

SCENE IV.

CORBINELI, GRANGER, PAQVIER.

CORBINELI.

Elle n'eſt pas ſeulement malicieuſe, elle eſt enragée. Helas tout eſt perdu ! voſtre fils eſt mort.

GRANGER.

Mon Fils eſt mort, es-tu hors de ſens?

CORBINELI.

Non, ie parle ſerieuſement : Voſtre Fils à la verité n'eſt pas mort, mais il eſt entre les mains des Turcs.

GRANGER.

Entre les mains des Turcs ; ſouſtiens-moy,

ie ſuis mort.

CORBINELI.

Apeine eſtions nous entrez en batteau pour paſſer de la Porte de Neſle au Quay de l'Eſcole....

GRANGER.

Et qu'allois tu faire à l'Eſcole, Baudet.

CORBINELI.

Mon Maiſtre s'eſtant ſouuenu du cõmandement que vous luy auez fait d'acheter quelque bagatelle qui fut rare à Veniſe, & de peu de valeur à Paris, pour en regaler ſon Oncle, s'eſtoit imaginé qu'vne douzaine de Correts n'eſtans pas chers, & ne s'en trouuant point par tout l'Europe de mignons comme en cette Ville, il deuoit en porter là ; C'eſt pourquoy nous paſſions vers l'Eſcole pour en acheter : mais à peine auons nous eſloigné la coſte, que nous auons eſté pris par vne Galere Turque.

GRANGER.

Hé ! de par le Cornet retors de Triton Dieu Marin, qui iamais oüit parler que la Mer fuſt à S. Clou, qu'il y euſt là des Galeres, des Pyrates, ny des Eſcueils ?

CORBINELI.

C'eſt en cela que la choſe eſt plus merueil-
leuſe. Et quoy que l'on ne les aye point veus
en France que cela, que ſçait-on s'ils ne ſont
point venus de Conſtantinople iuſques icy
entre deux Eaux.

PAQVIER.

En effet, Monſieur, les Topinambours qui
demeurent quatre ou cinq cens lieuës au dela
du monde, vinrent bien autrefois à Paris ; &
l'autre iour encore les Polonois enleuerent
bien la Princeſſe Marie en plein iour à l'Ho-
ſtel de Neuers, ſans que perſonne oſaſt branler

CORBINELI.

Mais ils ne ſe ſont pas contentez de cecy, ils
ont voulu poignarder voſtre Fils....

PAQVIER.

Quoy ſans confeſſion ?

CORBINELI.

S'il ne ſe rachetoit par de l'argent.

GRANGER.

Ah ! les miſerables ; c'eſtoit pour incuter la
peur dans cette ieune poitrine.

PAQVIER.

En effet les Turcs n'ont garde de toucher l'argent des Chrestiens, à cause qu'il a vne Croix.

CORBINELI.

Mon Maistre ne m'a iamais pû dire autre chose, sinon, Va t'en trouuer mon Pere, & luy dis... Ses larmes aussi tost suffoquant sa parole m'ont bien mieux expliqué qu'il n'eust sceu faire, les tendresses qu'il a pour vous.

GRANGER.

Que Diable aller faire aussi dans la Galere d'vn Turc ? D'vn Turc ! *Perge.*

CORBINELI.

Ces Escumeurs impitoyables ne me vouloient pas accorder la liberté de vous venir trouuer, si ie ne me fus ietté aux genoux du plus apparent d'entr'eux. Hé! Monsieur le Turc, luy ay-ie dit, permettez-moy d'aller auertir son Pere, qui vous enuoyera tout à l'heure sa rançon.

GRANGER.

Tu ne deuois pas parler de rançon, ils se

feront moquez de toy.

CORBINELI.

Au contraire, A ce mot il a vn peu refferré
fa face. Va, m'a-t'il dit, mais fi tu n'eft icy
de retour dans vn moment, i'iray prendre
ton Maiftre dans fon College, & vous eftran-
gleray tous trois aux antennes de noftre Nauire. I'auois fi peur d'entendre encore quelque chofe de plus fâcheux, ou que le Diable
ne me vient emporter eftant en la compagnie
de ces excommuniez, que ie me fuis promptement ietté dans vn Efquif pour vous auertir des funeftes particularitez de cette rencontre.

GRANGER.

Que Diable aller faire dans la Galere d'vn
Turc ?

PAQVIER.

Qui n'a peut eftre pas efté à confeffe depuis
dix ans.

GRANGER.

Mais penfes-tu qu'il foit bien refolu d'aller
à Venife ?

CORBINELI,

Il ne refpire autre chofe.

GRANGER.

Le mal n'eſt donc pas ſans remede. Paquier,
donne moy le receptacle des inſtrumens de
l'Immortalité, *Scriptorium ſcilicet.*

CORBINELI.

Qu'en deſirez-vous faire ?

GRANGER.

Eſcrire vne Lettre à ces Turcs.

CORBINELI.

Touchant quoy ?

GRANGER.

Qu'ils me renuoyent mon fils, parce que i'en
ay affaire ; Qu'au reſte ils doiuent eſcuſer la
ieuneſſe qui eſt ſuiette à beaucoup de fautes,
& que s'il luy arriue vne autrefois de ſe laiſſer prendre, ie leur promets foy de Docteur,
de ne leur en plus obtondre la faculté audi-
tiue.

CORBINELI.

Ils ſe moqueront, par ma foy, de vous.

GRANGER.

Va-t'en donc leur dire de ma part, Que ie
suis tout prest de leur répondre pardeuant
Notaire, Que le premier des leurs qui me
tombera entre les mains, ie le leur renuoye-
ray pour rien: (Ha ! que Diable , que Diable
aller faire en cette Galere ?) Ou dis leur
qu'autrement ie vais m'en plaindre à la Iustice. Si-tost qu'ils l'auront remis en liberté,
ne vous amusez ny l'vn ny l'autre , car i'ay
affaire de vous.

CORBINELI.

Tout cela s'appelle d'ormir les yeux ouuerts.

GRANGER.

Mon Dieu, faut-il estre ruiné à l'âge où ie
suis ? Va-t'en auec Paquier, prens le reste du
Teston que ie luy donnay pour la dépense il
n'y a que huit iours. [Aller sans dessein dans
vne Galere.] Prens tout le reliquat de cette
piece. [Ha ! mal-heureuse geniture, tu me
coustes plus d'or que tu n'es pesant] Paye la
rançon, & ce qui restera employe-le en œuures pies. [Dans la Galere d'vn Turc !]
Bien, va-t'en. [Mais miserable, dis moy,
que Diable allois tu faire dans cette Galere.]
Va prendre dans mes armoires ce pourpoinct
découpé que quitta feu mon Pere l'année du

grand Hyuer.

CORBINELI.

A quoy bon ces fariboles ? Vous n'y estes pas.
Il faut tout au moins cent pistoles pour sa
rançon.

GRANGER.

Cent pistoles ! Ha ! mon fils, ne tient-il qu'à
ma vie pour conseruer la tienne ; mais cent
pistoles ! Corbineli, va t'en luy dire qu'il se
laisse pendre sans dire mot ; cependant qu'il
ne s'afflige point, car ie les en feray bien repentir.

CORBINELI.

Mademoiselle Geneuotte n'estoit pas trop
sotte, qui refusoit tantost de vous espouser,
sur ce que l'on l'asseuroit que vous estiez d'humeur, quand elle seroit Esclaue en Turquie,
de l'y laisser.

GRANGER.

Ie les feray mentir. S'en aller dans la Galere
d'vn Turc ! Hé quoy faire de par tous les Diables, dans cette Galere ? O ! Galere, Galere,
tu mets bien ma bourse aux Galeres.

SCENE V.

PAQVIER, CORBINELI.

PAQVIER.

Voilà ce que c'est que d'aller aux Galeres.
Qui Diable le pressoit ? Peut-estre que
s'il eust eu la patience d'attendre encore huit
iours, le Roy l'y eust enuoyé en si bonne compagnie, que les Turcs ne l'eussent pas pris.

CORBINELI.

Nostre *Domine* ne songe pas que ces Turcs
me deuoreront.

PAQVIER.

Vous estes à l'abry de ce costé là, car les Ma-
humetans ne mangent point de Porc.

SCENE VI.

GRANGER, CORBINELI.
PAQVIER.

GRANGER.

Tlen , va-t'en , emporte tout mon
bien.

Granger vient luy donner vne bourse, & s'en retourne en mesme temps.

SCENE VII.

CORBINELI *frappant à la porte de la Tremblaye.*

Monjoye Saint Denis ; Ville gagnée, *Accede*, Granger le ieune *accede.* O le plus heureux des hommes ! ô le plus chery des Dieux ! Tenez, prenez, parlez à cette bource, & luy demandez ce que ie vaux.

CHARLOT.

Allons viste, allons inhumer cét argent mort pour mon Pere, au coffre de Mademoiselle Geneuote : Ce sera de bon cœur, & sans pleurer, que ie rendray les derniers deuoirs à ce pauure trépassé ; & cependant admirons la médisance du peuple qui iuroit que mon Pere bien loin de consentir au mariage de Mademoiselle Geneuote & de moy, pretendoit luy-mesme à l'espouser ; & voicy que pour découurir l'imposture des calomniateurs il enuoye de l'argent pour faire les frais de nos ceremonies.

SCENE VIII.

GRANGER, PAQVIER.

GRANGER.

FOrtune, ne me regarderas-tu iamais qu'en rechignant? Iamais ne riras-tu pour moy.

PAQVIER.

Ne sçauez-vous pas qu'elle est sur vne rouë, Damoiselle Fortune ? Elle seroit bien ladre d'auoir enuie de rire. Mais, Monsieur, asseurément que vous estes ensorcelé.

GRANGER.

As-tu quelquefois entendu fretiller sur la mi-nuit dans ta chambre quelque chose de noir?

PAQVIER.

Vramant· vramant, Tantost i'entens traisner des chaisnes à l'entour de mon lit, tantost ie sens coucher entre mes draps vne grande masse lourde, tantost i'apperçois à nostre

Atre vne Vieille toute ridée se graisser, puis
à califourchon sur vn balet s'enuoler, par la
cheminée : Enfin ie pense que noftre College
eft l'Icon, le Prototipe, & le Pere grand du
Chafteau de Biceftre.

GRANGER.

Il seroit donc à propos, ce me semble, de
prédre garde à Moy. Quelque Incube pourroit
bien venir habiter auec ma fille, & faire pis
encore, butinant les reliques de mon chetif
& malheureux *Gaza*. Ma foy pourtant, Diables Folets, fi vous attendez cela pour difner
vous n'auez qu'à dire Graces : Ie m'en vais
faire prendre à toutes mes Chambres chacune
vne Medecine d'eau benifte. Ils pourroient
bien toutefois me voler d'vn cofté, quand
ie les coniurerois de l'autre. N'importe : Paquier, va-t'en chercher fous mes grandes armoires vn vieux Liure de Plaintchant ; dé-
chire-le par morceaux & en attache vn feuïl-
let à chaque auenuë de ma Chambre, comme
aux portes, aux feneftres, à la cheminée, &
& principalement enduits-en vn certain coffre fort, fidele dépofitaire de mon magafin.
Efcoute, efcoute, Paquier, il vient de me
fouuenir que les Démons s'emparent des Trefors égarez ou perdus: De peur que quelqu'vn
d'eux ne vienne à fe méprendre, fouuiens
toy bien d'efcrire fur la piece de game qui
couure la ferrure : mais en gros caracteres;

Il n'eſt égaré, ny perdu, car ie ſçay bien qu'il
eſt là.

Ie me veux diuertir de ces penſées melanco-
liques : Ces imaginations ſepulchrales vſent
bien ſouuent l'ame auparauant le corps. Paquier *adeſto* : Va-t'en au logis de ma toute
belle Navre-cœur : Souhaite-luy de me part
le bon iour qu'elle ne me donne pas : Parle
luy auantageuſement de mon amour : & ſur
tout ne l'entretiens que de Feux, de Charbons, & de Traits. Va viſte, & reuiens m'apporter la réponſe.

SCENE IX.

GRANGER, GENEVOTE,

PAQVIER, *seul.*

DE Feux, de Charbons, & de Traits;
Cela n'est pas si aisé qu'on diroit bien.

GENEVOTE, *arriuant.*

Comment se porte ton Maistre, Paquier.

PAQVIER.

H se porte comme se portoit Saint Laurent
sur le Gril ; roussy, noircy, rosty, & tout
cela par Feu.

GENEVOTE.

Ie ne sçay pas s'il souffre ce que tu dis ; mais
ie te puis asseurer que du iour qu'il commença de maimer, ie commençay de meriter la
Couronne du Martyre. O ! Paquier, fidele
témoin de ma passion, dis à ton Maistre, que
sa chere & mal-heureuse Geneuote, verse

plus d'eau de fes yeux, que fa bouche n'en
boit, qu'elle foûpire autant de fois qu'elle
refpire, & que....

PAQVIER.

Mademoifelle, ie vous prie, laiffons là toutes ces chofes, parlons feulement de ce dont
mon Maiftre m'a commandé de vous entretenir. Dites-moy, auez vous beaucoup de
bois pour l'Hyuer, car mon Maiftre ne fe
peut paffer de Feu,

GENEVOTE.

Sans mentir, i'aurois bien le cœur de roche,
s'il n'eftoit penetrable aux coups des perfections de ton Maiftre.

PAQVIER.

Bon Dieu, quel Coc-à-l'afne ! Répondez-
moy categoriquement ? N'auez-vous iamais
veu de Feu S. Elme.

GENEVOTE.

Ie ne fçay de quoy tu me parles, ie voudrois
feulement que Monfieur Granger......

PAQVIER.

Vous ne sçauez donc pas que vostre frequen-
tation a remply mon Maistre de Feu sauua-
ge ?

GENEVOTE.

Mon pauure Paquier, si tu m'aimes, ie te
supplie entretiens moy d'autre chose, parle-
moy de l'Amour que ton Maistre me porte,

PAQVIER.

Ce n'est pas là ce dont i'ay à vous parler. Mais
à quoy Diable vous sert de tourner ainsi la
Truye au foin ? Dites-moy donc, ferez-vous
cette année du feu Gregeois à la S. Iean.

GENEVOTE.

plût à Dieu que ie pûsse découurir ma flâme
à ton Maistre sans l'offencer, car ie brusle
pour luy . . .

PAQVIER.

Ha ! bon cela.

GENEVOTE.

D'vn amour si violente, que ie souhaitté-

rois qu'vne moitié de luy deuint vne moitié
de moy-mesme; mais la grace de son cœur ...

PAQVIER.

Hé-bien, ne voila pas tousiours quitter nostre
propos ; Et tout cela de peur que vostre ame
ne prenne feu parmy tant d'autre : Mais ma
foy il n'en ira pas ainsi. Il y a trois Feux dans
le Monde, Mademoiselle : Le premier est le
Feu Central ; le second le Feu Vital ; & le
troisiéme le Feu Elementaire. Ce premier en
a trois sous soy qui ne different que par les
Accidens le Feu de Collison, le Feu d'Attraction, & le Feu de Position.

GENEVOTE.

As-tu fait dessein de continuer tes extrauagances iusques au bout du Iument ?

PAQVIER.

Mais vous-mesme, auez-vous fait dessein de
me faire enrager iusques à la fin du Monde?
Vous me venez parler de l'amour que vous
portez à mon Maistre : voila de belle sottises ; ce n'est pas cela qu'on vous demande,
Ie veux seulement que vous sçachiez que
Monsieur Granger n'est qu'vn Feu Folet depuis qu'il vous a veuë, que bien tost aussi
bien que luy, vous arderez, s'il plaist à Dieu

du Feu S. Antoine, & que. Mais où Diable
pefcher de nouueau Feu ? Ha ! par ma foy
i'en tiens Mademoifelle, Feu voftre Pere &
Feu voftre Mere auoient-ils fort aimé Feu
leur parens ? car Feu le Pere & Feu la Mere
de Monfieur Granger auoient chéry paffion-
némcnt Feu les Trépaffez , & ie vous iure
que le Feu eft vne chofe fi infeparable de
mon Maiftre, qu'on peut dire de luy (quoy
qu'il foit plein de vie) Feu le pauure Monfieur Granger Principal du College de Beauuais. Or ça, il me refte encore les Charbons
& les Traits.

GENEVOTE.

Ie fouhaitterois autant de fcience qu'en a ton
Maiftre, pour répondre à fon Difciple.

PAQVIER.

O ! Mademoifelle, ie vous fouhaitterois, non
point autant de fcience, mais autant de Charbons de pefte, & de cloux qu'il en a. Quoy,
vous en riez ? Et ie vous protefte moy, qu'à
force de brufler, il s'eft tellement noircy le
corps, que fi vous le voiyez, vous le pren-
driez pluftoft pour vn grand Charbon, que
pour vn Docteur. I'en fuis maintenant aux
Traits.

GENE,

GENEVOTE.

Tu luy pourras témoigner combien ie l'aime, si tu l'as compris par mes discours; & cependant ie suis bien asseurée que son affection n'est pas reciproque.

PAQVIER.

Pour cette particularité, Mademoiselle, vous auez tort de vous en mettre en peine ; car il proteste tout haut de se ressentir des Traits que vous luy ioüez ; de reuerberer sur vous les Traits dont vous le naurez; & de peur que par Trait de temps, les Traits de vostre visage ne soient offencez des Traits de la Mort, il vous peint auec mille beaux Traits d'esprit, dans vn Liure intitulé, *La tres-belle, tres-parfaite, & tres-accomplie Geneuote, par son tres-humble, tres-obüissant, & tres-affectionné seruiteur, Granger.*

GENEVOTE.

Tu diras à ton Maistre que i'estois venuë icy pour le voir; mais que l'arriuée de ce Capitaine m'a fait en aller, Ie reuiendray bientost. Adieu.

D

SCENE X.

CHASTEAVFORT, PAQVIER.

CHASTEAVFORT.

HE' ! mon Dieu, Messieurs, i'ay perdu mon Garde. Personne ne l'a-t'il rencontré ? Sans mentir i'en feray reproche à la Conneftablie, d'auoir fié à vn jeune Homme la garde d'vn Diable, comme moy. Si i'allois maintenant rencontrer ma partie, que feroit-ce ? Il faudroit s'égorger comme des beftes farouches. Pour moy, encore que ie fois vaillant, ie ne fuis point brutal. Ce n'eft pas que ie craigne le combat ; au contraire, c'eft le pain quotidien que ie demande à Dieu tous les iours en me leuant. On le verra, on le verra ; car par la Mort, auffi-toft que i'auray retrouué ce Garde qui me gardoit, ie protefte de defobeïr à quinconque (horf-mis à ce pauure Garde) me voudroit détour-ner de tirer l'efpée. Hola, Garde Mulet, ne l'as-tu point veu paffer, mon Garde : C'eft vn Garde que les Marefchaux de France m'ont enuoyé, pour m'empefcher de faire vn

Duel le plus sanglant qui iamais ait rougy l'herbe du Pré aux Clercs. Ventre, que dira la Nobleſſe de moy, quand elle ſçaura que ie n'ay pas eu le ſoin de bien garder mon Garde. O! toy donc mal-heureux petit homme, va-t'en ſignifier à tous les Braues qu'ils ayent à me laiſſer en patience d'oreſnauant, pource qu'encore que mon Garde ne ſoit pas icy, ie ſuis ſenſé comme l'ayant. Ie luy donnois deux piſtolles par iour : & ſi ie le puis retrouuer, ie promets à mon bon Ange vn Cierge blanc de dix liures ; & à luy, de luy donner par iour quatre piſtoles, au lieu de deux : Enfin ie le rendray ſi content de moy, qu'il ne ſouffrira pas que ie m'échape de luy, ou ce ſera le plus ingrat homme du monde.

PAQVIER.

Hé bien, Monſieur, qu'importe, puis que vous voulez tuer voſtre ennemy, que ce Garde vous ait abondonné : Vous pouuez à cette heure vous battre ſans obſtacle.

CHASTEAVFORT.

O! Chien de Mirmidon, Chien de Filou, Chien de Gripe-manteau, Chien de Trailſne gibet, que tu és brute en matiere de démeſlez ! Où ſera donc la foy d'vn Caualier; Quoy, tu te figures que ie ſois ſi peu ſenſible à l'honneur, que de me reſoudre à tromper laſchement, perfidement, traiſtuculeſ-

Pagination incorrecte — date incorrecte

NF Z 43-120-12

ment , la vigilance d'vn honneſte homme
qui me gardoit , & qui à l'heure que ie parle,
ne s'attend nullement que ie me batte ? Ah !
pluſtoſt le Ciel échape à ſes liens pour tomber ſur ma teſte. Moy aggrauer la faute d'vn
imprudent par vne plus grande ! Si ie penſois
qu'vn ſeul homme ſe le fuſt imaginé, pour
me vanger d'vn Indiuidu ſur toute l'eſpece,
i'enuoyerois defendre au Genre Humain d'e-
ſtre viuant dans trois iours.

PAQVIER.

Adieu, adieu.

CHASTEAVFORT.

Va toy-meſme 'à Dieu, poltron, & luy dis
de ma part, que ie luy vais enuoyer bien-toſt
tout ce qui reſte d'hommes ſur la Terre.

Fin du ſecond Acte.

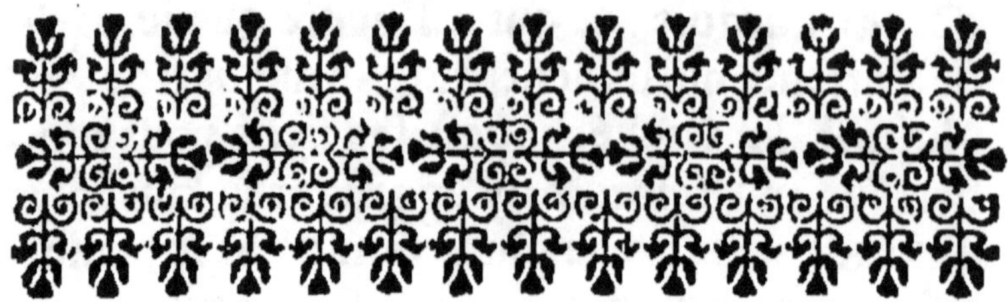

ACTE III.

SCENE PREMIERE.

PAQVIER , GRANGER.

PAQVIER.

CAR par les Feux ie l'ay bruflé, par les Charbons ie l'ay enteftée, & par les Traits ie l'ay percée.

GRANGER.

Ha ! Paquier, tu t'és auiourd'huy furpaffé toy-mefme. N'efpere pas toutesfois de Lau-reole condigne à cét exploit ; vn tel feruice merite des Empires, & la Fortune cette en-nemie de la Vertu, ne m'en a pas donné ; Mais vien chez ma Maiftreffe me voir en-trer dans la Place dont tu m'as ouuert la brê-che.

PAQVIER.

Ne courez point si viste : vous cherchez
vostre Asne quand vous estes dessus.
Ne vous ay-ie pas dit qu'elle vous doit
venir trouuer iey ;

GRANGER.

*Il oinre
un grand
Bahud'où
il tire de
vieux ha-
bits, auec
un miroir
&c.*

Il m'en souuient : Ie n'ay donc plus qu'à
choisir lequel me siéra le mieux de mes
habits Pontificaux. O ! Déesse Paphiene
sois moy en aide & confort en cette presente mienne tribulation. Et vous, sacrez haillons de mes Ancestres, qui ne
gagnez des crottes qu'aux bons iours ;
vous qui n'auez point veu le iour depuis
celuy du mariage de mon Bisayeul ; qu'il
n'y ait sur vostre Texte, tache, trou,
balafre, où déchirure, qui ne reçoiue
vn sanglot, vne larme, & vne quérimo-
nie particuliere. Amour, flâme folette,
qui n'és iamais qu'au bord d'vn precipice : Ardant qui brille pour nous é-
bloüir : Feu qui brusles, & ne consume
point; Guide aueugle qui creue les yeux
à ceux que tu conduits, Bourreau qui
fais rire en tuant : Poison que l'on
boit par les yeux, Assassin que l'ame introduit dans sa maison par les fenestres ?
Amour, petit Poupar, c'est à tes costez

doüillettement fretillars, que ie viens
perager les reliques de la iournée. Plan-
tons nous diamétralement deuãt ce chef-
d'œuure Venitien, & faisons auec vn
compte exact la reüeüe de tous les traits
de mon visage. Que le poil de ma barbe
qui paroiftra hors d'œuure, soit chaftié
comme vn pafle-volant. Effayons quel
personnage il nous fiéra mieux de repre-
senter deuant-elle, de Caton, où de
Momus. Ie tâche à rire & à pleurer fans
interuale, & ie n'en puis venir à bout,
Mais que viens-je de voir, Quand ie ris,
ma machoire ainfi que la muraille d'vne
Ville batuë en ruine, découure à cofté
droict vne brèche à pafler vingt-hom-
mes. C'eft pourquoy, mon visage, il
vous faut ftiler à ne plus rire qu'àgauche,
& pour cét effet ie vais marquer fur mes
ioüës de petits poincts, que ie defends
à ma bouche quand ie riray, d'outre-
pafler. On m'a dit que i'ay la voix vn
peu caflée, il faut furprendre auec l'oreille mon image en ce Miroir, auant qu'elle fe taife, *Ie faluë tres-humblement le*
Baftion des Graces, & la Citadelle des
Rigueurs de Mademoifelle Geneuote. Ay-
ie parlé trop haut, ou trop bas? Il feroit
bon, ce me femble d'auoir des lieux com-
muns tous prefts pour chaque Paffion
que ie voudray veftir. Il faudra faire é-
clater felon que ie feray bien ou mal re-

‘eu, le Dédain, la Colere, ou l’Amour. Ça
pour le *Dédain.* Quoy, tu penserois que tes
yeux euſſent feru ma poitrine au defaut de la
cuiraſſe ? Non, non, tes traits ſont ſi doux,
qu’ils ne bleſſent perſonne. Quoy, ie t’aurois
aimée, chetif Eſgout de concupiſcence, Vaſe
de neceſſité, Pot de Chambre de Sexe Maſculin ? Helas ! petite gueuſe regarde moy
ſeulement, admire, & te tais.

Pour la *Colere.*

O ! trois & quatre fois Mégere impitoyable;
puiſſe le Ciel en courroux ébouler ſur ton chef
des Halebardes au lieu de pluye : puiſſes-tu
boire autant d’Encre, que ton amour m’a fait
verſer de larmes : puiſſes-tu cent fois le iour
ſeruir aux Chiens de muraille pour piſſer :
Enfin puiſſe la Deſtinée, tiſſer la trame de
tes iours auec du Crin, des Chardons, & des
Eſtoupes.

Pour *l’Amour.*

Soleil, principe de ma vie, vous me donnez
la mort, & deſia ie ne ſerois plus qu’vne Ombre vaine & gemiſſante, qui marqueroit de
ſes pas la riue bleſme de l’Achéron, ſi ie
n’euſſe redouté de faire perir en moy voſtre
amour qui ne doit pas moins viure que ſa cauſe. Peut-eſtre, ô belle Tigreſſe ! que mon
chef negeux vous fait peur : Ie ſçay bien auſ-

fi, que les ieunes ont dans les yeux moins de
rouge, & plus de feu que nous ; que vous aimez mieux noſtre bourſe au ſingulier qu'au
pluriel, qu'au déduit amoureux vne femme
eſt inſatiable : & que ſi la premiere nuit,
Optat vt excedat digito, la ſeconde nuit elle
en veut, *Pede longior vno*. Mais ſçachez qu'vn
iour l'âge ayant promené ſa charruë ſur les
roſes & ſur les lys de voſtre teint, fera de
voſtre front vn grimoire en Arabe : & que
ieunes & vieux ſont quotidiennement Epita-
phez, à cauſe que , *Compoſitum ſimplexque
modo ſimili gradiuntur*.

SCENE II.

GRANGER, PAQVIER.

GENEVOTE,

GRANGER?

MAdemoiselle, foyez vous venuë autant
à la bonne heure, que la grace aux
Pendus quand ils font fur l'efchelle.

GENEVOTE.

Eft-ce l'Amour qui vous a rendu criminel :
Vraiment la faute eft trop illuftre pour ne
vous la pas pardonner.   Toute la penitence que ie vous en ordonne, c'eft de rire auec
moy d'vn petit conte que ie fuis venuë icy
pour vous faire. Ce Conte toutefois fe peut
bien appeller vne Hiftoire, car rien ne fut iamais plus veritable. Elle vient d'arriuer il n'y
a pas deux heures au plus facetieux perfonnage de Paris : & vous ne fçauriez croire à quel

poinct elle est plaisante. Quoy, vous n'en riez pas ?

GRANGER.

Mademoiselle, ie croy qu'elle est diuertiffante au delà de ce qui le fut iamais, Mais,...

GENEVOTE.

Mais vous n'en riez pas?

GRANGER.

Ha, a, a, a, a,

GENEVOTE.

Il faut auant que d'entrer en matiere, vous anatomifer ce Squelete d'homme & de veftement , aux mefmes termes qu'vn Sçauant m'en a tautoft fait la defcription. Voicy l'heure enuiron que le Soleil fe couche, c'eft l'heure auffi par confequent que les lambeaux de fon manteau fe vienne rafraifchir aux Eftoilles. Leur Maiftre ne les expofe iamais au iour, parce qu'il craint que le Soleil prenant vne matiere fi combuftible pour le berceau du Phœnix, ne bruflaft & le nid & l'Oifeau. Ce manteau donc, cette cape, cette cafaque, cette fimare, cette robe, cette foutane, ce lange; où cét habit (car on eft encore

à deuiner ce que c'eſt : & le Syndic des Tail-
leurs y demeureroit *à quia*) fait bien dire
aux gauſſeurs, qu'il fait peur aux Larrons en
leur montrant la corde. Certains Dogmagri-
ſtes diſent auoir appris par tradition, qu'il
fut apporté du Caire où on le trouua dans
vne vieille Caue, à l'entour de ie ne ſçay
qu'elle Momie, ſous les ſaintes Maſures
d'vne Pyramide éboulée. A la verité les figures groteſques que les trous, les pieces, les
taches, & les filets y compoſent biſarrement
ont beaucoup de rapport auec les figures Hie-
roglifiques des Egyptiens. C'eſt vn plaiſir
ſans pareil, de contempler ce Fantoſme ar-
reſté dans vne rue̅. Vous y verrez amaſſer cent
Curieux, & tout en extaſe diſputer de ſon
origine : L'vn ſoutenir, que l'Imprimerie
n'y le papier n'eſtant pas encore trouuez, les
Doctes y auoient tracé l'Hiſtoire vniuerſelle ; & ſur cela remontant de Pharamond à
Ceſar, de Romule à Priam, de Promethée
au prémier homme, il ne laiſſera pas échapper vn filet qui ne ſoit au moins le Symbole
de la décadence d'vne Monarchie ; Vn autre
veut que ce ſoit le Tableau du Cahos : vn autre la Metempſycoſe de Pytagore : Vn autre
diuiſant ſes guenilles par chapitres, y trouuera l'Alcoran diuiſé par Azoates : Vn autre
le Siſteſme de Copernic : Vn autre enfin iu-
rera que c'eſt le manteau du Prophete Elie,
& que ſa ſechereſſe eſt vne marque qu'il a
paſſé par le feu ; Et moy pour vous blaſoner

cét Escu , ie dis qu'il porte de sable ; agresté
sur la bordure, aux lambeaux sans nombre :
Du manteau ie passerois aux habits , mais ie
pense qu'il suffira de dire , que chaque piece
de son accoutrement est vne antique. Venons
de l'estoffe à la doubleure , de la guaisne à
l'espée , & de la Chasse au Saint ; Traçons en
deux paroles le crayon de nostre ridicule
Docteur. Figurez-vous vn rejeton de ce fameux Arbre Cocos, qui seul fournit vn païs
entier des choses necessaires à la vie. Premierement en ses cheueux on trouue de l'huile,
de la graisse , & des cordes de Luth : Sa reste
peut fournir de corne les Couteliers , & son
front les Négromanciens de grimoire à in-
uoquer le Diable : son Cerueau d'Enclume :
ses Yeux, de Cire ; de Vernis, & d'escarlate:
son Visage, de Rubis : sa Gorge , de Cloux :
sa Barbe, de Décrotoires : les Doigts : de
Fuseaux : sa Peau, de Lime : son halaine de
Vomitif : ses Cauteres, de Pois : ses Darttes
de farine : ses Oreilles, d'aisle à Moulin :
son Derriere, de vent à le faire tourner : sa
Bouche , de Four-à-ban. Et sa Personne,
d'Asne à porter la Mounée. Pour son Nez , il
merite bien vne égratignure particuliere. Cét
authentique Nez arriue par tout vn quart
d'heure deuant son Maistre : dix Saueriers
de raisonnable rondeur vont trauailler dessous à couuert de la pluye. Hé bien, Monsieur, ne voila pas vn ioly Ganimede : & c'est
pourtant le Heros de mon Histoire. Cét ho-

neße homme regente vue Claße dans l'V-
niuerßté. C'eft bien le plus faquin, le plus
chiche, le plus auare, le plus ſordide, le plus
meſquin ; mais riez donc.

GRANGER.

Ha, a, a, a, a.

GENEVOTE.

Ce vieux Rat de College a vn fils qui ie penſe eft le receleur des perfections que la Na
ture a volées au Pere. Ce chiche penard, ce
radoteur...

GRANGER.

Ah ! mal-heureux, ie ſuis trahy : c'eft ſans
doute ma propre Hiſtoire qu'elle me conte.
Mademoiſelle , paſſez ces Epithetes, il ne
faut pas croire tous les mauuais raports, outre que la vieilleſſe doit eftre reſpectée.

GENEVOTE.

Quoy le connoiſſez vous ?

GRANGER.

Non en aucune façon.

GENEVOTE.

O bien, escoutez donc. Ce vieux Boue veut enuoyer son Fils en ie ne sçay quelle Ville, pour s'ôster vn riual ; & afin de venir à bout de son entreprise, il luy veut faire accroire qu'il est fou. Il le fait lier, & luy fait ainsi promettre tout ce qu'il veut : Mais le fils n'est pas long-temps creancier de cette sourbe. Comment ! vous ne riez point de ce vieux bossu, de ce maussadas à triple estage ?

GRANGER.

Baste, baste, faites grace à ce pauure Vieillard.

GENEVOTE.

Or escoutez le plus plaisant. Ce Gouteux, ce Lou-garou, ce Moine-bourru ...

GRANGER.

Passez outre, cela ne fait rien à l'Histoire.

GENEVOTE.

Commanda à son Fils d'acheter quelque bagatelle pour faire vn present à son Oncle le Venitien ; & son Fils vn quart-d'heure apres

luy manda qu'il venoit d'eſtre pris priſon-
nier par des Pirathes Turcs, à l'embouchcure
du Golphe des Bons Hommes, & ce qui n'eſt
pas mal plaiſant, c'eſt que le bon-homme
auſſi-toſt enuoya la rançon. Mais il n'a que
faire de craindre pour ſa pecune, elle ne courra point de riſque ſur la Mer de Leuant.

GRANGER.

Traiſtre Corbineli, tu m'as vendu, mais ie
te feray donner la Salle. Il eſt vray, Mademoiſelle, que ie ſuis interdit : Mais iugez
auſſi par le trouble de mon viſage de celuy
de mon ame. L'image de voſtre beauté ioué
inceſſamment dans mon cœur à Remu-mé-
nage. Ce n'eſt pas toutesfois du deſordre d'vn
eſprit égaré que ie pretens meriter ma récompenſe : c'eſt de la force de ma paſſion que ie
pretends vous prouuer par quatre Figures de
Rhetorique ; les Antitheſes, les Metapho-
res, les Comparaiſons, & les Argumens.
Et pour les déplier, eſcoutez parler l'*An-
titheſe.*

Si, Mais ie ne dis point ſi, il eſt plus veritable que la verité : *Si,* dis-ie, l'amere douceur, & la douce amertume, le poiſon me-
decinal, & la medecine empoiſonnée, qui
partent ſans ſortir de vous, ô Monſtre inde-
fectueux, n'embraſoient mon eſprit en le gla-
çant, & n'y faiſoient tantoſt viure, tantoſt
mourir, vn immortel petit Geant [i'appelle

ainfi les flâmes vifibles dont le plus grand &
le plus petit des Dieux, m'échauffe & me
fait trembler.) Ou *fi* ces aueugles clair-
voyans (ie veux dire vos yeux, belle Tigreffe,
ces innocens coupables) fe publiant fans dire
mot, amis ennemis de l'efclaue liberté des
hommes, n'auoient contraint volontaire-
ment mon genie dans la libre prifon de voftre forciere beauté : luy qui faifoit gloire
auparauant d'vne fermeté conftante en fon
inconftance : *Si* dis-ie, tout cela n'auoit fait
faire & défaire à mes penfées beaucoup de
chemin en peu d'efpace ; *Si* bref vous ne m'a-
uiez apporté des tenebres par vos rayons, *Ie*
n'aurois pas appellé de mon Iuge à mon Iuge:
pour demander ce que ie ne veux pas obtenir,
c'eft pitoyable inhumaine la fanté mortelle,
d'vne aigre douce maladie, qu'on rendrois
incurrable fi on la gueriffoit.

GENEVOTE.

Comment appellez-vous cette Figure-là :

GRANGER.

Nos Anceftres, iadis la Baptiferent, *Anti-*
thefe.

GENEVOTE.

Et moy qui la confirme auiourd'huy, ie luy

change fon nom, & luy donne celuy de Galimathias.

GRANGER.

Voicy la Metaphore & la Comparaifon qui
viennent à vos pieds demander audience.

GENEVOTE.

Faites les entrer.

GRANGER.

Tout ainfi qu'vn negeux Torrent, fier enfant
de l'Olimpe, quand fon chenu coupeau a-
crauanté d'orages, & courbant fous le faix
des froidureux cotons : franc qu'il fe voit
de l'eftroite Conciergerie, où le calme le tenoit ferf, *Qua data porta ruit*, va rauager in-
folemment le fein fartil des pierreufes campagnes, & def-honorant fans vergogne par
le gueret champeftre la perruque dorée de
Cerés aux pafles couleurs, fait brouter ilec
mon troupeau efcaillé, ou le coutre tranchant
du mefnager Laboureur pieça fe promenoit.
Ainfi mes efperances ne pouuant plus tenir
contre l'impetuofité de mon déplaifir, l'Huif-
fier de ma trifteffe tenant en main la baguette de mes foûpirs, a fait faire place à la grandeur de mes douleurs : i'ay débarricadé mes
clameurs, lafché la bride à mes fanglots,

donné de l'efpron à mes larmes, & foüetté
mes cris deuant moy. Ils feront bon voyage,
car il me femble que ie voy defia la fentinel-
le auancée de voftre bonté, paroiftre entre
les crefneaux & fur la platteforme de vos
graces, qui crie à mes foûpirs, *Qui vala?* Puis
ayant appellé le Corporal de voftre iugement, donné l'alarme au corps de garde de
vos pudicitez, demandé le mot du guer à mes
foûpirs, les auoir reconnu pour amis, laiffé
paffer à caufe du Paquet de perfeuerance, &
bref les Articles de bonne intention fignez
de l'Amant & de l'Aimée, voir la Paix
vniuerfelle entre les deux Eftats de noftre
Foy matrimoniale regner és fiecles des fiecles.

CENEVOTE.

Amen.

GRANGER.

Donc pour nous y acheminer, foyez comme
vn Iupiter qui s'appaife par de l'encens, ie
feray comme Alexandre à vous en prodiguer.
Soyez de mefme que le Lyon qui fe laiffe
flefchir par les larmes, ie feray de mefme
qu'Heraclite à force de pleurer. Soyez tout
ainfi que le Naphte aupres du feu, & ie feray
tout ainfi que le Mont-Ætna qui ne fçauroit
s'eftendre. Soyez ne plus ne moins que le bon

Terroir qui rend ce qu'on luy preste, & ie
feray ne plus ne moins que Triptoleme à vous
enfemencer. Soyez ainfi que les Abeilles qui
changent en miel les fleurs , & les fleurs de
ma Rhetorique ainfi que celles d'Artique , fe
chargeront de Manc. Soyez telle en fermeté
que la Remore qui bride la Nef au plus fort
de la tempefte, & ie feray tel que le Vaiffeau
de Caligula qui en fut arrefté. *Ne multus fim ,*
Soyez à la façon des Trous qui ne refufent
point de mortier , & ie feray à la façon de
la Truelle qui bouchera voftre Crcuaffe,

GENEVOTE.

Vraymant, Monfieur, quoy que vous foyez
incomparable , vous n'eftes pas vn homme
fans comparaifon.

GRANGER.

Ce n'eft pas par la Metaphore feule, pain
quotidien des Scholares , que ie pretends ca-
ter voftre beneuolence : Voyons fi mes argumens trouueront forme à voftre pied ; car
fi ce contingent Metaphifique auoit couru
du *Poffible ad factum ,* ie iure par toutes les
Eaux infernales, par les Palus trois fois faints
du Cocite , & du Stix , par la Couronne de
fer de l'enfumé Pluton, par l'eternel Cadnas
du Silence , par la Bequille de Vulcain, bref
par l'Entoufiafme Prophetique du Trippier

Sibilin, de vous rendre en beauté, non point
la Déeffe.Paphienne, mais celle qui fera honte à celle-là, pour en defcendre aux preuues,
i'argumente ainfi. Du Monde, la plus belle
partie, c'eft l'Europe. La plus belle partie
de l'Europe, c'eft la France, *Secundum Geo-
graphos.* La plus belle Ville de France, c'eft
Paris. Le plus beau quartier de Paris, c'eft
l'Vniuerfité, *Propter Mufas.* Le plus beau
College de l'Vniuerfité, ie fouftiens à la barbe de Sorbonne, de Nauarre, & de Harcour,
que c'eft Beauuais ; & fon nom eft le refpon-
dant de fa beauté, puis qu'on le nomma Beauuais, *quafi* beau à voir. La plus belle Chambre de Beauuais, c'eft la mienne. *Atqui,* le
plus beau de ma Chambre, c'eft moy. *Ergo,*
ie fuis le plus beau du Monde *Et hinc infero,*
que vous Pucelete, Mignardelette, Mignar-
delete Pucelete, eftant encore plus belle que
moy, il feroit, ie dis, *Sole ipfo clarius,* que
vous incorporant au Corps de l'Vniuerfité en
vous incorporant au mien, vous feriez plus
belle que le plus beau du monde.

GENEVOTE.

Vraymant fi i'auois dormy vne nuit aupres
de vous, ie ferois docte comme Héfiode, pour
auoir dormy fur le Parnaffe.

GRANGER.

Mais i'ay d'autres armes encore qui font toutes neufues à force d'eftre vieilles, dont ie
préfume outre-percer voftre tendrelete poitrine : C'eft l'Eloquence du franc Gaulois.
Or oyez.

Et déa Royne de haut parage, Mie de mes
penfées ; Crefme, Fleur, & Parangon des
Infantes, vous qui cheuauchez par illec du
fin fefte de ceftuy, voftre magnifique & moult
douccreux palfroy, iouxte lequel gefir fou-
liez en bonne conche : prenez émoy de ma
déconuenuë. Las ! oyez le méchef d'vn do-
lent moribond, qui creué d'anhan fur vn ché-
tif grabat, onques ne fentit au cœur ioye.
Point ne boutez en fourde obliuiance cil à
qui pieça Fortu ne porte guignon. Las ! helas
réconfortez vn pauuret en mariffon, à qui il
conuiendra foy gendarmer contre foy, s'occir
ou fe déconfir par quelqu'autre tour de ma-
lengin, fe ne vous gatmantez de luy donner
foulas ? car de finer ainfin pieça ne luy chaut.
Or foyez, ma Pucelle aux yeux vers, comme vn Faucon, quant à moy ie feray voftre
coint Damoifel, qui par rémuneration d'vne
fi grande mercy, fe aucune chofe auez à be-
fogner de fon auoir ; à tout fon tranchant
glaiue il redreffera vos torts, & défera vos
griefs ; il déconfira des Cheualiers felons : il
hachera des Andriques : il fera des Chapelis

iuérrables ; il martellera des Paladins ores
à dextre , ores à feneſtre ; bref tant & ſi
beau iouſtera , qu'il n'y aura piece de fiers,
orgueilleux,outrecuidez, & démeſurez Geãs,
leſquels en dépit des armes Fées , & du Hau-
bert de fine trempe , il ne pourfende ius les
arçons. Quel ébaudiſſement de voir adonc
iſſir le ſang à grand' randon du flanc pantois
de l'endémené Saraſin ; & pour feſtoyement
de cas tant beau , ſe voir leans guerdoné d'vn
los de pleniere Cheualerie.

GENEVOTE.

Monſieur , il eſt vray , ie ne le puis celer , c'eſt
à ce coup que ie rends les armes:Enfin ie m'a-
bandonne tout à vous : Vſez de moy auſſi li-
brement que le Chat fait de la Souris : Ro-
gnez, tranchez , taillez , faites-en comme
des Choux de voſtre iardin.

PAQVIER.

Ie trouue pourtant bien du *diſtinguo* entre les
Femmes & les Choux : car les Choux la teſte
en eſt bonne , & des Femmes c'eſt ce qui n'en
vaut rien.

GRANGER.

Auriez-vous donc agreable, Mademoiſelle,
lors que la nuiĉt au viſage de More , aura

de ſes haillons noirs, embeguiné le minois
ſouffreteux de noſtre Zenit : que ie tranſporte mon indiuidu aux Lares domeſtiques de
voſtre toict, pour faire humer à longs traits
voſtre Eloquence mellifluë, & faire ſur vôtre
couche vn ſacrifice à la Déeſſe tutelaire de
Paphos.

GENEVOTE.

Oüy venez, mais venez auec vne eſchelle, &
montez par ma feneſtre, car mon frere ſerre
tous les iours les clefs de noſtre maiſon ſous
ſon cheuet.

GRANGER.

O ! que ne ſuis-je maintenant Iulius-Ceſar,
ou le Pape Gregoire, qui firent paſſer le Soleil
ſous leur ferule : Ie ne le reculerois, ny ne
l'arreſterois en Thieſte ou en Ioſué ; mais ie
le contraindrois de marquer minuit à ſix heures,

SCENE III.

SCENE III.

GENEVOTE, LA TREMBLAYE, GRANGER le jeune, CORBINELI.

GENEVOTE.

IE pensois aller plus loing vous faire rire ; mais ie voy bien qu'il me faut décharger icy.

GRANGER le jeune.

Aux dépens de mon Pere ?

GENEVOTE.

C'est bien le plus bouffon personnage de qui iamais la teste ait dansé les sonnettes ; & moy par contagion ie suis deuenuë faceticuse, iuſ-

E

ques à luy permettre d'escalader ma chambre.
A bon entendeur, salut : Il se fait tard ; les
machines sont peut-estre déja en chemin, re-
tirons-nous.

SCENE IV.

LA TREMBLAYE, CORBINELI.

LA TREMBLAYE.

VA donc auertir Mademoiselle Manon.
Tout va bien, la beste donnera dans nos
panneaux, ou ie suis mauuais Chasseur. *Il
heurte à la porte de Manon.*

SCENE V.

LA TREMBLAYE, CORBINELI, MANON.

LA TREMBLAYE.

IE m'en vais amasser de mes amis pour m'assister, en cas que son College voulut le secourir. Mais vne autre difficulté m'embarasse : C'est que ie crains, si ie ne suis arriué assez-tost, qu'il n'entre dans la chambre de ma sœur ; & comme enfin elle est fille, qu'elle n'aye de la peine de se dépestrer des poursuites de ce Docteur échauffé, & qu'au contraire, s'il trouue la fenestre fermée, contre la parole qu'il a receuë d'elle, qu'il ne s'en aille, pensant que ce soit vne burle.

CORBINELI.

O de cela n'en soyez point en peine ; car ie l'arresteray en sorte, qu'il ne courra pas fort viste escalader la chambre, & n'osera pour quelqu'autre raison que ie vous tais, retourner en son logis. C'est pourquoy ie vais m'habiller pour la Piece.

LA TREMBLAYE.

I'estois venu pour imaginer auec vous vn moyen de haster nostre mariage ; mais vostre Pere luy-mesme nous en donne vn fort bon. Il va tout à l'heure assieger nostre chasteau pour voir ma sœur ; & moy ie......... *Il luy parle bas à l'oreille.*

MANON.

C'est par là qu'il s'y faut prendre, n'y manquez pas.　Adieu.

Fin du troisiéme Acte.

ACTE IV.

SCENE PREMIERE.

GRANGER, PAQVIER, CORBINELI.

GRANGER.

Tout est endormy chez nous d'vn somme de fer; Tout y ronfle, iusques aux Grillons & aux Crapaux. Paquier, auance ton eschelle : Mais que c'est bien pour moy l'eschelle de Iacob, puis qu'elle me và monter au Paradis d'Amour. *Il tombe ayant appuyé son eschelle sur le dos de Corbinely. Il l'y met encore & monte. Il nage des bras dans la nuict pour toucher le mur.*

PAQVIER.

Ie croy que voicy la maison. Ah! ie suis mort. C'est ma faute, ie ne luy auois pas donné assez de pied.

GRANGER.

Monte encor vn coup pour voir ſi elle eſt bien
appuyée.

PAQVIER.

I'ay peur d'auoir donné trop de pied ? Comment ie ne rencontre point de mur ? Noſtre
machine tiendroit elle bien toute ſeule ? *Do-*
mine, plantez vous-meſme voſtre eſchelle, ie
n'y oſerois plus toucher.

GRANGER.

Vade retrò, mauuaiſe beſte, ie l'appliqueray
bien moy-meſme. Ie penſe que i'y ſuis, voicy
la porte ; ie la connois aux cloux, ſur chacun
deſquels i'ay compoſé jadis maintes bonnes
Epigrammes. *Scande* pour eſſayer ſi elle eſt
ferme.

PAQVIER.

Ha ! miſerable que ie ſuis, on vient d'arracher les dents à mon eſchelle. Miſericorde,
mon eſchelle vient d'enfanter. Qui l'auroit
engroſſie ? Ne ſeroit-ce point moy, car i'ay
monté deſſus ? Mais quoy l'enfant eſt déja
auſſi gros que la mere. *Corbineli tranſpoſe*
l'eſchelle d'vn coſté & d'autre, auec tant d'a-
dreſſe, que Paquier faiſant aller ſa main à droit
& à gauche, frappe toûjours vn des coſtez de
l'eſchelle, ſans trouuer d'échelons

GRANGER.

Tais-toy, Paquier, i'ay veu tout à l'heure paſſer ie ne ſçay quoy de noir. C'eſt peut-eſtre vne de ces Larues au teint bleſme, dont nous parlions tantoſt, qui vient pour m'effrayer.

PAQVIER.

Domine, on dit que pour épouuanter le Diable, il faut témoigner du cœur; Touſſez deux ou trois fois, vous vous raſſeurerez.

GRANGER.

Qui es-tu?

PAQVIER.

Vn peu plus haut.

GRANGER.

Qui es-tu ?

PAQVIER.

Encore plus fort.

GRANGER.

Qui es-tu donc ?

PAQVIER.

Chantez vn peu pour vous raſſeurer. Bon; Fort. Faites à croire au ſpectre que vous ne craignez point. *Domine*, c'eſt vn Diable Huguenot, car il ne ſe ſoucie point de la Croix. *Granger chante. Il donne vn coup, & Corbineli le luy rend. Corbineli entre viſtement auec vn paſſepartout, & Granger court aprés pour entrer auſſi.*

GRANGER.

Il a peur luy-mesme, car il n'ose parler.
Mais, Paquier, ne seroit-ce point mon ombre, car elle est vestuë tout comme moy ; fait
tous mes mesmes gestes, recule quand i'a-
uance, auance quand ie recule : Il faut que ie
m'éclaircisse. Nostre-Dame, elle me frappe.

PAQVIER.

Monsieur, il se peut faire que les ombres de
la nuiçt estant plus épaisses que celles du iour,
sont aussi plus robustes, & qu'ainsi elles pourroient frapper les gens. Entrez, voila la porte
ouuerte.

GRANGER.

Ma foy l'ombre est plus habile que moy. Escoutez donc, me voicy, c'est moy.

PAQVIER.

Non vraman da, ce n'est pas mon Maistre
qui est chez vous, ce n'est que son ombre.
Que Diable Monsieur, vostre ombre est elle
folle de marcher deuant vous ; & d'entrer
toute seule en vn logis où elle ne connoist personne ? Hô asseurément que nous nous sommes trompez ; car si c'estoit vne ombre, la
Lune l'auroit faite, & cependant la Lune ne

luit pas. Helas ! *profecto*, ie le viens de trouuer ; nous en estions bien loin. C'est vostre
Ame ; car ne vous souuient-il pas qu'hier
vous la donnastes à Mademoiselle Geneuote?
Or n'estant plus à vous, elle vous aura quitté;
cela est bien visible, puis que nous la rencon-
trons en chemin qui s'y en và. Ah ! perfide
Ame, vous ne deuiez pas trahir vn Docteur
de la façon. Ce qu'il en auoit dit n'estoit
qu'en riant : Cependant vous l'abandonnez
pour vne niaiserie. Ie m'en vais bien voir si
c'est elle ; car si ce l'est, peut-estre qu'en la
flattant vn peu, elle se repentira de sa faute.
Ie t'adjure par le grand Dieu viuant, de me
dire qui tu es ?

CORBINELI par la fenestre.

Ie suis le grand Diable-Vauuert. C'est moy
qui fais dire la Patenostre du Loup : Qui noüe
l'éguillette aux nouueaux mariez : Qui fais
tourner le sas : Qui pétris le gasteau triangulaire : Qui rends inuisibles les Freres de la
Rose-Croix : Qui dicte aux Rabins la Cabale
& le Tamuld : Qui donne la Main de Gloire,
le Trefle à quatre, la Pistole volante, le Guy
de l'Anneuf, l'Herbe de Fouruoyement, la
Graine de Fougere, le Parchemin vierge, les
Gamahez, l'Emplastre Magnetique. l'enseigne la composition des Breuets, des Sorts,
des Charmes, des Sigilles, des Caracteres,
des Talismans, des Images, des Miroirs, des

Figures conftellées. Ie preftay à Socrate vn
Demon familier, ie fis voir à Brutus fon mauuais Genie : l'arreftay Drufus à l'Apparition
d'vn Lutin : l'enuoye les Demons familiers,
les Efprits folets, les Martinets, les Gobelins,
le Moine-bouru, le Loup-garou, la Mule-
ferrée, le Marcou, le Cochemar, le Roy Hugon , le Conneftable, les Hommes noirs, les
Femmes blanches , les Ardans , les Lemures,
les Farfadets , les Ogres , les Larues, les Incubes, les Succubes, les Lamies, les Fées,les
Ombres , les Manes , les Spectres , les Phan-
tofmes : Enfin ie fuis le grand Veneur de la
Foreft de Fontainebleau.

GRANGER.

Ha! Paquier, qu'eft-ce cy?

PAQVIER.

Voila vn Demon qui n'a pas eu toute fa vie
les mains dans fes pochettes.

GRANGER.

Qu'augures-tu de cette vifion?

PAQVIER.

Que c'eft vn Diable-Femelle, puis qu'il a tant
de caquet,

GRANGER.

En effet, ie croy qu'il n'eſt pas méchant : car
i'ay remarqué qu'il ne nous a dit mot, iuſques
à ce qu'il s'eſt veu armé d'vn Corcelet de
pierre.

PAQVIER.

Ma foy, Monſieur, ne craignez point les
Diables, iuſques à ce qu'ils vous emportent :
Pour moy ie ne les apprehende que ſur les
épaules des femmes.

SCENE II.
LA TREMBLAYE,
GRANGER, PAQVIER,
CHASTEAVFORT.

LA TREMBLAYE.

AVx voleurs, aux voleurs : Vous ſerez
pendus coquins ; ce n'eſt pas d'auiour-
d'huy que vous vous en meſlez. Peuple vous
n'auez qu'à chanter le *Salue*, le patient eſt ſur
l'échelle.

PAQVIER.

En mourra-t'il, Monſieur?

LA TREMBLAYE.

Tu t'y peux bien attendre.

PAQVIER.

Seigneur, ayez donc pitié de l'ame de feu mon pauure Maiſtre Nicolas Granger : Si vous ne le connoiſſez, Seigneur, c'eſt ce petit homme qui auoit vn chapeau à grand bord, & vn haut de chauſſe à la Culote.

GRANGER.

Au ſecours, Monſieur de Chaſteaufort; c'eſt voſtre amy Granger que la Tremblaye veut poignarder.

CHASTEAVFORT par ſa feneſtre.

Qui ſont les canailles qui font du bruit là-bas? Si ie deſcens, ie lâcheray la bride aux Parques.

LA TREMBLAYE.

Soldats, qu'on leur donne les oſſelets.

GRANGER.

Ah! Monſieur de Chaſteau-tres-fort, enuoyez de l'Arſenal de voſtre puiſſance, la foudre craquetante, ſur la temerité criminelle de ces chetifs mirmidons.

CHASTEAVFORT
deſcendu ſur le Theatre.

Vous voila donc, marauts. Hé! ne ſçauez-vous pas qu'à ces heures muëttes, j'ordonne à toutes choſes de ſe taire, horſmis à ma Renommée? Ne ſçauez-vous pas que mon eſpée eſt faite d'vne branche des ciſeaux d'Atropos? Ne ſçauez vous pas que ſi i'entre, c'eſt par la bréche : ſi ie ſors, c'eſt du combat : ſi ie morte, c'eſt dans vn Trône : ſi ie deſcends, c'eſt ſur le pré : ſi ie couche, c'eſt vn homme par terre : ſi i'auance, ce ſont mes conqueſtes : ſi ie recule, c'eſt pour mieux ſauter : ſi ie iouë, c'eſt au Roy dépoüillé : ſi ie gagne, c'eſt vne bataille : ſi ie perds, ce ſont mes ennemis : ſi j'eſcris, c'eſt vn cartel : ſi ie lis, c'eſt vn Arreſt de mort : Enfin ſi ie parle, c'eſt par la bouche d'vn canon. Donc, pendart, tu ſçauois ces choſes, & tu n'as pas redouté mon Tonnerre? choiſis toy-mſme le genre de ton ſupplice ; mais dépeſche-toy de parler, car ton heure eſt venuë.

LA TREMBLAYE.

Ah ! quelle frenefie.

GRANGER.

Monfieur de Chafteaufort, *à minori ad majus,*
Si vous traittez de la forte vn malheureux,
que feriez- vous à voftre riual?

CHASTEAVFORT.

Mon riual ! Iupiter ne l'oferoit eftre auec impunité.

GRANGER.

Cét homme ofe donc plus que Iupiter.

CHASTEAVFORT.

Ce grimaut, ce fat, ce farfadet? Docteur,
vous auez grand tort; Ie l'allois faire mourir
auec douceur ; maintenant que ma bile eft ef-
chauffée, fans vous mettre au hazard d'eftre
accablé du Ciel, qui tombera de peur , ie ne
le fçaurois punir. N'auez- vous point fceu
cét Eftramaçon dont les fiecles ont tant parlé?
Certain fat auoit marché dans mon Ombre;
Mon temperament s'en alluma; Ie laiffay
tomber celuy de mes reuers, qu'on nomme
'Archi - épouuantable, auec vn tel fracas, que

le vent seul de ma Tueuse ayant estouffé mon ennemy, le coup alla foudroyer les Omoplates de la Nature. L'Vniuers de frayeur, de carré qu'il estoir, s'en ramassa tout en vne boule : Les Cieux en virent plus de cent mille Estoilles : La Terre en demeura immobile : L'Air en perdit le vent : Les nuës en pleurerent : Iris en prit l'écharpe : Le Soleil en courut comme vn fou : La Lune en dressa les cornes : La Canicule en enragea : Le Silence en mordit ses doigts : La Sicile en tremble : Le Vesuue en jetta feu & flâme : Les Fleuues en garderent le lict : La nuit en porta le deüil : Les Fols en perdirent la raison : Les Chimistes en gagnerent la pierre : L'or en eut la jaunisse : La crotte en secha sur le pied : Le Tonnerre en gronda : L'Hyuer en eust le frisson : L'Esté en sua : L'Automne en auorta : Le Vin s'en aigrit : L'Escarlate en rougit : Les Rois en eurent eschec & mat : Les Cordeliers en perdirent leur Latin ; Et les noms Grecs en vinrent au Duel.

LA TREMBLAYE.

Pour éuiter vn semblable malheur, ie vous fais commandement de me suiure. Allons, Monsieur l'Archi-épouuanrable, ie vous fais prisonnier à la requeste de l'Vniuers.

CHASTEAVFORT.

Vous voyez, Docteur, pour ne vous pas en-

ueloper dans le defaftre de ce coquin, i'ay
pü me refoudre à luy pardonner.

SCENE III.

MANON, GRANGER, PAQVIER, LA TREMBLAYE, CHASTEAVFORT.

MANON.

AH ! Monfieur de la Tremblaye , mon
cher Monfieur, donnez la vie à mon Pere,
& ie me donne à vous. Bon Dieu ! j'eftois
dans le College , attendant qu'il fuft arriué
pour fermer les portes de noftre montée , lors
que i'ay entendu vn grand bruit dans la ruë.
Le cœur m'a dit qu'indubitablement il auoit
eu quelque mauuaife rencontre. Helas ! mon
bon Ange ne m'auertit point à faux. Il eft
vray, Monfieur, qu'il merite la mort, d'a-
uoir efté furpris en volant vôtre maifon; mais
ie fçay bien auffi que tous les Gentils-hommes
font genereux, & tous les genereux pitoya-
bles. Vous m'auez autrefois tant aimée; Ne
puis-je en deuenant voftre femme, obtenir la
grace de mon Pere ? Si vous croyez que cecy

soit dit seulement pour vous amuser, allons consommer nostre Mariage, pourueu qu'auparauant vous me promettiez de luy donner la vie : Encore qu'il ne tesmoigne pas d'y consentir ; excusez-le, Monsieur ; c'est qu'il a le cœur vn peu haut, & tout homme courageux ne fléchit pas facilement : Mais pour luy sauuer la vie, ie ferois bien pis que de luy desobeïr,

GRANGER.

O.Dieux ! quelle fourbe. Sans doute la miserable est d'intelligence auec son traître d'Amoureux. Non, non, ma fille, non, vous ne l'épouserez iamais.

MANON.

Ah ! Monsieur de la Tremblaye, arrestez : Ie connoy à vos yeux que vous l'allez tuër. Bon Dieu ! faut-il voir massacrer mon Pere deuant moy, ou mourir ignominieusement par les mains de la Iustice ? Donc à l'âge où ie suis, il faut que ie perde mon Pere ? Hé ! pour l'Amour de Dieu, mon Pere, mon pauure Pere, sauuez-vous, sauuant la vie & l'honneur à vos enfans. Vous voyez que la Tremblaye est vn brutal qui ne vous pardonnera iamais, si vous ne deuenez son Beau-Pere. Pensez-vous que vostre mort ne me touche point ? O dame si est. Sçachez que ie ne vous suiurois guere, & que mesme pour vous

fauuer d'vn peril encore moindre que celuy-
cy, ie ne balancerois point de me proftituër :
A plus forte raifon pour vous fauuer du gibet,
n'ayant qu'à deuenir la femme d'vn braue
Gentil-homme, pourquoy ne le ferois- je
pas ?

GRANGER.

Quò vertam, mes amis, l'Optique de ma veuë
& de mes efperances : c'eft à vous, Monfieur
de la Tremblaye. *Ne reminifcaris delicta no-
ftra* Ie me repofois fur la protection de Châ-
teaufort, & ie croyois que ce Tranche-
montagne.........

CHASTEAVFORT.

Que Diable voulez-vous que ie faffe ? Per-
dray· je tous les hommes pour vn.

GRANGER.

Oferois-je en ce piteux eftat vous offrir ma
fille, & demander voftre Sœur : Ie fçay que
fi vous ne détournez les yeux de mes fautes, ie
cours fortune de refter vn pitoyable racourcy
des Cataftrophes humaines.

LA TREMBLAYE.

Defirer cela, c'eft me le commander : Mais

n'oublions pas à punir ce grotefque Rodomont de fon impertinence. *La Tremblaye frappe, & Chafteaufort compte les coups.*

CHASTEAVFORT.

Vn, deux, trois, quatre, cinq, fix, fept, huiƈt, neuf, dix, onze, douze. Ah! le rufé, qu'il a fait fagement : S'il en euft donné treize, il eftoit mort.

LA TREMBLAYE.

Voila pour vous obliger à ce meurtre. *Il le jette à terre d'vn coup de pied.*

CHASTEAVFORT.

Auffi-bien me voulois-je coucher.

LA TREMBLAYE.

Allons chez-nous paffer l'accord.

GRANGER.

Entrez toufiours, ie vous fuis. Ie demeure icy vn moment pour donner ordre que nous ayons dequoy nous ébaudir.

SCENE IV.

GRANGER, PAQVIER,
CORBINELI.

GRANGER.

PAquier, va-t'en *subito* m'accerser les con-
freres d'Orphée. Mais d'abord que tu leur
auras parlé, reuiens, & amene-les; car c'est
vn lieu où ie te deffends de prendre racine:
encore que la viande aërée de ces Messieurs,
aussi-bien que le chef de Meduse, ait droict
de te pétrifier ou t'immobilifier, par la mefme force dont vsa le violon Thracien, pour
tenir les bestes pendües à son Harmonie: Pour
toy, Corbineli, ie te pardonne ta fourbe en
faueur de ma conjonction matrimoniale.

CORBINELI.

Monfieur, c'est aujourd'huy Sainte Cecile.
Si Paquier ne trouue leurs Maifons aussi vuides que leurs Instrumens, ie veux deuenir As

de pique. Et puis le pauure garçon a bien des
affaires, il doit aller en témoignage.

GRANGER.

En témoignage, & pourquoy ?

CORBINELI.

Vn homme de son pays fut hier deschargé de
ce fardeau, qui n'est iamais plus leger que
quand il pese beaucoup. Des couppe-jarets
l'attaquerent : L'autre cria, mais les cris ne
furent autre chose que l'Oraison funebre de
son argent : Ils luy osterent tout, iusques à
ne luy laisser pas mesme la hardiesse de les
poursuiure. Il soupçonne son Hoste d'auoir
esté de la cabale : L'Hoste soustient qu'il n'a
point esté volé, & prend Paquier à témoin,
qui s'est qui s'est offert à luy.

GRANGER.

Hé-bien, Paquier, que diras-tu ; par ta foy,
quand tu seras deuant le Iuge?

PAQVIER.

Monsieur, diray-je en leuant la main, i'entendis comme ie dormois bien fort, du monde
dans nostre ruë, crier tout bas tant qu'il pouuoit, *Aux voleurs.* Dame, ie me leuay sans

me groüiller, ie mis mon chapeau dans ma
tefte, i'auallay mon chaffis, ie iettay ma tefte
dans la ruë, & comme ie vis que ie ne vis rien,
ie m'en retournay coucher tout droit. Mais,
Domine, au lieu de m'enuoyer querir des Ba-
ladins, il feroit bien plus meritoire, & bien
plus agréable à Dieu, de me faire habiller.
Quelle honte fera-ce, qu'on me voye aux
nopces, fait comme vn gueux, fçachant que
ie fuis à vous ? *Induo vefte Petrum dic, aut
veftem induo Petro* ; Ie m'appelle Pierre,
Monfieur.

GRANGER.

Tu peux donc bien te refoudre à rogner vn
morceau de l'Arc-en-Ciel, car ie ne fçache
point d'autre eftoffe payée au Marchand pour
te veftir. La Lune fix fois n'a pas remply fon
Croiffant, depuis la maudite iournée que ie
te caparaçonnay de neuf.

PAQVIER.

Monfieur, *Sape quidem docti repetunt bene pra-
pofituram.* C'eft à dire que toute la Nature
vous prefche, auec Iean Defpautere, de m'ar-
mer tout de nouueau d'vn bon lange de bure.

GRANGER.

Va, confole-toy, la pitié me furmonte, ie t
feray bien-toft habiller comme vn Pape. Prec

mierement, ie te donneray vn chapeau de
fleurs, vne lesse de chiens courans, vn Pan-
nache de cocu, vn colet de mouton, vn pourpoint de tripe-Madame, vn haut de chausse de
ras en paille, vn manteau de deuotion, des bas
d'asne, des chausses d'Hypocras, des botes
d'escrime, des aiguillons de la chair, bref vne
chemise de chartre qui te durera long-temps :
car ie suis asseuré que tu la doubleras d'vn
bufle. Cependant Corbineli, tu vois vn Pirate d'Amour : c'est sur cette Mer orageuse &
fameuse, que i'ay besoin pour guide du Phare
de tes inuentions. Certaine voix secrete me
menasse au milieu de mes ioyes, d'vn brisant,
d'vn banc, ou d'vn escueil. Penses-tu que
ma Maistresse renuoye mon fils, sans r'allumer des flâmes qui ne sont pas encore estein-
tes ? Ah ! c'est vne playe nouuellement fermée, qu'on ne peut toucher sans la r'ouurir.
Toy seul peux démesler les sinueux détours
d'vn si lethifere Dédale ; Toy seul peux deuenir l'Argus qui me conseruera cette Io.
Fais donc, ie te supplie, toy qui est l'Astre &
la Constellation de mes felicitez, que mon
fils ne soit plus retrograde à ma volonté. mais
si tu veux que l'Embrion de tes esperances, deuenant le plastron de mes liberalitez, fasse
metamorphoser ta bouche en vn Microcosme
des richesses, & ta poche en corne d'Abondance ; fais, disje, que mon coquin de fils
prenne vn verre au colet de si bonne sorte,
qu'ils en tombent tous deux sur le cul. Ie pré-

lage vn finiftre fuccez à mes entreprifes, s'il affifte à cette fefte : C'eft pourquoy enfonce-le dans vn cabaret, où le jus des Tonneaux le puiffe entretenir iufques à demain matin. Voicy de l'or, voicy de l'argent : Regarde fi par vn prodige furnaturel, ie ne fais pas bien dans ma poche conjonction du Soleil & de la Lune, fans Eclipfe. Prens, ris, bois, mange, & fur tout fais-le trinquer iufques à l'ourlet. Qu'il en créve, n'importe, ce ne fera que du vin perdu.

CORBINELI.

Le voicy comme fi Dieu nous le deuoit. Permettez que ie luy parle vn peu particulierement, car voftre mine effarouchante ne l'appriuoiferoit pas.

SCENE V.

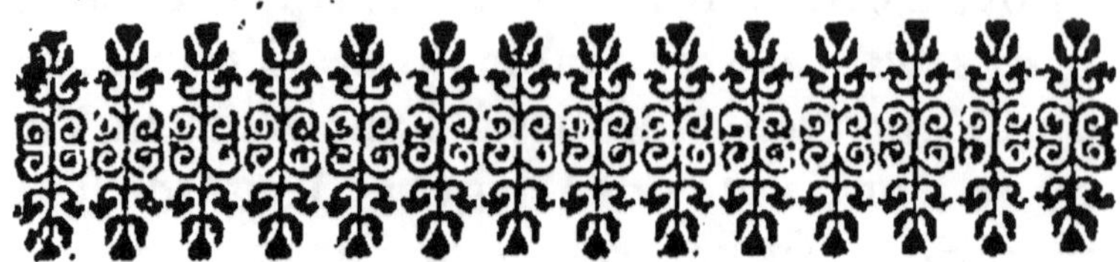

SCENE V.

CORBINELI, GRANGER le jeune, PAQVIER.

CORBINELI.

IE vous allois chercher. Vous ne sçauez pas? On vient de condamner voſtre raiſon à la mort. En voulez-vous appeller? I'ay moy-meſme receu les ordres de vous eny vrer; mais ſi i'en ſuis crû, vous bleſſerez voſtre ennemy de ſa propre eſpée. Il pretend, le pauure homme, faire tantoſt les nopces de voſtre Sœur auec Monſieur de la Tremblaye, & le contract des ſiennes auec Mademoiſelle Geneuote : Craignant donc que voſtre preſence n'apportaſt beaucoup d'obſtacles à la perfection de ſes deſſeins, il m'a donné charge de vous ſaouler au cabaret, & ie trouue, moy, que c'eſt vn acheminement le meilleur du monde, pour l'execution de ce que ie vous ay tantoſt mandé par celuy que ie vous ay enuoyé.

F

GRANGER le jeune.

Quoy, pour contrefaire le mort ?

CORBINELI.

Ouy ; car ie luy perſuaderay que dans l'eſcume du vin vous auez pris querelle, & que,....
Mais viſte, allez promptement eſtudier vos
Poſtures ; nous amuſerons cependant, Paquier
& moy, voſtre Pere, pour donner du temps à
voſtre feinte yvrognerie. Venez icy meſme
repreſenter voſtre perſonnage, & nous luy
ferons accroire qu'en ſuite voſtre querelle.....&c. *Il luy parle bas à l'oreille.*

SCENE VI.

CORBINELI, GRANGER, PAQVIER.

CORBINELI.

O Monſieur, ie ne ſçay ce que vous auez fait à Dieu, mais il vous aime bien. Voſtre fils eſt à la Croix Blanche auec deux ou trois de vos Penſionnaires qui le traittent. Il n'aura pas adjouſté quatre verres de vin à ceux qu'il a pris, que nous luy verrons la ceruelle tournée en Zodiaque.

PAQVIER.

Aduoüez, Monſieur, que Dieu eſt bon: Voila ſans doute la recompenſe de la Meſſe que vous luy fiſtes dire il n'y a que huict iours.

SCENE VII.

LA TREMBLAYE, GRANGER, CORBINELI, PAQVIER.

LA TREMBLAYE.

IE vous venois querir, on n'attend plus que vous.

GRANGER.

I'entrois au moment que vous estes sorty. Mais, ma foy, mon Gendre, nos conuiez sont infectez du venin de la Tarentule, ils chercheront pour aujourd'huy d'autres Medecins que les Sectateurs d'Amphion : & le goulu Saturne eust bien pû deuorer Iupiter, si les Curetes eussent entonné leur chariuaris aussi loing d'Ida, que ces Lutheriens égratigneront leurs chanterelles *Procul* de nos Penates. Mais au lieu de cét ébat, i'ay pourpensé d'exhiber vn Intermede de Muses fort jouial. C'est l'effort le plus argut qu'on se puisse fantasier. Vous verrez mes grimaux scander les eschignes du Parnasse testu, auec des pieds de vers,

Tantoſt à coups d'*Ergo* déchirer le viſage aux
erreurs populaires : *Nunc* à Pegaſe fait litiere
de fleurs de Rhetorique : *Hinc* d'vn fendant
tiré par l'Exametre ſur les jarets du Pantame-
tre, le rendre boiteux pour ſa vie : *Illinc autem* vn de mes Humaniſtes auec vn boulet
d'Etopée paſſer au trauers des hipocondres de
l'ignorance : Celui-cy, de la carne d'vne Periode, fendre au diſcours démembré le crane
iuſques aux dents : Vn autre *denique* à force
de pointes bien aiguës, piquer les Epigrammes au cul.

LA TREMBLAYE.

Ie vous conſeille de prendre là-deſſus le conſeil de Corbineli : Il eſt Italien : ceux de ſa
nation joüent la Comedie en naiſſant ; & s'il
eſt né Iumeau, ie ne voudrois pas gager qu'il
n'ait farcé dans le ventre de ſa mere.

GRANGER.

Ho, ho, j'apperçois mon fils yvre.

CORBINELI.

Helas ! Monſieur, il a tant beu, que ie penſe
qu'il feroit du vin à deux ſols, en ſoufflant
dans vne eſguiére d'eau.

SCENE VIII.

GRANGER le jeune, GRANGER le pere,
LA TREMBLAYE, CORBINELI,
PAQVIER.

GRANGER le jeune.

L'Hoſteſſe, ie ne vous dois rien, ie vous
ay tout rendu. Miracle, miracle, ie vois
des Eſtoilles en plein iour. Copernic a dit
vray, ce n'eſt pas le Ciel en effet, c'eſt la Terre qui tourne. Ah! que n'eſtois-je Gruë depuis la teſte iuſques aux pieds, j'aurois gouſté
ce Nectar, le long-temps qu'il auroit eſté à
baigner le long tuyau de cette gorge. Corbineli, dis-moy, ſuis-je bien enluminé, à ton
aduis? Si mon viſage eſtoit vn Calendrier,
mon nez rouge y marqueroit bien la double
feſte que ie viens de chommer : çà, çà, courage, mon Breuiaire eſt à demy dit; i'ay commencé à *Gaudeamus*, & i'en ſuis à *Lætatus
ſum*. Garçon, encore chopine, & puis plus :
blanc ou clairet, il n'importe : Mais qu'ils
demeurent en paix, car à la premiere querelle
ie les mets hors de chez moy. C'eſt pour s'eſtre

enyvrez de blanc & de clairet, que la Rose &
le Lys sont Rois des autres Fleurs. Viste donc,
haut le coude ; Dans la soif où ie suis, ie te
boirois, toy, ton pere, & tes ayeux, s'ils estoient
dans mon verre. Beuuez toûjours, compagnons, beuuez toûjours ; vous ne sçauriez rien
perdre, on donne à la Croix blanche douze
rubis pour la valeur d'vne pinte de vin. En
effet, voyez vn peu comme on deuient riche
à force de boire : Ie pensois n'auoir qu'vne
maison tantost, i'en vois deux maintenant.
C'est la vertu du vin qui fait tous ces prodiges. Sans mentir Democrite estoit bien fol,
de croire que la verité fust dans vn Puits ;
N'auoit-il pas oüy dire, *In vino veritas ?* Mais
luy qui rioit tousiours, il pouuoit bien ne l'a-
uoir dit qu'en riant. Nature en sera bernée :
Elle qui nous a donné à chacun deux bras,
deux pieds, deux mains, deux oreilles, deux
yeux, deux nazeaux, deux rognons, & deux
fesses, & ne nous aura donné qu'vne bouche ?
Encore n'est-elle pas tout à fait destinée à boire ; Nous en mangeons, nous en parlons, nous
en baisons, nous en crachons, & nous en res-
pirons. Ah ! qu'heureuse entre les Dieux est
la Renommée, d'auoir cent bouches. C'est
pour s'en bien seruir, que la mienne ne dit
mot ; car simpatisant à mon humeur, elle boit
toûjours sans relâche, & mange tout iusqu'à
ses paroles. La Parque fera bien, de me laisser long-temps sur la terre, car si elle me mettoit dedans, j'y boirois tout le vin auant qu'il

fut en grape. Point d'eau, point d'eau, si ce n'est au Moulin ; non plus que de ces vandanges qui se font à coups de baston. La seule pensée m'en fait serrer les espaules : Fy de la Pomme & des Pommiers.

GRANGER.

Vne Pomme en effet ligua les Dieux l'vn contre l'autre : Vne Pomme rauit la femme à Menelas : Vne Pomme d'vn grand Empire ne fit qu'vn peu de cendres : Vne Pomme fit du Ciel vn Hospital d'insensez : Vne Pomme fit à Persée égorger trois pauures filles : Vne Pomme empescha Proserpine de sortir des Enfers : Vne Pomme mit en feu la maison de Teodose : Enfin vne Pomme a causé le peché de nostre premier Pere, & par consequent tous les maux du Genre humain.

GRANGER le jeune.

Que vient faire icy ce Neptune auec sa fourche ? Contente-toy d'auoir par ton Eau rouge attrapé Pharaon. Le bon nigaut surpris par la couleur, te prenant pour du vin, te but, & se noya : ça, compere au Trident, c'est trop faire des tiennes : Tu boiras en eau douce, aussi-bien que ton Recors de Triton que voilà.

PAQVIER.

Voyez-vous, Monſieur l'yvrogne, ie ne ſuis
point Recors, ie ſuis homme de bien.

GRANGER le jeune.

Quoy, tu me repliques, Crapaut de Mer ? *Il
frappe, & Granger le pere s'en fuit.*

PAQVIER.

O ma foy, ie diray tout.

SCENE IX.

LA TREMBLAYE, GRANGER le jeune.

LA TREMBLAYE.

MArchez, marchez, il faut bien que la paſſion éborgne eſtrangement vôtre bon Pere ; car il eſtoit bien aiſé de iuger, que ny vos yeux, ny vos geſtes, ny vos penſées, ne ſentoient point le vin. Mais encore ie n'ay pas ſceu ce que vous pretendez par cette galanterie ?

GRANGER le jeune.

Ie vous l'apprendray chez-vous.

Fin du quatriéme Acte.

ACTE V.

SCENE PREMIERE.

GRANGER, PAQVIER.

GRANGER.

Qvoy tout ce que i'ay veu......

PAQVIER.

N'est que feinte.

GRANGER.

Donc mes yeux, donc mes oreilles.........

PAQVIER.

Vo⁹ ont trompé.

GRANGER.

Conte-moy donc la serie & la concatenation des projets qu'ils machinent.

PAQVIER.

Que diantre, que vous auez la teste dure. Ie vous ay dit que voftre fils a contrefait l'yvrogne, afin que tantoft Corbineli vous perfuade plus facilement, qu'ayant pris querelle dans les fumées de la débauche, il fe fera batu, & aura efté tué fur la place.

GRANGER.

Mais *cui bono*, toute cette machine de fourbes ?

PAQVIER.

Cui bono? Ie m'en vais vous l'apprendre. C'eft qu'eftant ainfi trépaffé, Mademoifelle Geneuote, laquelle a pris langue des conjurez, doit feindre qu'elle auoit promis au deffunt, de l'époufer vif ou mort, & qu'à moins de s'eftre acquitée de fa parole, elle n'ofe vous donner la main. Corbineli là-deffus vous confeillera de luy faire époufer le cadavre (au moins de faire toutes les ceremonies qu'on obferue dans l'action des époufailles) afin qu'eftant ainfi libre de fa promeffe, elle vous la puiffé engager. Donc, comme ils s'y attendent bien, quand vous leur aurez fait prefter la foy conjugale, voftre fils doit reffufciter, & vous remercier du prefent que vous luy aurez fait.

GRANGER.

Donc la mine est éuentée, & i'en suis obligé
à Paquier mon *Fac-totum*, Ie ne te donneray
point vne Couronne Ciuique à la façon des
Romains, quoy que tu ayes sauué la vie à vn
Bourgeois, honorable homme Maistre Mathieu Granger, ayant pignon sur ruë; mais ie
te donne vn impost sur la pitance de mes dis-
ciples. Voicy l'heure à laquelle ces Pescheurs
s'empestreront dans leurs propres filets. Iustement j'apperçois le fourbe qui vient. Considere à ton aise la tempeste du Port.

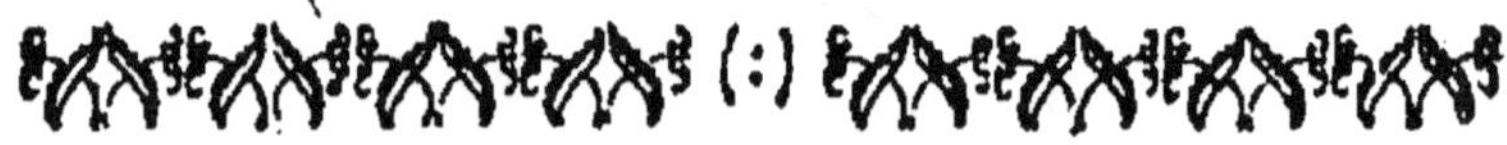

SCENE II.

CORBINELI, GRANGER, PAQVIER.

CORBINELI.

SEray-je tousiours Ambassadeur de mauuai-
ses nouuelles ? Vostre fils est mort. Au sortir d'icy, estant comme vous sçauez vn peu
plus guay que de raison, il a choqué d'vne S
vn Caualier qui passoit. L'vn & l'autre se
sont offencez; Ils ont déguaisné, & presque

en mefme temps, voftre fils eft tombé mort,
trauerfé de deux grands coups d'efpée. I'ay
fait porter fon corps.....

GRANGER.

Quoy, la Fortune referuoit au declin de mes
ans le fpectacle d'vn reuers fi lugubre ? Miferable indiuidu, ie te plains, non point pour
t'eftre acquité de bonne-heure, de la debte où
nous nous obligeons tous en naiffant : Ie te
plains, ô trois & quatre fois malheureux !
de ce que tu as occumbé d'vne mort où l'on ne
peut rien dire qui n'ait efté déja dit ; Car de
bon cœur ie voudrois auoir donné vn talent,
& que tu euffes efté mangé des Mouches à ces
vandanges dernieres : I'aurois compofé là-
deffus vne Epitaphe la plus acute, qu'ayent
amais vanté les fiecles Priftins.

PAQVIER.

'A-t'il eu le temps de fe reconnoiftre ? eft-il
bien mort?

CORBINELI.

Si-bien mort qu'il n'en reuiendra point.

GRANGER.

Corbineli, appelle Mademoifelle Geneuote :
Elle diminuëra mes douleurs en les parta-

geant. Vrayment ouy, c'eſt aux Pelerins de
S. Michel qu'il faut apporter des coquilles.

SCENE III.

GENEVOTE, GRANGER,
PAQVIER, CORBINELI.

GRANGER.

MOn fils a veſcu, Mademoiſelle, & ie
dirois qu'il vit encore, ſi i'auois acheué
vn Poëme que ie médite ſur le genre de ſon
trépas. Ie vous auertis toutesfois que vous
ſeriez ſacrilege, ſi vous lamentiez la fin d'vn
homme, qui pour vne vie meſchante & periſ-
ſable, en recouure vne dans mes cahiers, immortelle & tranquille.

GENEVOTE.

Quoy, Monſieur Granger n'eſt plus? Nous
eſtions trop bien vnis, pour eſtre ſi-toſt ſeparez; Ie veux comme luy, ſortir de la vie :
Mais d'autant que la Nature qui nous a mis
au iour ſans noſtre conſentement, ne nous
permet pas de le quitter ſans le ſien, ie veux

fortir de la vie, & refter entre les viuans;
c'eft à dire que dés aujourd'huy ie vais faire
dans vn cloiftre vn folemnel facrifice de moy-
mefine. Ie n'ignore pas, Monfieur, ce que
ie dois à voftre affection : mais l'honneur qui
me deffend de manquer à ma foy, ne me deffend pas de manquer à mon amour ; & ie vous
iure que fi par vn impoffible ces deux incidens ne fouffroient point de repugnance, ie
me facrifierois de tout mon cœur à voftre
defir.

GRANGER.

Ouy, ma Citherée, ouy, vous pouuez m'é-
poufer, & garder voftre parole. Il faut, pour
vous rendre quitte de voftre promeffe, que
vous l'époufiez mort. Nous pafferons le Contract, & ferons le refte des ceremonies : puis
quand ainfi vous ferez libre de voftre fer-
ment, nous procederons tout à loifir à noftre
Mariage.

CORBINELI.

Il femble que vous foyez infpiré de Dieu, tant
vous parlez diuinement.

GRANGER.

Vne feule chofe m'arrefte : c'eft qu'eftant vn
miracle, vous n'en faffiez vn, que vous
rendiez la vie à ceux qui ne font pas morts;

& que vous ne faſſiez arriuer ceans la Reſnrrection auant Paſques.

CORBINELI tout bas.

O ! puiſſant Dieu des fourbes, ma corde vient de rompre : Fais que ie la renouuelle, en ſorte par ton moyen, qu'elle valle mieux qu'vne neufue.

GRANGER.

Et toy tu me trahis, fugitif infidele du party de mon amour ! Toy que i'auois éleu pour la boiſte, l'eſtuy, le coffre, & le garde-manger de toutes mes penſées. Tu m'és Cornelius-Tacitus, au lieu de m'eſtre Cornelius-Publius.

PAQVIER.

Choiſis lequel tu aimes le mieux, d'eſtre aſſommé, ou pendu.

CORBINELI.

J'ayme mieux boire.

GRANGER.

Ce n'eſtoit pas aſſez de m'auoir volé au nom des Turcs ; il falloit adjouſter vne nouuelle trahiſon. Et de ſon corps, donc, menteur infame, qu'en as-tu fait ?

CORBINELI.

Ma foy, là-deſſus ie m'eſueillay.

GRANGER.

Que veux-tu dire tu t'eſueillas ?

CORBINELI.

Vrayment ouy, il ne me fut pas poſſible de
dormir dauantage, car voſtre fils faiſoit vn
tonnerre de Diable auec vne aſſiette dont il
tambourinoit ſur la table.

GENEVOTE.

Et moy, i'ay fait ſemblant de croire que vôtre fils eſtoit mort, pour vous faire gouſter
quand vous le reuerriez, vn plus pur contentement, par l'oppoſition de ſon contraire.

GRANGER.

Quoy qu'il en ſoit, Mademoiſelle, le fiel importun de mes angoiſſes, n'eſt que trop adou-
cy par le miel ſucré d'vn ſi friant diſcours.
Mais pour ce fourbe de Corbineli, il faut ad-
noüer que c'eſt vn grand menteur.

CORBINELI.

I'affecte, pour moy, d'estre remarqué par le titre de Grand, sans me soucier que ce soit celuy de grand menteur, grand yvrogne, grand Polytique, grand Cuez, grand Cam, grand Turc, grand Mufti, grand Visir, grand Tephterdar, Alexandre le Grand, ou grand Pompée. Il ne m'importe, pourueu que cette Epithete remarquable m'empesche de passer pour mediocre.

GRANGER.

Tu t'excuses de si bonne grace, que ie seroie presque en colere que tu ne m'eusses point fâché. Ie t'ordonne pourtant pour penitence, de nous exhiber le spectacle de quelque intrigue, de quelque Comedie. I'auois mis en jeu mon Paranimphe des Muses ; mais Monsieur de la Tremblaye n'a pas trouué bon que rien se passast sur ces matieres, sans prendre son aduis.

CORBINELL.

En effet, vostre declamation n'eust pas esté bonne, parce qu'elle est trop bonne. Ces doctes antiquitez ne sont pas proportionnées à l'esprit de ceux qui composent les membres de cette compagnie. I'en sçay vne Italienne, dont le démeslement est fort agreable : Amenez seulement icy Monsieur de la Tremblaye,

voſtre fils, & les autres, afin que ie diſtribuë
les roolles ſur le champ.

GRANGER.

Extemplo, ie les vais congreger.

SCENE IV.

GENEVOTE, CORBINELI.

GENEVOTE.

LA corde a manqué, Corbineli.

CORBINELI.

Ouy, mais i'en auois plus d'vne. Ie vais engager noſtre bon Seigneur dans vn Labirinthe
où de plus grands Docteurs que luy demeure-
roient à *quia.*

SCENE V.

GRANGER, PAQVIER, GENEVOTE, CORBINELI.

GRANGER.

Av feu, au feu.

GENEVOTE.

Où est-ce ? où est-ce.

GRANGER.

Dans la plus haute region de l'air, selon l'o-
pinion des Peripateticiens. Hé-bien ! ne suis-
je pas habile à la riposte. N'ay-je pas guery
le mal aussi-tost que ie l'ay eu fait. Ma langue est vne vipere qui porte le venin & le Te-
riaque tout ensemble : C'est la pique d'Achille, qui seule peut guerir les blessures qu'elle
a faites : Et bien loin de ressembler aux Bou-
reaux de la Faculté de Medecine, qui d'vne
égratignure font vne grande playe, d'vne
gráde playe ie fais moins qu'vne égratignure

CORBINELI.

Nous perdons autant de temps, que si nous
ne deuions pas aujourd'huy faire la Comedie.
Ie m'en vais instruire ces gens-cy, de ce qu'ils
auront à dire. Ie te donnerois bien des preceptes, Paquier, mais tu n'aurois pas le temps
d'apprendre tant de choses par cœur: Ie pren-
dray soin me tenant derriere toy, de te souf-
fler ce que tu auras à dire. Vous, Monsieur,
vous paroistrez durant toute la piece ; & quoy
que d'abord vôtre personnage semble serieux,
il n'y en a pas vn si bouffon.

GRANGER.

Qu'est-ce cy ? Vous m'engagez à soustenir
des roolles dans vos Bâtelages, & vous ne
m'en racontez pas seulement le sujet.

CORBINELI.

Ie vous en cache la conduite, parce que si ie
vous l'expliquois à cette heure, vous auriez
bien le plaisir maintenant de voir vn beau démeslement, mais non pas celuy d'estre surpris. En verité ie vous iure, que lors que vous
verrez tantost la peripetie d'vn intrigue si-bié
demeslé, vous confesserez vous-mesme que
nous aurions esté des idiots, si nous vous l'a-
uions découuert. Ie veux toutesfois vous en

esbaucher vn racourcy. Doncques ce que ie
defire vous reprefenter, eft vne veritable hiftoire, & vous le connoiftrez quand la Scene
fe fermera. Nous la pofons à Conftantino-
ple, quoy qu'elle fe paffe autre-part. Vous
verrez vn homme du tiers Eftat, riche de deux
enfans, & de force quarts d'efcus : Le fils
reftoit à pouruoir : il s'affectionne d'vne Da-
moifelle de qualité fort proche parente de
fon beau-frere : il aime, il eft aimé, mais fon
Pere s'oppofe à l'acheuement mutuel de leurs
deffeins. Il entre en defefpoir, fa Maiftrefle
de mefme : Enfin les voila prefts, en fe tuant,
de clore cette piece : Mais ce pere, dont le
naturel eft bon, n'a pas la cruauté de fouffrir à
fes yeux vne fi tragique auanture : il prefte
fon confentement aux volontez du Ciel, &
fait les ceremonies du Mariage, dont l'vnion
fecrete de ces deux cœurs auoit déja commencé le Sacrement.

GRANGER.

Tu viens de raffeoir mon ame dans la chaire
pacifique d'où l'auoient culbutée mille appre-
henfions cornuës. Va paifiblement conferer
auec tes Acteurs : ie te declare Plenipoten-
tiaire de ce Traité Comique. Toy, Paquier,
ie te fais le Portier effroyable de l'introïte de
mes Lares. Aye cure de les propugner de l'introïte du Fanfaron, du Bourgeois, & du Page, qui fçachant qu'on fait icy des jeux, ne

manqueront pas d'y transporter leurs ignares personnes. Ie te mets là des monstres en teste qu'il te faut combatre diuersement. Tu verras diuerses sortes de visages. Les vns t'aborderont froidement, & si tu les refuses, aussi-tost glaiue en l'air, & forceront ta porte auec brutalité : Le moins de resistance que tu feras, c'est le meilleur. Il t'en conuiendra voir d'autres la barbe faite en garde de poignard, aux moustaches rubantées, au crin poudré, au manteau galonné, qui tout eschauffez se presenteront à toy : Si tu t'opposes à leur torrent, ils te traiteront de fat : Se formaliseront que tu ne les connois pas : Dés qu'ils t'auront arraïsonné de la sorte, iuge qu'ils ont trop bonne mine pour estre bien meschans : Auale toutes leurs injures : Mais si la main entreprend d'officier pour la langue, souuien-toy de la regle *Mobile pro Fixo.* D'autres, pour s'introduire, demanderont à parler à quelque Acteur, pour affaire d'importance & qui ne se peut remettre : D'autres auront quelques hardes à leur porter : A tous ceux-là, *Nescio vos* : D'autres comme les Pages, enuironnez chacun d'vn Escolier, d'vn Courtaut, & d'vne Putain, viendront pour estre admis, reçois-les. Ce n'est pas que cette race de Pigmées puisse de soy rien effectuer de terrible ; mais elle iroit conglober vn torrent de canailles armées qui déborderoit sur toy, comme vn essein de guespes sur vne poire molle. *Vale mi gare.*

SCENE VI.

SCENE VI.

PAQVIER seul.

O Ma foy c'est vn estrange mestier, que celuy de Portier. Il luy faut autant de testes qu'à celuy des Enfers, pour ne point fléchir : Autant d'yeux qu'à Argus pour bien veiller : Autant de bouches qu'à la Renommée, pour parler à tout le monde : Autant de mains qu'à Briarée, pour se deffendre de tant de gens : Autant d'Ames qu'à l'Hydre pour reparer tant de vies qu'on luy oste : Et autant de pieds qu'à vn Cloporte, pour finir tant de coups.

SCENE VII.

PAQVIER, CHASTEAVFORT.

PAQVIER.

VOicy mon coup d'eſſay : courage, i'en
vais faire vn chef-d'œuure.

CHASTEAVFORT.

Bourgeois, hault : Hola hault, Bourgeois.
Vous autres malheureux, ne repreſentez- vous
pas aujourd'huy ceans, quelques coyonneries
joliuetez.

PAQVIER.

Salua pace, Monſieur, mon Maiſtre n'appelle pas cela comme cela.

CHASTEAVFORT.

Quelque Momie, quelque Fadaize : Viſte,
viſte, ouure-moy.

PAQVIER.

Ie penſe qu'il ne vous faut pas ouurir : car
vous auez la barbe faite en garde de poignard : vous ne m'auez pas abordé froidement, vous n'auez pas déguaiſné, ny vous
neſtes pas Page.

CHASTEAVFORT.

Ah ! vertu bleu, poltron, dépeſche-toy, ie
ne ſuis icy que par curioſité.

PAQVIER.

Vous ne faites point du tout comme il faut.

CHASTEAVFORT

Morbleu, mon camarade, de grace, laiſſe-moy
paſſer.

PAQVIER.

Hé ! vous faites encore pis : vrayment il ne
faut pas prier.

CHASTEAVFORT.

Sçauez-vous ce qu'il y à, petit godelureau ?
Ie veux estre fricassé comme Iudas, si ie me
soucie ny de vous, ny de vostre College ; car
aprés tout, i'ay encore vne centaine de maisons, Chasteaux s'entend, dont la moindre.
.... Mais ie ne suis point discoureur : Ouure-
moy viste, si tu ne me veux obliger de croire
qu'il n'entre ceans que des coquins, puis qu'on
m'en refuse l'abord. Cap-de-biou, & que pense-tu que ie sois? vn nigaut? Mardi, i'entends
le jargon & le galimathias. Il est vray que
i'ay sur moy vne mauuaise cappe, mais en récompense ie porte à mon costé vne bonne
tueuse, qui fera venir sur le pré tout le plus
resolu de la Trouppe.

PAQVIER.

Vous raisonnez-là tout comme ceux qui ne
doiuent point entrer.

CHASTEAVFORT.

De grace, pauure homme, que i'aille du
moins dire à ton Maistre que ie suis icy , &
qu'il me rende vn mien Goujat qui s'est en-
fuy sans congé.

PAQVIER.

Il en viendra d'autres qui desireront parler à quelque Acteur pour affaire d'importance. Ie ne sçay plus comme il faut dire à ceux-là. Hà ! Monsieur, à propos, vous ne deuez pas entrer.

CHASTEAVFORT.

Ventre, ie vous dis encor que ie ne suis icy que par promenade. Pense-tu donc, veillaque, qu'vn Gentilhomme de qualité.....

PAQVIER.

Domine, Domine, accedo celeriter. Vous ne m'auez point dit ce qu'il falloit répondre à ceux qui parlent de promenade.

SCENE VIII.

GAREAV, PAQVIER, CHASTEAVFORT.

GAREAV.

O Parguénes se sinon, vela bian debuté. Et pensez-vous don que set vn perfenage comme les autres, à bâtons rompus : Dame nanain. C'eft eun homme qui sçait peu & prou. Comment, oul dit d'or, & s'oul n'a pas le bec jaune. C'eft le garçon de cét homme qui en sçait tant. Vela le Maître tout eraché, vela tout fin dret fon armanbrance.

CHASTEAVFORT.

I'aurois déja fait vn crible du ventre de ce coquin : mais i'ay crainte de faillir contre les regles de la Comedie, si i'en enfanglantois la Scene.

GAREAV.

Vartigué qu'ous estes confiderant, ous auez
mangé de la foupe à neuf heures.

CHASTEAVFORT.

I'enrage, de feruir ainfi de bornes dans vne
ruë.

GAREAV.

O ma foy, ous estes bian delicat en harbes,
ous n'aimez ny la ruë ny la patiance.

SCENE IX.

GRANGER, GAREAV, CHASTEAVFORT, PAQVIER.

GRANGER.

Qvel climat sont allez habiter nos Rosciens ? l'Antipode, on nostre zenit ? Ie vous décoche le bon iour, Cheualier du grand reuers ; & vous, l'homme à l'heritage, salut & dilection.

GAREAV.

Parguene ie sis venu nonobstant, pour vous défrincher ma suffion encore vne petite escousse : Excusez l'importunance da ; car c'est la mainagere de mon Onque qui ne feset que huyer enuiron moy, que ie venis. Que velez-vous que ie vous dise ? ol feset la guicblesse.. Ah ! vramant ce feset-elle à par soy, Monsieu Granger, pis qu'il set tout, c'est à ly à sçauoir çà. Va-t'en, va, Iean, il te dorra vn consille là-dessus. Dame j'y sis venu,

GRANGER.

O ! mon cher amy, par Apollon claire face, qui communique sa lumiere aux choses les plus obscures, ne nous veüille rejetter dedans le creux manoir de cette spelonque genealogique.

GAREAV.

Parguene, Monsieu, sacoutez donc eun tantet, & vous orez, si ie ne vous la boute pas aussi à clair qu'vn cribe.

GRANGER.

Ma parole est aussi tenable qu'vn Decret du destin.

GAREAV.

O bian, comme dit Pilatre, *quod scripsi, quod scripsi*, n'importe, n'im porte, ce niaumoins, tanquia, qu'odon, comme dit l'autre, vela vne petite douceur que nostre Mere-grand vous enuoye. *Il luy presente vne fressure de veau penduë au bout d'vn baston.*

GRANGER.

Va, cher amy, ie ne suis point Iurisconsulte mercenaire.

GAREAV.

Là , là , prenez tréjours , vaut mieux vn tian,
que deux tu l'auras.

GRANGER.

Ie te dis encore vn coup , que ie te remercie.

GAREAV.

Prenez , vous dis-je , vous ne fçauez pas qui
vous prendra.

GRANGER.

Et fi , champeftre Eterogene , prends-tu mes
veftemens pour la marmite de ta maifon.

GAREAV.

Hò , hò , tredinfe , il ne fera pas dit que j'v-
fions d'obluiance ; cor que ie fiomes petits, ie
ne fommes pas vilains.

GRANGER.

Veux-tu donc me diffamer , *à capite ad cal-
cem.*

GAREAV.

Bonnefy vous le prendrais. Ie fçay bien, com-
dit l'autre, que ie ne fis pas digne d'eſtre capable : mais ſtanpandant oul n'y a rian qui
reſſembe ſi bian à eun chat, qu'eune chate :
Bonnefy, vous le prendrais da, car on me
huiret, & pis vous en garderiais de la ran-
cœur encontre moy.

GRANGER.

O ! venerable confrere de Pan, des Faunes,
des Syluains, des Satyres, & des Driades,
ceſſe enfin par vn excez de bonne volonté de
diffamer mes ornemens, & ie te permets par
rémuneration, de reſter ſpectateur d'vne in-
uētion Theatrale la plus hilarieuſe du monde.

CHASTEAVFORT.

T'y entre auſſi, & pour récompenſe ie te permets, en cas d'alarme, de te mettre à couuert
ſous le bouclier impenetrable de mon terrible
nom.

GRANGER.

I'en ſuis d'accord : car que ſçauroit refuſer
vn mary le iour de ſes nopces.

G vj

PAQVIER à Chasteaufort.

Mais, Monsieur, ie voudrois bien sçauöir qui vous estes, vous qui vouliez entrer?

CHASTEAVFORT.

Ie suis le fils du Tonnerre, le frere aisné de la Foudre, le cousin de l'Esclair, l'oncle du Tintamarre, le neveu de Caron, le gendre des Furies, le mary de la Parque, le ruffien de la Mort, le pere, l'ancestre, & le Bisayeul des Esclaircissemens.

PAQVIER.

Voyez si i'auois tort de luy refuser l'entrée? Comment vn si grand homme pourroit-il passer par vne si petite porte? Monsieur, on vous souffre à condition que vous laisserez-là vos parens : car auec le Bruit, le Tonnerre, & le Tintamarre, on ne pourroit rien entendre.

CHASTEAVFORT.

Garde-toy bien vne autrefois de te méprendre. D'abord que quelqu'vn viendra s'offrir, demande luy son nom ; car s'il s'appelle la Montagne, la Tour, la Roche, la Bute, Fort-chasteau, Chasteaufort, ou de quelqu'autre titre inébranlable, tu peux t'asseurer que c'est moy.

PAQVIER.

Vous portez plusieurs noms, pource que vous auez plusieurs peres. *Ils entrent.*

SCENE X.
CORBINELI, GRANGER, CHASTEAVFORT, PAQVIER, GAREAV, LA TREMBLAYE, GRANGER le jeune, GENEVOTE, MANON.

CORBINELI à Granger.

TOutes choses sont prestes : Faites seulement apporter vn siege, & vous y colloquez, car vous auez à paroistre pendant toute la piece.

PAQVIER à Chasteaufort.

Pour vous, ô Seigneur de vaste estenduë, plongez-vous dans celle-cy : mais gardez d'ébouler sur la compagnie, car nos reins ne sont pas à l'épreuue des Pierres, des Montagnes, des Tours, des Rochers, des Butes, & des Chasteaux.

GRANGER.

Çà, donc, que chacun s'habille. Hé quoy !
ie ne vois point de préparatifs : Où sont donc
les masques des Satyres ? les chappelets, &
les barbes d'Hermites ? les trousses des Cupi-
dons ? les flambeaux poiraisins des furies ? Ie
ne vois rien de tout cela.

GENEVOTE.

Noſtre action n'a pas beſoin de toutes ces fimagrées. Comme ce n'eſt pas vne fiction,
nous n'y meſlons rien de feint, nous ne chan-
geons point d'habits, cette place nous ſeruira
de Theatre, & vous verrez toutefois que la
Comedie n'en ſera pas moins diuertiſſante,

GRANGER.

Ie conduis la ficelle de mes deſirs, au niueau
de voſtre volonté. Mais déja le feu des gueux
fait place à nos chandelles : çà, qui de vous
le premier eſtropiera le ſilence ?

GENEVOTE.

Enfin, qu'eſt deuenu mon Seruiteur ? *Commencement de la Piece.*

GRANGER le ieune.

Il eſt ſi-bien perdu,qu'il ne ſouhaite pas de ſe retrouuer.

GENEVOTE.

Ie n'ay point encore ſceu le lieu, ny le temps où commença voſtre paſſion.

GRANGER le ieune.

Helas ! ce fut aux Carmes, vn iour que vous eſtiez au Sermon.

GRANGER le pere en interrompant:

Soleil, mon Soleil, qui tous les matins faites rougir de honte la celeſte Lanterne, ce fut au meſme lieu que vous donnaſtes eſchec & mat à ma pauure liberté. Vos yeux toutesfois ne m'égorgerent pas du premier coup ; mais cela prouint de ce que ie ne ſentois que de loing l'influence porte-traiſt de voſtre rayonnant viſage : car ma rechignante deſtinée m'auoit colloqué ſuperficiellement à l'ouflet de la Sphere de voſtre actiuité.

CORBINELI.

Ie penſe, ma foy, que vous eſtes fol, de les

interrompre : Ne voyez-vous pas bien que
tout cela est de leur personnage?

GRANGER le jeune.

Toutes les especes de vostre beauté vinrent en
gros assieger ma raison : mais il ne me fut pas
possible de haïr mes ennemis , aprés que ie les
eus considerez.

GRANGER le pere en interrompant.

Allons, ma Nimphlette , il est vergogneux
aux filles de coloquiser *diu & priuatim* , auec
tant vert Iouuanceau. Encor si c'estoit auec
moy, ma barbe iure de ma sagesse, mais auec
vn petit cajoleur !

CORBINELI.

Que Diable , laissez-les parler si vous voulez,
ou bien nous donnerons voltre roolle à quelqu'vn qui s'en acquitera mieux que vous.

GENEVOTE à Granger le jeune.

Ie m'estonne donc que vous ne trauaillez plus
courageusement aux moyens de posseder vne
chose pour qui vous auez tant de passion.

GRANGER le jeune.

Mademoiselle , tout ce qui dépend d'vn bras

plus fort que le mien, ie le souhaite, & ne le promets pas. Mais au moins suis-je asseuré de vous faire paroistre mon amour par mon combat, si ie ne puis vous témoigner ma bonne fortune par ma victoire. Ie me suis jetté aujourd'huy plusieurs fois aux genoux de mon Pere, le conjurant d'auoir pitié des maux que ie souffre; & ie m'en vais sçauoir de mon valet s'il luy a dit la resolution que i'auois prise de luy desobeïr, car ie l'en auois chargé. Vien ça, Paquier, as-tu dit à mon Pere que i'estois résolu malgré son commandement de passer outre ?

PAQVIER.

Corbineli, souffle-moy.

CORBINELI *tout bas.*

Non, Monsieur, ie ne m'en suis pas souuenu.

PAQVIER.

Non, Monsieur, ie ne m'en suis pas souuenu.

GRANGER *le ieune.*

Ha! maraut, ton sang me vangera de ta perfidie. *Il tire l'espée sur luy.*

CORBINELI.

Fuis-t'en donc, de peur qu'il ne te frappe.

PAQVIER.

Cela est-il de mon roolle ?

CORBINELI.

Ouy.

PAQVIER.

Fuis-t'en donc, de peur qu'il ne te frappe.

GRANGER le jeune.

Ie sçay qu'à moins d'vne Couronne sur la teste, ie ne sçaurois seconder vostre merite.

GENEVOTE.

Les Rois, pour estre Rois, ne cessent pas d'estre hommes : pensez-vous que......

GRANGER le Pere interrompant.

En effet, les mesmes appetits qui agitent vn Ciron, agitent vn Elephant ; Ce qui nous pousse à battre vn support de Marmite, fait à vn Roy détruire vne Prouince : L'ambition allume vne querelle entre deux Comediens : La mesme ambition allume vne guerre entre deux Potentats. Ils veulent de mesme que nous, mais ils peuuent plus que nous.

CORBINELI.

Ma foy ie vous enchaiſneray.

GRANGER le jeune.

On croira ....

GENEVOTE.

Suffiſe qu'on croye toutes choſes à voſtre
auantage. A quoy bon me faire tant de pro-
teſtations d'vne amitié dont ie ne doute pas ?
Il vaudroit bien mieux eſtre pendu au col de
voſtre Pere, & à force de larmes, & de prieres , arracher ſou conſentement pour noſtre
mariage.

GRANGER le jeune.

Allons-y donc, Monſieur , ie viens vous conjurer d'auoir pitié de moy , &..........

GENEVOTE.

Et moy , vous témoigner l'enuie que i'ay de
vous faire bien-toſt grand Pere.

GRANGER.

Comment, grand Pere ? Ie veux bien tirer

vne propagation de petits indiuidus: mais i'en
veux estre cause prochaine, & non pas cause
éloignée.

CORBINELI.

Ne vous tairez-vous pas?

GRANGER.

Cœur bas & raualé, n'as-tu point de honte de
consumer l'Avril de tous tes iours à cajoler
vne fille?

CORBINELI.

Ne voyez-vous pas que l'ordre de la Piece
demande qu'ils disent tout cela?

GRANGER.

Ils n'ont pas assez de bien l'vn pour l'autre;
Ie ne souffriray iamais......

GENEVOTE.

Non, non, Monsieur, ie suis d'vne condition
qui vous deffend d'apprehender la pauureté. Ie
souhaiterois seulement que vous eussiez veû
vne Terre que nous auons à huit licuës d'icy.
La solitude agréable des Bois, le vert émaillé
des Prairies, le murmure des Fontaines, l'harmonie des Oiseaux; Tout cela repeintureroit
de noir voftre poil déja blanc.

PAQVIER.

Mademoiselle, ne paſſez pas outre, voila tout ce qu'il faut à Charlot. Il ne ſçauroit mourir de faim, s'il a des Bois, des Prez, des Oiſeaux, & des Fontaines : Car les Arbres luy ſeruiront à ſe guarir du mal des mouches : Les Prez luy fourniront dequoy paiſtre, & les Oiſeaux prendront le ſoin de chiſler quand il ſa boire à la Fontaine.

GRANGER.

Ah! ſirenique laroneſſe des cœurs! ie voy bien que vous guettez ma raiſon au coing d'vn Bois que vous la voulez égorger ſur le Pré, ou bien l'ayant ſubmergée à la Fontaine, la donner à manger aux Oiſeaux.

GRANGER le ieune.

Ie ſuis venu,....

PAQVIER.

I'ay veu, i'ay vaincu, dit Ceſar, au retour des Gaules.

GRANGER le ieune.

Vous conjurer,....

PAQVIER.

Dieu vous faſſe bien, Monſieur l'Exorſiſte, mon Maiſtre n'eſt pas Démoniaque.

GRANGER le ieune.

Par les ſeruices que ie vous ay faits.......

PAQVIER.

Et par celuy des morts qu'il voudroit bien vous auoir fait faire,

GRANGER le ieune.

De reprendre la vie que vous m'auez preſtée.

PAQVIER.

Il eſtoit bien fol de vous preſter vne choſe dont on n'a iamais aſſez.

GRANGER le ieune.

Prenez ce poignard, pere dénaturé, faites deux homicides par vn meurtre, eſcriuez le deſtin de ma Maiſtreſſe auec mon ſang, & ne permettez pas que la moitié d'vn ſi beau couple expire de....... Mais à quoy bon tant de diſcours? Frappez, Qu'attendez-vous? *Il tire vn poignard.*

CORBINELI.

Répondez donc, si vous voulez. Qu'est-ce,
estes-vous trépassé ?

GRANGER.

Ah! que tu viens de m'arracher vne belle pensée.   Ie resvois quelle est la plus belle figure,
de l'Antithese, ou de l'Interrogation.

CORBINELI.

Ce n'est pas cela dont il est question.

GRANGER.

Et ie ruminois encore à ces Speculateurs, qui
tant de fois ont fait faire à leurs resveries le
plongeon dans la Mer, pour découurir l'origine de son flux, & de son reflux : Mais pas
vn à mon goust n'a frappé dans la visiére.
Ces raisons salées me semblent si fades, que
ie conclus qu'infailliblement . . . .

CORBINELI.

Ce n'est pas de ces matieres-là, vous dit-on,
dont il est question. Nous parlons de marier
Mademoiselle, & vostre Fils, & vous nous
embarquez sur la Mer.

GRANGER.

Quoy, parlez-vous de Mariage auec cét Houbereau ? Eftes-vous orbe de la Faculté Intellectuelle ? Eftes-vous Heteroclite d'entendement ? Ou le Microcofme parfait d'vne continuité de chimeres abftractiues?

CORBINELI.

A force de reprefenter vne Fable, la prenez vous pour vne verité ? Ce que vous auez inuenté vous fait-il peur ? Ne voyez-vous pas que l'ordre de la Piece veut que vous donniez voftre confentement ? Et toy, Paquier, fur tout maintenant garde-toy bien de parler, car il paroift icy vn muët que tu reprefentes. Là donc, dépefchez-vous d'accorder voftre fils à Mademoifelle : Mariez-les.

GRANGER.

Comment marier, c'eft vne Comedie ?

CORBINELI.

Hé-bien ! ne fçauez-vous pas que la conclufion d'vn Poëme Comique eft toûjours vn Mariage ?

GRANGER.

GRANGER.

Ouy, mais comment seroit-ce icy la fin, il n'y a pas encore vn Acte de fait.

CORBINELI.

Nous auons vny tous les cinq en vn, de peur de confion : Cela s'appelle Piece à la Polonoise.

GRANGER.

Ha-bon ! comme cela, ie te permets de prendre Mademoiselle pour legitime Espouse.

GENEVOTE.

Vous plaist-il de signer les Articles, voila le Notaire tout prest.

GRANGER.

Sic ita sane, tres volontiers. *Il signe.*

PAQVIER.

J'enrage d'estre muët, car ie l'aduertirois.

Fin de la Comedie.

H

CORBINELI.

Tu peux parler maintenant, il n'y a plus de danger.

GRANGER.

Hé-bien , Mademoiſelle , que dites-vous de noſtre Comedie ?

GENEVOTE.

Elle eſt belle , mais apprenez qu'elle eſt de celles qui durent aytant que la vie.   Nous vous en auons tantoſt fait le recit comne d'vne Hiſtoire arriuée, mais elle deuoit arriuer.   Au reſte vous n'auez pas ſujet de vous plaindre, car vous nous auez mariez vous-meſme; vous-meſme vous auez ſigné les Articles du Contraſt. Accuſez-vous ſeulement d'auoir enſeigné le premier à fourber. Vous fiſtes accroire aux parens de voſtre fils qu'il eſtoit fol, quand vous viſtes qu'il ne vouloit point entendre au voyage de Veniſe : Cette inſigne fauſſeté luy montra le chemin de celle-cy ; Il crût qu'il ne pouuoit faillir en imitant vn ſi bon Pere.

CORBINELI.

Enfin c'eſt vne pillule qu'il vous faut aualer.

LA TREMBLAYE.

Vous l'aualerez, ou par la mort......

GAREAV.

Ah! par ma fy ie sommes logez à l'Ensaigne
de *l'en tenons :* Parmanda i'en auoüas queuque
souleur, que cette petite rauodiere là l'y gri-
moneret queuque Trogedie. Hé- bian ne vela
pas nostre putain de mainagere toute reuenuë,
Feu la paure defunte, deuant Guieu ser son
ame da, m'en baillit eun iour d'eune belle
vredée. Par ma fiquette, ol me boutit à Cor-
nuaille en tout bian & tout honneur. Stan-
pandant la bonne chienne qu'ol estet.........
Aga-hé! ous estes don de ces saintes sucrées-
là? Bonnefy ie le voyas bian, qu'ous auiais le
nez torné à la friandise. Or vn iour qu'il plust
tant ; Iacquelaine, ce ly fis-je tout en gaus-
sant, il fait cette nuict clair de l'Eune, il fera
demain clair de l'Autre. Enfin, tanquia,
qu'olon, ce nonobstant, aprés ça, ô dame
éclaircissez-moy à dire: Tanquia que ie m'en
reuenis tout épouuanté tintamarrer à nostre
huis. A la parfin ie me couchis tout fin nu auprés de nostre bonne femme. Vn tantet aprés
que ie me fussis rabougry tout en eun petit ra-
pô, ie sentis queuque chose qui groüiller. Iaque
laine, ce ly fisje, ie pãse qu'il y a là queuqu'vn

couché. Ouy, ce me fit-elle, ie t'en répons, &
que Gujantre y auret-il ? Eune bonne escouf-
fe aprés, ie lacoute encore fretiller. Han !
Iaquelaine, il y a là queuqu'vn. I'allongis
ma main. ie tatis : Hoüay ! ce fis-je, eune
tefle, deux teftes ; pis frougonant entre les
draps, deux jambes, quatre jambes : Han !
Iaquelaine, il y a là queuqu'vn. Hé ! Piarre,
que tu és fou, ce me fit-elle, tu contes mes
jambes deux foüas. Parguéne ie ne me con-
tentis point, ie me leuis : Dame, ie décou-
uris le pot aux rofes. Hô ! hô ! vilaine, ce ly
fis-je, qu'eft-ce que çà ? *Fili Dani !* ton Ribaut fera étripé. Vramant Iean, ce me fit-
elle, garde-t'en bian : C'eft ce pauure Maiftre Louys le Barbier, qui venet de faig-
ner eun malade de tout là bas : Il eftet tout
rede de fred, & auet encore bian du vilain
chemain à paffer. Il m'exhorfifoit d'allumet
du feu ; dame, comme tu fçais, le bois eft
char ; ie ly ay dit, qu'il fe venift pluftoft ré-
chauffer enuiron moy : Il ne fefet que de s'y
bouter quand tu és venu. Alions, alions, ce
ly fis-je, Maiftre Louys, on vous apprانa
de venir coucher auec les femmes des gens.
Dame, ie ne fus ny fou, ny eftourdy, ie le
claquis bel & biau fur mes épaules, & le por-
tis iufqu'à moiquié chemain de fa mairon :
Mais n'y reuenez pas eune autre foüas ; car
parguéne s'il vous arriue, ie vous porteray

encor eune efcouffe auffi loing. Et bian regardez, il ne faut qu'eun malheur. Cette
petite déuargondée m'en euft peut-eftre fait
autant; C'eft pourquoy bon iour & bon foir,
c'eft pour deux foüas.

CORBINELI.

C'eft maintenant à vous, Monfieur, pour
combler la felicité de ces nouueaux mariez,
d'augmenter leur reuenu de celuy d'vn Empire. Il vous fera bien-aifé, puis que vous faites chanceler la Couronne d'vn Monarque en
le regardant.

CHASTEAVFORT.

Ie donne affez, quand ie n'ofte rien; & ie
leur ay fait beaucoup de bien, de ne leur
auoir point fait de mal.

GRANGER le jeune.

Mon petit cœur, il eft fort tard, allons nous
mettre au lit.

PAQVIER.

Ie n'ay donc plus qu'à faire venir la Sage-
femme, car vous allez entrer en trauail d'Enfant.

LA TREMBLAYE.

Ie n'oferois quafi prendre la hardieffe de vous
confoler.

GRANGER.

N'en prenez pas la peine, ie me confoleray
bien moy-mefme. *O Tempora! O Mores!*

Fin du Pedant ioüé.

Contraste insuffisant

NF Z 43-120-14

www.ingramcontent.com/pod-product-compliance
Lightning Source LLC
Chambersburg PA
CBHW070704100726
47907CB00001B/48